U0078833

國學導讀

（三）

邱燮友
周　何　編著
田博元

三民書局

國學導讀　總目錄

第一冊

第二冊

第三冊

第四冊

第五冊

再版序

「國學」是中國固有的學術，是先賢數千年來所流傳的智慧結晶。倘若以現代學術的分類論之，其內容幾乎無所不包；舉凡考據、義理、文章、經世，都是國學所涉及的範疇。在二十一世紀的今天，科技進展雖如江河奔流，但國學仍具有其不可磨滅的價值，因為它不僅是探究中華文化最重要的源頭活水，更是國人安身立命的唯一所在。

然而國學典籍，既多且雜，想要以有限的時間、精力，在浩瀚的書海中找到正確的方向，進而達到事半功倍的效果，就必須採用有系統、有效率的方法。所以三民書局特邀集國學界各領域優秀出眾的人才，將他們多年的研究與教學經驗整理歸納，以淺近而流暢的文字，編寫出這一套《國學導讀》，以供中文系學生及愛好國學的人士作為入門的書籍。

向來研究國學者無不皓首窮經。儘管已將典籍爛熟於胸，然於引論之際，仍不敢單憑記憶，惟恐一字之誤而貽笑大方。於是逐頁翻索，尋章摘句，雖嫌費時費力，甚至阻斷思緒，但苦無捷徑，只好勉力為之。所幸近年來資訊科技一日千里，電腦網路發展迅速，可供檢索古籍全文的網站日益增加，且漸趨完善。這不但讓檢索省時省力，而且相關論述也可以一目了然，十分方便統計、比較與分析，作全方位的思考。此外，電腦字體工整、清晰，而且修改方便，具有簡單的編輯排版功能，其取代筆墨而成為最便利、普遍的書寫工具，已是時勢所趨。

電腦雖然方便，網路資訊雖然發達，但是因為其所收錄的中文字庫有限，古籍資料常見缺字，若欲引用，則字句不完整；而繁簡字編碼不同，無法對應，亦是使用網路資料時常遇到的問題。適值本書再版，特聘請漢學資料處理專家陳郁夫教授，撰寫「數位中文」一篇，增列於第一冊中，針對中文字庫編碼情形、缺字造字常用方法，以及中文數位化之影響與發展，作詳細的說明和深入的討論，讓《國學導讀》一書能與時俱進，更期盼學者在運用此一現代化的工具時，能受其利而防其弊，藉著數位化的優勢，讓國學研究在資訊時代裡再創新遒。

邱燮友　民國九十三年二月二十日

原序

一

「國學」一詞，涵義甚廣，它包含中國學問或中國學術而言。中國是個古老的民族，它屹立於東亞，如今依然保持繁榮蓬勃的氣象。

由於這個國家，這個民族，具有一種隨時自我調適的本能，兼融並蓄的特性，建立了「天行健，君子以自強不息」（《易經‧乾卦》）的哲學，效法自然界運轉不息、日新又新的精神，以達歲月常新的境界。這種本能和特性，就如同西方哲學家黑格爾所說的「揚棄」哲學，把好的保留發揚，把壞的改革拋棄，做到新陳代謝的作用。因此，中國能世代更替而不衰竭。中國雖是一個古老的國家，但也是一個現代化的國家；而國學是一項古老的學術，也是一項現代化的學術。

中國早期對學術的分類，大半採用四部的分法，即經、史、子、集四部。清代古文家姚鼐將天下的學問分為義理之學、考據之學和詞章之學，而曾國藩更增益以經世之學。晚清以來，西學東漸，中西學術交流頻繁，而國學一詞，於是流行，並與西學相對待。國學又有中學、國故、國粹之稱，張之洞曾有「中學為體，西學為用」的名言，被當時人所重視；章太炎著有《國故論衡》，並發行《國粹學報》，表揚國學的精華。西方研究中國學術，又有漢學、華學、中國學之稱。儘管當時對國學一詞有許多異稱，如今國內的稱謂大致約定俗成，一概稱之為國學。

中國學術，涵蓋古今，縱橫三萬里，上下五千年，舉凡中國的一切學問，都包羅其間。無論經學、子學、史學、文學、語言學、文字學等著述，都在中國學術的領域，可說是體大而思微，博大而精深，凝聚了先民生活的經驗、民族的特質，表現了東方文化的智慧和異彩。

二

今日各大學的中國文學系（簡稱為中文系）或國文系，便繼承了中國學術的傳統領域，並兼具現代文學的領域，使中文系或國文系的課程，豐富而博大，除了兼備傳統文學與現代文學外，有關社會、歷史、文化的課程，也在陶融之列。所以中文系或國文系的課程，以語言文學為主體，從傳統到現代，並兼具中國學術中的經學、史學和哲學等領域，達到德、智、體、群、美五育並重的效果。

如今各大學中文系或國文系已成為培育中國學術與現代語言文學人才的場所，儘管各大學中文系或國文系發展的重點各有差異，表現的特色各有不同，但在課程上大致有其共同之處。例如各所師範院校，除了培養學生具有高深的學問外，還負有培養優良教師的使命；又如有的大學中文系加強語言文字的應用，有的強調文藝創作的特色，有的強調中文應用的重要，使其畢業後，能適應時代或社會的需要，而對中文系或國文系同學畢業後，有更大的就業空間，有更開闊的前程。

三

《國學導讀》不是一部教科書，它是一部實用性極高的參考書，也是一部工具書，它如同中文系或國文系課程的檢索，國文學科入門的手冊。

我們編撰《國學導讀》的用意，在使中文系或國文系的同學，或有志報考該學系的青年，以及有志進修是項學術領域的人士，可以通盤了解當前中文系或國文系課程的內涵，進而引導他們進入中國學術或現代漢學的領域。尤其近四十多年來，漢學資料的驟增，研究方法的新穎，科際整合的開拓，已不是停留在就文學研究文學的時代。然而中文界既能掌握新知識的資源，更能以新觀念、新方法、新批評來研究中國學術，開展漢學研究的新里程碑。

我們為了編纂這一部書籍，曾將臺灣地區各大學中文系或國文系的課程加以收集調查，開列出各大學中文系、國文系現行所開列的課程，但以專業課程為主，不包括共同必修課程、教育課程，以及通識課程。然後每一科目聘請名家學者執筆，就該科目的內涵加以報導，寫成導讀。導讀的方向，包括學習該科目的目的，研究的方法，應用的資料，前人研究的成果，未來開展的空間和前瞻性，以及主要參考書等。相信這些導讀的文章，能得到學習者的喜愛，引發後起之秀學習中國學術的興趣，進而進入高深學術的研究，成為未來研究中國學術的新秀。

四

本書的結構，共收六十四篇導讀，依科目的性質分成七大類，共五冊：

第一冊　總　論　語言文字類

第二冊　經學類　史學類

第三冊　哲學類（學術思想類）

第四冊　古典文學類

第五冊　現代文學類以及書法、應用文

總論部分包括國學概論、治學方法、西方漢學和日本漢學、文獻學。國學概論，各校開課的名稱不一，或稱古籍導讀、讀書指導、國學導讀等。文獻學即文史資料討論。語言文字部分包括文字學、聲韻學、訓詁學、修辭學、國文文法、國語語音學、語言學等，國語語音學，又稱國音及語言運用。經學部分包括《周易》、《詩經》、《尚書》、《禮記》、《左傳》、《論語》、《孟子》、《學庸》、《爾雅》、經學概論、經學史等科目。史學部分包括《史記》、《漢書》、《資治通鑑》、中國史學概論等科目。哲學部分包括《老子》、《莊子》、《墨子》、《荀子》、《韓非子》、《呂氏春秋》、《淮南子》、佛學概論、宋明理學概論、中國哲學概論、中國思想史等課程，而經學類的科目，其實也是哲學類的範圍，只因歷代圖書分類經、子分為二部，經學是儒家思想的經典為主。古典文學部分包括中國文學概論、中國文學史、歷代散文、詩學、詞學、曲學、古典小說、敦煌學、吐魯蕃學、樂府詩、《昭明文選》、歷代駢文、《楚辭》、文心雕龍等科目。現代文學包括比較文學、中國民間戲曲，現代文學導學、現代文學理論、現代詩、現代散文、現代小說、現代戲劇、文藝美學等科目。而書法及應用文，列於第五冊中。

今人做學問，應具有多元化的功能和遼闊宏觀的胸襟，否則容易成為井底之蛙，所見褊狹。《莊子・秋水》篇有一則寓言：敘述一個河神叫河伯的，當秋天水漲時，百川之水注入河中，河面遼闊，因而自滿，以為「天下之美，為盡在己」。等他到了北海，海面遼闊，不見水端，這時才對北海之神——北海若說：「如果我不到你這邊來，那我就危險了，我將貽笑於大方之家。」其實，任何學問都是極具內涵和深度的，就是窮畢生之力，也難以窮盡；但是一得之愚，只在取捨之間。希望讀者，讀此書時，也有一得之愚，有所啟悟。

邱燮友　民國八十二年三月於國立臺灣師範大學

國學導讀 第三冊 目次

墨子 陳品卿

老子 余培林

宋明理學概論　陳郁夫

佛學概論　田博元

目次

中國哲學概論

王開府

一、什麼是哲學概論

㈠哲學有什麼用

醫學可以治病，化學可以製藥，物理學可以幫助我們征服太空，經濟學可以幫助我們分析股票，……每種學問都有它的用處；但是「哲學」有什麼用？被譽為希臘哲學家第一人的泰列士（Thales 約西元前六二四－五四五年），有一次因觀察天象而落入井裏，看到這種窘狀的女奴就嘲笑說：為什麼他在現實生活這般笨手笨腳，卻還要研究那無情的天呢？

中國哲學家的遭遇似乎也好不到那裏去，孔子（西元前五五一－四七九年）被人譏為如「喪家之狗」，連他的學生子路有一次也挨荷蓧丈人臭罵：「四體不動，五穀不分，孰為夫子？」（《論語．微子》）哲學的用處究竟在那裏呢？

其實，哲學之所以為哲學，往往就在於它不限定於特定範圍的應用。莊子（約西元前三六〇－二八〇年）在〈人間世〉中便說：「人皆知有用之用，而莫知無用之用也。」即使是積極用世的儒家，對儒學之用，也有一種超然的態度。宋儒程伊川（西元一〇三三－一一〇七年）晚年病重時，門人安慰他說：「先生平日所學，正今日要用。」伊川說：「道著用，便不是。」（《宋元學案．伊川學案》）雖然儒、道兩家立場不同，但對於不執著於一般意義的「用」，頗有相似處。

莊子認為「無用之用」並非真無用，反而是真正的「大用」。哲學如果不是一般「有用之用」，那麼哲學的「大用」是什麼呢？其實，每一種學問的基礎，每一種思想的背後，總有某種哲學支撐著。即使激烈否定哲學、對哲學懷有敵意的人，也必然採取了某種哲學立場——如科學主義之類，用以建構其反對哲學的理論。這說明了哲學如水銀瀉地般，浸潤人類文明的每一寸領域，它總是和我們形影不離。

對於個人待人處事的方式，幾乎每一個人都自認為可以自圓其說，而自覺或不自覺地以此為個人哲學，視為理所當然。並且，人們對於自己所持信的個人哲學，除非遭遇重大的挫折，總是深信不疑。至於其所以深信的理由，往往未經嚴密的反省，因為大多數的人都相信自己在建立個人哲學上，已有足夠的能力了；儘管他們對自己的科學能力，每每十分謙虛。

對於人生，人們也總是有意無意地持有某種基本看法或信念，即所謂「人生觀」。除非是虛無主義或懷疑論者，人生觀又往往指向某種人生理想；即使是虛無主義或懷疑論者，他對於人生也有一種看法。這種人生觀、人生理想，也就是個人的人生哲學。在人生的過程中，個人的人生哲學也許會改變，但總有人生哲學陪他度過漫漫的歲月，使他有理由繼續活下去，並且也決定他如何活的方式，一直到死。即便一個人選擇了死或自殺，這往往也是他基於某種人生觀所作的決定呢！由此可見，哲學對我們的人生產生多麼大的影響，你還能說哲學沒有用嗎？除非你過的是純然非理性的人生，有如動物或植物一般，可以不要人生觀、不要作生活意義的抉擇，否則你能沒有哲學嗎？而如動植物般非理性的生活，還能稱之為一種「人生」嗎？

也許有人說，我有我個人的待人處事方式，也有我的人生觀、人生理想，但我沒有學過什麼哲學，也沒有必要去學什麼哲學。在這裏首先要澄清的是，建立待人處事的原則、人生觀、人生理想等，只是學哲學的目的之一，也就是哲學的用處之一部分而已，它們係屬於哲學中人生哲學、倫理學的範圍；除此之外，哲學還包括形上學、知識論、文化哲學等，範圍大得很呢！其次，即使單就人生哲學來說，內容也極其豐富，如果不經過精細的探討、深入的學習，不易窺其堂奧。

當然，誠如上文所述，不必透過正式的哲學訓練，我們也能夠擁有自己的哲學，孔子、蘇格拉底(Socratic 西元前四六九－三九九年)沒上過哲學課，不也成為歷史上響噹噹的人生哲學家嗎？但是除了這種開創性的哲學家之外，歷史上很少不經過學習而成為哲學家的。不經過正式的學習，當然也可能有素樸的人生觀、人生理想，而有一套簡單的人生哲學；可是，這充其量只是一種「素人哲學」。猶如沒有經過正式藝術訓練的人，也可以成為素人藝術家一樣。素人哲學也許可以作為個人生活的指導，但它既非經過正式訓練所形成的人生哲學，就不易具有普遍性而能成為他人的生活指導。況且，沒有經過精密思考所形成的人生哲學，是否能通過人生歷程的種種考驗而長久有效，頗成問題。

我們往往看到有些人粗率地持信某種人生觀，當生活條件改變之後，他又輕易地更改他的人生觀。一個可以隨時改變人生觀或人生理想的人，很難對其人生形成有效的信仰，獲得真正的自我肯定與滿足；

他老是要調整自己以牽就環境，一旦遭遇挫折，往往陷入痛苦、迷失，難以自拔。反過來看，具有成熟的人生哲學信念的人，在逆境中就比較能夠堅定人生的方向而泰然自若了。所以，偉大的哲學常常可以引導人生，啟發智慧，使人度越難關，追尋高遠的理想；而偉大的哲學家每每可以安慰人心，鼓舞自信，使人獲得力量，創造不朽的志業。這樣的哲學，其實已近乎一種宗教了。

(二)哲學與其他學科的關係

上文僅僅說到哲學的一部分用處，偏向於人生哲學方面的說明。我們現在接著來談談哲學的其他用處。上文也提過，每種學問的基礎、每種思想背後，都有某種哲學在支撐著。更明白地說，每種學問或思想都建立在一些基本觀念之上，這些觀念或者是信念，或者是假設，總之是被該學問、思想所預設，而不再加以懷疑的。但是，哲學家卻認為有必要對它們作進一步分析思考，以獲得更確定有效的知識。此外，哲學對個別的學問或學科作基礎性的反省，往往也涉及對該學科所使用的研究方法及其方法之限制的檢討；涉及對該學科與其他學科範圍的區分；涉及對該學科在整個人類文明中的價值定位。於是，對數學的基礎反省，有數學哲學；對自然科學的基礎反省，有科學哲學；對藝術的基礎反省，有藝術哲學。其他如歷史哲學、政治哲學、法律哲學、經濟哲學、教育哲學、社會哲學、宗教哲學、語言哲學等等都是。甚至哲學對哲學本身也作進一步的反省，如對邏輯有邏輯哲學；對倫理學有後設倫理學。

唐君毅先生在他的《哲學概論》中，便由哲學與其他學問的關係，為哲學下一界說，他說：「哲學之所以為哲學，就是要了解各種學問之相互關係，及其與人生之關係。……把各種學問，以種種方式之思維，加以關聯起來，貫通起來，統整起來；或將其間可能有之衝突矛盾，加以銷解。這種學問，可以說在各種學問之間，亦可說在各種學問之上，或各種學問之下。總之，……即名之為哲學。」

唐先生認為哲學不只是要將各種學科加以融貫，並且要將知識與文學、歷史相關聯，進而與人的生活行為相關聯，成一通貫知與行的存在之學。為求各種學問的整合貫通、文明的統一和諧、人生的圓融無礙，哲學實肩負巨大的任務呢！這豈不就是哲學的大用嗎？

㈢哲學概論的一般內容

為了將哲學有系統地介紹給初學者認識，於是就有了一門課程叫作「哲學概論」(Introduction to Philosophy)。「哲學」之名，本是譯自西方之 philosophy 一詞。因而目前一般哲學概論，也是以介紹西方哲學為主。所以一般哲學概論離不開要介紹西方哲學的主要內容。西方哲學依內容大致可以分為幾大類，不過分類也有不同的方式。古希臘哲學家通常將哲學分為邏輯、物理學、倫理學三部分，其中物理學和現代的物理學不同，那時所謂物理學包含自然科學、自然哲學、宇宙論、人類心靈理論等。自然科學、心理學由哲學中獨立出來，還是近代的事情。

吳康先生《哲學大綱》一書在陳述西方古代與近代十幾種哲學分類法後，整理出一個分類法，茲引其大要如下：

1. 關於宇宙問題者——形而上學 (Metaphysics)

(1)宇宙論（Cosmology）——探討宇宙之起源等問題

①宇宙、空間、時間、物質——自然哲學（Philosophy of Nature）

①生命之起源及其性質——進化哲學（Philosophy of Evolution）

(2)本體論（Ontology）——討論宇宙所由構成之質料，即所謂實體（Reality）或存在（Being）問題

2.關於人生問題者——人生哲學（Philosophy of Human Life）

(1)心靈哲學（Philosophy of Mind）——討論心靈之本質及其活動程序

①靈魂問題

②心靈與身體

③意志自由

(2)價值哲學（Axiology or Philosophy of Value）——討論人類行為之事實所表現之價值

①知識價值——知識價值論（Theory of Value of Knowledge）

②道德價值——道德哲學（Moral Philosophy）

③審美價值——美學或美之哲學（Aesthetics or Philosophy of the Beautiful）

④宗教價值——宗教哲學（Philosophy of Religion）

(3)社會哲學（Philosophy of Society or Social Philosophy）——討論人群生活之組織及其行為之事實

①社會學（Sociology）

②政治哲學（Political Philosophy）

③經濟哲學 (Philosophy of Economics)

④歷史哲學 (Philosophy of History)

⑤法律哲學 (Philosophy of Law)

⑥文化哲學 (Philosophy of Culture)

⑦教育學 (Pedagogy)

3. 關於知識問題者——知識論 (Theory of Knowledge or Epistemology) 或方法論 (Methodology)

(1) 知識之形式原理——邏輯 (Logic)（論求知的方法）

(2) 知識之質料原理——認識論 (Epistemology)（論知識之內容；狹義的知識論）

上述的哲學三大類中，吳先生又把形而上學與知識論稱為「理論哲學」；人生哲學稱為「實踐哲學」。吳先生所分的三大類合於一般的分類法，但各類中的細目還有可以斟酌之處。如「心靈哲學」所討論的問題乃在形上學與倫理學的交界處，未必專屬於人生哲學，通常多將它列屬於形上學。而「社會哲學」所含範圍太大，不合一般的用法，應改稱「文化哲學」，文化哲學下包含社會哲學、政治哲學、經濟哲學、歷史哲學、法律哲學、教育哲學等。「社會學」、「教育學」已獨立為學科，不應再以哲學視之。此外，宗教係文化活動的一部分，因此「宗教哲學」也以移屬文化哲學為宜。經過這樣的調整更動，吳先生的分類法就相當妥適了。

哲學的分類，讓我們知道哲學有哪些主要的內容。但是，這只是預備好了哲學材料而已，至於如何將這些材料調配成一份妥善的菜單，依序上菜，這得看廚師的手藝了，不同的廚師可以提供不同的菜式。「哲學概論」的編輯、取材也因人而異，為了適應不同的胃口，其內容的難易、繁簡也頗為懸殊。有些哲學概論的著作，雖不冠以哲學概論之名，察其內容，卻的的確確是一種哲學概論。

譬如吳康先生的《哲學大綱》上下二冊共八百多頁，內容包含總論、形上學、知識論、人生哲學、科學之哲學五篇，介紹西方哲學極為詳盡而有系統，其實就是一部哲學概論。該書原為吳先生所授哲學概論之講義，初版時原即題名為「哲學概論」，後再版時才改為今名。

又如傅統先先生的《哲學與人生》一書，原來也是傅先生依據他的哲學概論課程內容編成。他為了使課程能和實際生活直接相關，適合學生的需要，所以採用比傳統活潑的內容和表達方式，而且用了一個比較有文學意味的書名。這看書中各章的章名，便知其梗概。每章除了有比較通俗化的章名外，另附有一個活潑口語化的副標題，秀色可餐，頗能引人入勝，玆具引如下：

第一章　哲學與生活——人生是不是需要哲學？
第二章　人生之苦樂——人生是不是苦海？
第三章　死之謎——何以我們貪生怕死？
第四章　人生的目的——人生往何處去？
第五章　自由意志——個人能決定自己的將來嗎？
第六章　人格之發展——「我」到底是什麼？

第七章　人生之善惡——人有沒有良心？
第八章　自私與利他——自私是一種罪惡嗎？
第九章　說愛——有沒有純潔的愛？愛有等級嗎？
第十章　談美——何以情人眼裏出西施？
第十一章　原真——何能得識廬山真面目？
第十二章　宗教的本質——宗教是社會的鴉片嗎？
第十三章　價值論——人生之最高價值何在？
第十四章　結論——向人生挑戰！

看了這些章名，我們似乎可以想見傅先生課堂中，學生討論之熱烈及興趣盎然之情景。吳康先生的大著如果比之為滿漢全席；則傅先生的書好像是可口的自助餐呢！另外我們再介紹兩道清粥小菜，它們都是厚僅一百多頁的小冊子，一本是閔明我先生的《簡易哲學》；一本是王弘五先生譯自波蘭籍的波謙斯基教授 (J. M. Bochenski) 原著之《哲學講話》。

閔先生的書共分認識論、宇宙論、社會哲學、倫理哲學、宗教哲學五章，也是大學哲學概論課程的教材。波謙斯基教授的書，原來是他於一九五八年應邀在德國巴伐利亞電臺，用最通俗的方式向民眾介紹哲學的講稿。該書原文是德文，後譯為英文，名為：*Philosophy:An Introduction*，也是道地的哲學概論。全書分為十講，各有簡單的講題，依次是：定律、哲學、知識、真理、思想、價值、人、存有、社會、絕對。這本小冊子行文深入淺出，很適合初學者一讀。

由以上的簡介，相信不難對哲學概論的一般內容，有了比較清晰的輪廓了。

(四)哲學概論與哲學史、思想史、範疇史的不同

哲學概論在介紹哲學主要內容時，不免會提到過去哲學的重要理論，於是歷史上居關鍵性的哲學家及其思想，便自然成為哲學概論討論的基本資料。即使這樣，我們還是不應把哲學概論與哲學史、思想史混為一談，因為二者的功能截然不同。

哲學史的主要目的，是展示已往的哲學思想。它必須陳述歷史上各種不同的哲學思想，指出它們之間的相互關係與異同，以及它們在歷史上發展的線索和軌跡，並且要說明各時代的哲學，與當時政治、社會、經濟、文化、宗教等交互影響的錯綜現象，以探討某種哲學所以產生之時代背景，其時代意義與對後代的影響。所以哲學史毋寧更重視哲學與時代的關係、哲學在歷史中縱的發展。

思想史與哲學史大體相似，如果要嚴格區分，則思想史的範圍比哲學史大，因為哲學可以說是人類思想的一部分；而人類思想本不限於哲學。錢穆先生《中國思想史》即以西方所謂「哲學」不能得真理之全，而中國之「思想」又不全等於西方所謂之「哲學」，因此他用「思想史」為書名，而不用「哲學史」之名。而韋政通先生的《中國思想史》則認為：「思想史所能提供的，主要是各個學科思想的原型或母體。」因此，「思想史無異是一本知識的導遊手冊」。既然思想包含了各個學科的知識，所以依他的用法，「思想史」幾乎等於知識史或知識發展史，它的範圍自然比哲學史要大。侯外廬等先生合著《中國思想

通史》，侯先生在序文中說：「這部《中國思想通史》是綜合了哲學思想、邏輯思想和社會思想在一起編著的，所涉及的範圍顯得比較廣泛。」這也表示思想史所談的不只是哲學思想而已。

思想史與哲學史雖然有上述之區別，但一般思想史所談的仍然以哲學思想為主，對個別學科思想的原型及其發展並未作均衡的介紹，所以即使廣泛地以思想史為哲學史的同義語，也未嘗不可。

透過哲學史、思想史的學習，我們可以統觀人類心靈與智慧的成長，看出在歷史發展中各種哲學理論所顯露的優缺點，而使各種哲學在歷史上得到適當的定位。進而，我們可以為未來的哲學發展找出更正確的方向。這對我們自己心靈與智慧的成長，哲學視野與文化胸襟的擴展，都有莫大的助益。

然而，哲學概論具有全然不同的功能與目的。它的主要目的，是展示哲學的最基本架構，以及在架構中的最基本概念與重要的理論，讓初學者很容易地明白什麼是哲學、什麼是哲學問題、什麼是哲學方法、哲學的用處及其限制、哲學與其他學問、其他文化活動的不同及關聯等等。它不探討哲學與時代的關係，也不陳述哲學在歷史中縱的發展；它只展示哲學本身的剖面結構。換句話說，它係以「哲學之所以為學」的說明為目的；不以「哲學之歷史」的說明為目的。因此，在哲學概論中，即使要介紹歷史上某家或某學派之哲學理論，應偏重於理論本身的展示，而不必涉及該理論產生的歷史因素、時代背景與所導致的歷史影響。所以，哲學概論之撰述，最好以哲學本身之分類為其題綱；或以哲學之主要問題與其各種解答之陳述為其題綱；或以哲學之主要概念與有關的各種重要理論之介紹為其題綱；不宜以時代的先後或哲學派別、哲學家之依序陳述為其題綱。

除了上述哲學史與哲學概論兩類不同的著作外，又有介於這兩類之間，而兼具兩方面特色的著作，如早年的「哲學問題史」與近年的「哲學範疇史」即是。

張岱年先生在民國二十五年寫成國內第一本以哲學問題為經、歷史發展為緯的《中國哲學問題史》，該書又名《中國哲學大綱》，民國六十六年臺北源成文化圖書供應社翻印此書，改題為《中國哲學概論》，作者名改為「余雄」。此書除了序論、結論、補遺之外，分成宇宙論、人生論、致知論三篇，可見係採用哲學概論的形式為綱；而各篇所討論的哲學問題，又依歷史的次序敘述其源流發展，可見乃以哲學史的形式為緯。張先生認為：「想深切了解一個學說，必須了解其發展歷程，考察其原始與流變。」而以哲學問題為綱，則可以「顯出中國哲學之整個的條理系統」。他有意要揉合哲學概論與哲學史兩種體裁的優點。

近幾年來中國大陸出現「範疇史」類型的著作。如民國七十六年出版的葛榮晉先生所著之《中國哲學範疇史》，七十七年出版的張立文先生所著之《中國哲學範疇發展史》皆是。

「範疇」一詞譯自西方哲學 Category，即「普遍概念」。依據布魯格 (W. Brugger)《哲學辭典》，此字原義為「陳述」，因為陳述總是對存有的陳述，所以「範疇」指涉存有的各種樣態。陳述必須運用「概念」，既然範疇指涉存有的各種原始樣態，那些用以陳述存有各種原始樣態的普遍概念，實即指範疇來說。因而一般哲學家就以普遍概念來說範疇。

哲學家把存有的各種樣態加以排列，歸納為若干類，範疇或普遍概念是各種類別的基礎，陳述每一類之特性。自從希臘哲學家亞里斯多德（Aristotle 西元前三八四—三二二年）列出十個範疇，許多哲學家都想成立更完整的範疇表。近代德哲康德（I. Kant 西元一七二四—一八〇四年）曾提出十二範疇之說。

溫公頤先生以美國學者康寧漢(G. W. Cunningham)之《哲學問題》為藍本所編譯的《哲學概論》，其本論分三卷，依序是〈知識篇〉、〈範疇篇〉、〈價值篇〉。由此可見「範疇」在哲學中的重要地位。該書在〈範疇篇〉中討論了物質、空間、時間、演化、心靈、社會等範疇。

哲學家將存有的各種樣態運用範疇或普遍概念加以分類時，有時會有不同的分類方式；不同的範疇有時也會指涉相同的樣態特性；而同一範疇有時也會指涉不同的樣態特性。上述這些情形，對不同的哲學家、哲學派別之間，或不同時代的哲學家、哲學派別之間，更容易發生。所以用來指涉樣態特性的範疇，在歷史中會有種種發展與變化。因此，就哲學所使用的範疇說，自有其歷史可言、有其發展史可言。「範疇史」或「範疇發展史」乃以各種範疇為綱，以其發展的歷史為緯編撰而成，所以也是兼有哲學概論與哲學史的某些特點，成為介於二者之間的一種著述體裁。

二、中國哲學概論的特色與內容

(一)中國哲學與西方哲學的差異

在還沒正式介紹中國哲學概論之前，我們先來談談中國哲學與西方哲學的一些差異。首先必須聲明的，這種差異的比較只就中西哲學兩者大體上的趨向看，在中西個別的哲學或哲學家之間，有時這種差異並不是絕對的。

西方哲學根本上係起源於對理智思考的興趣。英文「哲學」作 Philosophy，原是 philos 與 sophia 二字之合，此二字前者是「愛」；後者是「智」。因而，哲學含有對智之愛的意思；哲學家乃所謂「愛智者」(philosopher)。

西方哲學所謂的「智」與中國哲學頗不相同。大體上對照來說，西方哲學之智，目的在客觀地了解和有效地操縱這個世界；中國哲學之智，目的在發現生活的智慧，以達到人與世界價值的充足實現，和相互間的圓融和諧。

所以，就哲學的旨趣來說，中西哲學也顯出相當不同。西方哲學要應用真理於世界；中國哲學要實現和諧於世界。所以就實踐來說，便有兩種不同意義的實踐，西方的實踐指真理的應用；中國的實踐指價值的實現。當然雙方同樣都在追求幸福，但是對什麼是幸福卻有不同的理解，西方意在操縱世界為我所用；中國意在實現世界的價值以至天人合一。

西方哲學家是「愛智者」，而在中國歷來所推崇的是德智兼備的聖賢或哲人，對純粹從事理智思考引以為樂的人並不特別尊敬。如果勉強拿西方「哲學家」之名來稱中國的聖哲，則中國的哲學家往往兼有實踐家的身分，他把實踐視為哲學家的目的或使命。中國哲學家總希望將所知的真理，化為人生信仰，作為實踐的動力，成為人格的一部分，而「生死以之」。西方不是沒有這樣的哲學家，蘇格拉底就是為自己所信的真理而捐軀的人。但西方通常總不以實踐信仰為哲學家的必要條件。

孔子說：「學而優則仕」，在中國，哲學家往往嚮往從政；即使是不積極介入政治的道家，也有一種政治理想，而希望有助於天下。那極端自我主義的楊朱(約西元前四四〇—三八〇年)思想，表現在《列子・楊朱》中，則也有以下這樣的話：「人人不損一毫，人人不利天下，天下治矣。」由於實踐的性格使然，中國的哲學家常常也是政治家，甚至是軍事家，王陽明（西元一四七二—一五二八年）就是一個典型。

其實，中國哲學家之愛德猶甚於愛智，有時甚且以德來規定智，如孔子說：「擇不處仁，焉得知？」這即是以仁來規定智了。所以，如果我們籠統地說：西方哲學重智；中國哲學重德，也並非毫無根據的妄測之辭。

也因為重視信仰與實踐，使得中國哲學具有濃厚的宗教精神，儘管它不是宗教。在歷史上，中國哲學的地位頗似宗教，也幾乎取代了宗教。中國哲學比較不注意知識系統的建立，而較重視道德人格的修養，以及心靈境界的提昇，提昇到最高境界，就是天人合一，這已經是類似宗教了。所以，儒家落在具體生活，被人稱之為儒教。道家後來發展出道教，隋唐佛教哲學在中國哲學史的重要地位，以及明代後期出現所謂儒、釋、道「三教合一」，這些多少可以說明中國哲學具有相當的宗教意味。

關於中國哲學之重視實踐的特色，金岳霖先生有一段話說得好，他認為對中國哲學家來說，「哲學從來就不只是為人類認識擺設的觀念模式，而是內在於他的行動的箴言體系，在極端的情況下，他的哲學簡直可以說是他的傳記。」（馮友蘭《中國哲學簡史》引）換句話說，哲學成為中國哲學家的人生信念，而非用來炫耀於人的思考遊戲或玄妙知識。

由於傾向於道德實踐的特性，中國哲學偏重道德實踐或心靈境界修養工夫的講求，認為一切理論系統都應有一實踐的目的，提示實踐的程序與具體的修養方法，甚至在實踐中發展理論系統，以實踐的成果來檢視理論的真假。於是「知行合一」或「知之匪艱，行之唯艱」的主張成為中國哲學的重要信念。

* * * *

其次，對於獲得「智」的方法，亦即所謂哲學方法，中西也有很大的不同。西方的方法是將具體的世界先予以抽象、分類、分析，找出清楚的定義與一致的規律，以便普遍地應用在了解事物、控制事物上。中國的方法是對具體的世界具體而真實地回應，以興發洞見；不進行抽象，只用觀照或類比；不採取分析、分類，卻喜好連繫與融合；不下定義，也沒有一成不變、永遠有效的各種規律；與其控制自然，不如靈敏地感悟自然的呼喚，而與天地共鳴共化。西方用抽象分析法，所以容易以語言文字表達，以邏輯發展知識系統；中國用具體體悟法，所以不容易以語言文字直接表達，也不以邏輯建立知識系統，反而依託在文學或歷史上以呈現真理自身。西方的方法係經歸納、演繹而逐步地建立知識之網；中國的方法係由直觀、體證而跳躍地迸出智慧之光。西方的方法，乃是要預先地獲得「智」，以為行動的準備與規劃；中國的方法，則是要在行動中同時地發現「智」，使它持續地照亮行動。

中國哲學因為不重視知識系統，所以邏輯與知識方法的研究明顯不足，知識的分類與系統的建構不夠精細，這對哲學作為學術的研究與精確的表達，多有阻礙。而且由於偏重道德修養，對客觀經驗世界的知識興趣不高，也影響科學的發展。不過，也就因為重視人與世界實踐的關係，不重抽象的知識，中國哲學擅長內省與直觀的方法，以親證情理圓融、事理無礙的超驗的生命實存境界，不致陷入抽象知識的無窮追逐，造成精神的虛脫與情意的空蕩。所以極端的虛無主義或縱慾主義思想在中國哲學沒有多少發展的空間，這也是主要原因之一。

中國哲學不重視知識系統之建構，表現在具體的層面如：中國哲學家比較不喜歡著述，孔子自稱是「述而不作」，他唯一的作品是《春秋》，這其實是一部史書，雖然其中含有微言大義，寄託了孔子的政治哲學，並非一部有系統的哲學論著。而《論語》是一本語錄，乃弟子追述孔子生平言教的筆記，隻言片語，也非有系統的作品。這和宋明理學家的思想大都以語錄體保存下來，情形相同。

中國哲學也有不少保存在零星的短文中、在私人的書簡中、在上皇帝的奏疏中。由此可以看出，中國哲學家無意於完整的哲學論著，他總想以其實踐的活動體現哲學，不重視以文字記載哲學。即使非用文字表達哲學不可，他也喜歡以具體象徵哲思，以寓言呈露睿智，像莊子的作品，讓人在文學的想像中，玩索那言外之意。魏晉哲學家便鼓勵人們在讀哲學作品時，要「得象而忘言」、「得意而忘象」。因此，中國哲學家正是要人超越語言來學哲學，他不把哲學當作可以直接舖陳的知識，他不倚靠精確的語言，不用邏輯推理的方式，正是有意如此呢！

以上所說的中國哲學超越文字語言、不重邏輯推理的特色，也明顯地表現在中國哲學家的吸收印度佛教思想上。中國高僧比較喜歡印度佛教中宣揚「佛性」的真常之教，為了明心見性、修道成佛，中國本土創立了天台宗、華嚴宗、禪宗、淨土宗。而在印度比較盛行的，如長於分析宇宙、心靈現象的唯識之學，雖經玄奘法師（西元六〇二—六六四年）傳入中土，卻不受重視；又如印度有名的因明邏輯，在中國也很少人感興趣。反而在中國大行其道的，卻是在中國立宗的，不立文字、教外別傳的禪宗，及簡便具體以念佛往生的淨土宗。中印哲學的異趣，由此可見一斑。

我們說中國哲學不重視知識系統的建構，與邏輯、知識方法的講求與運用，這可以有兩層意思。第一層是說，在哲學的表達上，中國哲學比較沒有明顯系統可見，也比較不注意表達的邏輯形式，對於方法也沒有明確的省察與說明。但這不表示中國哲學的內涵毫無條理，不成體系，其思考方式違反邏輯，使用了錯誤的方法，或隨意地使用方法，甚或根本沒有方法可言。因為，如果是這樣的話，中國哲學是否成其為一種「學」或「學術」，本身就產生了問題。中國哲學的內涵，當然有其條理可言，它也具有內在的體系，它的思考或表達方式有時是非形式邏輯式的，並不因此是非理性的，而在方法上沒有明確的交代，也不表示它沒有隱含的內在方法。成中英教授在他的〈中國哲學中的方法詮釋學〉一文中，就指出中國哲學的方法乃是「非方法論的方法」，並非中國哲學沒有方法可言。

如果再進一層說，中國哲學的最高境界，係由實踐歷程所親證，實踐乃存有本身活動或發展的歷程，這些都不是抽象的知識系統所能掌握，非屬知識，因而也非知識方法所能處理，非邏輯所能證成，它乃超知識、超邏輯的領域。所以中國哲學不重視邏輯、知識方法與系統，也有它方法論的理由。

中國哲學不好抽象推理，而好具體體悟。吳光明教授在所著〈中國哲學中的共相問題〉一文中，曾對中國哲學的這種特色，有比較清晰的說明。他認為中國哲學的思維方式是「興」與「比」。「興」指人在參與具體而真實的情境中，其注意力因感應於情境而被興發喚醒，使其思考跳躍升高而有所開創；「比」指在「興」之後，發現在新的情境中，有與以往相似處，於是使人的理解範圍比喻地擴大，進而引渡到新的領域或境地。不論興或比，都在具體情境中進行，興發與比喻的思維活動本身均未離開具體情境而抽象化。因此，我們認為這兩種思維方式，非以邏輯推理方式進行，乃以直覺或直觀方式進行。也就是說，這不是抽象推理，而是具體體悟。

「比」的思維方式，也類似於黃俊傑教授所謂的「連繫性思維方式」，黃教授在〈孟子思維方式的特徵〉文中，採用了李約瑟「連繫性思維」(Correlative Thinking) 一詞，來說明孟子（約西元前三七二－二八九年）的思維方式。他認為這種思維方式，假設了宇宙內各種範疇的同質與可以交互影響。因而把思想中許多對應的兩極，構成連繫性的關係。這種連繫性，黃教授認為與「類推思維」有密切關係。我們以為在兩極中的「類推」應是上文所說的以直觀進行的「比」，而非邏輯中的「類推論證」。「類推論證」係將類推中的兩項概念或命題，用抽象分析的方法，找出相似點，而由一項論證另一項的成立或不成立。然而直觀式的比，卻不用抽象分析，乃直接會通所比的兩項而發現其同質互攝。

黃教授以孟子的「連繫性思維方式」主要表現在以下三項命題中：

1. 「自然」與「人文」兩個範疇間具有連繫性。
2. 人的「身」與「心」兩個範疇間具有連繫性。
3. 「個人」與「社會」兩個範疇間具有連繫性。

中國哲學在兩個範疇間發現且肯定其連繫性，它不在兩端間找矛盾或對立，而是要發現兩端合一、互濟的可能，也就是要發現涵蓋而又超越兩端的可能，這即所謂「執兩用中」的方法。林義正教授在其〈論先秦儒道兩家的哲學方法〉文中，曾以此方法說明孔子的哲學方法。

「執兩用中」一語源出於《中庸》，該文說舜能「執其兩端，用其中於民」。在《中庸》，兩端指過與不及，為必須否定的。我們現在則借用此語，而賦予更豐富的涵義。在執兩用中時，原有的表面上矛盾對立的兩端並未被否定或取消，只是必須透過「雙遮雙照」，在更高一層境界中去圓融地涵攝之。中國佛教天台宗主張「煩惱即菩提」，就宣說這種理境。宋明理學家所說的「顯微無間」、「體用一源」、「即工夫即本體」，當代牟宗三先生所說的「即活動即存有」都表現這種思維方式。這和西方的方法，就有很明顯的差異了。

總結本段來說，以內省、直觀、踐履、具體體悟與執兩用中為主要方法，以實踐價值為強烈動機和目的，重德逾於重智，這是中國哲學與西方哲學最顯著的差異。

(二)中國哲學概論的特色

中國哲學與西方哲學在動機、目的、重心和方法上，都有許多差異，因此中國哲學概論的撰述，與一般西方哲學概論頗有不同。而且兩種哲學產生於殊異的文化脈絡中，雙方所採用的哲學詞語，也各有特色，造成哲學的表達上的不同風貌。早先我們已介紹了哲學概論的一般內容，現在要介紹中國哲學概論的特殊之處。以下我們列舉中國哲學概論的主要特色：

1. 重視人生哲學、政治哲學；2. 重視心、性問題；3. 重視修養與實踐的工夫；4. 重視天人關係問題；5. 重視各種對偶性範疇間的關係。

由於中國哲學重視價值，尤其是道德的實踐，成就人格比成就知識更重要，因而有關個人實踐的人生哲學與有關群體生活的政治哲學，受到相當的重視，而探討宇宙本身的宇宙論、本體論等較不受重視，至於討論知識方法的知識論與說明推理規則的邏輯，在中國哲學概論中所佔的分量更少。

先秦儒家孔孟荀三人的哲學，多談論人的道德修養，君臣相處之道，以及政治的理想。他們很少談論「天」，對宇宙的生成與規律未有具體的說明。所以孔子的弟子子貢說：「夫子之言性與天道，不可得而聞也。」（《論語・公冶長》）孟子則教人由盡心而知性、知天，則孟子也不主張離開「心」來討論「天」的本身，「天」的獨立意義不顯。荀子（約西元前三三〇－二二七年）雖有〈天論篇〉，但該文卻說：「唯聖人為不求知天。」荀子雖說「天行有常」，卻以為天行之「常」是不可致思的，〈天論篇〉不討論「天」的本身，只告訴人須以怎樣的態度來「應」天，它其實還是在談人道。

道家對宇宙雖有說明，但它的目的卻在發現人生哲學與政治哲學的根本智慧。墨子（約西元前四八〇－四〇〇年）論天意、天志，完全依於政治的功利目的，並非對宇宙作客觀的了解。法家則純粹是政治哲學。到了漢代，董仲舒（約西元前一七九－一〇四年）揉合儒與陰陽兩家倡天人感應之學，中國才有比較有系統的宇宙論。魏晉玄學的興起，道家的本體論又取代了漢儒的宇宙論。隋唐佛學有極為玄妙的形上學，然而總是外來的思想，且中國佛學重視修養實踐的工夫，對印度佛學中宇宙論的精義，沒有很大的興趣。宋明理學受了佛、老的影響，從周濂溪（西元一〇一七－一〇七三年）講「太極圖」起，對宇宙論、本體論談論較多，但哲學重心仍然在人生哲學，明代王陽明所倡的心學一系尤其如此。

中國哲學各家思想中，不能說沒有關於知識方法或邏輯的討論，但分量很少，不受重視。知識論在中國哲學的地位，實無法與在西方哲學相比。雖然先秦有惠施（西元前三七〇－三〇〇年）、公孫龍（西元前三三〇－二四二年）等「名家」，及墨辯中的邏輯與知識論思想，但多屬單篇零簡，不成體系，在歷史上也不受重視。

中國哲學中，心性問題受到關注，是從孟子開始。孟子與告子（西元前四二五—三三九年）、公都子等人對性之善惡的辯論，揭開了中國心性論的序幕，一直到清代學者戴東原（西元一七二三—一七七七年）著《孟子字義疏證》，心、性都持續地成為中國哲學討論的主要話題。而佛學要求「明心見性」，對這種趨勢更起了推波助瀾之功。宋明理學中「性即理」、「心即理」的反覆論辨，將中國的心性論推向了最高峰。

中國論「性」，有德性、氣性之分，前者指人的道德天性，是道德修養的根據；後者指人的自然氣稟，類似心理學所說的得自遺傳的人格特質，也包含人的天賦才能，古人稱之為「才性」。至於論「心」，也有本心、氣心之別，前者指道德心或良心；後者指認知、感觸的心，即心理學所說的心。德性本心為超越經驗決定的；氣性氣心則受經驗條件的決定或影響。前者係人可以為善的根據；後者係人所以為惡的條件。中國哲學所以在心性論上爭論不休，大抵因為對這兩類心性，有不同的看法或混淆不清所致。如孟子主張有德性本心，故持性善說；荀子不承認有德性本心，故持性惡說。漢儒中如董仲舒、王充（西元二七—一〇七年）講的都是氣性、才性。清代戴東原講的也是這種性。宋儒則大多將兩類「性」區別開來，稱之為天地之性與氣質之性；將兩類「心」區別開來，稱之為道心與人心，這是本於《尚書．大禹謨》所謂「人心惟危，道心惟微」。對於心性的這樣長期精細討論，是西方哲學所少見的。

雖然對心性的主張各有不同，但是認為心性有待修養，卻是大部分中國哲學家的共識，即使崇尚自然的道家也不例外。所以中國歷代哲學家對修養與實踐的工夫，均極講究，西方哲學家在這方面相對地遜色很多，因為在西方修養與實踐的問題，大多由宗教來處理了。

孔子的修養工夫，以「博學於文，約之以禮」（《論語・顏淵》）為主。孟子則有知言養氣、擴充四端、盡心知性、存心養性等工夫。荀子主張「化性而起偽」（《荀子・性惡》），以禮義積學、虛壹而靜為工夫。老子以守柔、無為、儉樸、虛靜、寡欲、棄智、絕學為工夫。莊子則有心齋、坐忘等工夫。中國佛學更是講究工夫，佛教中宗派林立，各宗派有其特重之工夫，原來佛陀（Siddhattha 約西元前五六五－四八六年）立教便以大、小乘各種法門度人，以適應眾生不同根器的需要。受到佛老的影響，宋明儒的修養工夫也是教出多門，如周濂溪的主靜；程明道（西元一〇三二－一〇八五年）的識仁、誠敬；程伊川（西元一〇三三－一一〇七年）與朱熹（西元一一三〇－一二〇〇年）的致知、用敬；張橫渠（西元一〇二〇－一〇七七年）的大心成性；陸象山（西元一一三九－一一九二年）的先立其大；王陽明的致良知等等都是。

修養實踐的最高成就與境界，是天人合德，儒、道兩家莫不如此。因而天人關係的討論，也是中國歷代哲學家所關心的。中國哲學探討「天」，比較不注意天的意志的一面，而重視天的法則性，所謂「天道」。這與西方宗教中的上帝不同。但是法則性的天道，仍是哲學中的概念，非指科學的自然律。

馮友蘭先生在他的《中國哲學史》中，以中國文字中的「天」有五義：物質之天，自然之天，主宰之天，運命之天，義理之天。物質之天，指我們頭上的天空；自然之天，指自然運行、無為而成的天，如《荀子・天論篇》所說的天；主宰之天，指有位格的、有意志的上帝；運命之天，指決定人生的某種因素；義理之天，指宇宙的最高原理。這五種意義的天，物質之天是科學家研究的對象，它的法則屬自然律，非中國哲學家所關心；自然之天、運命之天，乃不可知，也是聖人所不求知；主宰之天，在陰陽家思想中佔有相當地位，但如董仲舒天人感應之說，把符命、災異歸結於人君能否行仁政上，則天的主宰性仍非絕對的；義理之天比較有法則性可言，乃為中國哲學家所津津樂道。

大乘佛學以萬法唯識，一切唯心造，所以不重視「天」。宋明儒以「天」為盡善盡美的理想，人生的目標乃在到達天人合德的境界。周濂溪《通書．志學章》即說：「聖希天」。邵康節（西元一〇一一—一〇七七年）《漁樵對問》說：「天地之道，備于人。」程明道甚至說：「天人本無二，不必言合。」（《宋元學案．明道學案》）又說：「只心便是天，盡之便知性，知性便知天，當處便認取，更不可外求。」（同上）陸象山也說：「宇宙便是吾心，吾心即是宇宙。」（《陸九淵集．雜著》）後來王陽明也有此意：「人者天地萬物之心也；心者天地萬物之主也。心即天，言心則天地萬物皆舉之矣。」（《陽明全書．答季明德》）這些以人的「心」便是「天」的主張，無論如何在西方哲學中乃極為少見的，與佛學思想也大不相同。

天、人在中國哲學中，是一對對偶性的概念或範疇。像這類對偶性的範疇，在中國哲學中，實不勝枚舉。我們上文提及中國哲學的方法時，曾指出中國獨特的「執兩用中」思維方式，與連繫性思維方式。這類的思維方式，特別有利於產生並處理這些對偶性的範疇。

近年中國大陸的學者，對於這些對偶性的範疇非常感興趣，或者係因為他們習於運用辯證法來處理哲學問題所致。不過，辯證法乃是由「正」「反」兩面的對立矛盾辯證，發展為「合」，產生出新事物。中國的對偶性範疇，雖對立而不矛盾，乃相反而相成，相得益彰，所謂天、人之間便是如此。而且，那超越且含融兩對偶範疇的，並非別有一物，所以並無新事物被產生，只是經正反兩面的圓滿迴應，彰顯出原來本有的美妙真性罷了。《周易》在探討「易」與「乾」、「坤」的關係時，即運用這種思維方式，所以《易・繫辭傳》說：「乾坤其易之縕邪！乾坤成列，而易立乎其中矣。乾坤毀則無以見易；易不可見，則乾坤或幾乎息矣。」這說明了由乾坤的相反相成，乃顯出「易」之美妙來，並非在乾坤之外，另有一個獨立的事物叫「易」。

在超越含攝對偶性範疇之過程中，可以避免矛盾與衝突，這是西方辯證法所沒有的優點，老子說：「萬物負陰而抱陽，沖氣以為和。」這就是「執兩用中」的勝義。「用中」的過程與結果，是和諧與圓融，雖不產生新事物，卻有了新境界、新精神。中國哲學儒、釋、道三家皆擅長此法。印度大乘般若之學的龍樹大師（Nāgārjuna 約西元一五〇—二五〇年），其所著的《中論》即用此法，以非有非無，故為「中道」。中道並非否定有、無而產生的新事物，乃超越有、無而顯的佛法真實本義。

以上我們大略地指出了，中國哲學概論相異於一般哲學概論的特色，然後我們可以順利地進入中國哲學概論內容的介紹了。

(三)中國哲學概論內容的規劃

雖然上文我們指出，中國哲學概論具有一些共同的特色，但中國哲學概論到目前為止，仍無一個大家普遍接受的撰述形式與內容結構，即使是以「中國哲學概論」為名的著作也極少見。我們現在只好先介紹一些已有的編撰內容，然後規劃一個比較符合需要的體例與內容。

唐君毅先生在其《哲學概論》的自序中說：「真為中國人而編之哲學概論，其體裁與內容，尚有待於吾人之創造。」因而他的《哲學概論》編撰方式，希望能「直接中國哲學之傳統，而以中國哲學之材料為主，而以西方印度之材料為輔」。不過，該書所取的中國哲學材料仍太少，唐先生也自覺遺憾。而且唐先生的目的，是要編一部「為中國人而編之哲學概論」，也就是希望以中國人易於接受的方式來介紹哲學，這仍不同於編一部以介紹中國哲學為目的的「中國哲學概論」。

唐先生以德國人編的哲學概論，重一系統之說明，而帶一家之色彩；英國人編的哲學概論，著重分析哲學的一些基本問題；美國人編的哲學概論，則重視將各派哲學對各哲學問題之答案，予以羅列，作較客觀的介紹。唐先生希望綜會三者之長：取英國式的哲學問題分析；取美國式的羅列答案；取德國式的，將各問題的諸最後答案，融會為一完整之系統。我們認為即使對中國哲學概論來說，這仍不失為一可取的撰述方式。

唐先生的書包含四部分。第一部為哲學總論，說明哲學之意義、內容、方法、態度與價值。第二部為知識論，以西方知識論問題為主。第三部為天道論——形而上學，除了介紹西方形上學問題外，也介紹中國哲學中的「無之形上學」、「生生之天道論」、「陰陽五行之說」、「佛學中之唯識宗之哲學」、「中國倫理心性論之形上學涵義」等。第四部為人道論——價值論，除討論西方價值哲學問題外，並以「人道之實踐」一章作結束，具有中國哲學重視實踐的精神。

張岱年先生的《中國哲學問題史》，就其敘述中國哲學之源流發展來看，屬一種哲學史著作；但如果就其以哲學問題為綱，以顯出中國哲學之整個條理系統來看，又可以算是一部中國哲學概論了。

張先生的書分成五部分。序論為介紹中國哲學之名，以及其區分、特色、發展，並附中國哲人生卒簡表。結論則對中國哲學的利弊作一總評。正文包括三篇：第一篇為宇宙論，含有本根論、大化論、法象論三章；第二篇為人生論，含有天人關係論、人性論、人生至道論、人生問題論四章；第三篇為致知論，含有知論、方法論兩章。其宇宙論相當於西方的形上學，唐先生的天道論；其人生論相當於西方的人生哲學，唐先生的人道論；其致知論相當於西方與唐先生的知識論。各篇開始時有一段引端，每章結尾有一段綜論，體例大致齊備。各章節的名稱，大都用中國哲學專有的術語，如「理氣論」、「大化論」、「義與利」、「動與靜」、「欲與理」、「名與辯」、「性善與性惡」、「天人合一論」等皆是。

從張先生所使用的這些章節名稱，可以看出他已大量採用了中國哲學中的對偶性範疇，作為說明中國哲學的方法。而這種方法也已普遍運用在中國哲學範疇史這類的著作中。

如葛榮晉先生的《中國哲學範疇史》，除了討論元氣、精氣、太極、道四個範疇外，全書就分別介紹十六對對偶性範疇，它們是：理和氣、有和無、動和靜、一和兩、漸和驟、天和人、力和命、形和神、格物和致知、知和行、參驗和是非、性和情、義和利、古和今、理和勢、經和權。葛先生並且為這些範疇，構造了一個範疇體系，我們將他的範疇體系表簡示如下：

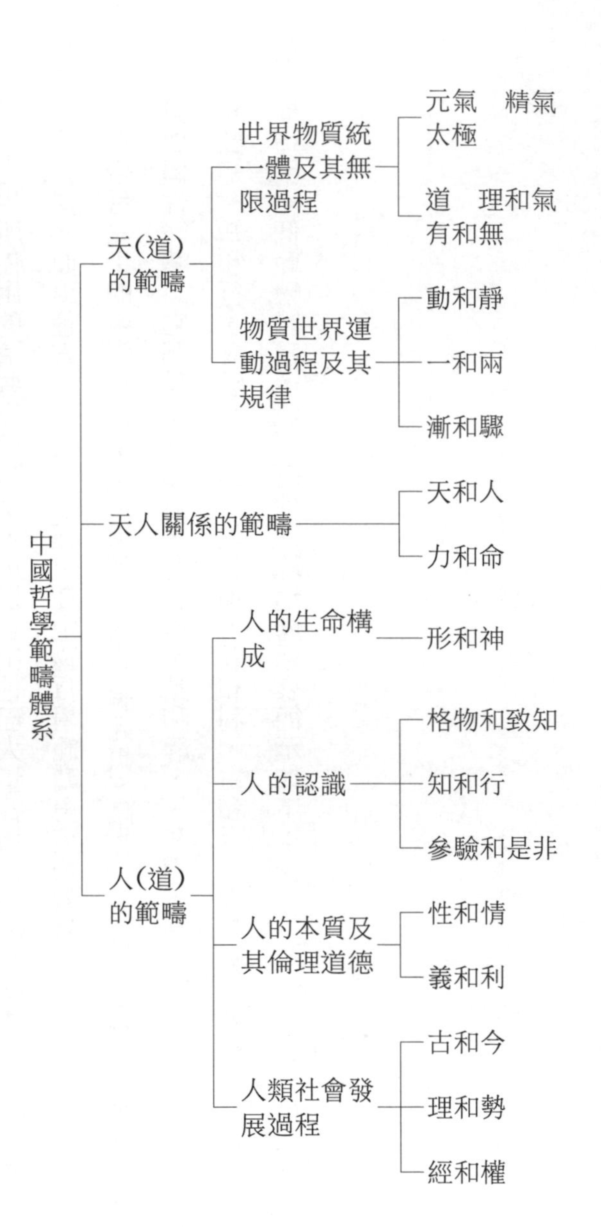

上面這個表不包含「心」之範疇，或許是因為葛先生採取了唯物論的立場所致。由他純以物質來看「天」的範疇，又以「太極」、「道」、「理」、「一」屬物質的範疇，都可以說明此點，這種看法顯然不合於中國哲學的主要趨向。

此外，張立文先生的《中國哲學範疇發展史》也有一個「中國哲學範疇系統表」，比較詳細，也簡示如下：

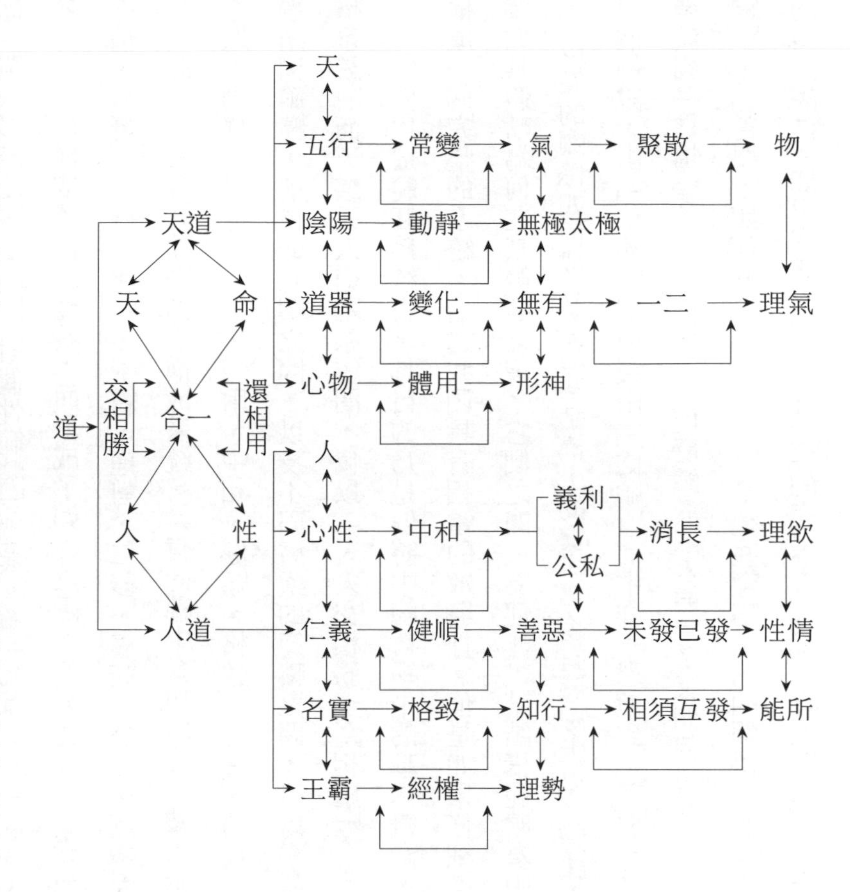

張先生此表有「心」之範疇，且以「天」、「無極太極」、「道」、「一二」、「理」、「體」、「神」屬天道，不屬物質的範疇，較能符合中國哲學的傳統精神。

張先生的範疇系統表，由道而有天道與人道。天道是指世界的存在及其存在的形式；人道是指人、人的價值、倫理道德、人的認識、歷史觀點等。他認為中國思維的發展，係由天、五行、氣、物、人五個「單一形態範疇」，向「對偶性範疇」過渡。單一範疇是肯定範疇，由於內部的矛盾、對待，肯定隱含著否定，乃構成了否定範疇，而形成了如：陰陽、道器、無有、理氣、心物、形神、心性、理欲、善惡、性情、名實、知行、能所、王霸、理勢、仁義、義利、公私、無極太極等十九對對偶性範疇。

此外，將各範疇序列結構成系統，具有此種中介功能的範疇，張先生稱之為「結構範疇」，有常變、聚散、動靜、變化、一二、體用、中和、健順、格致、經權、消長、未發已發、相須互發等十三個。透過結構範疇，前後的範疇之間，以及不同層次的範疇之間，可以過渡、轉化、反饋，構成一種動態的結構系統。而天道與人道兩系統間，也以「天人交相勝，還相用」，表現既對待又統一的關係。

張先生這範疇系統表，其目的乃是要將中國哲學中的基本概念，依歷史發展的順序和邏輯的次序，構成一個完整的系統。這對我們具有相當的啟發性。但是如果仔細考察此系統表，也會發現一些問題。譬如某範疇為何在某範疇之後？它們之間又為何非以某結構範疇為中介不可？而某兩範疇間的過渡、轉化、反饋的關係如何成立？這些結構上的安排是否有歷史上以及邏輯上的必然性？都無法有確定的答案。舉個例說，由「仁義」如何經由「健順」的中介，過渡到「善惡」？又如何經由「未發已發」的中介，過渡到「性情」？又「性情」如何反饋於「善惡」？又如何再反饋於「仁義」？「仁義」如何轉化為「名實」？「善惡」如何轉化為「知行」？這些範疇之間的關係，勉強也可以牽扯一些，但不易形成確定性的有效說法。如果我們太遷就於結構的完美，往往會把活的哲學僵化於死的形式主義中，而作繭自縛了。

我們上文花了不少篇幅在介紹各種範疇，乃是希望借此說明中國哲學的諸多基本概念。中國哲學概論的實質內容，總離不開這些基本概念或範疇。中國哲學範疇史目的在說明這些範疇，在中國哲學史中的發展；而中國哲學概論重點不擺在歷史的發展，卻在以哲學問題為中心，將這些範疇分類地納入各個哲學問題予以說明。

誠如前文所述，哲學問題大體可以分為三部分：天道論——形上學；人道論——人生哲學或價值論；知識論。那麼葛先生和張先生的諸範疇，便可以依類納入這三部分中，天道系統歸天道論，人道系統歸人道論。天人關係部分，因係以人為主來合天人，所以可併入人道論。人道論中也包含修養工大論和實踐論。至於人道系統中的名實、格致、知行、能所、參驗，則以納入知識論為宜。

此外，再加上一篇緒論、一篇結論。緒論主要在介紹哲學與中國哲學之名稱及意義，中國哲學的特色，中國哲學的分類與內容，中國哲學的方法，學習及研究中國哲學的態度與方法，中國哲學的發展分期，並附中國哲人生卒簡表。結論則對中國哲學的利弊與價值作一總評，指出中國哲學對中國歷史、文化、宗教與一般生活的影響，中國哲學未來的展望等。這樣，中國哲學概論的體例與內容，就相當齊備了。

三、研讀本科的態度與方法

有了對中國哲學概論內容的初步了解，現在我們來談談研讀本科的基本態度與方法。

前文我們曾指出，哲學的用處以及哲學與其他學科的關係。如果我們對此有基本的認識，那麼就已經建立了研讀本科的正確態度了。

哲學作為一切知識的基礎，並整合且融貫一切知識，是任何追求知識的人所不應忽略的；否則我們在浩瀚的知識領域中，將永遠是見樹不見林，既看不出人類知識的正確價值，更無法覺察人類知識本身的限制。如果了解了哲學與一般知識或其他學科的關係，當我們面對哲學時，態度會更謙虛些，並且排除了許多成見，學習起來會更積極而愉快。

就哲學具有系統表達的一面說，哲學也是知識。但哲學指向形上的、超經驗、超表達的存有領域與實踐歷程時，它又邁越知識的極限，而不只是知識了。這在中國哲學來說尤其如此。所以，在哲學的學習上，我們必須敞開心胸，不以科學方法為唯一的方法，而能接受各種不同的哲學方法；不以科學的真理為唯一的真理，也能接受科學以外的真理。

一般人又往往畏懼哲學，覺得哲學太難懂了，這也難怪。哲學的表達為了求精確，往往較抽象又顯得煩瑣，使人不耐卒讀。哲學思考一些究極的問題，常常又遠離常識的範圍，使人覺得玄之又玄。這些都是初學哲學的人的心理障礙。哲學概論是將幾千年來的哲學問題，及歷代哲學家對這些問題竭智苦思的成果，作最濃縮地展示，我們沒有歷經他們同樣的苦思過程，突然面對這些成果，一時當然不易接受。另一方面，許多哲學智慧，係來自哲學家經過人生的千錘百鍊方得之，我們沒有同樣的歷練，也不容易體會他們的智慧。如王陽明的良知之學，在苦難的生活中悟得，我們如果光想從書本或冥坐中旦夕遇之，如何可得？中國哲學多由實踐證成，此之謂「生命的學問」，如果不去實踐又如何證成？所以，學哲學不必畏難，也不應貪求急功，由淺入深，循序漸進，終必有成。

其次，中西哲學各有特色，我們宜平心以觀人類哲學的不同智慧。所以對中國哲學不要先入為主地懷有輕視的態度，甚至以為中國哲學不是哲學。西方的哲學問題，在中國同樣地有，只是中國哲學解決問題的方法，以及表達的方式，與西方不盡相同，豈能因此就說中國沒有哲學！當我們願意多打開一些窗子時，我們將發現哲學的天地竟是如此地廣闊哩！

在研讀本科的方法方面，如果能先讀幾本內容簡單、篇幅短小的一般哲學入門書，像我們在下節「參考書目舉要」中，所介紹的《哲學與人生》、《哲學講話》等哲學概論性質的書，可以初步了解什麼是哲學，及哲學的一般問題與內容，建立自己的興趣和信心。如此循序漸進，可以收事半功倍之效。

然後，正式研讀「中國哲學概論」。依照章節次序，一次讀一部分。既是概論性質的書，內容不致太難，而且在編排上總是由淺入深，利於初學。萬一遇到不懂的術語或詞句，可先作下記號，查查「哲學辭典」一類的工具書，如果還是不明白，上課時再問老師。有些不懂的地方，也許繼續讀下去時，下文會有進一步的說明。當我們繼續研讀一段時間後，我們對哲學了解更多了，原來不懂的地方，有時也會曉然冰釋的。所以第一次閱讀，遇到一些不懂的地方，是正常的現象，不必焦急苦思，更不能因此懷疑自己哲學的學習能力，減低了學習的興趣。

除了「中國哲學概論」本身，有時也讀一些「中國哲學史」一類的書。因為歷史的陳述比較不那麼抽象。了解哲學家的生平和他的時代背景，以及哲學與時代、社會、歷史發展的關係，也蠻有趣的。當然如「範疇史」之類的書，能拿來列為參考，則對中國哲學基本概念的緣起和歷史發展，會得到許多有益的知識。

古人說：「獨學而無友，則孤陋而寡聞。」（《禮記・學記》）在學習過程中，如果能找二、三朋友相互切磋討論，必能提高學習的興趣，增進學習的效果。幸運的話，大家因而結成哲學的終身益友，豈非美事！

西哲培根（Francis Bacon 西元一五六一——一六二六年）說：「機巧的人輕視學問，淺薄的人驚服學問，聰明的人卻能利用學問。」希望你對中國哲學概論，不要輕視它，也不能只是驚服它，如果以正確的態度和方法研讀它，你必能利用它，而得到莫大的好處和樂趣！

四、重要參考書目

以下我們介紹幾種本科目的主要參考書，希望對初學者有所助益。

(1)《中國哲學問題史》　宇同（張岱年）香港龍門書店（又名《中國哲學大綱》，另臺灣源成文化圖書供應社也出版此書，名之為《中國哲學概論》，作者改名為「余雄」。）

(2)《哲學講話》　波謙斯基(J.M. Bochenski)原著　王弘五譯　鵝湖月刊雜誌社

(3)《中國哲學十九講》　牟宗三　臺灣學生書局

(4)《哲學概論》　唐君毅　臺灣學生書局

(5)《哲學與人生》　傅統先　大林出版社

(6)《中國思想史》　韋政通　大林出版社

中國思想史

蔡仁厚

一、中國思想史的名義與界限

㈠名義

在文化學術和觀念思想的層面上，如果從「史」的線索作一通貫的敘述和評論，則可以使用下列幾種名稱：文化史、學術史、思想史、哲學史。這四種名稱所涉及的內容範圍，大致是依次而逐步收縮。

1.「文化史」的範圍最廣，舉凡器物層的文物景觀、工藝器皿、建築製作；生活層的風俗教化、生活方式、行為規範；理念層的思想觀念、精神方向、價值準則；皆屬於文化史的範疇。

2.「學術史」則收縮到語言文字表述的層面，但其範圍仍然是非常廣闊的，「經、史、子、集」全都概括在內。而學術史的工作，主要就是論敘各個時代學術的綱脈及其流變。

3.「思想史」的界說比較不容易明確。雖然我們可以說，文化史和學術史裏面的思想部分，就是思想史的內容。但這個說法不免籠統。一般而言，思想史是大學文學院歷史系的學問，通常涉及政治思想、社會思想、經濟思想、法律思想以及決定生活方式的信仰和價值取向等等。但我國大學中文系開設的「中國思想史」一課，卻又有不同的文化學術之背景。從中文系的立場來說明中國學問，一般都認為包括「義理、考據、詞章」三個主要的方面。至於「經世」之學，像各朝經世文編一類的文章，以及《通典》、《文獻通考》一類的典籍，中文系當然也很尊重，但卻不是教學研究的重點。所以，廣義的經世之學，比較是歷史系和法學院方面所關懷的重點。而中文系所講的中國思想史，是順「義理之學」而來，所以和哲學系開設的中國哲學史，無論在性質上、內容上都較為相近。

4.「哲學史」是以觀念性、理論性為其特色。二十世紀以前，中國未曾使用「哲學」之詞，也沒有哲學史之著述。等到西方文化思想進入中國，才開始使用「哲學」這個名詞。但中國的哲學與西方不甚相同。西方哲學，首先正視「自然」，故以「知識」為中心；中國哲學，首先正視「人」，故以「生命」為中心。在西方，哲學以知識為中心，宗教以神為中心，二者互不相涉，而皆重客體性（知識的對象，信仰的對象，皆屬客體）。中國文化則以生命為中心，重主體性，因此發展出心性之學與成德之教，其學與教是合一的（印度文化，介於中西之間，其學與教雖合一，而實歸極於宗教）。

(二)界限

據上節所說，本文所謂「中國思想史」，其界限應該定位於中文系所講的「中國思想史」和哲學系所講的「中國哲學史」之間。這樣，才比較合乎一般的認定。

在此，應該說明三點意思：

第一、中國人顯現的哲學器識，大致而言，要比西方人更為弘大，而哲學智慧也似乎高於西方。但哲學思辯則較弱，甚至並不表現哲學的思辯性。所以德哲凱薩林（西元一八八〇—一九四六年）在他的《哲學家旅行記》中，也說中國人的智慧甚高，而思想則乏味。所謂乏味，正是由於欠缺思辯性，所以沒有層層推演、引人入勝的趣味。

第二、中國哲學重實踐，不太表現知識性的理論興趣。而理論也以滿足實踐條件為依歸，很少是純理論的探索。因此，中國哲學有工夫論（因為重實踐之故），而沒有知識論（因為它不採取知識的進路）。而西方哲學則有知識論而沒有工夫論（因為西方不取道德的進路，無所謂心性工夫）。

第三、中國的哲人，特別重視文化慧命之相續，以期暢通文化生命之大流。至於個人「立說以顯己」，則不太熱心。自己有所見，也認為是民族的共慧，而歸之於古聖先賢。這種「化私為公」的心態，其實是非常偉大的。至於現代人適不適宜倣效取法，則是另一問題，茲可勿論。

二、中國思想史的階段（分期）

中國文化最具原創性，中國的哲學思想也一根而發而緜衍數千年之久。一個文化系統會不斷生發出新的成分，也會和異質的文化思想交會碰頭，由於這兩方面的因素，便形成一個「史」的發展過程。所謂「思想史」（或哲學史），便是隨著這文化生命的發展過程，而相續進行的一種反省和說明。

歷史的發展有它的階段性，哲學思想的發展也不例外。一般講歷史，可以分為某某王朝，某某朝代，講哲學思想史，也必須作一種階段性的劃分。隨著各個時代的劃分：第一、可以使我們了解這個文化系統「分合演變」的線索脈絡。第二、可以使我們了解這個文化系統「起伏升降」的關節，及其演變發展的方向。第三、可以使我們了解每一階段哲學思想的「性質、特色」，以及各階段主要思想家的基本用心及其重要的貢獻。

由此可知，哲學思想史的分期是必要的。有關中國哲學思想史的分期，可以分為二種類型：

(一)以西方歷史為模式的分期法

1.三階段法（胡適模式）

胡適在他的《中國哲學史・導言》裏，以西方歷史的分期為模式，主張把中國哲學史分為三個階段：

(1)古代哲學：從老子到韓非，為古代哲學。（又名「諸子哲學」。）

(2)中世哲學：從漢代到北宋之初，為中世哲學。

①中世第一期：從漢代到東晉之初，為子學的延續與折衷。

②中世第二期：從東晉到北宋之初，印度哲學盛行於中國。

(3)近世哲學：宋元明清時期，為近世哲學。（並以清代為古學昌明時期。）

胡先生這種「古代、中世、近世」的分期法，很明顯是西化派的觀點。不過胡先生還算不錯，他承認中國哲學在世界哲學史上的地位。他認為世界上的哲學，有東西兩大支。東支又分為印度和中國二系，西支也分為猶太和希臘二系。而(1)在古代時期，這四系都是獨立發生的。(2)到了漢代以後，猶太系加入希臘系，成為歐洲的中古哲學。印度系（佛學）加入中國系，成為中國的中古哲學。(3)到了近代，歐洲的思想，漸漸脫離了猶太系的勢力，而產生歐洲的近世哲學。在中國方面，印度系勢力漸衰，儒家復興，而產生了中國的近世哲學，歷宋元明而至清代。

半個世紀之後，勞思光寫成一部《中國哲學史》，也採取三階段分期法：

(1)初期：又名發生期。指的是先秦階段。

(2)中期：又名衰亂期。包括漢代哲學、魏晉玄學、南北朝隋唐的佛教哲學。

(3)晚期：又名由振興到僵化的時期。指的是宋明儒學，再下至清代戴東原。

這個分期法，在大段落上和胡適所分的三階段差不多。不過，勞先生認為兩漢學術是儒學的衰落期，魏晉玄學則是「上承道家旨趣而又有所誤解」的一種思想，而南北朝隋唐的佛教，則是乘中國哲學之衰敗而流行到中國來的；所以總判漢代至唐末為中國哲學史之「衰亂期」。他對「中期」這個階段的分判，雖然可以表示一種看法，但他對魏晉玄學的價值，似乎承認得太少了一點。對於佛教在中國傳衍發展的線索，以及中華民族吸收消化佛教的意義，也似乎欠缺深切的認識。

另外，勞先生對於《中庸》、《易傳》的批判，對於宋明儒學的分系，以及將宋明儒學順延到清代戴東原而併合為一個時期；對於這些，我們都有不同的評價和看法，茲可勿論。

2.二階段法（馮友蘭模式）

馮友蘭在抗日戰爭之前寫成的《中國哲學史》，也以西方哲學的進程為標準，而妄判中國哲學「沒有近代」，故極其簡單的分中國哲學為「子學時代」和「經學時代」。他的意思有二點：

(1)他以漢代以前為「子學時代」，這是民國以來一般的說法。以西漢董仲舒一直到清末為「經學時代」，則是他個人的一個判斷。他認為西漢以來各個階段的哲學思想，其精神都是「中古的」，相當於西方中世紀的經院哲學。

(2)基於第一點的判斷，所以他認為中國哲學史沒有「近代」。在西方，近代的哲學思想，是順著「文藝復興」運動而來。所謂文藝復興運動，就是要求希臘精神的復活，也就是自覺地要求從神本回到人本，要求「人」的覺醒、再現，所以又被稱為「再生運動」。這個運動所開啟的，是一種「反中古」的精神方向。從哲學方面來說，就是不願意使哲學淪為「神學的婢女」，而要求恢復哲學本身的獨立地位。在中國方面，宋明理學也是自覺地要求恢復先秦儒家之慧命，以重新顯立儒家在中國文化中的主位性。如果類比西方來講，宋明儒者「不滿意兩漢的經生之學，不滿意魏晉的玄學清談，不滿意佛教在中國思想界執牛耳」，這種精神方向，和西方近代哲學「反中古」的精神，卻正有相似之處，怎能說宋明儒者的精神是「中古的」呢？胡適認為宋代以來的儒學是中國的「近代哲學」，倒表現了他對歷史文化的通識。在這一點上，胡先生不但比馮友蘭更通達、更高明，而且更能顯示一個中國人應有的自愛、自重。

至於西漢以來二千多年的中國哲學思想，可不可以一概稱之為「經學時代」？我們可以作如下之檢證：

第一、兩漢是經學時代，而兩漢的學術思想和歐洲中世紀的經院哲學也有若干近似之處。(譬如，兩漢人不肯定人性善，不認為人人可為聖賢，他們對於天的敬畏，也帶有幾分宗教的意味。但這些也不過略有形似，其實，漢儒精神和西方中古還是不一樣的。)

第二、魏晉玄學的性格和精神，則根本和西方中世紀哲學的性格精神不同類型。而且魏晉人所表述的乃是《老》、《莊》的玄理，《老》、《莊》乃是中國的「子學」，並非經學。

第三、南北朝隋唐的佛學，在宗教的意義上雖然可以和中世紀的經院哲學相類比，但佛教從印度介入中國，一直居於賓位，並不能取代儒家在中國文化中的主流地位。雖然那時候的儒家思想發不出光彩，但廟堂之上的典章制度、社會家庭的倫理教化和生活方式，並不取自佛教，仍然是儒家的傳統。而經院哲學在西方中古時代，則居於當家做主的地位，是唯一的權威的思想，這和佛教在中國的地位差異甚大。而且，中國對佛教，是作主地吸收它、消化它。而中古時代的西方，則是被基督教所化的一個世界。

第四、至於宋明理學，不但代表先秦儒家慧命之復活，而且代表民族文化生命之返本歸位。中國的宋明理學，實相當於西方文藝復興以後的近代哲學；而與中古經院哲學的精神，則迴然不同：

(1)一個重宗教信仰，一個重道德理性。

(2)一個重他力，一個自由力。

(3)一個是獨斷的，一個是批判的。

(4)一個是神本位，一個是人本位（人，不是直指自然生命的人，而是就有德性生命、能天人合德的人而言）；二者是不能相比附的。

由以上四點的檢查，可以看出馮友蘭把西漢以下的中國哲學史，一概稱之為「經學時代」，是錯誤的：既不合乎歷史之真，也不合乎義理之實。

此外，一九四九年來大陸出版的中國哲學史，幾乎無一例外都是採取馬列唯物的觀點，硬把「中國哲學史」劃分為「奴隸社會時期、封建社會形成時期、封建社會前期、封建社會後期、資本主義社會時期……」，那只是中共在思想戰線上的一種運用，沒有客觀學術的意義。唯近年大陸方面已逐漸修改其方向，在學術思想上亦大有進展。

(二)以中國歷史為主位的分期法

1. 六階段法

中國學術的淵源和流變，如果依據歷史的朝代作劃分，通常可以分為六個階段：

(1)先秦時期的「諸子學」
(2)兩漢時期的「經學」
(3)魏晉時期的「玄學」
(4)隋唐時期的「佛學」
(5)宋明時期的「理學」
(6)清代的「樸學」（考證學）

這六個階段，雖然可以概括中國數千年的文化學術，但「兩漢經學」和哲學思想的關係並不直接，而漢代人的「通經致用」，也屬於經世的精神，而不是思想的性格。至於「清代樸學」更與哲學思想相隔甚遠。因此，這六階段的分期化，可以用來講述一般性的學術史，而不宜於據之而講哲學思想。

2. 五階段法

從上文的敘述，我們可以獲得三點簡要的歸結：

第一、以「經學時代」籠罩漢代以下二千年的中國哲學史，固然是一大謬誤，就是以「子學時代」概括秦漢以前的中國哲學，也欠妥當。（因為孔子以前的民族文化大統：二帝三王的聖道之統，並不屬於諸子學，故不能以「子學時代」來概括。）

第二、佛學應該單獨列為一期，但不能只是橫剖面介紹佛教各宗的教義，而必須順著中國吸收佛教和消化佛教的時序，說明它演變發展的脈絡；這才是講述中國哲學史的立場。

第三、晚明以來，顧、黃、王要求「由內聖轉外王」，是儒學第三期課題的發端，雖因受到滿清一代的挫折歪曲，而沒有得到順暢的發展，但在本質上，我們當前的文化思想問題，仍然是順著「由內聖轉外王」這一個線索而來的。所以，晚明以來應單獨列為一個時期。

因此，筆者認為中國哲學思想史的講述，應該分為五個階段。

(1)先秦時期：中國文化原初形態的百花齊放

這個時期，又可以分為三個段落，一是孔子以前，二是孔子時代，三是諸子百家。孔子所開創的儒家，一方面代表中華民族的文化之統，一方面也是諸子百家中的一家，所以儒家實具雙重身分。如果對先秦的哲學思想，籠統稱之為「子學」或「諸子哲學」，則不但忽視了孔子以前的文化思想，也不能概括儒家「代表民族文化之統」的那個身分。因此，我們不主張用「子學」、「諸子哲學」這類名詞來指目先秦時期的哲學思想，而稱之為「中國文化原初形態的百花齊放」。

(2)兩漢魏晉：儒學趨衰而轉形與道家玄理之再現

這個階段，是先秦「儒」、「道」二家學術思想的延續。兩漢經學是儒學的轉形，儒學僵化而玄學代之而起，遂有魏晉時期道家玄理之再現。魏晉人能弘揚老、莊的玄理，又因緣時會，以玄智玄理接引了佛教之般若學，在中國哲學史上，這也是一個重大的關鍵。

(3)南北朝隋唐：佛教介入——異質文化的吸收與消化

中國以道家的玄智玄理將印度佛教的般若思想（空智空理）接引進來，使得中華民族的文化生命，因為「異質文化」之加入而大開。「開」是表示文化生命之破裂歧出。破裂歧出當然不好，但在破裂歧出之中，可以開出新的端緒，吸收新的內容。所以，就文化生命的發展而言，由於自己之破裂歧出而完成對異質文化之吸收與消化，仍然是很有意義的。

(4)宋明時期：儒家心性之學的新開展

宋明儒學有六百年的發展，他們重建道統，把思想的領導權從佛教手裏拿回來，重新挺顯孔子的地位，使民族文化生命返本歸位。他們在哲學思想上最大的貢獻，是復活了先秦儒家的形上智慧，使天道性命之學、內聖成德之教，達到充分的透顯和圓滿的完成。

(5)近三百年：文化生命之歪曲、沖激與新生

明清之際（十七世紀中葉前後），是中國學術思想一個轉變的時代。「顧、黃、王」三大儒的思想方向，實際上已經開啟了儒家第三期學術的序幕（先秦到漢是第一期，宋明是第二期）。他們「由內聖之學開外王事功」的要求，也仍然是我們當前文化使命的中心方向。

關於上述五個階段的思想要旨，將於後文次第論述。

三、中國思想史的內容要旨

㈠中國文化原初形態的百花齊放（先秦）

1. 孔子以前

孔子以前，中國已有二千多年的歷史文化。中國文化通過「夏、商、周」三代的蘊蓄發展，而凝結成為二帝三王（堯、舜、禹、湯、文武）所代表的「聖王之統」，這就是中國文化的原初形態。而觀念的結集，首先是《尚書》的〈洪範・九疇〉，其內容包括：

⑴民生物資（五行：水、火、木、金、土）。
⑵生活行事（五事：貌、言、視、聽、思）。
⑶政事教化（八政：食、貨、祀、司空、司徒、司寇、賓、師）。
⑷自然知識（五紀：歲、月、日、星辰、歷數）。
⑸治民準則（皇極：治民大得其中）。
⑹道德實踐（三德：正直、剛克、柔克）。
⑺謀事依據（稽疑：有大疑則謀及乃心，再及於卿士、庶人、卜筮）。
⑻實證精神（庶徵：自然變化，各有徵驗，須多方考察）。
⑼禍福觀念（五福：壽、富、康寧、攸好德、考終命。六極：凶短折、疾、憂、貧、惡、弱）。

接著，又約而為《尚書．大禹謨》之「正德、利用、厚生」，而形成「以德教為本，以民生為重」的聖王之「政規」。

到了西周初期，人文精神日漸彰顯，祭祀之敬內轉而為敬德，由憂患意識與敬畏之感轉出道德意識，而建立了一個由「敬」所貫注的「敬德」「明德」之觀念世界。到春秋之時，乃進入「宗教人文化」的階段。這個階段的思想特徵有三點：

第一是人的地位之提升：《左傳》桓公六年：「夫民，神之主也。是以聖王先成民（成就民德民生）而後致力於鬼神。」同書莊公三十二年：「國將興，聽於民；將亡，聽於神。」這些話，都表示攝宗教於人文。

第二是天神之賞罰以民意為依據：《尚書．皐陶謨》說「天聰明自我民聰明，天明畏自我民明畏（畏通威，天之明善威惡、賞善罰惡，乃以民之好惡為依據）。」同書〈泰誓〉也說「天視自我民視，天聽自我民聽。」《左傳》成公五年「神福善而禍淫」之言，更直接表示神之降禍福，乃隨人之修德與否而為轉移。

第三是以「不朽」代「永生」：《左傳》襄公二十四年，魯大夫叔孫豹以「立德、立功、立言」為「三不朽」，表示人文價值高於靈魂之永生。

另外，再加上「天命下貫而為性」的思想趨勢（由《詩》、《書》、《左傳》而歸結為《中庸》首句：天命之謂性），使得中國思想的中心，不落在「天道」本身（所以不走宗教的路），而是落在「天道性命相貫通」上。（此即儒家所順成的「天人合德」的內聖成德之教。）

2. 孔子時代

孔子生當春秋後期（西元前五五一—四七九年）。中國文化發展到孔子，是一個決定性的大關鍵。孔子以前，是中國文化的「源」，孔子以後，是中國文化的「流」。孔子上承二帝三王之源，下開諸子百家之流，既繼往，又開來。孔子的「仁教」，更為中國文化開啟了長江大河。

周公「制禮作樂」所代表的禮樂文化，一方面是典章制度，一方面是生活規範。而禮樂文化的功能，主要是靠當時統治階層的貴族來維繫。但經西周三百年而下及春秋，貴族生命日漸衰落，這套禮樂文化也就徒具形式，而成為「文勝質」，甚且是「有文無質」了。什麼是「質」呢？簡單地說，就是內在生命的真誠。如果只有外在的儀節形式，而欠缺內在的真誠貫注，這套形式規範是不能起作用的。所以孔子說：

> 人而不仁，如禮何？人而不仁，如樂何？（《論語・八佾》）

禮樂是外在的「文」，仁義忠信才是內在的「質」。文和質是相輔相成的。如果沒有仁義忠信的貫注，禮樂便只是沒有真實內容的虛文。孔子以「仁」立教，告訴我們「為仁由己」（《論語・顏淵》），「我欲仁，斯仁至矣」（《論語・述而》）。經過孔子的點醒，而引發了人的自覺，使人能夠主動自發地來決定人生的方向，完成生命的價值，因而開出一條「人人皆可以踐仁成聖」的大路。用一個譬喻來說，周公畫好了中國文化這條巨龍，而孔子則是為巨龍「點睛」的人。點睛以後，才能神龍活現，神光炯耀。所以宋人說：「天不生仲尼，萬古如長夜。」因為孔子的「仁」，正點示出文化的光源。

事實上，孔子的時代，也正是人類心智成熟放光的時刻。如像希臘的哲學思辯，希伯來的超越嚮往，印度的本體探究，分別為「科學、宗教、玄解」播下了善種。而中國的儒家，則本乎「憂患意識」而開顯了「創造轉化」的人文精神。所以西方學者稱這個時代為人類歷史的「軸心時代」。

3. 諸子百家

孔子是儒家的開山，也同時是諸子的濫觴。如果沒有孔子在春秋後期的行教與講學，使《詩》、《書》、《禮》、《樂》流散於民間，則戰國時代的諸子之學，恐怕就不會那麼快速的蓬勃興起。

儒家以常理常道為主，能繼承民族文化之大統。其餘各家，雖各有獨特之見，自成一家之言，但不夠平正周延，不免各有偏失。唐君毅（西元一九〇九－一九七八年）嘗從「個人、社會、國家」三方面以明其故：

道家（以老子、莊子為代表）：偏重個人，而輕忽社會、國家。

墨家（以墨子為代表）：偏重社會，而輕忽國家、個人。

法家（以韓非為代表）：偏重國家，而輕忽個人、社會。

儒家（以孔子、孟子為代表）：個人、社會、國家，三者並重，皆予成全。

順著上面的比對，我們可以作如下的說明：

(1)道家：以「致虛守靜」為修證工夫，其目的是要恢復自在自適的心境，求得心靈的自由，以達於逍遙無待，獨與天地精神相往來的境界。他們只重視個體性的精神自由，對於社會的禮樂教化，國家的政治事務，則持消極的態度，輕忽而不加重視。

(2)墨家：提倡「兼愛」、「非攻」，重視社會正義，國際和平，嚮往一個「愛無差等」的社會。但卻疏忽了禮樂教化以及國家的價值和責任。至於個體生命獨立的地位，也為墨家所疏忽，尤其在墨者集團嚴格的紀律之下，個體性的價值是很難得到伸展和實現的。

(3)法家：特別重視「君國」之利。在他們眼裏，人只是一個「耕、戰」的工具，至於人品、節操、才學、藝能，則一概加以貶抑甚至抹殺（參見《韓非子・五蠹》）。對於社會的倫理道德與禮樂教化，也採取敵視的態度，而主張「以法為教，以吏為師」。可見法家只重國家，而輕忽個人和社會。

總之，「道、墨、法」三家皆有所偏，他們各有所得，也各有所失。只有：

(4)儒家：才是大中至正，無所偏失。無論「個人方面」的人格、品節、思想、才藝；「社會方面」的人倫常道、禮樂教化、公益事業；「國家方面」的建國創制、設官分職、以及保民養民的政治設施；這三方面同時兼顧並重，一一予以成全。

(二)儒學趨衰而轉形（兩漢）與道家玄理之再現（魏晉）

結束戰國時代的是秦朝。秦始皇的政治是法家型的。遠而言之，是商鞅變法的延續；近而言之，是實行韓非的思想。而實際推動秦朝政治的人，是李斯。

韓非和李斯有二句很糟糕的名言，就是上文提到過的「以法為教，以吏為師」。依照中國文化的傳統，應該是「以五經為教，以聖賢為師」。而秦朝以法為教，表示那是一個沒有禮樂文化的時代；以吏為師，表示那是一個沒有聖賢師儒的時代。所以終於有「焚書坑儒」之事。

大漢代暴秦而興，思想趨向是「反法歸儒」。但天下元氣大傷，無力制作，經過「文景之治，休養生息」之後，到漢武帝時，乃面對三重建國的問題：國防建國是解決匈奴之邊患，政治與文化建國是要求恢復三代古制，革除苛法流毒，以重開禮樂文化。這就是董仲舒（西元前一七六－一〇四年）政治與文化雙管齊下的所謂「復古更化」運動。這個運動的基本精神有三：

1.尊理性、尊禮義：這是針對黃老之術的不足而發。

2.任德教、不任刑罰：這是針對法家的繁苛而發。

3.以學術指導政治：此即所謂「通經致用」，是儒家精神。

不過，漢儒之學，雖然有其文化學術上的重大功績，但對先秦儒家而言，卻算不得是「善述善繼」。

1.從「內聖」一面來說，漢儒只落於倫常教化（所謂三綱五常）的層次，而德慧生命未能充分透顯：(1)經生之學重文獻，不重德性生命之自覺自主。(2)對人性無善解，只落於「氣性、才性」一面看人性，對孔子之「仁」與孟子之「本心、善性」無相應之體會。(3)以聖人為「天縱」，不可學而至（此與孟子「人皆可以為堯舜」之義理相悖）。

2.在「外王」一面，雖有西漢五德終始的禪讓說，但「賢者為君」的理想，其結局卻歸於王莽之乖僻荒誕，反而激成東漢光武帝的天子集權，形成君主專制的政治形態。從此天下為私（從政權方面說），歷二千年而不變。

東漢中期以後，政治每況愈下，於是有所謂「清議」。下及魏晉，政治上的清議又轉為學術上的「清談」，而形成「儒學衰」、「玄學起」的新局面。

由「用氣為性」（從氣稟質性看人性）轉為「才性品鑒」（由神、精、筋、骨、氣、色、儀、容、言，以品鑒人之多姿多采與才品優劣），是從東漢演變到魏晉的思想上的一個關節。由才性品鑒，一方面開出了人格上的「美學原理」與「藝術境界」，一方面也開出了「心智領域」與「智悟境界」。由於美趣與智悟之結合，又開出了二系名理：

1. **才性名理**：如劉劭之《人物志》，以及論才性「同、異、合、離」的傅嘏、李豐、鍾會、王廣，皆屬於這一系。

2. **玄學名理**：此系人物，稱為「名士」，以談《易》、談《老》、《莊》為主。其言為清談、清言，其智思為玄智玄思，其理為玄理，其學為玄學。依時間之先後，可分為：

(1)「正始名士」，以王弼（西元二二六—二四九年）、何晏（西元一九〇—二四九年）、荀粲（？）為代表，皆談《老》、《易》。

(2)「竹林名士」，以阮籍（西元二一〇—二六三年）、嵇康（西元二二三—二六二年）為主，從《老》、《易》轉《莊子》。

(3)「中朝名士」，以向秀（？）、郭象（？）、王衍（西元二五六—三一一年）為主，此時，莊學最盛。

魏晉人，在美趣智悟上很不俗，一方面開出了純文學論，創造美文、書畫、音樂等藝術；一方面善名理，能持論。但在德性上卻顯得庸俗無賴。大體而言，魏晉人有美感而沒有道德感，有聰明而沒有真心肝。對於「自然與名教」（自由與道德）的矛盾，他們永遠無法消解。這個困難，要到宋明儒者上承先秦儒家之慧命，重新開出德性生命之領域，構成「德性、美趣、智悟」三度向的立體統一之後，才能得到真正的解決之道。

不過，魏晉人能弘揚老、莊的玄理，又能以玄智玄理接引佛家的般若學，在中國哲學思想史上，卻是佛家教義能夠真正進入中國文化心靈的一個重大的關鍵。

(三)佛教介入——異質文化的吸收與消化（南北朝隋唐）

佛教來自印度，它之所以能在中國盛行，可以從外緣和內因兩面來說明：

1. 從「外緣」方面說，是因為西晉之末，五胡亂華，佔據了北中國，胡人沒有文化，所以易於接受佛教。

2. 就「內因」方面說，則如上文所提到的，魏晉玄學所顯發的「無」的智慧，正好成為接引佛教「空」的智慧之橋樑，這才使得佛教思想打入中國文化心靈之中。

但就中華民族的內心來說，是不甘心受化於佛教的。所以，一方面護持朝廷政治上的典章制度，以及家庭倫常和社會的禮樂教化。另一方面就是大量翻譯佛經，以期吸收而消化佛教。積以數百年的精勤努力，到了隋唐之時，終於開出了「天台、華嚴、禪」三大宗派，使佛教在中國大放異采。

中國之正式吸收佛教，是從般若學開始（西元四〇一年，鳩摩羅什入長安，經十餘年之譯經與講論，使般若性空之真義大顯於世）。般若（觀空破執之特殊心能），在佛教乃是共法（一切大小乘之所共），龍樹《中觀論》的觀法也是共法，即使「緣起性空」也仍然是通義通則，是佛教各大宗派所共認的。所以，般若學的思想，並不決定義理的系統。（般若系的義理，乃是智慧之表現，而並未對一切法提出根原性之說明，所以般若學的性格，可以說是沒有系統相的系統。）

另一面就是對於唯識學的吸收。唯識思想在印度是先有妄心系之思想，後有真心系之思想。但中國之吸收唯識思想，其順序正好相反。如果以唯識學傳入中國的先後為準，我們可以方便地把唯識學分為前後兩期：

1. 地論師與攝論師，可以稱為前期唯識學。由於攝論師真諦三藏（西元？—五六九年，年約七十，自印來華二十餘年）在翻譯《攝大乘論》時，注入了真常心的思想，再通過《大乘起信論》而發展到華嚴宗，真常心系的思想乃達於最後之完成，是為「如來藏系統」。

2. 後來玄奘（西元六〇〇—六六四年）發現攝論宗人所說各異，是非莫定，於是發憤誓遊西方以問所惑。回國之後重譯《攝大乘論》，力復印度之舊，這就是一般所稱的唯識宗（奘傳唯識），可名之為後期唯識學。後期傳入的唯識思想，屬於「阿賴耶系統」。

以上是說明中國吸收佛教，是先從般若學（性空唯名），到如來藏系統（真常唯心），再到阿賴耶系統（虛妄唯識）。至於智者大師（西元五三八—五九七年）開創的天台宗，則是消化層上開顯的義理，是順承般若實相而進一步，通過「如來藏恆沙佛法佛性」一觀念，依據《法華經》之「開權顯實」而建立的系統，此即所謂天台圓教。

而最後出現的禪宗，則教相不明（只重禪定之修行），所以圭峯宗密（西元七八〇—八四一年）以神會（西元六八八—七六二年）之如來禪與華嚴宗相會合而倡「禪教合一」。如果要判攝慧能（西元六三八

—七一三年）之祖師禪，則應該與天台宗相會合，才算真正相應。禪宗是佛教的「異采」，但精采之顯露，同時即含著精采的銷盡。所以禪宗的出現，也正是中國消化佛教的最後階段。

在人類歷史上，宗教的傳播，大致有三種情形：

第一種情形，是很順利地傳進去，而且同化了當地沒有文化底子的民族。像基督教，在古代為歐洲人的祖先（蠻族）所全盤接受。近代傳入美洲、非洲，也一樣同化了土著民族。

第二種情形，是隨著軍事政治力量傳進去，但卻遭受當地文化長期持續的抗拒，到最後依然相持不下，而形成分裂對峙。像回教入侵印度好幾百年，始終和印度教壁壘分明；結果印度這個國家，也終於分為印度和巴基斯坦。

第三種情形，是和平而長久地與本土文化相融相即，漸漸達到某種程度的交融會通，而成為本土文化重要的內容之一。像佛教傳入中國，就是這種情形。

中國能夠吸收而且消化一個外來的大教（大的文化系統），這在人類文化史上乃是一個「絕無僅有」的特例。這表示中華民族——

文化生命非常浩瀚深厚；文化心靈非常明敏高超。

一個心智力量不衰的民族，一定會有它光明的前途。而在「對外」的思想消化工作完成之後，自己本身的文化生命當然要返本歸位。所以，隋唐階段佛教的鼎盛時期過去之後，北宋時期儒學的復興運動，就成為歷史發展中的必然。

(四)儒家心性之學的新開展(宋明)

在中唐之時,韓愈(西元七六八—八二四年)就提出「道統」之說,但那只是外部的聲音:從主觀方面看,它欠缺振動文化心靈的力量;從客觀方面看,那時佛教未衰,而禪宗尤值盛時,如日中天。而且,中國文化也還有一段黎明前的黑暗階段(五代時期)必須通過。渡過了唐末五代的大劫難,才能「剝極而復,否極泰來」,此即北宋儒學的復興。

從北宋開始的儒學復興運動,一直連續發展到明代亡國,前後有六百多年。關於宋明儒學復興的意義,可以從各種不同的角度去說,現在我只總提二點:

1.復活了先秦儒家的形上智慧

孔子講仁,孟子講心性,《中庸》、《易傳》講天道誠體,都蘊含著「天道性命相貫通」的義理,這是人類哲學史上最平正而又極其高明的形上智慧。是別的文化系統比不上的。

但秦漢以來,先是陰陽家的攙和,又加上象數之學的穿鑿附會,儒聖的慧命,遂在迷濛煙霧中趨於沉晦。接下來是玄學盛行,佛教傳入。雖然道家講玄理所顯發的「無」的智慧,也很玄深高妙,然而,由玄智玄理而開顯出來的「道」,畢竟不是儒聖「本天道為用」(張橫渠語)的生生之大道。

依照儒家的義理,天道生生,仁道也生生。所以,儒家之學,一方面「上達天德」,一方面又「下開人文」。這樣,就可處理佛老二家所不能處理的「道德根源」和「文化傳統」的問題。從北宋諸儒由《中庸》、《易傳》之講天道誠體,回歸於《論語》、《孟子》之講仁與心性,再發展到陸象山的心學、王陽明的良知之學，正表示儒家形上智慧的復活，和道德意識的充分發揚。

2.重新暢通了民族文化生命的大流

道家雖然是中國土生土長的學派，但只是旁枝，不是主幹。佛教是印度來的，不是中國文化本身發出來的智慧。所以，佛老二家都不足以代表中華民族文化生命的大流。到了宋明儒學出現，才完成二件大事：第一件是「恢復道統」，重新樹立孔子的地位，把思想的領導權，從佛教手裏拿回來。第二件是他們以「民間講學」的方式，掀起了一個全面性的，而且持續六百年之久的文化思想運動，造成中國哲學史上一個光輝的時代。由於他們的精誠努力，使魏晉以來歧出的文化生命，終於導歸主流，而恢復了中華民族文化生命的正大光暢。

宋明儒者的學術，可以分為「北宋、南宋、明代」三個階段。

(1)北宋諸儒，以周濂溪（西元一〇一七－一〇七三年）、張橫渠（西元一〇二〇－一〇七七年）、程明道（西元一〇三二－一〇八五年）、程伊川（西元一〇三三－一一〇七年）四人為主。他們上承儒家經典本有之義以開展他們的義理思想，其步步開展的理路，是由《中庸》、《易傳》之講天道誠體，回歸到《論語》、《孟子》之講仁與心性，最後才落在《大學》上講格物窮理。在北宋階段，只有義理之開展，沒有思想之分系。（雖然程伊川對道體、性體乃至仁體、心體之體會，與程明道並不相同，而顯示義理之轉向。但伊川自己並不自覺，二程門下也未覺察；所以系統的分化要到南宋才顯露出來。）

(2)到了宋室南渡，儒學開為三系：

①程明道開胡五峯（西元一一〇五－一一六一年）之湖湘學統，以心著性，心與性是形著的關係。

②程伊川開朱子（西元一一三〇－一二〇〇年），言性即理，而心與性為二，心與理亦為二。

③陸象山（西元一一三九－一一九二年）則直承孟子而開出心學一派，言心即理，心與性為一（因而亦融攝了性即理）。湖湘之學（五峯門人）受到朱子的貶壓，一傳而衰；因而南宋以後，只有「朱、陸」二系傳續不絕。到元明之時，朱子學且進居「官學正統」的地位。

(3)明代中葉，王陽明（西元一四七二－一五二八年）繼象山出而倡心學，創立「致良知教」，王學遂遍天下（至於王學之分化，請參看牟宗三先生《從陸象山到劉蕺山》第三章，頁二一五－三二一，茲不及論）。到明末劉蕺山（西元一五七八－一六四五年），則又呼應胡五峯，盛言「以心著性」之義。宋明六百年的心性之學，也到此結穴，而完成了發展的使命。

不過，宋明儒者的成就和貢獻，主要也只在內聖成德方面。宋明理學家雖然確認「內聖」和「外王」是相通的，他們也持守「仁政王道」的原則和精神，同時也要求君王修德愛民以「利用厚生」。但外王事功之學，畢竟沒有充分開創出來。當然，這一步欠缺，也不能單單責怪理學家，因為這是全民族的責任，在本質上是一個「文化心靈表現形態」的問題。（下文將有說明）

(五)文化生命之歪曲、沖激與新生（近三百年）

明代太監弄權，政治太壞，終於招致滿清入關，明朝亡了。晚明三大儒顧亭林（西元一六一三－一六八二年）、黃梨洲（西元一六一〇－一六九五年）、王船山（西元一六一九－一六九二年），懷著亡國亡天下之痛，深切反省民族文化生命的方向和途徑，而自覺地要求「由內聖開出外王事功」。這一步反省是非常中肯的。可惜滿清入主以後，大漢民族遭受到雙重的打擊：第一是民族生命受挫折（漢族喪失天下）；第二是文化生命受歪曲（學術轉為考據）。

在這種情形之下，顧黃王諸大儒的思想方向，自然無法得到伸展，再加上文字獄的壓制，讀書人不敢發議論以過問政事，更不敢講民族大義了。起初是不得已，所以只能做一些文字訓詁、版本考據之類的學問。但乾隆嘉慶以後，「考據」成為「學風」，讀書人忘記了當初「不得已」的那份委屈和痛苦，竟然變成只知道「面對書本」而尋章摘句，而不能「面對文化問題」來發憤用心。久而久之，使得中國人的頭腦趨於僵化，變成一個骨董箱，因而不會運用思想了。一個這麼大的國家民族，沒有大儒，沒有器識恢弘的學者思想家，當然會造成各方面的悲劇。

在十七世紀（明清之際）以前，中西文化並沒有什麼差距，頂多也不過互有長短而已。但十八世紀，歐洲有孟德斯鳩（西元一六八九－一七五五年）著《法意》，有盧梭（西元一七一二－一七七八年）著《民約論》，康德（西元一七二四－一八〇四年）更完成他的三大批判；而中國的知識分子，卻在這個時候停止了思想活動，而徒知順應乾隆皇帝（西元一七三六－一七九五在位年）之召命，埋頭伏案，大抄其書，抄成了七大套《四庫全書》。試看：在西歐，是顯示思想的開放上升；在中國，則形成思想的封閉枯萎。一個是突飛猛進，一個是停滯落後；一升一降，中西文化的差距便越來越大了。

乾隆嘉慶以降，中國文化由僵化而封閉，而混亂，這是數千年來中國文化變遷最大、最劇烈、而且最糟糕的一個階段。結果，造成了中華民族前所未有的大悲劇。雖然洪楊之亂平定之後，漢人逐漸抬頭，而有自強運動，有維新變法，最後有辛亥革命的成功，但是中國的問題，一直到今天仍然沒有解決。

* * * *

民國以來，有「五四」前後興起的新文化運動。五四運動本身是一個愛國運動（外抗強權，內除國賊），但隨之而展開的所謂新文化運動，卻是一個「思想混亂而不成熟，認識模糊而不清楚」的運動。雖然有二個鮮明的口號：「民主」和「科學」，但當時的知識分子對民主科學卻欠缺真切的了解。他們以為，民主是西方的生活方式，科學是西方的新知識；如今中國既然要民主、要科學，就得把自己的傳統文化徹底打倒，以便「全盤」接受西方文化。但是代表西方文化的歐美列強，卻並不同情中國，並不真心想幫助中國，他們是帝國主義，想要瓜分中國；就連美國所謂「門戶開放，利益均霑」，也是想要從中國得到好處，同樣不脫帝國主義的色彩。反而是蘇聯擺出一副「偽善」的面孔，來騙取中國的好感，而中國知識分子也果然上了它的大當。於是「西化」的思潮，一步一步轉為「俄化」；而中國共產黨也終於竊取了抗戰勝利的果實，這就是大陸的淪陷（淪為馬列）。

中國的問題，本質上是一個「文化問題」。政治、社會、經濟等等問題的發生，固然以文化問題為其導向，而這些問題的解決，也仍然必須以文化的調適復興以為前提。如果沿用傳統的名詞，則中國的文化問題，仍然可以統歸於「內聖」與「外王」二個綱領之下：(1)內聖，是安身立命的道德宗教之問題，屬於「終極關懷」一面；(2)外王，則是事功問題，其中含有政治與知識技術二行，這是屬於「現實關懷」的一面。茲分三點，作一說明。

中國當前的文化使命：三大綱

1. 光大內聖成德之教，重開「生命的學問」

儒家的心性之學，是內聖成德之教。它的重點，是要：(1)開顯「生活的原理」；(2)決定「生命的途徑」。

總括而言，生活的原理就是「仁」，而生命的途徑，則是依於仁而開顯出來的道德實踐的軌道。順此原理與途徑，而立己、成己，而立人、成物，於是人的生命乃能向上升進，向外開擴，以創造充實飽滿的人生，建立安和均平的社會。

這一個內聖成德之教，有數千年的傳統，早已成為民族文化生命中定常的骨幹。同時，由於心性之學的重點，在於「講論常理，護持常道」，所以它所開顯的生活原理和生命途徑，不只是適用於中國，也可普遍地適用於人類。二千年來，中國文化的發展，是「儒、釋、道」三教相互摩盪的過程。今後，必將是「儒、佛、耶」三教的相互摩盪以求融通。這是歷史運會迫至的文化情勢，也是當代儒家面對的時代課題。

文化宗教融攝會通的過程，事實上也就是自家文化心靈漸次甦醒、漸次調適、漸次條暢的過程。必須先有醒覺的文化心靈和順適條暢的文化生命，而後乃能決定文化的方向，開顯文化的理想，以恢復文化的創造力。

在西方，文化創造的靈感來自宗教，在中國，則來自儒家。儒家的成德之教，不但能建立「日常生活的軌道」（如人倫生活的規矩，婚喪喜慶的儀節，以及祭祀之禮等等），而且能開出「精神生活的途徑」（如主觀面的人格之完成，和客觀面的歷史文化之創造）。所以，承續而且光大內聖成德之教，以重新開顯「生命的學問」（使生活有意義，人生得安頓），乃是發展中國文化的首要大事，也是儒家思想發展的基本方向。

2. 開出法制化的政道，完成民主政體建國

儒家的外王之學，在以往只通向政治以推行仁政王道。但傳統的「修德愛民」的聖君賢相的政治形態，只成就了「治道」（安排治權的軌道，宰相制可為代表），而未能開出客觀法制化的「政道」（安排政權的軌道）。因此：(1)朝代更替，治亂相循；(2)君位繼承，宮廷鬥爭；(3)宰相地位，受制於君。此三者，形成中國傳統政治的三大困局。根據當代儒家學者的反省，認為民主憲政的政治形態，正可消解這三大困局。而民主政體的建國，其實是任何一個民族都必須通過的在政治上「自盡其性」的一步莊嚴的奮鬥。中國在二千年的君主專制解體之後，正須完成（近代意義的）民主政體之建國大業，以樹立國家民族足以真正自主的鋼骨，而後全體中國人的自由人權，也才能獲得堅實的保障。

至於民主政治的推行，一要具備形式的架構；二要進行具體的實踐。所謂「形式的架構」，即是憲法所代表的體制，這是第一義的制度，也是「政道」之所繫。而有關「具體的實踐」，則須遵循憲法的體制軌道，依照政治建設的本性，來分別推行各個層面的政治措施。一切按部而就班，分工而合作，步步踏實，實事求是，奉公守法，敬業樂群，這就是理性主義的事功精神（不同於英雄主義的事功）。今天中國所需要的，正是這種「有助於民主建國」的事功精神。至於古代「打天下」的英雄事功，已經不合時宜

了。

3. 調整文化心靈的表現形態，開出知識之學

中華民族有很高的科學心智（英人李約瑟主編的《中國科學文明史》可以為證），但一直沒有開出知識之學的傳統。此其故有二：

(1)內因：作為中國文化主流的儒家，講的是身心之學，採取道德的進路，重視立身成德，修己治人，而並沒有以知識問題作為講學的重點。

(2)外緣：中國以農立國，農業社會是一種「和諧安定、自給自足」的社會，對於知識技術的需求並不迫切，而一般性的器械之用，以中國人的聰明也很容易解決。因此，當儒家思想由一己之身而通向社會之時，也仍然是以人倫教化為重點；這是落實於「生活」，而不是落實於「知識」。然而，今天的情況已大非昔比。在西方強勢的科技文明衝擊之下，中國人已經後退無路，不能不作深切的反省了。

依儒家學者之見，中國當然要向西方學習科技，但更為根本而重要的，是自覺地調整「民族文化心靈的表現形態」，使文化心靈中的「知性主體」，從「德性主體」的籠罩之下透顯出來，獨立起用以成就知識。就此而言，今天的中國知識分子：

(1)必須自覺地培養「純知識」的興趣。

(2)必須確立「重視學理而不計較實用」的求知態度。

(3)必須學習「主客對列」的思考方式。

如此，才能充分透顯文化心靈中的科學心智，開出知識之學，以建立純知識的學理。有了學理作根據，而後才能夠提供出《周易．繫辭傳》上所說的「開物成務」的具體知識和實用技術，以滿足《尚書．大禹謨》所說的「利用厚生」的要求。

* * * *

臺海兩岸已分裂五十餘年，中共一直想以「馬列」取代「孔子」，以「唯物思想」取代「儒學」。但自文化大革命風暴過後，思潮激盪，人心求變。在「士氣民心」巨大的衝擊之下，中共乃不得不作開放之舉措。劫後餘生的知識分子，也漸漸心靈復甦，而進行文化的反思。雖然他們的論著，不免有局限性，但他們為文化學術所表現的精誠，是足堪令人感佩的。他們認為，二十世紀的中國，除了馬克思主義和以自由主義為代表的西化思潮之外，他們也體認到：當代新儒家比較具有繼往開來的意義，在理論上有一定的創造性，影響較大，而且生命力較長久。同時，他們也指出，當代新儒家之所以值得研究，是因為它比起西化派和頑固守舊派來，更好地解決了傳統和現代化的關係問題。(見一九八九年四月，中國社會科學出版社印行之《現代新儒學研究論集》，頁七。)

至於臺、港、海外的人文學者，對於中國文化與儒家學術的研究，更是不遺餘力，而功績卓著。茲分為五點，作一說明：

當代人文學者的五項貢獻

1. 闡揚內聖心性之學的義理

通過經典文獻的疏解，和思想觀念的詮釋，使得儒家內聖成德之教（從先秦到宋明理學）的義理綱領與中心義旨，全幅朗現。經過三、四十年的持續努力，可以說已經達到客觀理解上的高峰。而且又不只是儒家而已，道家和佛教的教義系統，也已獲致通盤的理解和相應的表述。對於「儒、釋、道」三教所開顯的智慧，以及三教所建立的安身立命之道，此時所能提供的講述，在很多方面都已「超邁前修」，只是一般庸眾俗士懵懵無所知而已。

2. 開展儒家外王學的宏規

從歷史上比較中西政治，可以看出儒家仁政王道的理念，以及君主政治中的宰相制度，實比同時代的其他國家更為優越。但近代西方的民主憲政體制完成之後，中國的傳統政治便瞠乎其後了。因此，儒家的外王學必須有新的充實和開擴。

(1)在政治方面，「仁政王道」的規模必須開顯一步，使它從第二義的制度（治道）升進到第一義的制度（政道）之建立。也即使仁政王道的政治理想，能真正落實於客觀的法制，以完成民主政體的建國大業。這是第一點。

(2)在事功的要求方面，華族的文化心靈，必須從「德性主體」轉出「知性之用」，以發展出科學知識和實用技術，如此，才能使「開物成務」、「利用厚生」的古訓，真正落實，以達到具體的效益。這是第二點。

這兩方面的充實發展，即是儒家「新外王」的基本義旨。這種文化反省和學術器識，亦是當代新儒家遠遠超越五四知識分子的地方。

3. 抉發中國哲學思想中所涵蘊的問題

自從本世紀中國人正式使用「哲學」一詞以來，經歷「中國有沒有哲學」的疑惑，而進到「什麼是中國哲學」的考量，如今，我們已經可以相當明確地陳述中國哲學思想中所涵蘊的「哲學問題」，以及中國文化在二千多年的義理開創中所引發的諍辯。這方面的貢獻，牟宗三先生（西元一九〇九－一九九五年）的《中國哲學十九講》的講述，當居首功。而唐君毅先生（西元一九〇九－一九七八年）的《中國哲學原論》，徐復觀先生（西元一九〇三－一九八二年）的《兩漢思想史》，亦卓著功績。

4. 打通「中國哲學思想史」開合發展的關節脈絡

一部好的中國哲學思想史，含有二個基本要求。第一、對於各家各派的哲學思想，必須有客觀而相應的理解。第二、對各階段哲學思想開合演進的關節及其意義，必須有明確的辨識和衡定。如此，才能對中國哲學史作一完整而恰當的講述。而近數十年來，有關「魏晉玄學、南北朝隋唐佛學、宋明理學」的思想系統與義理綱脈，都已有了清晰的講解和明確的分判。今後，一部像樣的、好的中國哲學史之寫成，已經是可能的了。

5. 疏導中西哲學會通的道路

中西文化的同異及其會通，可以說是中國知識分子的「世紀困惑」。討論這個問題的人很多，而恰當中肯的講法卻非常之少。唐君毅先生曾原則地指出：中國文化過去的缺點，是在於「人文世界」未曾「分殊的撐開」；而西方文化的缺點，則因人文世界儘量撐開而淪於分裂（今之所謂科際整合，便是對此而發)。因此,中國文化應「由本以成末」,西方文化則應「由末以返本」。

牟宗三先生則以持續《十四講》的時間,來討論「中西哲學之會通」。其中有一個中心的意思,是借用《大乘起信論》的「一心開二門」,作為中西雙方會通的哲學間架。「真如門」相當於康德的智思界,「生滅門」相當於康德的感觸界。中西哲學同樣都是開二門,但各有輕重。中國長於開真如門(故有儒釋道之哲學器識與哲學智慧),西方長於開生滅門(故有自然哲學與科學知識),彼此正須相補以求會通。至於順此會通而來的種種問題,牟先生也已作了層層之比對與深入而透闢之疏解,其最後的融通,見於《圓善論》一書之講述,以及《真美善之分別說與合一說》。

此外,牟先生認為西方哲學,主要有三大支:柏拉圖(西元前四二一—三四七年)代表一支,來布尼茲(西元一六四六—一七一六年)加上羅素(西元一八七二—一九七〇年)代表一支,康德代表一支。柏拉圖一支以及來氏形上學的一套,已消化於康德,中國可以通過康德來接上西方哲學的大流。至於羅素和來氏邏輯分析那一套,就必須靠中國人自己直接去吸收消化。因此,康德是中西哲學會通的最佳橋樑。(但不是唯一的橋樑,其他的路道,各人可以自己選擇去嘗試。)

四、文獻與參考書目

本節開列參考書目,分為三部分:

(一)原始典籍:以經、子、理學之原典為主。佛教之經籍,從略。

(二)近人著作:分為(1)通論;(2)哲學思想史(含斷代);(3)有關「專家、專題」之論著。(皆只能擇要選錄，未能充備。）

㈢專題論文：以「與中國哲學思想史直接相關者」為限。

大陸學者有關「中國哲學思想」之著作，受意識形態之限制，一時論評為難。為免顧此失彼，一律暫缺。

㈠原始典籍

1. 十三經注疏（臺北藝文印書館及各大書局）

(1)《周易正義》 魏王弼、韓康伯注 唐孔穎達等正義
(2)《尚書正義》 漢孔安國傳 唐孔穎達等正義
(3)《毛詩正義》 漢毛公傳 鄭玄箋 唐孔穎達等正義
(4)《周禮注疏》 漢鄭玄注 唐賈公彥疏
(5)《儀禮注疏》 漢鄭玄注 唐賈公彥疏
(6)《禮記正義》 漢鄭玄注 唐孔穎達等正義
(7)《春秋左傳正義》 晉杜預注 唐孔穎達等正義
(8)《春秋公羊傳注》 漢何休注 唐徐彥疏
(9)《春秋穀梁傳注疏》 晉范寧注 唐楊士勛疏
(10)《論語注疏》 魏何晏注 宋邢昺疏

(11)《孝經注疏》 唐玄宗注 宋邢昺疏
(12)《爾雅注疏》 晉郭璞注 宋邢昺疏
(13)《孟子注疏》 漢趙歧注 宋孫奭疏

2.五經讀本(臺北啟明書局,粹芬閣藏本)

(1)《詩經集傳》 宋朱熹撰
(2)《書經集傳》 宋蔡沈撰
(3)《禮記集說》 元陳澔撰
(4)《周易本義》 宋朱熹撰
(5)《春秋三傳》(古本,無新注)

3.諸子集成(臺北世界書局)

(1)儒家十種:《論語》、《孟子》、《孔子家語》、《荀子》、陸賈《新語》、桓寬《鹽鐵論》、揚雄《法言》、王符《潛夫論》、荀悅《申鑒》、顏之推《顏氏家訓》。
(2)道家四種:《老子》、《莊子》、《列子》、葛洪《抱朴子》。
(3)法家四種:《管子》、《商君書》、《慎子》、《韓非子》。
(4)名家四種:《鄧析子》、《尹文子》、《公孫龍子》、劉劭《人物志》。
(5)墨家二種:《墨子》、《晏子春秋》。
(6)雜家三種:《呂氏春秋》、《淮南子》、王充《論衡》。

(7)小說家二種：《燕丹子》、《世說新語》。

(8)兵家二種：《孫子》、《吳子》。

（其未編列而見於臺北先知出版社影印之「二十二子」者，計有：賈誼《新書》、董仲舒《春秋繁露》、王通《文中子》，以及《黃帝內經・素問》等。）

4. 理學文獻（錄要）

(1)《周子全書》　宋周濂溪撰　臺北商務印書館

(2)《張子全書》　宋張橫渠撰　臺北商務印書館

(3)《二程全書》　宋程明道、程伊川撰　臺北中華書局

(4)《龜山全集》　宋楊龜山撰　臺北學生書局

(5)《上蔡語錄、延平答問》合刊　宋謝上蔡、李延平撰　臺北廣文書局

(6)《胡宏集》（含胡子知言）　宋胡宏撰　北京中華書局

(7)《朱文公文集》　宋朱熹撰　臺北商務印書館

(8)《朱子語類》　宋朱熹撰　臺北正中書局及文津出版社

(9)《陸象山全集》　宋陸象山撰　臺北世界書局

(10)《王陽明全書》　明王陽明撰　臺北正中書局

(11)《王龍溪語錄》　明王龍溪撰　臺北廣文書局

(12)《盱壇直詮》　明羅近溪撰　臺北廣文書局

⒀《劉子全書》　明劉宗周撰　日本京都中文出版社

⒁《宋元學案》　明黃宗羲、清全祖望編撰　臺北世界書局

⒂《明儒學案》　明黃宗羲撰　臺北世界書局

(二)近人著作

1. 通論

(1)《讀經示要》　熊十力著　臺北廣文書局

(2)《新唯識論》　熊十力著　臺北明文書局

(3)《原儒》　熊十力著　臺北明文書局

(4)《東西文化及其哲學》　梁漱溟著　臺北正中書局

(5)《中國文化要義》　梁漱溟著　臺北正中書局

(6)《復性書院講錄》(含群經大義)　馬一浮著　臺北廣文書局

(7)《科學哲學與人生》　方東美著　臺北黎明文化公司

(8)《中國文化之精神價值》　唐君毅著　臺北學生書局

(9)《文化意識與道德理性》　唐君毅著　臺北學生書局

⑽《人文精神之重建》　唐君毅著　臺北學生書局

⑾《中國人文精神之發展》　唐君毅著　臺北學生書局

(12)《道德的理想主義》　牟宗三著　臺北學生書局
(13)《政道與治道》　牟宗三著　臺北學生書局
(14)《中國哲學的特質》　牟宗三著　臺北學生書局
(15)《中國哲學十九講》　牟宗三著　臺北學生書局
(16)《中西哲學之會通十四講》　牟宗三著　臺北學生書局
(17)《中國哲學論集》　王邦雄著　臺北學生書局
(18)《中西哲學論文集》　劉述先著　臺北學生書局
(19)《新儒家的精神方向》　蔡仁厚著　臺北學生書局
(20)《儒家思想的現代意義》　蔡仁厚著　臺北文津出版社
(21)《儒學的常與變》　蔡仁厚著　臺北東大圖書公司
(22)《儒學與現代意識》　李明輝著　臺北文津出版社

2. 哲學思想史（含斷代）

(1)《中國古代哲學史》　胡適著　臺北商務印書館
(2)《中國哲學史》　馮友蘭著　清華大學講義本
(3)《新編中國哲學史》　勞思光著　臺北三民書局
(4)《中國哲學史大綱》　蔡仁厚著　臺北學生書局
(5)《中國哲學原論》四篇　唐君毅著　臺北學生書局

①導論篇：論述「理、心」與「名、辯、格物致知」等
②原性篇：論中國人性思想之發展
③原道篇：論述中國哲學中「道」觀念之重建與發展
④原教篇：論述宋明儒學思想之發展
(6)《歷史哲學》(從三代到東漢)　牟宗三著　臺北學生書局
(7)《中國人性論史》(先秦篇)　徐復觀著　臺北商務印書館
(8)《兩漢思想史》(三冊)　徐復觀著　臺北學生書局
(9)《兩漢經學今古文平議》　錢穆著　臺北三民書局
(10)《魏晉思想》(合編)　臺北里仁書局
①魏晉清談思想初論(賀昌羣)
②魏晉的自然主義(容肇祖)
③魏晉思想論(劉修士)
④魏晉玄學論稿(湯用彤)
⑤魏晉玄學中的言意之辨(袁行霈)
(11)《才性與玄理》(魏晉玄學)　牟宗三著　臺北學生書局
(12)《中國佛教史》　黃懺華著　臺灣印經處
(13)《漢魏兩晉南北朝佛教史》　湯用彤著　臺北商務印書館

(14)《中國禪宗史》 釋印順著 臺北慧日講堂

(15)《佛性與般若》（南北朝隋唐佛學） 牟宗三著 臺北學生書局

(16)《心體與性體》（宋明理學） 牟宗三著 臺北學生書局

(17)《從陸象山到劉蕺山》（宋明心學） 牟宗三著 臺北學生書局

(18)《新儒家思想史》 張君勱著 臺北鵝湖出版社代銷

(19)《宋明理學·北宋篇》 蔡仁厚撰 臺北學生書局

(20)《宋明理學·南宋篇》 蔡仁厚撰 臺北學生書局

(21)《中國近三百年學術史》 錢穆著 臺北三民書局

(22)《中國政治思想史》 蕭公權著 臺北聯經出版公司

(23)《中國思想史論集》 徐復觀著 東海大學出版

(24)《中國思想史論集續編》 徐復觀著 臺北時報出版公司

3. 有關「專家、專題」之論著

(1)《周易的自然哲學與道德函義》 牟宗三著 臺北文津出版社

(2)《易傳之形成及其思想》 戴璉璋著 臺北文津出版社

(3)《孔孟荀哲學》 蔡仁厚著 臺北學生書局

(4)《儒家心性之學論要》 蔡仁厚著 臺北文津出版社

(5)《荀子學說》 陳大齊著 臺北華岡出版社

(6)《荀子思想研究》 周群振著 臺北文津出版社
(7)《荀子與古代哲學》 韋政通著 臺北商務印書館
(8)《老子的哲學》 王邦雄著 臺北東大圖書公司
(9)《老子哲學之詮釋與重建》 袁保新著 臺北文津出版社
(10)《老莊哲學》 胡哲敷著 臺北中華書局
(11)《墨學之省察》 陳拱著 臺北學生書局
(12)《墨辯研究》 陳癸淼著 臺北學生書局
(13)《墨家哲學》 蔡仁厚著 臺北東大圖書公司
(14)《名家與荀子》 牟宗三著 臺北學生書局
(15)《公孫龍子疏釋》 陳癸淼著 臺北蘭臺書局
(16)《韓非子評論》 熊十力著 臺北學生書局
(17)《韓非子的哲學》 王邦雄著 臺北東大圖書公司
(18)《郭象莊學平議》 蘇新鋈著 臺北學生書局
(19)《張載思想研究》 朱建民著 臺北文津出版社
(20)《朱子新學案》 錢穆著 臺北三民書局
(21)《朱學論集》 陳榮捷著 臺北學生書局
(22)《朱子哲學思想的發展與完成》 劉述先著 臺北學生書局

(23)《王陽明哲學》　蔡仁厚著　臺北三民書局
(24)《比較中日陽明學》　張君勱著　臺北商務印書館
(25)《黃宗羲心學之定位》　劉述先著　臺北允晨出版社
(26)《王船山哲學》　曾昭旭著　臺北遠景出版社
(27)《王船山人性史哲學之研究》　林安梧著　臺北東大圖書公司
(28)《智的直覺與中國哲學》　牟宗三著　臺北商務印書館
(29)《現象與物自身》　牟宗三著　臺北學生書局
(30)《圓善論》　牟宗三著　臺北學生書局
(31)《儒家與康德的道德哲學》　楊祖漢著　臺北文津出版社
(32)《歷史與思想》　余英時著　臺北聯經出版公司
(33)《中國文化新論》（集體撰述）　劉岱主編　臺北聯經出版公司
序論篇、學術篇、思想篇（上、下）、制度篇、社會篇、經濟篇、文學篇（上、下）、藝術篇、科技篇、宗教禮俗篇

(三)專題論文

(1)〈中國哲學史的分期〉　蔡仁厚撰　《中國文化月刊》　二十二期
(2)〈中國哲學史「專題研究」芻議〉　蔡仁厚撰　《中國文化月刊》　五十期

墨子

陳品卿

一、「墨」字的意義

墨字的意義，有兩種不同的說法，玆分別說明如下：

(一)墨字是學派的名稱

清朝末年的江瑔主張「墨」字是學派的名稱，而不是姓氏的稱呼。他在《讀子卮言》裏的〈論墨子非姓墨〉中說：「古之所謂墨者，非姓氏之稱，乃學術之稱也。猶言墨子之徒，以墨為其學耳。」

江瑔又考證說：

考墨字從黑，為會意兼形聲字，故人既訓墨為黑，又訓為晦，引申之為瘠墨、為繩墨。是則所謂墨者，蓋垢面囚首，面首黎黑之義也。墨子之學出於夏禹。《莊子・天下》篇引墨子稱道禹行曰：「不能如此，非禹之道也，不足為墨。」《淮南子・要略》篇云：「墨子學儒者之業，受孔子之術，以為其禮煩擾而不說，厚葬靡財而貧民，久服傷身而害事，故背周道而用夏政。」《墨子・公孟》亦云：「墨子謂公孟曰：『子法周而未法夏也，子之古非古也。』」而其書所引先王，亦以稱禹為最多。是則墨學出於夏禹自無可疑。然夏道尚質，禹尤以質著。孔子稱禹：「菲飲食，惡衣服，卑宮室。」莊子稱禹：「親自操橐耜，而九雜天下之川，腓無胈，脛無毛，沐甚雨，櫛疾風。」列子稱禹：「身體偏枯，手足胼胝。」呂不韋稱禹：「憂其黔首，顏色黎黑，竅藏不通，步不相過。」是禹之為人，盡儉苦之極軌。故墨氏亦學之。墨子之學，雖有貴儉、兼愛、上賢、右鬼、非命、上同，諸端之不同，而究以貴儉、兼愛為宗。然貴儉為本，兼愛為用。二者之中，又自貴儉始。故於節用、節葬、非樂諸端，尤三致意焉。是以其學之宗旨，棄文而從質，棄華而務實，棄逸而任苦。「生不歌，死無服，桐棺三寸而無槨。其生也勤，其死也薄。以獨任為務，雖枯槁不舍。」（以上七語，俱散見《莊子・天下》）「摩頂放踵，利天下為之。」（見《孟子》）其為道適與禹同。莊子又云：「禹大聖也，而形勞天下也如此，如使後世之墨者，多以裘褐為衣，以跂蹻為服，日夜不休，以自苦為極。曰：不能如此，非禹之道也。」又云：「將使後世之墨者，必自苦以腓無胈，脛無毛，相進而已。」是墨子學禹之道，亦以自苦為極者也。以自苦為極，必至如禹之身體偏枯，手足胼胝，櫛風沐雨，顏面黎黑，不自以為苦，且汲汲焉忘其身以利天下，自當如是。故孟子稱為：「摩頂放踵。」莊子稱為：「其道大觳。」後世亦言墨突不得黔，此其學適合於墨子之義，故以墨名其家。人亦咸以墨子稱之。所謂墨者，蓋即檼栝勤儉勞苦諸義之稱也。

㈡墨字是姓氏

舊說「墨」字本為姓氏，不是學派的名稱，因為墨家的開山祖師姓墨，後人就以「墨」來稱呼這個學派。例如：《孟子・滕文公下》說：「楊朱、墨翟之言盈天下。天下之言不歸楊，則歸墨。」這裏孟子將楊、墨並舉。「楊」字既然是楊朱的姓，「墨」字也應當是墨翟的姓。《荀子・非十二子篇》說：「其持之有故，其言之成理，足以欺惑愚眾，是墨翟、宋鈃也。」這裏將墨翟、宋鈃並舉。「宋」字既然是宋鈃的姓；「墨」字也應該是墨翟的姓。其他如《莊子・天下》說：「不侈於後世，不靡於萬物，不暉於度數，以繩墨自矯而備世之急，古之道術有在於是者，墨翟、禽滑釐聞其風而說之。」這裏將墨翟、禽滑釐並舉。《韓非子・顯學》說：「夫是墨子之儉，將非孔子之侈也；是孔子之孝，將非墨子之戾也。」這裏將孔子、墨子並舉。《呂氏春秋・當染》說：「孔子學於老聃、孟蘇、夔靖叔。……其後在於魯，墨子學焉。此二士者，無爵位以顯人，無賞祿以利人，舉天下之顯榮者，必稱此二士也。」這裏將孔子、老聃、墨子並舉。《史記・孟子荀卿列傳》說：「荀卿，趙人。年五十始來游學於齊。……墨翟，宋大夫。善守禦，為節用。或曰並孔子時，或曰在其後。」這裏將荀卿、墨翟、孔子並舉。從以上的資料看來，墨子姓墨，名翟，應該是可信的。《墨子》書中，墨子弟子稱墨子為「子墨子」。墨子自稱曰「翟」。這更是墨子姓墨名翟的確證。

綜觀以上各家之說，可知「墨」字的意義，本為姓氏。因為墨家的開山祖師姓墨，後人就以「墨」來稱呼這個學派。墨子姓墨名翟。「墨學」為其上承堯、舜、禹、湯、文、武一貫之道，再增以個人所受時代與環境影響所得之見解。凡是學其學的人，都被人稱為「墨者」。

二、墨子的生平

關於墨子的生平，應該加以研究的，有五件事情：

㈠姓名

墨子姓墨名翟的說法，一向沒有人反對，一直到元代的伊世珍，才提出墨子姓墨名烏的不同說法。後來江瑔認為墨子不是姓墨，「墨」是學派的名稱，用來代表他們的學說和行為。胡懷琛則以為「墨」是「蠻」的轉音，「翟」就是「狄」，墨翟就是「貊狄」或「蠻狄」，是用來稱呼不知名的外國人。此外，錢穆又說「墨」是古代刑名的一種，墨子是刑徒，也就是奴役，墨家以自苦為極，所以被稱為「墨」。至於墨子名翟，則大致可信。以上江瑔、胡懷琛和錢穆的說法都不妥當，方授楚已經在《墨學源流》中一一反駁。根據《呂氏春秋》、《漢書・藝文志》、《淮南子》與《元和姓纂》，都說墨子姓墨，或稱呼墨子名翟。司馬遷、魏徵、劉昫等，都稱墨子為墨翟。而且墨子曾經自稱為翟，與孔子自稱為丘的情形相同。再以一般人自稱的習慣來看，可知以墨子姓墨名翟的說法較妥當。

㈡籍貫

關於墨子的籍貫，各家的說法很多。其中說墨子是宋人、楚人、齊人、印度人或阿拉伯人的說法，已經分別被孫詒讓、梁啟超、方授楚、蔣伯潛和李紹崑等人駁斥。但是墨子究竟是中國人，還是外國人呢？由《墨子‧魯問》記載的墨子與公尚過問答的話看來，墨子將越國看做是異地，更何況是印度或阿拉伯呢？可見墨子應該是中國人。而且由《呂氏春秋》〈當染〉、〈愛類〉篇、《墨子》〈魯問〉、〈貴義〉、〈非攻〉篇與《淮南子‧脩務訓》的記載看來，墨子生在魯國，居住在魯國，又以魯國為活動中心，那麼應當可確定他不但是中國人，而且是魯國人。

(三)年代

自清朝以來，研究墨子的學者，對墨子的年代有很多推斷。例如畢沅、汪中、孫詒讓、梁啟超、胡適等都各有各的主張。但從《墨子》及《禮記‧檀弓》看來，墨子大概生在周敬王三十年（西元前四九〇年）左右，約在周威烈王二十年（西元前四〇六年）左右逝世。差不多是墨子出生後十年左右，而孔子逝世。

(四)出身

《史記‧孟子荀卿列傳》、《漢書‧藝文志》及《隋書‧經籍志》，都說墨子是宋國的大夫，但是梁啟超認為墨子始終是平民，沒有在宋國做過官，這個推斷是正確的。從《墨子‧貴義》墨子見楚惠王獻書一段內容看來，墨子應當是平民，而且大概是以工匠為職業。

(五)事跡

有關墨子的事跡，在史書上沒有詳細的記載，現在以《墨子》一書為主，舉出其中重要的事跡來說明如下：

1. 阻止楚國攻伐宋國

公輸般為楚國建造雲梯，想要用雲梯攻打宋國。墨子知道了，馬上趕到楚國的都城，勸公輸般不要攻打宋國，並且和公輸般作攻守演習，結果公輸般挫敗。這時候公輸般就想殺了墨子，那墨子就沒辦法阻止他攻打宋國了。可是墨子早就猜出他的心意，於是告訴公輸般，縱使他殺了墨子，可是墨子早就派了他的弟子禽滑釐帶三百人，在宋國的城上佈置好守城的器械，於是楚國才罷兵，不再攻打宋國了。

2. 勸告齊、魯兩國

墨子奔走救世，單對齊、魯兩國就曾經作過三次勸告，希望息滅兩國之間的戰爭。

3. 遊歷衛國

墨子遊歷衛國，看到衛國風俗奢侈，就告訴公良桓子說：如果衛國能夠節約，將節省下來的經費用來鞏固國防，將要比幾百個美女的前呼後擁，要好得多了。

4. 不要越王的加封

越王曾經為墨子的弟子公尚過準備五十輛車子，去魯國迎接墨子，願意封給墨子土地五百里。墨子問公尚過，越王有沒有誠意採用他的意見，公尚過回答說：「未必！」墨子就將公尚過訓斥一頓，而不肯接受越王的加封。

綜合墨子一生事跡看來，他的一切行為，都是出於他的救世熱忱與勤勞行義的精神。看他汲汲奔走於路途，為的是勸阻強國不要攻打弱國，使人民不致遭受戰爭的痛苦。這種救世精神，怎不教人衷心敬仰呢？

三、墨子的著作

目前所傳的《墨子》一書，是墨子弟子及後來的學生記述編纂而成的。《漢書・藝文志》說是七十一篇，《隋書・經籍志》和《唐書・經籍志》都說是十五卷。今本的《墨子》卷數，仍然是十五卷，但是篇數卻少了十八篇，只剩下五十三篇。胡適將這五十三篇分成五組，以下就根據這個分法加以說明：

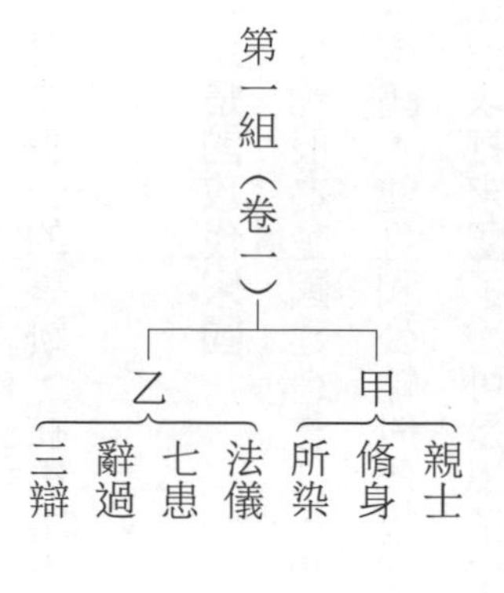

關於甲三篇，孫詒讓說：「唯〈脩身〉、〈親士〉諸篇，誼正而文靡，校之他篇，殊不類。〈所染〉篇

又頗涉晚周之事，非墨子所得聞，皆後人以儒家言飾之。」胡適以為這三篇全沒有墨家口氣，梁啟超的看法，和胡適與孫詒讓二人相近。梁啟超說：「這三篇非墨家言，純出偽託，可不讀。」至於乙四篇，梁啟超說：「這四篇是墨家記墨學概要，很能提綱挈領，當先讀。」錢穆則說：「〈法儀〉篇真是提綱挈領之墨學概要，至〈七患〉、〈辭過〉、〈三辯〉三篇，雖似墨家議論，卻並不重要。」梁啟超和錢穆的看法，各有獨到的地方。乙四篇除〈三辯〉外，的確都是墨學的概要，很能提綱挈領。其中尤其是〈法儀〉最為重要，是墨學的總綱領。太虛大師也以〈法儀〉為墨子的第一義諦。

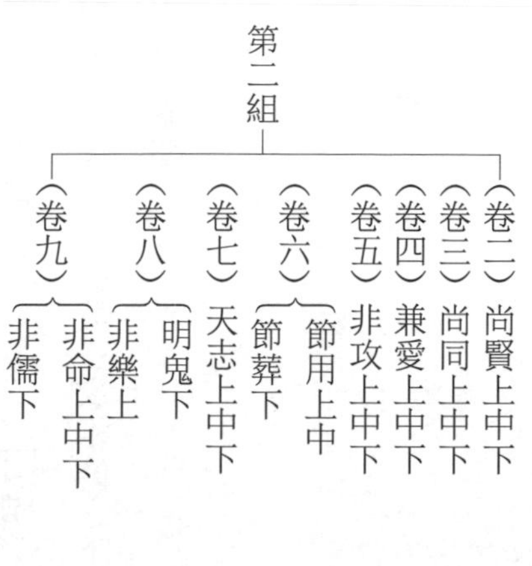

除〈非儒下〉以外，梁啟超說：「這十個題目二十三篇，是墨學的大綱目，墨子書的中堅。」的確這二十三篇，是墨子思想體系的基本理論，文字結構條理分明，而且除〈非儒下〉以外，篇中都有「子

墨子曰」的字樣，可以證明是墨門弟子所記，不是墨子自己的著作。〈非儒下〉中沒有「子墨子曰」的字樣，可能是墨門弟子為了反對儒者而作的。至於每題何以各有三篇，而文義大同小異？俞樾說：「墨子死而墨分為三：有相里氏之墨，有相夫氏之墨，有鄧陵氏之墨。今觀〈尚賢〉、〈尚同〉、〈兼愛〉、〈非攻〉、〈節用〉、〈節葬〉、〈天志〉、〈明鬼〉、〈非樂〉、〈非命〉，皆分上中下三篇，字句小異，而大旨無殊；意者此乃相里、相夫、鄧陵三家相傳之不同，後人合以成書，故篇而有三乎？」梁啟超說：「蓋墨家分為三派，各記所聞。」

第三組
- （卷十）
  - 經上下
  - 經說上下
- （卷十一）
  - 大取
  - 小取

〈經上〉、〈經下〉、〈經說上〉、〈經說下〉共四篇，大約有六千言。〈經上〉的內容，多屬墨家的根本思想，以及略論知識構成的次第，並說明宇宙現象的文字。〈經下〉是以辯學為主，其次是算術、光學、力學等原理。經文簡要，略似近代幾何學的界說與定理。〈經說〉便是根據〈經〉義加以引申闡發。魯勝說〈經〉上下及〈經說〉上下四篇是墨辯，認為是墨子所作的。畢沅、孫星衍與魯勝的說法相同。孫詒讓卻說：「此〈經〉似戰國時墨家別傳之學，不盡墨子本恉，畢以〈經〉為翟自著，乃考之未審。」胡適認為這六篇都不是墨子的著作，也不是墨者記載墨子學說的書，其中夾雜著惠施、公孫龍的學說，所以應當是惠施、公孫龍時代的「別墨」所作。梁啟超則認為，〈經〉上下是墨子自己寫的，〈經說〉上下應當是記述墨子的言論，但有後學增補，〈大取〉、〈小取〉則是墨家後學所著作的。我的意見，認為梁啟超的說法，較為妥當。關於「墨經」的作者問題，曾在拙著《墨經與別墨》中，詳為辨證。

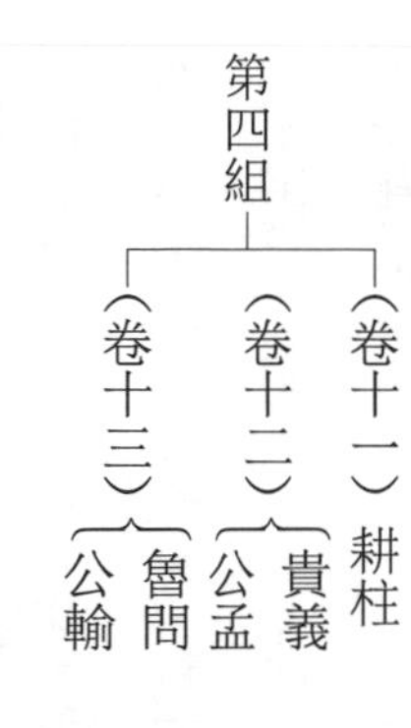

這五篇大都記載著墨子一生的言論行事，體裁和《論語》很相似，應當是門人記述的，是墨子應答時人與弟子的言論。

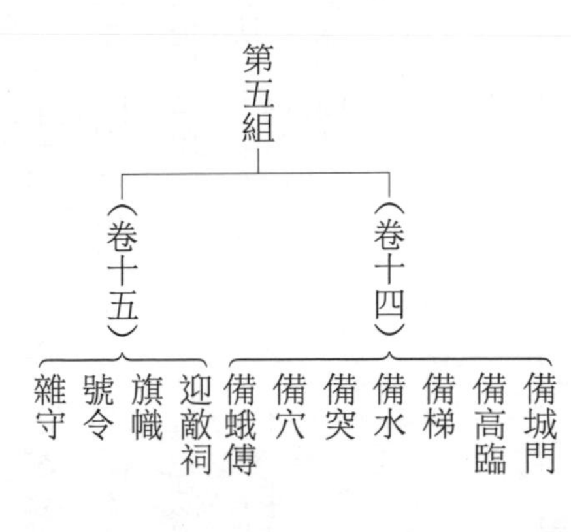

這十一篇，專門記載墨家守禦的方法。朱希祖認為這十一篇是漢人的偽書。其實墨子善於守禦，各種守禦的方法應當都出自於墨子，孫詒讓說這十一篇：「皆禽滑釐（墨子弟子）所受守城之法也。」也是這個意思。至於記述各種方法以成書，則應當是墨家後學的事。記述的時間，各篇或者各不相同。記述中或者帶有推衍之言在內，所以可看見書中的時代痕跡，但不應當依據這些資料，就認為是出於不相干人的偽造。

四、墨學的要旨

墨學的要旨在「墨經」與「墨論」兩部分。「墨經」就是〈經上〉、〈經下〉、〈經說上〉、〈經說下〉四篇。〈大取〉、〈小取〉兩篇的內容和「墨經」相類似。「墨經」的內容包括知識論、論辯、形學、算學、光學、力學、人生哲學、政治學、經濟學，以及其他墨學的基本思想。「墨經」初本，應當是墨子自己著作的。它是墨家學說的根源，所以稱為經。「墨經」為墨學下定義，為墨學立根據，所以是墨家門徒必誦的經典，篇中多半是啟發智慧的言論。至於「墨論」有〈尚賢〉、〈尚同〉、〈兼愛〉、〈非攻〉、〈節用〉、〈節葬〉、〈天志〉、〈明鬼〉、〈非樂〉、〈非命〉等十篇，每篇各有上中下三篇。本來十論是墨子演講的言辭，由三墨記載下來，篇中都有「子墨子曰」的字樣，這是墨學的「論」，而不是墨學的「經」，篇中多半是教導人要兼愛、非攻之類的言論。三墨所共同宗奉的，只有「墨經」而已！「墨經」約有一百七十九條，〈經〉上下篇文字簡略，很難使人了解。〈經說〉上下篇的言辭清楚，比較容易明白。對於智識的本質、智識的淵源、如何啟發運用智識、如何得到正確的智識、怎樣得到的智識是錯誤的，都分析得很精密，而用淺顯的文字表達出來，可拿來辨別名實、統御事理。所以每標舉一個義訓，觀念都很新穎而深刻，於是開創了中國二千年前獨到的辯學。當墨子在世時，常拿來傳授門徒，所以後學顯榮於天下的人很多。墨子死後，精微的言論存在於「經」，偉大的義理存在於「說」，所以三墨的門徒，都讀「墨經」。《莊子・天下》說墨者「俱誦『墨經』」，從這句話就可約略知道「墨經」在墨學中的地位，是多麼地重要！以下茲就「墨經」與「墨論」兩部分，分別舉例說明墨學的要旨：

(一)墨經

1.「墨經」的特色

在中國的古書中，只有「墨經」符合現代的科學精神。「墨經」實在是墨家門徒智識的源泉。在「墨經」中，綱領條暢清晰，沒有不符合論理學原則的。名學是研究其他學問的階梯，墨家討論名學，和諸子的偶爾討論名學，其中大有差別。拿「墨經」的論式可以用來研究諸子，如果以為諸子所談的名學，與墨家的名學相同，那就不可以了。因為諸子談論名學，既缺乏專精的術語，又沒有嚴密的組織。雖然《荀子・正名篇》是例外，但《荀子》沒有論式，而且年代比「墨經」晚，所以「墨經」的成就，要比《荀子・正名篇》高。梁啟超說：「先秦諸子中持論理學最堅，而用之最密者，莫如《墨子》。《墨子》一書，盛水不漏者也。綱領條目一貫，而無或牴牾者也。何以故？有論理學為之城壁故，今欲論《墨子》全體之學說，不可不先識其所根據之論理學。」〈經〉上下、〈經說〉上下，晉人魯勝稱為「墨辯」，因為它主要的目的，在闡明墨學，而主要內容，就是辯學。梁啟超說「墨經」中論名學原理的，約佔四分之一。其他也都是用名學的演繹歸納而立義。所以「墨經」中，最重要的部分，當然是名學。至於名學的布式，則與印度的「因明」有類似的地方，「因明」以宗因喻三支而成立，它的格式如下：

宗——聲，無常。

因——何以故，所作故。

喻——凡所作皆無常，例如瓶。

「墨經」引說就經，往往三支都具備，例如上篇第三條：

宗——「知，材也。」

因——何以故，以「知也者所以知也而必知」故。

喻——凡材皆所以知而必知，例「若目」。

西洋邏輯的三支，是合大前提小前提與斷案而成立的，它的格式如下：

大前提——凡人必有死。

小前提——墨子，人也。

斷案——故墨子必有死。

「墨經」中也有這種格式，例如下篇第十條：

大前提——「假必非也而後假。」

小前提——「狗，假虎也。」

斷案——「狗，非虎也。」

以上是就格式比較同異，其實墨家有功於名學，不在格式而在於它的原理。「墨經」在名理分析方面，都很細密，現代論理學的重要問題，幾乎都在其中了，現在舉「墨經」首條為例，來看看「墨經」論理學的大概。

〈經上〉說：「故，所得而後成也。」

〈經說上〉說：「故，小故，有之不必然，無之必不然，體也，若有端。大故，有之必無然，若見之成見也。」

這條討論因果律，實在是論理學上最重要的問題。凡事有因而後有果，得因而後得果，所以說：「故，所得而後成也。」「故」是事物的原因，也就是因果的因，因之所以能成果，有單純者，僅具一因而成一果；有複雜者，要集合許多原因而形成一個結果。這許多原因，總稱它為總原因，分稱它為分原因。總原因，稱為「大故」。分原因，稱為「小故」，只具備小故，未必能成果，缺少一個小故，必不能成果，所以說：「小故，有之不必然，無之必不然。」

在「墨經」裏所謂：

「尺」相當於幾何學上的「線」。

「端」相當於幾何學上的「點」。

「兼」指總體。

「體」指部分。

依照梁啟超的說法，那麼小故是體，大故是兼，體是兼的部分，它的性質好像尺（線）有端（點）

一樣，所以說：「體也，若有端。」至於「大故，有之必無然」，梁啟超說「無」字是衍文。因為聯合各個小故，就變成大故，變成大故則事物成，所以說：「大故，有之必然。」末句「若見之成見也」，可解釋成：例如眼睛所以能看見東西，所需要的條件很多，如：

(1)須有能見的眼睛。

(2)須有能見的事物。

(3)須有傳光的媒介物。

(4)須眼睛與事物間沒有障礙。

(5)必須心識注視這個事物。

梁啟超並且說：「此五故者，僅有其一，未必能見，若缺其一，決不能見。」由此可見「墨經」對於「知見」的分析，是多麼的精密！

2.「墨經」的讀法

墨學的十論及其他各篇，文字淺顯明白，很容易了解。在孫詒讓的《墨子閒詁》裏，可以很清楚地知道這些篇的意義。至於〈經上〉、〈經下〉、〈經說上〉與〈經說下〉這四篇比較難讀，所以在這裏加以說明。作者參閱前賢的意見，加上個人的看法，把研讀「墨經」所應注意的地方，綜合成十點，敘述於下：

(1)因為「墨經」傳寫錯亂，文字中常有缺漏謬誤，應運用思考，通識古字、古言、古誼，抱著謹慎的態度來研究它，或許能得到其中的梗概。

(2)我國自漢武帝罷黜百家後，惟獨尊崇儒術。儒家思想，深入人心，如果用儒家思想來讀「墨經」，一定不能了解它，所以必須通曉當時學術的流別，深察作者思想的淵源。

(3)近人有以全部「經」文與印度的「因明」和歐洲的「邏輯學」同等看待，但「墨經」能與「因明」、「邏輯」相符合的，不過十分之五六而已。如果事事都拿「因明」、「邏輯」來附會的話，反而有如削足適履，所以應當存謹慎細心的態度來研究它，不要牽強附會。

(4)在「墨經」中保存著我國古代的科學思想，這是我國古代科學的萌芽。如果和今日的自然科學、心理學、論理學等，作比較研究印證，當然是可以的，但不可過於穿鑿附會。

(5)「經」文並不是各條都有「說」，其中有原來就闕失或後來亡佚的，凡無「說」的「經」，應嚴加分別，才可整理出頭緒來。

(6)《墨子・經說》其中的錯誤、衍文、脫漏或竄改者，比其他的書多。凡遇到這種情況，其中有正確證據的，就加以改正；沒有證據的，明知錯誤，也應當保留原文，以免失之於武斷。

(7)應知道旁行句讀，這是屬於〈經〉上下二篇的。

(8)應知道牒經標題，這是屬於〈經說〉上下二篇的。

(9)應知道引說就經，這是屬於〈經〉上下及〈經說〉上下四篇的。

(10)遵守以上九條，再依循乾隆嘉慶以來的樸學大師所操持的公術，就本經上下文解釋，或者取證他篇用字的條例，或者以字形演變及近似，來訂正文字的脫漏、複衍或譌謬。再廣採佛學、近世科學和論理學等理論，來互相印證。總之必須小心假設，小心求證。

以上的「旁行句讀」、「牒經標題」、「引說就經」等三點是讀「墨經」所必知的主要條例，現在分別舉例說明於下：

1. 旁行句讀：

〈經〉上下兩篇，文字都是上下兩行並列，〈經上〉末舊有「讀此書旁行」五字，後世稱為旁行；今本卻是上下參錯相間，依照次序直接抄錄。畢沅依照旁行的條例，錄取〈經上〉為兩截，旁讀成文。張惠言也依據這個條例來讀〈經下〉，文義大致可以了解。孫詒讓作《墨子閒詁》，重新加以校定，又有闡發，後來學者奉為圭臬。例如：「故，所得而後成也。止，以久也。體，分於兼也。必，不己也。」這是今本直寫，但在「墨經」旁行原本，須依次如下讀法：

(1)故，所得而後成也。 (50)止，以久也。

(2)體，分於兼也。 (51)必，不己也。

2. 牒經標題：

牒經標題的條例，在曹耀湘作箋時，曾在〈經說上〉題注說：

按〈經說〉二篇，每遇分段之際，必取〈經〉文章首一字以識別之；其中亦有脫漏數處。必明乎此，然後此四篇之章句次序，始可尋求；而校訛補脫，略有據依之處矣。

後來梁啟超繼續主張這個說法，而標上「牒經標題」的名稱，他說：

〈經〉與〈經說〉，舊皆旁行，今並改為直寫，而改法又各有不同。〈經〉則上下行交錯相次，上行第一條「故所得而後成也」之後，即次以下行第一條之「止以久也」，後次以上行第二條之「體分於兼也」，〈經說〉則不然，上半篇自「故小故有之不必然」至「户樞免瑟」皆釋〈經〉文上行，從「故所得而後成也」、「體分於兼也」起至「動或徙」凡四十九條，橫列而釋之。下半篇自「止，無久之不止」至「若自然矣」皆釋〈經〉文下行。從「止，以久也」、「必，不己也」起至「正無非」亦橫列而釋之。〈經〉文間錯，句讀尚易，〈經說〉字句既較繁，且互相連屬，每條起訖，動生疑問，故引〈說〉就〈經〉，其事更難。今細繹全文，得一公例，凡〈經說〉每條之首一字，必牒舉所說〈經〉文此條之首一字以為標題。此字在〈經〉文中可以與下文連屬成句，在〈經說〉文中，決不許與下文連續成句。

牒字沒有意義，不屬於〈說〉。在〈說〉文的第一字，各取〈經〉文第一字或多字作為牒的標識，叫做標牒字。主要在說明某字指明某條罷了。茲舉例如下：（標牒字加括號區別）

(1)牒經一字例：

〈經上〉云：「行，為也。」

〈經說〉云：「(行)，所為不善名，行也。所為善名，巧也，若為盜。」

(2)牒經二字例：

〈經上〉云：「有間，中也。」

〈經說〉云：「(有間)，謂夾之者也。」

(3)牒經多字例：

〈經下〉云：「可無也，有之而不可去，說在嘗然。」

〈經說〉云：「(可無也)，已給則當給，不可無也。久，有窮無窮。」

(4)牒經脫寫例：

〈經下〉云：「推類之難，說在之大小。」

〈經說〉云：「謂四足獸，與生鳥與，物盡與，大小也。此然是必然則俱。」

3.引說就經：

〈經上〉全都是界說，文字很簡單，所以必須有詳細說明，〈經說上〉就是〈經上〉的詳細解釋，但〈經〉文旁行，排作兩行，以後改成直寫時，上下行交錯相次，而〈說〉卻依橫列解釋〈經〉文的順序寫下。〈說〉文自篇首至篇中「戶樞免瑟」一句，都是〈經上〉上行的解釋。從「止，無久之不止」至篇末，都是〈經上〉下行的解說。〈經〉文與〈說〉文，合牒有隔簡的困難，使讀者茫然不知頭緒。所以近代讀者，依「牒經標題」的條例，來引說就經，以求其義，依照〈經上〉旁行原本，引〈說〉就〈經〉，應分上下兩列排列，舉例如下：

經：故，所得而後成也。

經說：故，小故，有之不必然，無之必不然。體也，若有端。大故，有之必無然。若見之成見也。

經：體，分於兼也。

經說：體，若二之一，尺之端也。

經：止，以久也。

經說：止，無久之不止，當牛非馬，若矢過楹。有久之不止，當馬非馬，若人過梁。

經：必，不已也。

經說：必，謂臺執者也，若兄弟，一然者，一不然者，必不必也，是非必也。

〈經下〉全是定理，文體很像幾何學書中的「定理」，也分兩行，旁行讀。今本直寫和〈經上〉的次序相同。〈經說下〉是〈經下〉的詳細說明，它的順序如〈經說上〉。如果引說就經，依照旁行原本，分上下兩行排列，它的格式像前面一樣。

讀「墨經」的方法，已經在前文中略加說明。如果一句誤讀，或一個字沒有細察，也許會使意義相反，這是讀「墨經」的困難所在。但是如果竄改經文，勉強訓詁，那會更容易引起錯誤。這是讀「墨經」時所應該加以注意的。

㈡墨論

《墨子・法儀》說：「天必欲人之相愛相利，而不欲人之相惡相賊也。」墨子既然以「天」為天下的最高法儀，而天又要人相愛相利，那麼人自當以此為行為的最高法則，所以「兼相愛」、「交相利」就成為墨子思想的中心。〈兼愛中〉說：「今天下之君子，忠實欲天下之富，而惡其貧，欲天下之治，而惡其亂，當兼相愛，交相利，此聖王之法，天下之治道也，不可不務為也。」〈兼愛下〉說：「今若夫兼相愛，交相利，此其有利，且易為也。」由此可知「愛」、「利」二字，是天下富利的治道，聖王的明法。「兼愛」的目的在使萬民得「利」，要使萬民得「利」，必須實行「兼愛」，兩者可以說是相輔而行，所以墨子常以「兼相愛」、「交相利」並論之。以下茲就此二端，舉例說明「墨論」中「愛」、「利」的觀念。

1. 兼相愛

〈天志〉說：

> 順天之意者，兼相愛。

墨子認為「兼相愛」是天意，吾人應該順天之意，實行「兼相愛」。「兼」字在「墨經」中是「全體」的意思。據此可知「兼相愛」是指全體人類之相愛的周遍性。

〈兼愛上〉說：

> 視人之室，若其室，……視人之身，若其身，……視人之家，若其家，……視人之國，若其國。

〈大取〉說：

愛人之親，若愛其親。

「愛」無親疏、貴賤、厚薄、遠近、人已之別，這是無差等之愛、無偏私之愛。

墨子認為天下之亂，在起於不相愛，所以勸人兼相愛，以止亂。〈兼愛上〉說：

聖人以治天下為事者也，不可不察亂之所自起，當（讀為嘗）察亂何自起？起不相愛。臣子之不孝君父，所謂亂也。子自愛，不愛父，故虧父而自利；弟自愛，不愛兄，故虧兄而自利；臣自愛，不愛君，故虧君而自利；此所謂亂也。……是何也？皆起不相愛。……雖至大夫之相亂家，諸侯之相攻國者亦然。大夫各愛其家，不愛異家，故亂異家以利其家。諸侯各愛其國，不愛異國，故攻異國以利其國。天下之亂物，具此而已矣。察此何自起？皆起於不相愛。……故聖人以治天下為事者，惡得不禁惡而勸愛？故天下兼相愛則治，交相惡則亂。故子墨子曰：不可以不勸愛人者此也。

這是說天下之亂，起於不相愛。人民如果彼此不相愛，就會虧父、虧兄、虧君以自利，以至大夫諸侯之相亂家國，使天下不得其治，人民不得其利，所以墨子大力提倡「兼愛」。因為兼相愛就治，交相惡就亂，唯有「愛」才是止亂的根本，可知墨子提倡「兼愛」之目的在於止亂。

不兼愛是天下相惡的根本，而天下最大之惡，莫如「攻人之國」，所以墨子又提倡「非攻」。〈非攻上〉說：

今有一人，入人園圃，竊其桃李，眾聞則非之，上為政者得則罰之，此何也？以虧人自利也。……至殺不辜人也，拖其衣裘，取戈劍者，其不義，又甚入人欄廄，取人馬牛，此何故也？以其虧人愈多，苟虧人愈多，其不仁茲甚，罪益厚。當此天下之君子，皆知而非之，謂之不義，今至大為攻國，則弗知非，從而譽之，謂之義，此可謂知義與不義之別乎？殺一人，謂之不義，必有一死罪矣。若以此說，……殺百人，百重不義，必有百死罪矣。……今至大為不義，攻國則弗知非，從而譽之，謂之義，情不知其不義也。

這是說應當明辨什麼是義？什麼是不義？不義之事，莫如虧人以自利。虧人愈多，不義愈甚。攻人之國，殺其不辜者，是天下之大不義。天下的君子，當知攻國之不義，知其非而止之。墨子提倡非攻，以「利」為本，勸人勿攻伐異國。「攻伐」之害如何？〈非攻中〉說：

國家發政，奪民之用，廢民之利，若此甚眾。然而何為為之？曰：我貪伐勝之名，及得之利，故為之。子墨子曰：計其所自勝，無所可用也。計其所得，反不如所喪者之多。今攻三里之城，七里之郭，攻此不用銳，且無殺而徒得，此然也。殺人多必數於萬，寡必數於千，然後三里之城，七里之郭，且可得也。……今盡士民之死，嚴上下之患，以爭虛城，則是棄所不足，而重所有餘也。為政若此，非國之務者也。

這是說攻伐的害處。貪圖攻伐之名者，唯有使生靈塗炭。墨子察其害，所以主張「非攻」。唯有非攻，才能使萬民得其利，以達兼愛之目的。

兼愛實為含利之愛。因為我愛人，人才能愛我，人人相愛，才能相互得利。所以墨子為達到得「利」之目的，提出「兼愛」，而勉人「相愛」，以得其「相利」。〈兼愛中〉說：

愛人者，人亦從而愛之；利人者，人亦從而利之。

〈兼愛下〉說：

眾利之所自生，胡自生？此自愛人利人生。

又說：

愛人利人者，天必福之。

又說：

即必吾先從事乎愛利人之親，然後人報我以愛利吾親也。

墨子說：「愛人者，人亦從而愛之。」我能愛人，人必愛我。人既愛我，自無害我之心，也不會有不利於我的行為，這不是對我有利嗎？人人相愛，人人都沒有害人之心，其行為自能得其正，這不是可以使人類社會和諧嗎？因為能「相愛」就能「相利」，所以說：「眾利之所自生，自愛人利人生。」由此推之於其親、其家、其國，這就是天下萬民無不得其利了。由此可知墨子提倡「兼相愛」，其目的在於「交相利」。

2. 交相利

〈魯問〉說：「凡入國，必擇務而從事焉。國家昏亂，則語之尚賢、尚同。國家貧，則語之節用、節葬。國家憙音湛湎，則語之非樂、非命。國家淫僻無禮，則語之尊天、事鬼。國家務奪侵凌，則語之兼愛、非攻。故曰：擇務而從事焉。」可知「墨學」十論，各有其用，在政治方面就談「尚賢、尚同」；在經濟方面就談「節用、節葬、非樂」；在軍事、外交方面就談「兼愛、非攻」；在人生方面就談「尊天、事鬼、非命」，凡此諸端，用之於國或人生行為者，無非在使國家得治，萬民得「利」。綜觀此十論，皆以利為始，以利為終。凡有利者皆為善，無利者皆為惡。這就是後人稱墨子為一「功利主義」者之緣由。茲就此十論，舉例說明墨子「交相利」之思想如下：

(1) 尚賢

〈尚賢中〉說：

故古者聖王，唯能審以尚賢使能為政，無異物雜焉，天下皆得其「利」。

〈尚賢下〉說：

惟法其言，用其謀，行其道，上可而（猶「以」）「利」天，中可而（以）「利」鬼，下可而（以）「利」

人，是故推而上之，古者聖王，既審尚賢，欲以為政。

這是說舉賢者為政，上可以利天，中可以利鬼，下可以利人，所以勸聖王需審「尚賢」以為政，可知「尚賢」能使天下得其「利」。

(2)尚同

〈尚同中〉說：

古者聖王，唯而審以尚同，……上有隱事遺利，下得而利之；下有蓄怨積害，上得而除之。

〈尚同下〉說：

今天下王公大人士君子，……下欲中國家百姓之利，故當尚同之說，而不可不察，尚同為政之本而治要也。

這是說「尚同」就是為政之本而治之要，唯有「尚同」，才能中國家百姓之「利」。

(3)兼愛

〈兼愛下〉說：

故兼者聖王之道也，王公大人之所以安也，萬民衣食之所以足也，……當若兼之不可不行也，此聖王之道，而萬民之大利也。

「兼」就是「兼愛」的意思。這是說不可不行「兼愛」，因為它是「聖王之道，萬民之『利』」。

(4)非攻

〈非攻下〉說：

今且天下之王公大人士君子，中情將欲求興天下之利，除天下之害，當若繁為攻伐，此實天下之巨害也；今欲為仁義，求為上士，尚欲中聖王之道，下欲中國家百姓之利，故當若非攻之為說，而將不可不察者此也。

這是說「非攻」的主張，在求興天下之「利」，除天下之「害」。

(5)節用

〈節用中〉說：

子墨子曰：去無用之費，聖王之道，天下之大利也。……古者明王聖人，所以王天下，正諸侯者，彼其愛民謹忠，利民謹厚，忠信相連，又示之以利，是以終身不饜，沒世而不卷。……是欲古者聖王，制為節用之法。

(6)節葬

〈節葬下〉說：

然則葬埋之有節矣，故衣食者，人之生利也，然且猶尚有節，葬埋者，人之死利也。夫何獨無節於此乎？……今天下之士君子……上欲中聖王之道，下欲中國家百姓之利，故當若節喪之為政，而不可不察此者也。

以上「節用」、「節葬」的主張，也是在求國家百姓之「利」。

(7)天志

〈天志上〉說：

順天意者，義政也……此必上利於天，中利於鬼，下利於人，三利無所不利，故舉天下美名加之，謂之聖王。

〈天志中〉說：

今天下之王公大人士君子，中實將欲尊道利民，本察仁義之本，天之意，不可不慎也。不可不順也。順天之意者，義之法也。

這是說吾人當以「天志為志」，順天之意，就得賞得利，反天之意，就相惡相賊，必得其罰。能事上尊天，法天之意的人，必能上「利」天，中「利」鬼，下「利」人。

(8)明鬼

〈明鬼下〉說：

今天下之王公大人士君子，中實將欲求興天下之利，除天下之害，當若鬼神之有也，將不可不尊明也，聖王之道也。

可知明鬼的目的，也是在於「求興天下之『利』，除天下之害」。

(9)非樂

〈非樂上〉說：

湛濁于酒，渝食于野，萬舞翼翼，章聞于大，天用弗式，故上者天鬼弗戒，下者萬民弗利，是故子墨子曰：今天下士君子，請將欲求興天下之利，除天下之害，當在樂之為物，將不可不禁而止也。

這是說非樂之目的，也是在求「興天下之『利』，除天下之害」。

(10)非命

〈非命上〉說：

命上不利于天，中不利于鬼，下不利于人，而強執此者，此特凶言之所自生，而暴人之道也，是故子墨子曰：今天下之士君子，忠實欲天下之富而惡其貧，欲天下之治而惡其亂，執有命者之言，不可不非，此天下之大害也。

這是說執有命的人，是天下的大害，所以墨子主張「非命」，以除「天下之大害」，而求興天下之「大利」。從以上「尚賢」至「非命」十論中可知，墨子各個主張的提出，無論其理由為何，其最終之目的都是在求興天下之「利」，除天下之「害」，可知「交相利」實為墨學理論的要旨所在。

五、墨家的發展

㈠墨學的傳授

孟子以楊、墨並稱，韓非子也是拿儒、墨並稱，可見墨學在當時是多麼地顯榮於天下！怪不得《呂氏春秋・當染上》說：「孔、墨之後學，顯榮於天下者眾矣，不可勝數。」在〈公輸〉墨子勸告楚王不要攻打宋國時說：「臣之弟子，禽滑釐等三百人，已持臣守圉之器，在宋城上而待楚寇矣，雖殺臣不能絕也。」在吳起之亂時，墨者的鉅子孟勝，死守陽城，弟子殉難的有一百八十五人，由此可證明墨徒忠於墨學，甚至可趨死赴義，犧牲自己的生命。《孟子・公孫丑上》說：「以德服人者，中心悅而誠服也，若七十子之服孔子也。」孔子弟子只有七十人，可是墨子弟子卻達到了三百人（這是各就儒、墨的高等弟子來說），可知在儒、墨並稱為顯學的當時，儒家不及墨家，但是到了後代，墨家反而不如儒家了。如今在《史記》中有〈孔子世家〉，又有〈仲尼弟子列傳〉及〈孟子荀卿列傳〉，可以考察儒家的源流。但是墨子沒有專傳。而弟子及後學，更沒有辦法知道他們的姓名。孫詒讓根據《墨子》一書和先秦諸子，詳細地加以考證，而成《墨學傳授考》。只得墨子弟子十五人（附存三人），再傳弟子三人，三傳弟子一人；研究墨家學術而不知道傳授系次的十三人，雜家四人，於是慨歎地說：「彼勤生薄死，以赴天下之急，而姓名澌滅與草木同盡者，殆不知凡幾，嗚呼！悕矣！」孫氏的感慨，難道不是研究墨學的人所共有的歎息嗎？方授楚曾根據孫詒讓所考證的資料，寫成《墨學傳授表》，頗便於說明。茲據孫、方二氏之說，列表於下，以見墨學傳授的系次。

姓名	生地	傳授系次	事跡	根據	備註
禽滑釐		初受業於子夏，後學於墨子，與墨子齊稱。	事墨子三年，手足胼胝，面目黎黑，役身給使，不敢問欲，墨子哀而醮之，禽子因問守道，墨子遂語以守城之具。楚欲攻宋，禽子受墨子命與同門三百人為宋守城，與墨子論文質先後，及天地孰仁，多言是否有益；又與楊朱辯諸。	1.《史記・儒林列傳》 2.《呂氏春秋・當染》 3.《墨子》〈公輸〉、〈備城門〉、〈備梯〉 4.《藝文類聚》 5.《太平御覽》引《墨子》 6.《說苑・反質》 7.《列子・楊朱》	
高石子		墨子弟子	仕衛。衛君致祿甚厚而言不行。去而往齊見墨子，墨子告禽子譽為倍祿向義。	《墨子・耕柱》	
高何	齊	墨子弟子	初為暴者，指於鄉曲，學於墨子，為天下之名士顯人。	《呂氏春秋・尊師》	

縣子碩	齊	墨子弟子	行事與高何同。問墨子為義之大務。	1.《呂氏春秋・尊師》 2.《墨子・耕柱》	
公尚過		墨子弟子	墨子嘗言過於同歸之物，已知其要，故不教以書。過曾仕越，並為越王迎墨子。	1.《呂氏春秋・高義》 2.《墨子》〈貴義〉、〈魯問〉	《呂氏春秋》作「公上過」。
耕柱子		墨子弟子	墨子嘗稱耕柱子足以責，比之敺驥。耕柱子仕楚，曾遺十金於墨子。	《墨子・耕柱》	
隨巢子		墨子弟子	墨子尚儉，隨巢子傳其術。著《隨巢子》六篇。	1.《漢書・藝文志》 2.《史記・太史公自序・正義》(引韋昭說)	《隋書・經籍志》注云：「巢似墨翟弟子。」則以巢為名。
胡非子	齊(?)	墨子弟子	著有《胡非子》三篇。	《漢書・藝文志》	《隋書・經籍志》亦以非為名。但《元和姓纂》有胡非氏。梁玉繩以胡非子為齊人。
管黔敖	齊	墨子弟子	嘗游高石子於衛。	《墨子・耕柱》	或謂即〈檀弓〉所載「為食於路以待餓者」之黔敖，頗可信；然則亦齊人歟？
高孫子		墨子弟子	勝綽從項子牛三侵魯地，墨子請高孫子請而退之。	《墨子・魯問》	
治徒娛		墨子弟子	與縣子碩同問為義之大務於墨子。	《墨子・耕柱》	

曹公子		墨子弟子	曾仕於宋，反而疑墨子之道，墨子責之。	《墨子・魯問》	
勝綽		墨子弟子	墨子使勝綽事齊項子牛。三侵魯地，而綽從之。墨子責其以祿勝義，請而退之。	《墨子・魯問》	
彭輕生子		墨子弟子	墨子與之論知來。	《墨子・魯問》	
孟山		墨子弟子	墨子與之論王子閭。	《墨子・魯問》	
弦唐子			墨子南游，載書甚多。弦唐子怪而問之，墨子與之論書。	《墨子・貴義》	
□□□	魯	墨子弟子	戰而死，其父讓墨子。	《墨子・魯問》	此亦赴火蹈刃，死不旋踵者，惜失其姓名。
□□□		墨子弟子	仕於衛而反。	《墨子・貴義》	今本作「仕人於衛」。《荀子・富國篇》楊注引作：「子墨子弟子仕於衛。」

以上墨子親授弟子十八人。

姓名	生地	傳授系次	事跡	根據	備註
許犯		禽子弟子	許犯學於禽滑釐。	《呂氏春秋・當染》	

姓名	生地	傳授系次	事跡	根據	備註
索盧參		禽子弟子	東方之鉅狡，學於禽滑釐，為天下之名士顯人。	《呂氏春秋・尊師》	
屈將子	楚(?)	胡非子弟子	屈將子好勇，胡非子為言五勇，將悅稱善，乃請為弟子。	《太平御覽》引《胡非子》	孫氏以屈為楚公族著姓，疑將亦楚人。

以上墨子再傳弟子三人。

姓名	生地	傳授系次	事跡	根據	備註
田繫		許犯弟子	田繫學於許犯顯榮於天下。	《呂氏春秋・當染》	

以上墨子三傳弟子一人。

姓名	生地	傳授系次	事跡	根據	備註
田鳩	齊		學墨子之術，曾游秦仕楚。與楚王論墨子之言所以多而不辯。著《田俅子》三篇。	1.《呂氏春秋・首時》 2.《韓非子》〈問田〉及〈外儲說左上〉 3.《漢書・藝文志》	
相里勤			「北方」之墨師也，為三墨之一。	1.《韓非子・顯學》 2.《莊子・天下》	成玄英《莊子疏》，以為：「南方之墨師。」按〈天下〉語意以南方之墨者對

					言，則應為北方也。
相夫氏			三墨之一。	《韓非子・顯學》	《元和姓纂》作「伯夫氏」。
鄧陵子	楚(?)		南方之墨者，亦三墨之一，誦墨經。	1.《莊子・天下》 2.《韓非子・顯學》	孫氏謂鄧陵氏蓋楚人。
苦　獲	楚(?)		南方之墨者，誦墨經。	《莊子・天下》	孫氏疑苦獲、己齒並為楚人。
己　齒	楚(?)		南方之墨者，誦墨經。	《莊子・天下》	
五侯子		相里勤弟子	「北方」之墨者，誦墨經。	《莊子・天下》	
我　子			為墨子之學，著《我子》一篇。	1.《漢書・藝文志》 2.顏注引劉向《別錄》	
纏　子			修墨子之業以教於世，與儒者董無心論難。著書一卷。	1.《論衡・福虛》 2.《意林》引《纏子》	
徐　弱		孟勝弟子	與孟勝同死楚陽城之難。	《呂氏春秋・上德》	
□□□			「墨者師」與司馬喜於中山王前論非攻，司馬喜無以應。	《呂氏春秋・應言》	此「墨者師」能不失墨子非攻之旨而言甚辯，惜姓名無考。

以上墨學名家十一人即傳授系次不可考者。

姓名	生地	傳授系次	事跡	根據	備註
孟勝			為墨者「鉅子」死楚陽城之難，弟子死者一百八十五人。	《呂氏春秋．上德》	
田襄子	宋		賢者也。孟勝死，使弟子二人屬鉅子於襄。	《呂氏春秋．上德》	
腹䵍			為墨者鉅子。居秦，其子殺人，秦惠王令吏勿誅，腹䵍卒以「墨者之法」殺之。	《呂氏春秋．去私》	

以上墨者鉅子三人。

姓名	生地	傳授系次	事跡	根據	備註
夷之			治墨家之道者，因徐辟求見孟子，孟子與之論難，並斥之葬其親厚，所以賤事親。	1.《孟子．滕文公上》 2. 趙岐注。	
謝子			東方之墨者，西見秦惠王，以賢於唐姑果，為其所譖而說不行。	《呂氏春秋．去宥》	高誘注：「謝子關東人也，學墨子之道。」
唐姑果	秦		秦之墨者，其譖謝子曰：「謝子東方辯士，將奮其說以取少主也。」	《呂氏春秋．去宥》	
□翟	鄭		兄緩為儒而翟為墨，儒墨相與辯，其父助翟，十年而緩自殺。	《莊子．列禦寇》	此或為寓言而未必實有其人。

以上墨學雜家四人。(即凡治墨術，而無從考其學業優劣及傳授端緒者。)

(二)後期墨者的系統

墨學的傳授，已說明於前，至於它的系統，不容易考究。《韓非子・顯學》說：「自墨子之死也，有相里氏之墨，有相夫氏之墨，有鄧陵氏之墨。」《莊子・天下》說：「相里勤之弟子，五侯之徒，南方之墨者，苦獲、己齒、鄧陵子之屬，俱誦「墨經」，而倍譎不同，相謂別墨。以堅白同異之辯相訾，以觭偶不仵之辭相應。以巨子為聖人，皆願為之尸，冀得為其後世，至今不決。」古書說到墨家傳授派別的，只有這兩個地方。《韓非子・顯學》說自從墨子死後，墨家分為三派：有相里氏、相夫氏和鄧陵氏的墨者。在〈天下〉中的「五侯之徒」如果是指相里勤的弟子，「南方之墨者」是指苦獲、己齒、鄧陵子這些人，那麼〈天下〉所說的，只有二派：

1. 相里勤之弟子、五侯之徒。
2. 南方之墨者，苦獲、己齒、鄧陵子之屬。

這二派，因為各家對〈天下〉的文句，句讀不同，所以分派也不同。又在《陶潛集・集聖賢羣輔錄》末，分墨者為以下三派：

1. 宋鈃、尹文。
2. 相里勤、五侯子。
3. 苦獲、己齒、鄧陵子。

這幾派，都自以為是墨家的正宗，所以〈顯學〉說：「皆自謂真墨。」因為都自以為是真墨，所以排斥別派是「別墨」。孔子以後，儒家分為八派。這與漢朝以後，儒家又分為漢學、宋學，漢學又分今文、古文二派，宋學再分程朱、陸王二派，各立門戶是同樣的現象。並不是真的另有一派，叫做「別墨」。

我們根據〈天下〉和〈顯學〉，所談到墨家的傳授派別，再參閱章炳麟《國學略說》的句讀，可以列表如下：

1. 據《韓非子・顯學》：

- 墨學
  - 相里氏
  - 相夫氏
  - 鄧陵氏

2. 據《莊子・天下》：

- 墨學
  - 相里勤——五侯之徒
  - 南方之墨者
    - 苦獲
    - 已齒
    - 鄧陵子

3. 據以上二書互相印證，可列成左表：

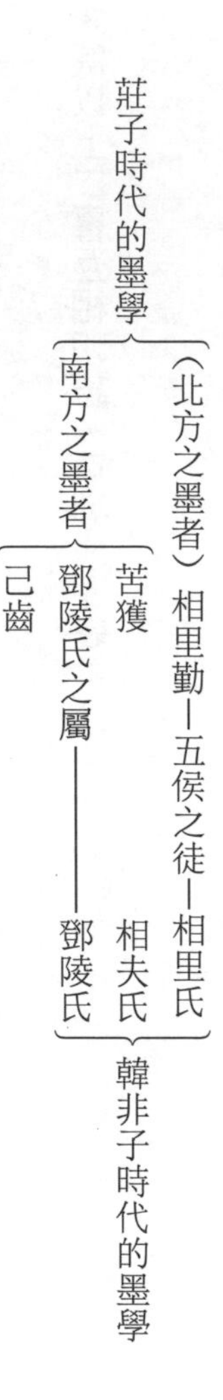

在《莊子》只分南北兩派，《韓非子》多了相夫氏之墨，可能是〈天下〉寫成的時候，相夫氏之墨還沒有產生，或者是已產生而還沒有興盛，所以沒有被作者注意到。那麼由這個分派的不同，可想像到由莊子至韓非子的時代，墨學還在日日發達中。

㈢治墨學諸家概述

在秦漢以前，儒墨並稱為顯學。自漢武帝以後，儒家就日漸尊大，墨學就湮滅無聞了。一直到清朝初年，研究墨子學術而可以考知的，只有晉朝的魯勝和唐朝的樂臺兩人罷了。自清朝中葉以後，研究墨學的人才一天天增多。其中正式研究墨學的，可以乾隆嘉慶及道光初年為一期，當時有武進的張惠言、仁和的盧文弨、陽湖的孫星衍、鎮洋的畢沅、江都的汪中、高郵的王念孫、德清的丁杰與許宗彥，都是江蘇、浙江二省的人。在河北省有大興的翁方綱。於是墨子的書，才稍稍可讀。從鴉片戰爭經歷太平天國到現在，這一百多年裏，中國所遭受的巨變，是二千年來所沒有過的。這時一切的傳統文化學術，不得不求變通，來適應時代的巨變。在這個歷程中，能和現代的科學精神契合的，只有《墨子》而已。於是在這個時期中，關於墨學的著述很多。其中比較著名的有蘇時學、俞樾、孫詒讓、王闓運、曹耀湘及張純一等人，這些人是就全書加以校訂箋注的。其中只就書中的一部分加以解釋的有梁啟超、鄧高鏡、張其鍠、譚戒甫等人。鄒伯奇、陳澧與西來的數學、幾何學、力學互相溝通聯繫，為讀「墨經」的人，開闢了一條新途徑。章炳麟研究「印度唯識學」，常引經義，來闡揚名相。胡適、章士釗好引近代歐洲哲學家的言論相互比較，都能樹立新義。欒梅標舉不多，但所發表的言論，都有獨到的見解。伍非百則整理成一個有系統的組織。至於在墨子生平及墨學歷史，有所比輯考證的，有孫詒讓、梁啟超、錢穆、陳柱等人。其中孫詒讓所著的《墨子閒詁》一書，集各家說法的大成，這本書體大思深。但在〈經上〉、〈經下〉、〈經說上〉、〈經說下〉四篇，雖然下了很大的功夫，卻只是依照文字，解釋意義罷了。梁啟超寫成《墨經校釋》四卷，有卓越的見解，雖然偶爾竄改經文，來迎合自己的意思，但也有它獨到的地方。從乾隆嘉慶年間到現在，有關墨子的著述不勝枚舉。玆就其中比較著名的，分類略述於下：

1. 就《墨子》全書加以注釋考訂的有：

畢沅的《墨子注》、汪中的《墨子》、王念孫的《讀墨子雜志》、蘇時學的《墨子刊誤》、俞樾的《墨子平議》、孫詒讓的《墨子閒詁》、王闓運的《墨子注》、王樹枏的《墨子斠注補正》、曹耀湘的《墨子箋》、劉師培的《墨子拾補》、尹桐陽的《墨子新釋》、陶鴻慶的《讀墨子札記》、李笠的《定本墨子閒詁校補》、張純一的《墨子閒詁箋》與《墨子集解》、劉昶的《續墨子閒詁》、支偉成的《墨子綜釋》、陳柱的《墨子刊誤》與《定本墨子閒詁補正》、李生龍的《新譯墨子讀本》。

2. 就「墨經」或其他一部分加以注釋考訂或研究評論的有：

張惠言的《墨子經說解》、楊葆彝的《經說校注》、梁啟超的《墨經校釋》、張子高的《墨經注》、胡適的《墨辯新詁》、張子晉的《墨子大取篇釋》與《新考證墨經注》、伍非百的《墨辯解故》、張其鍠的《墨經通解》與《大取篇校注》、胡韞玉的《墨子經說淺釋》、張之銳的《墨經注緒論》與《墨子大取篇釋義》、錢穆的《墨辯探原》、胡國鈺的《墨子小取篇解》、譚戒甫的《墨經易解》、魯大東的《墨辯新注》、高亨的《墨經校詮》、楊寬的《墨經哲學》、譚作民的《墨辯發微》、欒調甫的〈讀梁任公墨經校釋〉、陳品卿的《墨經與別墨》。

3. **就墨子生平及其學說加以研究或評論的有：**

汪中的《墨子表微》、孫詒讓的《墨子後語》、梁啟超的《墨學微》與《墨子學案》、章炳麟的《原墨》、章士釗的《章氏墨學》、胡韞玉的《墨子學說》、胡懷琛的《墨子學辯》、錢穆的《墨子》、陸世鴻的《墨子》、高葆光的《墨學概論》、衛聚賢的《墨子小傳》、馬宗霍的《墨學論略》、釋太虛的《墨子平議》、方授楚的《墨學源流》。

4. **對墨子有特別見解的有：**

陳澧的〈論墨子〉、江瑔的〈論墨子非姓墨〉、章炳麟的《原名》、《明見》、《諸子略說》與《諸子論略》、梁啟超的《墨家政治思想》、胡適的〈墨子與別墨〉、蔣維喬的《楊墨哲學》、王桐齡的《儒墨之異同》、章士釗的《名墨訾應考》、柳詒徵的《諸子之學》。

以上所列，不免掛一漏萬，但從研究學者之多，也可見乾隆嘉慶以來，墨學再度復興的盛況了。以下介紹墨學之著作，以供讀者查閱之參考。

六、重要參考書目

㈠墨學圖書

書名	作者	出版日期	出版者	備註
墨子精華	侯應琛	民國三年	上海中華書局	
墨經解詁	伍非百	民國十年	中國大學晨光社	
新考正墨經注	張之銳	民國十年	河南官書局	
墨子學說	胡韞玉	民國十二年	國學研究社	
墨子經濟思想	熊寥	民國十四年	北京佩文齋	
墨辯校勘記	伍非百	民國十五年	成都石印本	
墨辯討論	欒調甫	民國十五年	子學社排印本	
楊墨哲學	蔣竹莊	民國十七年	上海商務印書館	
墨學十論	陳柱	民國二十三年	「國學小叢書」初版排印本	
墨經及前後期墨家	馮友蘭	民國二十三年	上海商務印書館	
		民國四十五年	香港太平洋圖書公司	
墨經懸解	陳槔	民國二十四年	上海醫藥書局	
墨經易解	譚戒甫	民國二十四年	上海商務印書館	
墨子	錢穆	民國二十四年	上海商務印書館	

書名	作者	出版年	出版者	備註
子墨子學說（又名墨學微）	梁啟超	民國二十五年	上海中華書局	
		民國四十五年	臺灣中華書局	
		民國六十四年	成文出版社有限公司	據民國二十五年排印本影印
墨子的形式邏輯	詹劍峰	民國四十五年	湖北人民出版社	
墨學概論	高葆光	民國四十五年	中華文化出版事業委員會	
墨子拾補	（清）劉師培	民國四十六年	臺灣藝文印書館	
		民國六十四年	成文出版社有限公司	據民國二十五年排印本影印
定本墨子閒詁	（清）孫詒讓	民國四十六年	臺灣世界書局	
讀墨子札記	（清）陶鴻慶	民國十六年	北京文字同盟社	
		民國四十六年	臺灣藝文印書館	
		民國四十八年	北京中華書局	
		民國五十一年	臺北世界書局	
		民國六十四年	成文出版社有限公司	據民國四十八年中華書局排印本影印
墨子學案	梁啟超	民國十年	上海商務印書館	
		民國四十六年	臺灣中華書局	
		民國六十四年	成文出版社有限公司	據民國十年排印本影印
續墨子閒詁	劉　昶	民國四十六年	臺灣藝文印書館	
		民國六十四年	成文出版社有限公司	據民國十四年掃葉山房石印本影印

書名	著者	年份	出版	備註
墨經校釋	梁啟超	民國十一年	上海商務印書館	
		民國四十六年	臺灣中華書局	
		民國六十四年	新文豐出版社	
		民國六十四年	成文出版社有限公司	據民國十二年排印本影印
墨家之書	蔣伯潛	民國四十六年	臺灣正中書局	
墨學源流	方授楚	民國二十六年	上海中華書局	
		民國四十六年	臺灣中華書局	
儒道墨三家評介	胡耐安	民國四十七年	臺北中央文物供應社排印本	
墨子與別墨	胡　適	民國四十七年	臺灣商務印書館	
墨經校詮	高　亨	民國四十七年	臺灣世界書局	
		民國四十七年	北京科學出版社	
		民國五十一年	北京中華書局	
墨辯發微	譚作民	民國四十七年	北京科學出版社	
		民國五十年	臺灣世界書局	
		民國五十三年	北京中華書局	
墨子的我見	王昌祉	民國五十年	光啟出版社	
墨子	陸世鴻	民國三十六年	上海中華書局	
		民國五十一年	臺灣中華書局	
		民國六十四年	成文出版社有限公司	據民國三十六年排印本影印
墨子閒詁箋	張純一	民國十一年	上海定廬初版	
		民國五十一年	臺灣世界書局	

書名	著者	出版年	出版者	備註
		民國六十四年	成文出版社有限公司	據民國十一年排印本影印
墨子雜志	（清）王念孫	清同治九年	金陵書局	
		民國十二年	上海掃葉山房	
		民國十九年	上海商務印書館	
		民國五十二年	臺灣廣文書局	
		民國六十四年	成文出版社有限公司	據清道光十二年刊本影印
墨子假借字集證	周富美	民國五十二年	臺灣大學文學院初版排印本	
墨學研究	陳　拱	民國五十三年	東海大學初版排印本	
墨子選注	唐敬杲	民國十五年	上海商務印書館	
		民國五十三年	臺灣商務印書館	
		民國六十四年	成文出版社有限公司	據民國十五年排印本影印
墨子兼愛與聖經博愛之比較研究	許　逖	民國五十四年	輔大哲學研究所碩士論文	
墨子斠證	王叔岷	民國五十四年	臺灣世界書局	
孔墨異同	龔樂羣	民國五十四年	黃埔出版社	
墨經與別墨	陳品卿	民國五十四年	碩士論文自印本	
墨子引得	燕京大學	民國五十五年	成文出版社有限公司	
白話解釋墨子	葉玉麟	民國二十六年	上海廣益書局	
		民國五十五年	臺北華聯出版社	
		民國六十四年	成文出版社有限公司	據民國二十五年排印本影印
墨子學說研究	謝　湘	民國五十六年	香港上海印書館	

書名	作者	出版年	出版者	
墨子讀書記	陳　澧	民國二十三年	上海商務印書館	
		民國五十六年	臺灣商務印書館	
墨子之道德哲學	司文德	民國五十七年	華明書局	
墨子簡編	嚴靈峯	民國五十七年	臺灣商務印書館	
墨子校詁	何倫經	民國五十七年	華聯出版社	
墨子研究	李紹崑	民國五十七年	現代學苑月刊社	
墨辯新注	李漁叔	民國五十七年	臺灣商務印書館	
墨子知見書目	嚴靈峯	民國五十八年	學生書局	
墨子倫理學之研究	林晉康	民國五十九年	文化大學哲學研究所碩士論文	
墨子集解	張純一	民國二十一年	上海醫學藥局	
		民國二十五年	上海世界書局	
		民國六十年	文史哲出版社	
墨子政治思想之研究	孫廣德	民國六十年	臺灣中華書局	
墨子政治哲學	陳顧遠	民國六十三年	新文豐出版社	
墨子	和田武司	民國六十三年	專心企業公司	
墨辯中之邏輯學	劉焯生	民國六十三年	中國文化學院	
墨子今註今譯	李漁叔	民國六十三年	臺灣商務印書館	
墨子兼愛思想之研究	林俊哲	民國六十四年	師大國文研究所碩士論文	
墨子的宗教思想	白安理	民國六十四年	臺大中國文學研究所碩士論文	
墨子	（周）墨翟	民國六十四年	成文出版社有限公司	

書名	作者	出版年	出版者	備註
		民國七十六年	世界書局	
詰墨	(漢)孔鮒	民國六十四年	成文出版社有限公司	據明杭州葉氏翻宋刊本影印
墨子治要	(唐)魏徵	民國六十四年	成文出版社有限公司	據日本昭和十六年排印本影印
墨子節錄	(唐)馬總	民國六十四年	成文出版社有限公司	據清乾隆三十九年武英殿聚珍本影印
墨子節鈔	(元)陶宗儀	民國六十四年	成文出版社有限公司	據民國十六年上海涵芬樓排印本影印
墨子玄言評苑	(明)陸可教	民國六十四年	成文出版社有限公司	據明刊本影印
墨子品彙釋評	(明)焦竑	民國六十四年	成文出版社有限公司	據明萬曆四十四年刊本影印
墨子評點	(明)歸有光	民國六十四年	成文出版社有限公司	據明天啟五年刊本影印
墨子奇賞	(明)陳仁錫	民國六十四年	成文出版社有限公司	據明天啟六年蔣氏三徑齋刊本影印
墨子校定	(明)唐堯臣	民國六十四年	成文出版社有限公司	據明嘉靖三十二年刊本影印
墨子類纂	(明)沈津	民國六十四年	成文出版社有限公司	據明隆慶元年含山縣儒學刊本影印
墨子刪定	(明)潛庵子	民國六十四年	成文出版社有限公司	據明萬曆四年刊本影印
墨子批選	(明)李贄	民國六十四年	成文出版社有限公司	據明萬曆三年刊本影印
墨子品節	(明)陳深	民國六十四年	成文出版社有限公司	據明萬曆十九年刊本影印

墨子斠注補正附考定墨子經下篇	(清)王樹枏	民國六十四年	成文出版社有限公司	據清光緒十三年文莫室刊本影印
點勘墨子讀本	(清)吳汝綸	民國六十四年	成文出版社有限公司	據清宣統元年衍星社排印本影印
墨子箋	(清)曹耀湘	民國六十四年	成文出版社有限公司	據清光緒二十二年湖南官書局排印本影印
墨商	(清)王景曦	民國六十四年	成文出版社有限公司	據清宣統二年永嘉王氏刊本影印
墨子經說解	(清)張惠言	民國六十四年	成文出版社有限公司	據清乾隆五十七年手稿本影印
墨子韻讀	(清)江有誥	民國六十四年	成文出版社有限公司	據清嘉慶十九年刊本影印
墨經哲學	楊寬	民國三十一年	正中書局初版	據民國三十一年排印本影印
		民國六十四年	成文出版社有限公司	
墨子書札記	(清)朱亦棟	民國六十四年	成文出版社有限公司	據清光緒四年武林竹簡齋刊本影印
墨子叢錄	(清)洪頤煊	民國六十四年	成文出版社有限公司	據清道光二年刊本影印
墨子與墨者	(清)馬驌	民國六十四年	成文出版社有限公司	據清康熙九年刊本影印
墨子大取篇釋	(清)傅山	民國六十四年	成文出版社有限公司	據清宣統三年刊本影印
墨子彙考	(清)陳夢雷	民國六十四年	成文出版社有限公司	據清雍正四年銅活字排印本影印
墨子刊誤	(清)蘇時學	民國六十四年	成文出版社有限公司	據清同治三年刊本影印

書名	作者	年份	出版者	備註
墨子平議	（清）俞樾	民國六十四年	成文出版社有限公司	據民國十一年李氏念劬堂刊本影印
墨子校記	（清）戴望	民國六十四年	成文出版社有限公司	據民國五年排印本影印
墨子批校	（明）茅坤	民國六十四年	成文出版社有限公司	據明隆慶間童思泉刊本影印
墨子注	（清）畢沅	民國六十四年	成文出版社有限公司	據清乾隆四十八年刊本影印
墨子注	（清）王闓運	民國六十四年	成文出版社有限公司	據清光緒三十年江西官書局刊本影印
墨子校書	（清）于鬯	民國五十二年	北京中華書局	
		民國六十四年	成文出版社有限公司	據民國五十二年排印本影印
墨子考索	羅根澤	民國六十四年	成文出版社有限公司	據民國四十七年排印本影印
墨子城守各篇簡注	岑仲勉	民國六十四年	成文出版社有限公司	據民國三十七年排印本影印
墨子讀本	譚正璧	民國六十四年	成文出版社有限公司	據民國三十八年排印本影印
墨子	章炳麟	民國六十四年	成文出版社有限公司	據民國八年刊本影印
墨子小取篇新詁	胡　適	民國六十四年	成文出版社有限公司	據民國四十二年排印本影印
墨子經說新解	張　煊	民國六十四年	成文出版社有限公司	據民國七年排印本影印
評註墨子精華錄	張之純	民國六十四年	成文出版社有限公司	據民國七年排印本影印

墨辯論文集	伍非百	民國六十四年	成文出版社有限公司	據民國十二年排印本影印
儒墨之異同	王桐齡	民國六十四年	成文出版社有限公司	據民國十一年排印本影印
墨辯新注	魯大東	民國六十四年	成文出版社有限公司	據民國二十五年排印本影印
墨子新證	于省吾	民國六十四年	成文出版社有限公司	據民國二十七年排印本影印
墨子文選	張墨生	民國六十四年	成文出版社有限公司	據民國四十六年排印本影印
墨家偽書通考	張心徵	民國二十八年	上海商務印書館	
		民國六十四年	成文出版社有限公司	據民國三十五年排印本影印
墨子辯經講疏	顧　實	民國六十四年	成文出版社有限公司	據民國二十五年排印本影印
墨子經說淺釋	胡韞玉	民國六十四年	成文出版社有限公司	據民國十二年排印本影印
墨辯疏證	范耕研	民國二十三年	上海商務印書館	
		民國六十四年	成文出版社有限公司	據民國三十二年排印本影印
原墨編	張采田	民國六十四年	成文出版社有限公司	據民國元年刊本影印
墨子精華	無名氏	民國六十四年	成文出版社有限公司	據民國三年排印本影印
墨經通解	張其鍠	民國六十四年	成文出版社有限公司	據民國二十年獨志堂排印本影印
墨經新釋	鄧高鏡	民國二十年	上海商務印書館	
		民國六十四年	成文出版社有限公司	據民國二十年排印本影印

書名	作者	出版年	出版者	附註
名墨論集	章行嚴	民國六十四年	成文出版社有限公司	據民國十五年排印本影印
墨經綜釋	支偉成	民國六十四年	成文出版社有限公司	據民國十四年排印本影印
墨經懸解	陳无咎	民國六十四年	成文出版社有限公司	據民國二十四年排印本影印
墨學分科	張純一	民國六十四年	成文出版社有限公司	據民國十二年排印本影印
墨子玄言評苑	（明）李廷機	民國六十四年	成文出版社有限公司	據明刊本影印
墨子刊誤	陳　柱	民國六十四年	成文出版社有限公司	據民國十七年排印本影印
墨子刊誤刊誤	陳　柱	民國十四年	上海泰東圖書局	
		民國十七年	上海中華書局	
		民國六十四年	成文出版社有限公司	據民國十七年排印本影印
墨子研究論文集	欒調甫	民國六十四年	成文出版社有限公司	據民國四十六年排印本影印
墨子譯注	吳則虞	民國六十四年	成文出版社有限公司	據民國五十三年排印本影印
墨子新釋	尹桐陽	民國六十四年	成文出版社有限公司	據民國八年排印本影印
墨子哲學	郎擎霄	民國六十四年	成文出版社有限公司	據民國四十三年排印本影印
墨子新箋	高　亨	民國六十四年	成文出版社有限公司	據民國五十年排印本影印
定本墨子閒詁校補	李　笠	民國六十四年	成文出版社有限公司	據民國四十四年排印本影印
墨子校注	吳毓江	民國六十四年	成文出版社有限公司	據民國三十二年排印本影印

墨子的科學	陳奇猷	民國六十四年	成文出版社有限公司	據民國五十二年排印本影印
墨子非樂篇譯注	古聯抗	民國六十四年	成文出版社有限公司	據民國五十七年排印本影印
墨子思想體系與各篇內容分析	嚴靈峯	民國六十四年	成文出版社有限公司	據民國六十四年排印本影印
墨子評點	(明)文震孟	民國六十四年	成文出版社有限公司	據明天啟五年刊本影印
墨子哲學	蔣維喬	民國六十四年	成文出版社有限公司	據民國十七年排印本影印
墨學通論	孫思仿	民國六十四年	成文出版社有限公司	據民國十六年排印本影印
墨子的邏輯科學思想分析	汪奠基	民國六十四年	成文出版社有限公司	據民國五十年排印本影印
墨經推究	楊偉榮	民國六十四年	培聖出版社	
墨子政治學說要義	龔 菱	民國六十四年	新學仁出版社	
墨學探微	史墨卿	民國六十五年	學生書局	
墨子	時 超	民國六十五年	文致出版社	
墨家的哲學方法	鐘友聯	民國六十五年	東大圖書公司	
墨學新論	錢王倜	民國六十五年	元杰書局	
墨子生平及其教育學術之研究	馮成榮	民國六十五年	文史哲出版社	
墨子的人生哲學	薛保綸	民國六十五年	國立編譯館	
墨子大取篇校釋	閻崇信	民國六十六年	文史哲出版社	
墨辯研究	陳癸淼	民國六十六年	學生書局	
墨學選注	李漁叔	民國六十六年	正中書局	

墨子思想之研究	周長耀	民國六十六年	正中書局	民國七十一年正中書局再版
墨子小取篇集證及其辯學	姚振黎	民國六十七年	文史哲出版社	
墨莊漫錄	張邦基	民國六十七年	新興書局	
墨子與馬克斯思想的比較研究	董俊彥	民國六十七年	學海書局	
墨家哲學	蔡仁厚	民國六十七年	東大圖書公司	
墨子析義	王企縈	民國六十八年	金氏圖書公司	
墨子思想體系研究	馮成榮	民國六十八年	文史哲出版社	
墨學新探	王冬珍	民國六十九年	世界書局	
墨經的邏輯學	沈有鼎	民國六十九年	中國社會科學出版社	
墨學衰落內因探索	賴哲信	民國七十年	師大國文研究所碩士論文	
墨子的哲學與科學	詹劍峰	民國七十年	北京人民出版社	
墨子教育思想研究	陳維德	民國七十年	文史哲出版社	
墨子民生經濟思想	張家鳳	民國七十年	中國文化大學出版部	
墨經分類譯注	譚戒甫	民國七十年	北京中華書局	
		民國七十四年	崧高出版社	
墨子校釋	王煥鑣	民國七十一年	浙江文藝出版社	
墨子引得	南嶽出版社編輯部編輯	民國七十一年	南嶽出版社	
墨經易解	譚戒甫	民國七十二年	新文豐出版社	

墨教闡微	何　之	民國七十二年	文津出版社	
墨子組織與管理思想之研究	蕭子仲	民國七十二年	政大公共行政系研究所碩士論文	
墨辯邏輯學	陳孟麟	民國七十二年	濟南齊魯書社	
墨經中的數學和物理學	方孝博	民國七十二年	中國社會科學出版社	
墨子非儒篇彙考	閻崇信	民國七十二年	文史哲出版社	
墨子	周富美	民國七十二年	時報出版社	
墨子虛詞用法研究	謝德三	民國七十三年	學海書局	
墨子的智慧	鐘友聯	民國七十四年	武陵出版社	
墨子宗教思想之研究	崔周浩	民國七十五年	輔大哲學研究所碩士論文	
墨子的政治思想	楊宏彬	民國七十五年	文化大學政治系研究所碩士論文	
墨子校釋商兌	王煥鑣	民國七十五年	中國社會科學出版社	
墨學之省察	陳問梅	民國七十七年	學生書局	
墨子：偉大的教育家	李紹崑	民國七十八年	臺灣商務印書館	
墨子學說與國父思想	周世輔		陽明出版社	
新譯墨子讀本	李生龍	民國八十五年	三民書局	

(二)墨學論文

篇名	作者	出版日期	刊名
讀墨子偶書	高基	民國元年	《國學叢選》第一、二集合刊
與梁卓如論墨子書	孫詒讓	民國五年	《搢高述林》
讀墨子	胡韞玉	民國五年	《國學叢選》
墨子通釋	蒼石山房主人	民國五年	《船山學報》第二、四、五期
原墨篇	張爾田	民國五年	《中國學報》第三冊
論墨子非姓墨	江瑔	民國六年	《讀子卮言》
讀墨子	陳三立	民國六年	《東方雜誌》第十四卷第九期
墨子經說作者考	張煊	民國八年	《國故》第二期
名學他辨	章行嚴	民國九年	《東方雜誌》第十七卷第二十期
墨子講義擇要	梁啟超	民國十年	《改造》第三卷第十、十一期
俞抄墨子三卷考證	欒調甫	民國十一年	《國學彙編》
墨子科學	欒調甫	民國十一年	《國學彙編》第一冊
墨子要略	欒調甫	民國十一年	《國學彙編》第一冊
墨辯定名答客問	伍非百	民國十一年	《學藝》第四卷第二期
墨辯釋例	伍非百	民國十一年	《學藝》第四卷第三期
辯經原本章句非旁行考	伍非百	民國十一年	《學藝》第四卷第四期
墨經光學新解	抱一	民國十一年	《學燈》十一年第十二期

名墨訾應論	章行嚴	民國十二年	《東方雜誌》第二十卷第二十一期
評胡梁欒墨經校釋異同	伍非百	民國十二年	《學藝》第五卷第二期
述墨子非攻說	伍非百	民國十二年	《不忘》第一卷第三期
與章行嚴論墨學書	章炳麟	民國十二年	《華國》第一卷第四期
讀墨微言	柳詒徵	民國十二年	《學衡》第十二期
墨子與科學	無觀	民國十二年	《學燈》十二年第一期
釋墨經說辯義	孫德謙	民國十二年	《學衡》第二十五期
讀墨微言平議	吳溥	民國十二年	《學燈》十二年第九期
墨學衰微的原故	李毅衷	民國十二年	《學燈》十二年第九期
二千年前的一個非戰論者——墨子	楊行健	民國十二年	《尚志週刊》第一、二期
墨子名稱派別研究	汪鎰甫	民國十三年	《學燈》十三年第三期
名墨訾應考	章行嚴	民國十三年	《東方雜誌》第二十一卷第二期
墨辯探源	錢穆	民國十三年	《東方雜誌》第二十一卷第八號
答福田論儒墨之異同	孫德謙	民國十三年	《學衡》第三十九期
墨子書分經辯論三部考辨	黃建中	民國十三年	《學衡》第五十四期
名墨訾考辨正	伍非百	民國十三年	《東方雜誌》第二十一卷第十七號
許行為墨子再傳弟子考	錢穆	民國十三年	收入《古史辨》第四冊
兼愛辨	章用	民國十四年	《甲寅週刊》第一卷第二十期
名墨方行辨	章行嚴	民國十四年	《甲寅週刊》第一卷第二十一期
論先秦無所謂別墨	唐鉞	民國十四年	《現代評論》第三十二期
墨辯止義辨	李笠	民國十四年	《東方雜誌》第二十二卷第五號

堅白盈離辯	汪馥炎	民國十四年	《東方雜誌》第二十二卷第九號
讀梁任公墨經校釋	欒調甫	民國十五年	《哲學》第七期
墨化	柳詒徵	民國十五年	《學衡》第五十一期
墨學分期研究	楊寬	民國十五年	《學衡》第七十九期
墨經光說三條試解	太微	民國十五年	《現代評論》第一百三十五期
臧三耳辨	孟森	民國十五年	《東方雜誌》第二十三卷第十七號
上古哲學史上的名家與所謂別墨	賀昌羣	民國十六年	《東方雜誌》第二十四卷第二十一號
墨家鉅子制及鉅子姓名言行考略	治民	民國十七年	《東北大學週刊》第八十一期
墨子與穆勒是否中國人的問題	靜因	民國十七年	《文學週報》第八卷第七期
墨學研究	徐誦光	民國十七年	《廈大月刊》第一卷第八期
直墨新程序	馬振儀	民國十七年	《民彝》雜誌第一卷第八期
墨子老子是印度人的考證	衛聚賢	民國十七年	《認識週刊》第二期
墨子的唯物論與國家論	石戈	民國十七年	《實進》半月刊第十二期
墨翟為印度人辨駁議	鄭師評	民國十七年	《東方雜誌》第二十五卷第六號
墨子神仙考	次口	民國十七年	《新晨報副刊》十一月十五日
墨子為印度人辨	胡懷琛	民國十七年	《東方雜誌》第二十五卷第八號
墨翟續辨	胡懷琛	民國十七年	《東方雜誌》第二十五卷第十六號
墨經新疏通論	范耕研	民國十七年	《中大國學圖書館館刊》第七期
正胡懷琛的墨翟為印度人辨	吳進修	民國十七年	《東方雜誌》第二十五卷第十六號

墨子非攻篇為繁攻伐天下之巨害也試申述其旨	良　弼	民國十七年	《春筍》第一卷第一期
為墨子國籍致胡懷琛君	陳登元	民國十八年	《一般》第九卷第四期
墨子備城以下二十篇係漢人偽書說	朱希祖	民國十八年	《清華週刊》第三十九卷第九期
墨辯的作者問題	伍非百	民國十八年	《建國月刊》第四卷第六期
墨翟非印度人辨	鍾鍾山	民國十八年	《中山大學語言歷史研究所週刊》第六集第六十七、六十八期合刊
墨子舉正	孫人和	民國十九年	《師大國學叢刊》第一卷第一期
從墨翟說到楊王孫	許炳離	民國十九年	《齊大月刊》第二期
墨子學說批評	王去病	民國十九年	《建國月刊》第五卷第五期
墨學傳佈考	李孟楚	民國十九年	《中山大學語言歷史研究所週刊》第一一八期
墨子「辭過」義例	譚戒甫	民國十九年	《文哲季刊》第一卷第四期
應用數學釋墨	關五玉	民國十九年	《東北大學週刊》第四十七期
墨經解難	伍劍禪	民國十九年	《中大季刊》第一卷第一期
答伍非百形名學書	伍劍禪	民國十九年	《中大季刊》第一卷第一期
墨子大取科解	陳啟彤	民國十九年	《中大季刊》第一卷第一、二期
墨子小取科解	陳啟彤	民國十九年	《中大季刊》第一卷第二期
墨經證義	譚戒甫	民國二十年	《文哲季刊》第二卷第一、二期
墨辯軌範	譚戒甫	民國二十年	《文哲季刊》第二卷第一期
墨辯論式源流	譚戒甫	民國二十年	《文哲季刊》第二卷第四期

由墨子引經推測儒墨兩家與經書的關係	羅根澤	民國二十年	《北平圖書館館刊》第三號
述墨子兼愛學說	伍非百	民國二十年	《建國月刊》第六卷第一期
墨子言行錄	余迺成	民國二十年	《金聲》第一卷第一期
墨經非本於印度辨	楊寬	民國二十一年	南京《大陸雜誌》第一卷第六期
墨經宇宙論考釋	楊寬	民國二十一年	南京《大陸雜誌》第一卷第七期
關於墨子學辨的話	胡懷琛	民國二十一年	南京《大陸雜誌》第一卷第十二期
墨子經說釋例	譚戒甫	民國二十一年	《文哲季刊》第三卷第三期
論尊禹宜提倡墨學	蔣維喬	民國二十一年	《青鶴雜誌》第一卷第七期
墨子各篇作者考	楊寬	民國二十二年	《學藝》第十卷第十號
墨子引書考辨	楊寬	民國二十二年	《學藝》第十二卷第十號
墨子書之傳本源流與篇什次第	欒調甫	民國二十二年	《山東圖書館季刊》第一集第一期
翁方綱與墨子	胡適	民國二十二年	《猛進》第十二期
墨經集說	戴晨	民國二十二年	《東吳》第一卷第一、二期
墨子學說之批評	徐國英	民國二十二年	《世界旬刊》第十期
讀梁先生墨子學案	吳壽祺	民國二十二年	《無錫國專季刊》第二十二期第一冊
別墨問題的探討	張澤民	民國二十二年	《光華大學半月刊》第二卷第五期
墨子的政治思想	王先進	民國二十二年	山東大學《勵學》第二期
墨子論理學的新體系	虞愚	民國二十三年	《民族》第三卷第二期
墨子小取篇第四章校釋	譚戒甫	民國二十三年	《文哲季刊》第五卷第一期
類物明例	譚戒甫	民國二十三年	《文哲季刊》第五卷第四期

墨子大小取兩篇究竟是誰家的典籍	孫道昇	民國二十三年	《大公報・圖書副刊》第一一一期
墨子大取篇校釋	譚戒甫	民國二十三年	《文哲季刊》第五卷第四期
論墨子	羅敦曧	民國二十三年	《墨學書目錄》著錄
釋墨	王重民	民國二十三年	《北平圖書館館刊》第七卷第一期
墨子心理學之研究	林昭音	民國二十三年	《墨學書目錄》著錄
墨子政治思想的研究	丁布夫	民國二十三年	《汗血月刊》第四卷第一期
墨子平議	釋大虛	民國二十三年	《墨學書目錄》著錄
與章行嚴論墨學書	邢之實	民國二十三年	《墨學書目錄》著錄
墨經義疏通說	楊寬	民國二十四年	《制言》半月刊第七期
墨子論蕃育人民不主早婚說	譚戒甫	民國二十四年	《文哲週刊》第六卷第四期
墨子的中心學說	譚國溶	民國二十四年	《民鐘季刊》第一卷第二期
墨學論略	馬宗霍	民國二十四年	《國衡半月刊》第一卷第二、三、四期
釋墨辯之爭彼	趙公晈	民國二十四年	《正風》半月刊第一卷第十九期
墨子思想之研究	古仲宣	民國二十四年	《民鐘季刊》第一卷第三期
讀墨指要	李大防	民國二十五年	《安大季刊》第一卷第二期
論晚近諸家治墨經之謬	楊寬	民國二十五年	《制言》半月刊第二十九期
墨子之社會思想	鄭獨步	民國二十六年	《真善美》第七卷第一期
墨子探源	羅根澤	民國三十二年	中央大學《文史哲季刊》第一卷第一期
與張默生討論名墨書	羅根澤	民國三十三年	《讀書通訊》第八十四期
墨子的思想	郭沫若	民國三十四年	《先秦學說述林》
墨子的思想	楊榮國	民國三十五年	《孔墨的思想》

墨子與說教	張嘉謀	民國三十六年	《學原》第一卷第一期
墨子解	岑仲勉	民國三十七年	《學原》第二卷第八期
儒墨道三家邏輯之比較的研究	嚴靈峯	民國四十年	《易簡原理與辯證法》
墨者非刑徒奴役辨	施之勉	民國四十年	《大陸雜誌》第三卷第八期
墨子的反侵略思想	王覺源	民國四十一年	《思想與革命》第二卷第七期
墨子的「尚同」與民主政治	王寒生	民國四十一年	《民主憲政》第三卷第五期
墨子的「非攻」與反侵略	王寒生	民國四十一年	《民主憲政》第三卷第六期
墨子的「非命」與實踐運動	王寒生	民國四十一年	《民主憲政》第三卷第十期
辟與倂	陳大齊	民國四十一年	《大陸雜誌》第五卷第五期
從墨子的「天志明鬼」論「拜拜」問題	王寒生	民國四十一年	《民主憲政》第四卷第一期
墨子之道德政治哲學	黃建中	民國四十二年	《學術季刊》第一卷第四期
自苦力行的墨子哲學	王覺源	民國四十二年	《建設》第二卷第五期
墨子與晚周諸子	熊公哲	民國四十二年	《中國文化》第一卷第三期
論墨子兼愛	葉　龍	民國四十四年	《新亞校刊》第六期
墨子為齊國人考	宋成堦	民國四十四年	《大陸雜誌》第十一卷第八期並第十六卷第二期
墨子閒詁補正	龍宇純	民國四十四年	《學術季刊》第四卷第二期
我也談「墨子書中的天與上帝」	李振邦	民國四十五年	《恆毅》第五卷第七期
略談墨子精神	李紹崑	民國四十五年	《恆毅》第五卷第九期
墨子學說的評價	遁　翁	民國四十五年	《人生》第十三卷第二期
墨子非齊國人說	李紹崑	民國四十五年	《大陸雜誌》第十三卷第十二期

墨子生卒年代考	李樹桐	民國四十五年	《師大學報》第一期
對「墨書中天與上帝」的幾點意見	周若石	民國四十六年	《恆毅》第六卷第八、九期
論墨家之救世精神	老丘	民國四十六年	《民主憲政》第十三卷第二期
墨學的盛衰及其時代背景	亞傑	民國四十六年	《現代政治》第八期
墨子兼愛與儒家論仁	廖灼明	民國四十六年	香港重基學院《華國》創刊號
墨子閒詁補正之一	阮廷卓	民國四十六年	《大陸雜誌》第十五卷第九期
墨子閒詁補正之二	阮廷卓	民國四十七年	《大陸雜誌》第十六卷第八期
墨子閒詁補正之三	阮廷卓	民國四十七年	《大陸雜誌》第十六卷第九期
墨子思想與極權主義	張鐵君	民國四十七年	《國魂》第一五二期
儒墨兩家論愛與公教論愛的異同	梁子涵	民國四十七年	《恆毅》第八卷第六期
墨辯與思維的方法	鄧公玄	民國四十七年	《國魂》第一五四期
評韋政道先生「墨子思想檢論」	梁尚忠	民國四十七年	《民主憲政》第十三卷第六期
墨子哲學及其名理	黃建中	民國四十八年	《師大學報》第四期
楊墨學派新論	黎正甫	民國四十八年	《民主評論》第十卷第十四期
墨子的兼愛思想	吳怡	民國四十八年	《憲政論壇》第五卷第九期
墨子的天志思想	吳怡	民國四十八年	《現代政治》第五卷第三期
墨子的天	杜而未	民國四十八年	《恆毅》第八卷第七期
墨子小取篇論「辯」辨義	唐君毅	民國四十九年	《新亞學報》第四卷第二期
儒墨道三家學術思想綜合研究	王寒生	民國四十九年	《民主憲政》第十七卷第七、八、九、十四期

墨子的功利思想	吳　怡	民國四十九年	《憲政論壇》第六卷第六期
墨子兼愛觀念之研究	陳　拱	民國五十年	《東海學報》第三卷第一期
論墨子與儒家的天	劉俊餘	民國五十年	《新鐸聲》第六卷第三十六期
墨子的「兼愛與天志」	徐復觀	民國五十年	《人生》第二十一卷第六期
墨學的興衰	周宏然	民國五十年	《人生》第二十二卷第十一期
墨子的宇宙創造論	李振邦	民國五十年	《現代學人》第三十卷第一期
墨學要義之省察	唐亦男	民國五十一年	《人生》第二十三卷第六、七期
墨子的宗教思想	周億孚	民國五十一年	《景風》第十七期
墨家的起源	鄭康民	民國五十一年	《建設》第十卷第十一期
墨子的尊天說	詹棟梁	民國五十一年	《建設》第十一卷第五期
我對墨家的認識	黃錦堂	民國五十一年	《建設》第十一卷第五期
比論墨學宗教意識之型態及其所以未成宗教之原因	陳　拱	民國五十一年	《人生》第二十四卷第九期
墨家的起源商榷	周弘然	民國五十一年	《建設》第十一卷第五期
墨子與墨辯	勞思光	民國五十一年	《大學生活》第八卷第三、四、五期
墨子哲學思想述要	吳　康	民國五十一年	《哲學年刊》第五期
墨學綜述	陳問梅	民國五十二年	《民主評論》第十四卷第一期
墨子的學說與其歷史背景	徐幼軒	民國五十二年	《臺大青年》第四期
賢人政治與天人交通	陳問梅	民國五十二年	《民主評論》第十四卷第十二、十三期
愛的社會之實現原則	陳問梅	民國五十二年	《民主評論》第十四卷第十四期
儒墨所肯定的天及其義理層次	陳問梅	民國五十二年	《人生雜誌》第三四七、三四八期

勤勉從事與節約生產	陳問梅	民國五十二年	《民主評論》第十四卷第十五、十六、十七期
墨子根本觀念之解析	陳問梅	民國五十二年	《民主評論》第十五卷第六、八、九期
墨子思想源於孔子說	趙蘭庭	民國五十二年	《孔孟月刊》第二卷第二期
論墨子與楊朱學派	關　鋒	民國五十二年	《中華文史論叢》第六輯
墨道宜於治軍說	張成秋	民國五十三年	《新天地》第三卷第三期
從理則學看墨經	李漁叔	民國五十三年	《理則匯刊》第八期
墨子箋疑序（上）	柳存仁	民國五十三年	《新亞學報》第六卷第一期
墨子思想異於孔子說	楊澤祥	民國五十三年	《孔孟月刊》第二卷第一期
墨子非儒篇中的孔子	周富美	民國五十三年	《孔孟月刊》第三卷第四期
論墨子思想	吳均昌	民國五十三年	《華僑日報》二月二十日
談墨家的起源	覃適之	民國五十三年	《建設》第十二卷第八期
墨子的政治思想	傅啟學	民國五十三年	《革命思想》第十五卷第四、五期
墨子非樂思想之省察	唐亦男	民國五十三年	《中國一周》第七五〇期
論墨子節葬短喪	朱守亮	民國五十三年	《中國一周》第七五九期
墨子政治思想及其科學理論	趙蘭庭	民國五十三年	《淡江學報》第三期
儒墨所肯定的鬼神所以神	陳　拱	民國五十四年	《人生》第三〇八期
略談墨經及其中心思想	陳以亨	民國五十四年	《星島日報》三月二十二、二十四，四月二十六日
墨經的成書及內容	陳以亨	民國五十四年	《星島日報》五月十日
墨經中的認識論	陳以亨	民國五十四年	《星島日報》五月三十一日
略談墨經的名學	陳以亨	民國五十四年	《星島日報》六月二十三日

篇名	作者	年代	出處
墨子的社會哲學	龍冠海	民國五十四年	《國立臺灣大學社會學刊》第二期
中國古代的人道主義者——墨子	張　建	民國五十四年	《思想與時代》第一一七期
論別墨	陳品卿	民國五十五年	《幼獅學誌》第五卷第一期
墨子的非樂思想	詹棟樑	民國五十五年	《建設》第十五卷第二期
墨子	司徒生	民國五十五年	《香港時報》五月一日第十版
論儒墨道三家精神之異同	王邦雄	民國五十五年	《新天地》第五卷第七期
孔墨學說之比較	周　耀	民國五十五年	《孔孟月刊》第四卷第七期
論墨子的辯學	鄭振球	民國五十五年	《文史學報》第三期
楊墨之道與孔子之道	洪順隆	民國五十五年	《學粹》第二、三、四、八期
三十年來之墨學	李紹崑	民國五十五年	《現代學苑》第三卷第十期
老孔墨思想之述要	李方晨	民國五十六年	《革命思想》第二十三卷第三期
墨子之賢人政治論	萬世章	民國五十六年	《革命思想》第二十三卷第六期
淺談儒墨學說之相異點	邢義田	民國五十六年	《人事行政》第二十三期
兼愛思想之流變與影響	許　逖	民國五十六年	《出版月刊》第二十期
論墨子兼愛思想與聖經博愛對人類文化的精神價值	許　逖	民國五十六年	《出版月刊》第二十五期
論墨學之衰歇與復興	李霜青	民國五十六年	《學園》第二卷第十期
墨子思想律詮真	張鐵君	民國五十六年	《學園》第二卷第十期
墨子姓氏與生地的商榷	張潤冬	民國五十六年	《學園》第二卷第十二期
今儒學與墨學	黃公偉	民國五十六年	《學園》第二卷第十期
墨子非姓墨考辯	李霜青	民國五十六年	《學園》第三卷第一、二期

楊墨之道與今日世局	于兆莉	民國五十六年	《學粹》第九卷第二期
墨家的文化境界	楊　名	民國五十六年	《國魂》第二五七期
墨子的思想體系及其功利主義	嚴靈峯	民國五十六年	《國魂》第二六〇、二六一期
我對墨家的認識	黃錦堂	民國五十六年	《建設》第十一卷第五期
墨家思想和生活	周億學	民國五十六年	《景風》第十五期
淺論墨經中的知識論	鄭振球	民國五十六年	《文史學報》第四期
墨家命名之取義	朱守亮	民國五十六年	《文海》第一卷第十期
現在墨子諸篇內容之分析及其作者的鑑定	嚴靈峯	民國五十六年	《幼獅學誌》第六卷第三期
墨子的兼愛思想	萬世章	民國五十七年	《革命思想》第二十四卷第一期
墨子的尚同思想	萬世章	民國五十七年	《革命思想》第二十四卷第二期
孔墨孟莊荀的天命觀念	曹顯成	民國五十七年	《新加坡大學中文學會學報》第九期
論儒墨學說之爭辯	林貞美	民國五十七年	《臺灣教育輔導月刊》第一八四期
墨學的淵源與流派	周億孚	民國五十七年	《景風》第十八期
墨學中的「義」和「利」	周億孚	民國五十七年	《景風》第十九期
墨子哲學思想	吳　康	民國五十七年	《哲學年刊》第五期
答「三論墨書中的天與上帝」	周若石	民國五十七年	《恆毅》第十七卷第十二期，第十八卷第一、二、三期
墨子的人格闡微	陳　拱	民國五十八年	《東海學報》第十卷第一期
墨子的時代思潮	周億孚	民國五十九年	《燈塔》第一六四期
墨子的宗教思想	周億孚	民國五十九年	《燈塔》第一六五期
墨子的政治思想與儒墨之爭	張柳雲	民國五十九年	《中華文化復興月刊》第三卷第四期

墨子的辯學	李漁叔	民國五十九年	《中華文化復興月刊》第三卷第十期
墨子兼愛的真詮	李漁叔	民國五十九年	《東方雜誌》復刊第三卷第十期
墨家「非命論」思想研究	劉志江	民國五十九年	《農專學報》第十一卷
墨子思想與佛學	張國晉	民國五十九年	《菩提樹》第十八卷第七期
效法墨子苦行救世，開創中興復國氣象	詹　斌	民國五十九年	《中興評論》第十七卷第七期
為墨子辯	胡謙受	民國六十年	《中興大學公共行政系行政學報》第三期
墨經作者考	陳品卿	民國六十九年	臺灣師範大學《國文學報》

老子

余培林

一、老子人與其書

㈠老子生平

《史記・老子韓非列傳》記載：老子姓李、名耳，字聃，楚苦縣厲鄉曲仁里人。曾經做過周守藏室之史。孔子適周，曾經向他問禮。他在周待了很久，看到周政府日漸衰落，於是離去。到了關口，關令尹勸他著書，他就寫了一本書分上下兩篇，敘述道德的旨意而去，從此就失去了踪跡。老子活了大約一百六十多歲，也有人說是二百多歲。

在這一段文字中，值得注意的有三點，那就是籍貫、官職和年壽，因為這三點都與他的思想有關。茲分別說明於下：

1. 籍貫

「本傳」說他是楚人，楚在中國南方。中國北方民性強悍，南方民性寬柔，因而所形成的哲學思想也大異其趣。《禮記・中庸》記載子路向孔子問強，孔子說：「含容謙順以教人，忍受橫逆而不報復，這種以寬柔勝人，是南方之強；抱著兵器，穿著鎧甲，和人相鬥，至死不休。這種以剛堅勝人，是北方之強。」老子主張柔弱謙退，這和地域不能說沒有關係。

2. 官職

「本傳」說他做過周守藏室之史，這相當於現今的中央圖書館館長。這份工作，非有豐富的學養者不能作；而既經作了以後，由於職務之便，一定又可以飽飫金匱石室之書。老子思想之所以如此深邃，為先秦諸子所取用，成為哲學中的哲學；其人則成為哲學家中的哲學家，「守藏室之史」的官職，可以說具有絕大的影響。《漢書・藝文志・諸子略・序》說：「道家者流，蓋出於史官。歷記成敗、存亡、禍福、古今之道，然後知秉要執本。清虛以自守，卑弱以自持。」守藏室之史與史官是否為同一官職，或者職守是否有其重疊之處，難以悉知。但同為洞徹史事、深具學養者，則是無可懷疑的。

3. 年壽

「本傳」說老子活了一百六十多歲，或二百多歲，究竟何說為真，已不可考。但他修道而養壽，高壽應該是沒有問題的。由於高壽，因而閱歷豐富，洞察世事，思想圓融，而主秉要執本，返璞歸真；也由於高壽，因而血氣衰耗，好靜惡爭，遂主清虛卑弱、謙下退讓。有人說《道德經》是一群老人所著，這話未免膚淺；但不享高壽，則不可能有這種深邃而圓融的思想，則是無可爭議的。

籍貫，導引他思想的趨向；職守，豐富他思想的內涵；年壽，促使他的思想圓融澈照。三者缺一，都無法形成老子偉大而深不可測的思想。

㈡《道德經》簡介

「本傳」說老子著書上下篇五千餘言，這本來沒有什麼爭議，即使有爭議也不大，但自從馬王堆《帛書老子》出現以後，爭議就大了。因為《帛書老子》無論是篆本或隸本，它們的篇、章、字句，都與今本《老子》出入很大，下面就依次加以比較說明：

1. 篇

今本《老子》一律分為上下篇，《道經》在前，《德經》在後，這和《史記》所言相符。而兩種《帛書老子》都不分篇，且都是《德經》在前，《道經》在後。我們以為今本較是，因為司馬遷博覽群書，他在《史記》中所記的古書的篇章字數，凡是能流傳下來的，今日觀之，率皆不誤。如《孫子》十三篇，《孟子》七篇，《莊子》十餘萬言，《荀子》數萬言等皆是，《老子》當亦如此。

道家又稱道德家，《老子》又稱《道德經》，就是取上篇「道可道」、下篇「上德不德」的「道」和「德」二字而成。如果不分篇，就沒有《道德經》之名；如果《德經》在前，《道經》在後，則應稱《德道經》，而不應稱《道德經》了。再者帛書隸本在《道經》篇末注說：「道、二千四百二十六。」「道」指《道經》，「二千四百二十六」是字數，這不正足以說明《帛書老子》及其所依據的本子也都是分篇的嗎？不然，篇末為什麼注個「道」字呢？又為什麼要從下篇《德經》開始抄寫，而不從其他章節呢？

至於兩本《帛書老子》為什麼要把《德經》抄在前面，《道經》抄在後面，高亨、池曦朝〈試談馬王堆漢墓中的帛書老子〉一文說：「這當是法家的傳本。」並舉《韓非子》的〈解老〉篇先解《德經》第一章，後解《道經》第一章為證。但我們看〈解老〉篇解《老子》各章，並不是秩然有序的，而是錯綜雜出的。又〈解老〉、〈喻老〉兩篇所引用《老子》的原文，大致和今本《老子》文字相同，而和兩種《帛書老子》差異較多。由此看來，兩種帛書，很難斷定是法家的傳本。如果一定要追究的話，那可能是抄寫者個人的喜好，或是圖一時之便吧。除此之外，實在找不出更好的理由了。

2. 章

《老子》一書分章最早的是劉向，分八十一章。據謝守灝《混元聖紀》引劉歆《七略》說：「劉向『讎校中《老子》書二篇，八十一章，上經第一，三十七章，下經第二，四十四章。』」劉向校本早已失傳，現今所見《老子》注本最早的是東漢嚴遵所注（嚴靈峯先生有輯本，見《無求備齋老子集成》），他也是分八十一章，可是他的《道德指歸論》卻分為七十二章，上篇四十章，下篇三十二章。河上公、王弼以下都分為八十一章，直至元吳澄《道德真經注》又分為六十八章，馬王堆兩種《帛書老子》則不分章。我們以為不分章當是《老子》的原貌，理由有三：

⑴先秦典籍除《孝經》外，從沒有分章的。古本《大學》、《中庸》並未分章，分章是宋儒所為。

⑵《史記》只說「著書上下篇」，則太史公所見的《老子》當未分章；如果分章，他不會忽略而不記的。

⑶無論是分八十一章、七十二章或六十八章，都有錯誤。例如今本八十一章中的二十二章和二十四章就前後倒置，中間還夾有二十三章。而兩種《帛書老子》都是二十四章「自見者不明」在前，二十二章「不自見故明」在後，二十三章又後，如此前後義理一貫。

由以上三點，可知《老子》原來是不分章的，兩種《帛書老子》及敦煌《索紞寫本道德經殘卷》可說接近其原貌。分章無論是分八十一章、七十二章或六十八章，都是後人的一己之意。至於分章後又加上標題如「體道第一」，「養生第二」，……那應該是更後的事了。

3. 字句

以兩種《帛書老子》與今本相比，句的出入很小，可以略而不論。字的差別較大，《帛書老子》語詞較多，借字也較多。但總數都是五千餘言，各家注本雖有出入，這一點是相同的。語詞多並無大礙，因為不影響文義。至於借字多，那是因為秦漢之際，常用的字數少，不過三、四千而已。抄寫者是軑侯利倉的兒子，是漢文帝時人，多用借字是很自然的事。我們可以根據今本，認識《帛書老子》中的借字，也可以根據《帛書老子》，訂正今本文字的錯誤，並進而審定舊注的是非，而對老子思想做一番正確的了解與評價。

《老子》的作者是何人？成書於何時？這兩個問題是互有關聯的。起初，大家都根據《史記》的說法，認為作者是老聃，其成書亦當在《論語》前後。後來梁啟超發現書中所用的詞語，如「王侯」、「仁義」、「萬乘之君」等，是戰國時代的語言，因而斷定《老子》成於戰國之末（〈論老子書作於戰國之末〉，見《古史辨》第四冊）。於是一呼百應，幾成定案。其間雖有胡適、張煦等力排眾議，但頹勢已成，難以挽回。

我們以為先秦典籍很少是單純的一個人的作品，或記載一個人的言論。即以《論語》為例，其中大部分都是孔子的言論，但也有少部分是孔門弟子的言論，甚至有與孔門毫無關係的文字。我們不能以弟子的言論和幾章與孔門毫無關係的文字，就否定其中孔子的言論。再以《莊子》為例，大家都知道「內篇」七篇是莊子的手筆，「外篇」和「雜篇」則出自於莊子弟子或再傳弟子之手，我們也不能以「外篇」、「雜篇」來否定「內篇」是莊子所作。其他如《左傳》、《荀子》、《韓非子》，甚至《史記》，無不有後人羼入的文字。《老子》一書當也是如此。其中固然有戰國時代的詞語，但也有些話應該是出自於老子之口。如四章的「吾不知誰之子，象帝之先」、二十五章的「吾不知其名，字之曰道」等就是。以道為宇宙萬物的根源，這是偉大的發現，空前的創獲，說這話的人，必然是領袖群倫的一代宗師，那不是老子還能是誰呢？如果這些話是莊子之後才有的，試問《莊子・大宗師》中已經有了「夫道，自本自根，生天生地」，說「吾不知其名，字之曰道」的人豈不是無聊？何止是無聊，簡直是無恥。再者《韓非子》有〈解老〉、〈喻老〉兩篇，《荀子・天論篇》有評老子的文字，《莊子・天下》有引《老子》的話，《戰國策》也引用了兩次，如何能棄置這些事實不顧，而硬要說它成書於戰國之末呢？我們以為《老子》中有一部分是老子自己所說，也有一部分是後人根據老子的意思鋪抹而成，這和《莊子》的「外篇」、「雜篇」的情形如出一轍。其作者雖非一人，意旨仍舊承自老子。至於其成書，則當在戰國中期，由文字觀之，當在《孟子》、《莊子》之前，這應該是一個比較公允的看法。

二、老子思想概述

(一)道

在老子思想中，道涵蓋了一切，不管是有形的物、無形的理，都包容在道之中。道是宇宙萬物的本源，也是宇宙萬物運行變化的規律，更是宇宙萬物的歸宿。它是治政的最高原則，也是人生修養的無上境界。無是道之體，有是道之用；反是道之動，弱是道之用；自然是道的精神，無為是道之表現；樸是道之質，靜是道之根；一是道的代表，德是道的化身。道無所不能、無所不在，它相當於基督教的萬能的神。道，玄妙而神秘。道教由道家衍生而來，《道德經》成為道教的經典，老君成為道教的教主，並非毫無原因的。

1. 道是宇宙萬物的本源

我國先秦百家，只有道家有宇宙論，其他各家都沒有，這是道家最不同於各家之處。老子的宇宙論，是其哲學的基礎，所有他的政治哲學、人生哲學，都是從這上面開展而出。而其宇宙本源論，則是其宇宙論的核心。因此全部老子哲學，可以說就在本源論裏。掌握住這一點，老子的哲學就很容易瞭解了。

西方哲學家往往用水、火、風、原子等物質，作為宇宙的根源，但這些東西太具體、太落實了，不能涵蓋萬物，包容所有問題，因而往往為科學所擊破而致整個哲學破產。老子具有超人的智慧，他認為宇宙的本源，不是具體的事物，而是抽象的道。這是老子的偉大發現，「道」這個名稱就是由他而命的。《道德經》二十五章說：

有物混成，先天地生。寂兮寥兮，獨立而不改，周行而不殆，可以為天下母。吾不知其名，字之曰道。

四章說：

> 道沖，而用之或不盈。淵兮似萬物之宗……吾不知誰之子，象帝之先。

《莊子．大宗師》也說：「夫道……自本自根，未有天地，自古以固存，神鬼神帝，生天生地。」

道雖是宇宙的本源，「神鬼神帝，生天生地」，它卻是沒有生命的，因為有生命就有死亡，而道是永久存在的。它也不是物，因為是物就有變化，是此物就不能生彼物，而道是不增不減，永久沒有變化，而又能創生萬物的。它的形狀是「無狀之狀，無物之象」，是超乎現象界的，也不是我們感官所能捉摸認知的，所以說是「視之不見」、「聽之不聞」、「搏之不得」（十四章）。《莊子．大宗師》說它是：「在太極之先而不為高，在六極之下而不為深，先天地生而不為久，長於上古而不為老。」即在表明道是超乎時空而存在。

2. 道是衣養萬物的慈母

道是宇宙萬物的根源，同時也是萬物生長過程中的覆育保護者。《道德經》說：

> 生之，畜之，生而不有，為而不恃，長而不宰，是謂玄德。（十章）
>
> 大道汜兮，其可左右。萬物恃之而生而不辭，功成不名有，衣養萬物而不為主。（三十四章）
>
> 夫唯道，善貸且成。（四十一章）
>
> 道生之，德畜之，……故道生之，德畜之，長之育之，亭之毒之，養之覆之。生而不有，為而不

恃，長而不宰，是謂玄德。（五十一章）

道的偉大之處，不在於生長覆育萬物，而在於生長覆育萬物之後，既不居功，也不主宰控制萬物，而任萬物自然發展，所謂「輔萬物之自然」（六十四章），這也就是所謂的無為了。王弼注說：「不塞其原，則物自生，何功之有；不禁其性，則物自濟，何為之恃；物自長足，不吾宰成。」（十章）可謂得其精神。

3. 道是萬物的歸宿

道本身就有循環反覆的特性，《道德經》二十五章說：「吾不知其名，字之曰道，強為之名曰大。大曰逝，逝曰遠，遠曰反。」萬物法道，自道而生，當然也要復歸於道，這就如同花葉自根而生，最後復歸於根；冰雪由水而成，最後復歸為水。《道德經》說：

夫物芸芸，各復歸其根。歸根曰靜，是謂復命。（十六章）

大道氾兮，其可左右。……萬物歸焉而不為主。（三十四章）

玄德深矣遠矣，與物反矣。（六十五章）

萬物復歸於道，就是「歸根」，也就是「復命」。這種歸根復命的活動，是道的常軌，也是萬物遵行的法則，這就叫做自然律了。

4. 道是治政的最高原則

任何一種思想，都有它形成的時代背景，老子思想當然也不能例外。老子的年壽雖不可知，《道德經》的作者雖不可考，但其人是春秋戰國時代的人，其書是先秦時代的書，則是沒有問題的。因此，春秋戰國時代便是老子思想產生的時代背景了。春秋戰國時代是中國歷史上空前的大變動時代，周室衰微，禮制崩壞，諸侯爭霸，戰爭頻仍，社會紊亂，道德淪喪，臣弒其君者有之，子弒其父者有之。再加上各國政府的橫征暴斂，人民痛苦不堪，於是遷徙流離，輾轉溝壑，真是生活於水深火熱之中。於是有心之士，奮其志慮，圖謀挽救，諸子百家之說，因而興起。老子思想，也就在這種背景下產生了。因此，老子的思想基礎雖然在宇宙論，但是其目的以及其具體實現，還是落實在政治與人生日用之間，這和儒家思想的精華全在內聖與外王，其精神是一致的。

道是宇宙論基礎，當然也是治政的最高原則。道是無為而化的，所以治政者也要無為而治，《道德經》說：

> 道常無為而無不為，侯王若能守之，萬物將自化。（三十七章）
>
> 是以聖人處無為之事，行不言之教，萬物作焉而不辭，生而不有，為而不恃，功成而弗居。（二章）
>
> 治大國若烹小鮮。（六十章）

無為而天下治，有為反而害事，老子曾說：「民之難治，以其上之有為，是以難治。」（七十五章）須知道「天下多忌諱，而民彌貧。……法令滋彰，盜賊多有。」（五十七章）「為者敗之，執者失之。」（二十九章）還不如無為無執的好，因為無為就無敗，無執就無失。

老子曾以江海比喻道，說：「譬道之在天下，猶川谷之與江海。」（三十二章）「江海所以能為百谷王者，以其善下之，故能為百谷王。」（六十六章）聖人治政法道，若能效法江海處下的精神，其結果將如孟子所說的：「民歸之，若水之就下。」（《孟子・梁惠王上》）沛然莫之能禦。所以老子說：

是以欲上民，必以言下之；欲先民，必以身後之。（六十六章）

受國之垢，是謂社稷主；受國不祥，是謂天下王。（七十八章）

孤、寡、不穀，都是不好的詞語，是人人厭惡的，而侯王自以為稱，這就是效法道的謙下的具體表現。

道生萬物，無私無欲，只是順萬物之自然。聖人治政也當秉持無私無欲之心，順應百姓之自然。老子說：

聖人常無心，以百姓心為心。善者吾善之，不善者吾亦善之。（四十九章）

「無心」就是無私，聖人治政，無好惡於其間，一切以百姓之心為心，誠如《禮記・大學》所說：「民之所好好之，民之所惡惡之。」老子又說：

悠兮其貴言。功成，事遂，百姓皆謂我自然。（十七章）

聖人欲不欲，不貴難得之貨；學不學，復眾人之所過。以輔萬物之自然，而不敢為。（六十四章）

「貴言」就是不言，也就是「行不言之教，處無為之事」。(二章) 聖人並非一無所為，只是無私心而為，所以功成事遂之後，百姓都不知道，還都說：「我自然如此。」一點也不著痕跡。

除上述以外，治政者還要守靜、抱樸、絕巧、棄利、守愚、不爭等，條目雖多，要皆以法道為原則。班固《漢書・藝文志・諸子略・序》嘗謂道家之術是「人君南面之術」，可見這種治政之術是如何的精妙了。

5. 道是人生修養的無上境界

孔子說：「志於道。」(《論語・述而》) 又說：「朝聞道，夕死可矣。」(《論語・里仁》) 老子之道雖不同於孔子，其志道、求道之心，則與孔子是一樣的堅定與迫切。《道德經》說：「孔德之容，唯道是從。」(二十一章) 又說：「上士聞道，勤而行之。」(四十一章) 其求道之切，於此畢現。至於得道之士的氣象如何呢？《道德經》有一段文字形容說：

> 古之善為道者，微妙玄通，深不可識。夫唯不可識，故強為之容。豫兮若冬涉川，猶兮若畏四鄰，儼兮其若客，渙兮若冰之將釋，敦兮其若樸，曠兮其若谷，渾兮其若濁。……保此道者不欲盈，夫唯不盈，故能敝而不成。(十五章)

所謂「若冬涉川」、「若畏四鄰」，是形容其謹慎，「若客」是形容其莊重，「若冰之將釋」是形容其無情無欲，「若樸」是形容其純真，「若谷」是形容其內心虛靜，「若濁」是形容其外表愚昧。總結來說，就是內心「不盈」，外表「不成」。「不盈」是虛，虛則微妙玄通；「不成」是無形，無形則深不可識。《禮記・學記》說：「大道不器。」《道德經》說：「大器免成，大音希聲，大象（道）無形。」（四十一章）不成就是免成，就是無形，也就是不器。修養到了「不成」、「不器」的境界，也就是到了得道的境界了。

㈡無與有

「無」與「有」是兩個最簡單的名詞，但也是《道德經》中兩個紛爭最多的名詞。這兩個詞是互相依存的，說一個就牽連到另一個，我們實在沒有辦法把它們截然分開，所以就一併予以討論。

「無」與「有」究竟有什麼關係呢？其關係是：

1. 體用關係

「無」是道體，「有」是道用。實際上，體和用是不能分開的；但在理論上，必先有體，而後才有用，也就是說體必先於用。所以「無」必先於「有」。依此而推，就層次來說，「無」也應該較「有」為高。

《道德經》第一章說：

> 道可道，非常道；名可名，非常名。無，名萬物之始；有，名萬物之母。故常無，欲以觀其妙，常有，欲以觀其徼。此兩者，同出而異名。

這是《道德經》開宗明義章，說的當然是道，但不是直接說出，而是假借一體一用的「無」和「有」來說出。很多人不懂得這個道理，而把這一章解得支離破碎，真是可惜。「無、名萬物之始；有、名萬物之母」兩句，很多注家都以「無名」、「有名」為句，就這兩句來說，並無不可。因為當萬物未生之前，既是「無」，也是「無名」；已生之後，既是「有」，也是「有名」。所以自「無」、「有」為句，和自「無名」、「有名」為句，意思並沒有出入。但就本章來說，自「無」和「有」為句，下文「故常無」、「常有」以及「此兩者」(指無與有)意思才有著落，全章思理才能一貫，若自「無名」、「有名」為句，下文就要斷成「故常無欲」、「常有欲」，「此兩者」也不知何指，全章思理當然就支離破碎了。

又「無，名萬物之始」是據兩種《帛書老子》及王弼注文，今本「萬物」皆作「天地」，王弼本同。《列子・天瑞》注說：「天地，萬物之都稱；萬物，天地之別名。」天地和萬物只是總與分的區別，並沒有層次上的差異。又據五十二章「天下有始，以為天下母」，「始」與「母」的意思也相同，由此看來，「無」和「有」似乎難定其先後高下，其實不然，只要看本章先說「無」，後說「有」，以及四十章「天下萬物生於有，有生於無」，就可以知道「無」還是較「有」為先，層次較「有」為高。這還可以從前人的文字中找到證明：

《莊子・天地》：「泰初有『无』，无『有』，无『名』，一之所起。」

何晏《道論》：「夫道，惟無所有者也。自天地以來，皆有所有矣，然猶謂之道者，以其能復用無所有也。」(《列子・仲尼》注引)

王弼《論語釋疑》：「道者，無之稱也。無不通也，無不由也。況之曰道，寂然無體，不可為象。」(《論語・述而》邢昺《正義》引)

胡適《中國古代哲學史》：「道即是無，無即是道。」

馮友蘭《中國哲學史》：「道即是無。」

然而也有一派人把「有」看成道體，「無」在道之上，比道的層次還高。他們根據《道德經》二十五章的「道法自然」一語，而把「無」解作自然。這派人以陳柱、嚴靈峯先生為代表，其說分見於《老子選註》及《老子達解》。我們對於這種說法不敢苟同，理由有五：

(1)《道德經》二十五章說：「有物混成，先天地生。寂兮寥兮，獨立而不改，……吾不知其名，字之曰道。」《莊子・大宗師》也說：「夫道，神鬼神帝，生天生地。」指明道為最高，絕對而無匹。若道之上還有他物，則《老子》二十五章及《莊子・大宗師》中所言，皆無意義。

(2)《道德經》二十五章謂：「道法自然。」並不是說在道之上另有一個叫做自然的東西為道所法，而是說道依萬物之自然。此點將在後文「自然」一節中再詳細說明。

(3)道不生不死，不增不減，具有永恆性。謂道體為「無」，正能符合這一特性。若謂道為「有」，「有」是物的層面，道如果是物，不管是「微粒子」、「玄子」(《老子選註》及《老子達解・序》)或是其他什麼，總會有生死，或有變化，就不可能具有永恆性了。再者，道如果是物，則是此物就非彼物，是彼物就非此物，如此，既無「不可名」之理，也不能創生「萬物」。即使道為「玄子」，如科學中的「原子」或「質子」，為「萬物」的最小單位，試問此「玄子」又如何能成為「萬事」如治政、人生修養等的原理原則？

(4)老子主張「無為」、「無事」、「無名」、「無欲」、「無知」、「無智」、「無心」、「無私」，……「不爭」、「不言」、「不恃」、「不宰」，……此皆與道體為「無」精神相符合。若道體為「有」，就應該主張「有為」、「有欲」、……了。

(5)茲將《老子》、《莊子》書中言及「道」、「無」、「有」的相關文字，列圖顯示如下：

A圖：

道→一（《老子》四十二章：「道生一。」）

無→有（《老子》四十章：「有生於無。」）

無→一（《莊子・天地》：「泰初有无，无有，无名，一之所起。」）

B圖：

道→一

無→有

無→一

無→道（此依嚴靈峯先生《老子達解》以「有」為道體，「無」為「自然」。）

比較以上二圖，A圖以道體為「無」，B圖以道體為「有」，A圖似較B圖層次清楚。老子思想之可貴，就在於空靈、圓融、深不可測，仁者見之而為仁，智者見之而為智，所以能為各家所取用。如果把道體說為「有」，看似符合科學，但卻把道講實了，講死了，不僅不能發揚老子思想，恐怕還要使其破產。

2.「無」之用賴「有」以顯，「有」之用賴「無」以成

《道德經》十一章說：

三十輻，共一轂，當其無，有車之用；埏埴以為器，當其無，有器之用；鑿戶牖以為室，當其無，有室之用。故有之以為利，無之以為用。

「有」之用有限，是小用；「無」之用無窮，是大用、妙用。而有限的「有」之用，是「無」的無窮妙用之一。人人都知道「有」之用，而不知道「無」之用，更不知道「有」之用是「無」的無窮妙用之一。老子以車為喻，大家都知道三十輻所形成的車輪和車轂的作用，卻不知道它們之所以發生作用，是因為車轂和車廂中的「無」（空間）的關係，如果車轂和車廂中間充實，車就不能產生載物的作用。器皿和房室發生作用，也是因為中間空虛，如果中間充實，則器皿不能盛物，房室不能住人。老子又舉橐籥為喻，他說：

天地之間，其猶橐籥乎！虛而不屈，動而愈出。（五章）

橐籥就是風箱，由於中間空虛，抽風就永遠抽不完。天地之間就好像一具大風箱，由於空虛，萬物所以能生生不息，變化不已。今再以一張白紙為喻，由於上面一片空白（無），所以可以在上面畫各種東西，寫各種字，這就是無窮妙用。如果我們在上面畫一幅花草，寫一篇文章，這是無窮妙用中的一種用途；但這張紙由於上面已經有畫、或有字，再不能畫其他的畫，寫其他的字了，這就是「有」的作用有限的道理。

老子以這個道理作基礎，叫人無心、無私，這樣就能夠順應萬物，無入而不自得。司馬談〈論六家要旨〉說：「(道家)以虛無為本，以因循為用。」司馬遷〈老子韓非列傳・贊〉說：「老子所貴道，虛無因應。」正是說的這個道理。唯其虛無，故能因應；若心中有我有欲，自己已先有主見，如何能夠順應外物呢？

3. 有生於無

《道德經》四十章說：

> 天下萬物生於有，有生於無。

「有」生於「無」，就是用生於體，這個道理非常簡單。然而一般人往往懷疑，「無」如何能生「有」？現實世界中有這樣的例子嗎？其實老子這句話只在說明質變的道理，關鍵不在於有沒有實例，而在於這個道理說不說得通。要解決這個問題，《莊子・知北遊》中有一段文字可作為說明。原文是：

> 有先天地生者物邪？物物者非物。物出不得先物也，猶其有物也。猶其有物也，無已。

這段文字的意思是說：「天地是最早的物，有沒有在天地之前而產生的物呢？答案是沒有，生物的一定不是物。最早的物出生之前不可能還有物，因為那還是物。物出生前還有物，這樣推演下去，就沒有完了。」試以人為例，如果問：「人是那裏來的？」或：「人是什麼生的？」回答：「人是人生的。」這個答案就錯了，因為生人的還是人，這等於沒有回答。如果再繼續問答下去，就無窮無止了。生人的究竟是什麼，我們並不知道，但根據「物物者非物」，答案應該是：「生人的非人。」這個答案初聽起來非常荒唐，但仔細一想，也不能說沒有道理。因為根據達爾文的進化論，人是由猿猴進化而來，猿猴當然是「非人」。根據基督教的說法，人是由上帝創造的，上帝是神，當然也是「非人」。因此說「生人的非人」並沒有錯。同理，生物的一定是「非物」。依此類推，生「有」的當然不能是「有」，而應該是「非有」，「非有」就是「無」，如此，「有生於無」，道理不是很通嗎？

《道德經》四十二章說：「道生一。」《莊子．天地》說：「泰初有无……一之所起。」這「無」生「有」，就是「無」生「一」，也就是「道生一」。王弼把「一」釋為「數之始而物之極」（三十九章注），「數之始」是說「一」的本身，「物之極」是說「一」在老子思想中所代表的意義，二者並不衝突。「道生一」、「無」生「有」，都是指抽象的理，一變而為具體的物。必定要這樣的解釋，跨過理變為物的這一關，老子的宇宙生成論，甚至整個老子的思想才說得通，否則，只有把它講成心性之學了。也許有人要問：抽象的理如何能夠化為具體的物？那我們要反問：物理中的質能互變又如何解釋呢？

4.「有」復歸於「無」

老子的道是循環反復的，萬物由道而生，最後又回復於道。鄔昆如先生〈道德經「歸」的概念研究〉一文說：「一切由道開始，一切回歸到道。這也就是『反者道之動』（第四十章）以及『周行而不殆』（第二十五章）的理解。」（《哲學與文化》第八卷十期）

「有」自「無」而生，最後當然復歸於「無」。這「有」回歸於「無」，就是萬物回歸於道。那麼是不是「有」與「無」互生呢？答案是肯定的。但這個「有」、「無」互生，絕不是《道德經》第二章中說的「有無相生」，這句「有無相生」，是說有和無兩種概念相對待而生，觀乎下文「難易相成，長短相形……」就可以知道了。很多人不明其義，用這句話證明老子的思想「有」、「無」相循環，是用錯它的意思了。

也許有人要問，「有」和「無」互生，是不是就是質能互變？我們認為兩者不必混為一談。質能互變是科學的，「有」、「無」互生是哲學的，兩者本來殊途，何必一定強其合轍？何況質能互變，中間還有損失，難以完全還原，其損失數目的大小，又隨物質而異，這與「有」、「無」互生之為一種原則、一種規律者完全不同。再說，哲學固不能違反科學，但也不必附麗於科學。若一定要附麗於科學，恐怕就要動輒得咎了。

以上是「有」和「無」的四種關係，也是兩者的全部關係。至於在《道德經》中用作動詞「無掉」或「否定」意思的「無」，因為和「有」不相對為用，所以就略而不論。

(三)常

「常」字在《道德經》中觸目可見，可以說是一個很常見的字。其實真正的「常」字只有三處，其他的都是「恆」字，由於避漢文帝劉恆的諱，後人遂把它們都改為「常」字，這只要看一看兩本《帛書老子》就可以知道。而由於這麼一改，原來三處的「常」字的面貌就不能凸顯，其特殊的意義也就湮沒而不彰。這三處的「常」字是：

歸根曰靜，是謂復命。復命曰常，知常曰明。不知常，妄作凶。知常容，容乃公，……（十六章）

見小曰明，守柔曰強。用其光，復歸其明。無遺身殃，是謂習常。（五十二章）

知和曰常，知常曰明。益生曰祥，心使氣曰強。物壯則老，是謂不道，不道早已。（五十五章）

這三章的「常」字都是名詞，不像由「恆」字改變而來的「常」字是形容詞或副詞。十六章說「復命曰常」，五十二章說「復歸其明」叫習（襲）常，兩章的「常」字都與復或歸有關，這點值得特別注意。五十七章的「知和曰常」，《帛書老子》篆本作「和曰常」。「知常曰明」一句，則與十六章相同。勞思光先生說：「萬物無常，唯道為常。」（《中國哲學史》）解說完全正確。只是他是解說「道」，而不是解說「常」，所以，「常」字的精神並沒有完全顯現。吳怡先生說：「單獨一個常字，指宇宙人生的常規，普遍永恆的法則，這是屬於道體自然的一面。」（《禪與老莊》）真是一針見血。可惜的是他被由「恆」字改變而來的「常」字假象所迷，而把「常」字分為三類。第二類與第三類解析的雖然精妙，那究竟是「恆」字而不是「常」字。這是由於他寫《禪與老莊》時，馬王堆《帛書老子》尚未出土，不然，以吳先生超常的智慧，一定能把「常」字的意義說得更透闢，更精妙。

在老子思想中，「常」字有其特殊的地位。《莊子·天下》述老子思想說：

建之以常、無、有，主之以太一。

「太一」，成玄英釋為「大道」，極為正確。「常、無、有」三個字獨立成詞，各有其內涵。很多注家把「常」字分屬「無」、「有」，解為「常無」、「常有」，就文字而言都說不通，更不要說內涵了。「無」是道之體，「有」是道之用，「常」則是道生萬物、萬物復歸於道的永恆的法則，也就是「無」和「有」循環反覆的規律。「常」和「反」有極大的關係，「反」是萬物向道的復歸，是變；「常」是道生萬物、萬物歸道的常規，是不變。萬物「無動而不變，無時而不移」（《莊子・秋水》），也就是說時時在變，但只有時時在變的這個法則是永久不變的，因而稱之曰「常」。「常」在老子思想中佔有如此重要的地位，所以深通儒、道、墨、名等各家思想的〈天下〉篇作者（極可能是莊周自己），把它列在「無」、「有」之上，而成為道的三鼎足之一。勞思光先生說：「就形上學觀念而論，老子之道是以三義為主。第一、萬物無常，而道為常。第二、道超越現象界，具無限性。第三、道又支配現象界，運行於萬物萬象之中。此即莊子後學者著〈天下〉篇時所稱建之以常無有也。」（《中國哲學史》）真是不易之論。

如果我們深一層的考察，將會發現老子思想核心的「常、無、有」三者，根本是由「易」之三義而來，「常」是不易，「無」是易簡，「有」是變易，至於「太一」那就是「易」了。「易」之三義，雖始見於《易緯・乾鑿度》，但三義的存在當在易卦象形成之同時，〈乾鑿度〉的作者能夠發現，以老子思想之深刻、觀察之敏銳，如何不能發現？發現以後不把它直接寫出，而把它溶入自己的思想體系，成為思想的主體，易其名稱為「常」、「無」、「有」，觀乎老子思想極多與易理暗合，可知這就並非不可能的事了。

(四)自然

「自然」一詞，在《道德經》中只出現五次。這五次依序是：

功成，事遂，百姓皆謂我自然。（十七章）

希言，自然。故飄風不終朝，驟雨不終日。孰為此者？天地。天地尚不能久，而況於人乎？（二十三章）

人法地，地法天，天法道，道法自然。（二十五章）

萬物莫不尊道而貴德。道之尊，德之貴，夫莫之命而常自然。（五十一章）

是以聖人欲不欲，不貴難得之貨；學不學，復眾人之所過。以輔萬物之自然。（六十四章）

五次中引起爭議最大的是二十五章「道法自然」一句，五十一章的「莫之命而常自然」，可以作為其注腳，其他三章的「自然」，都是說的治政原則，其義甚淺，一看便知，不待辭費。

二十五章「道法自然」一語，使人誤認為道之上還有一個叫做「自然」的東西為道所效法。按理而言，道之上不可能有任何東西，「自然」當然不可能在道之上。這可以從兩方面來解說：

⑴就老子思想系統來說，道是宇宙的根源，這是老子的發現，「道」之名也是老子所命，如果道之上還有「自然」，老子何不直接命名為「自然」，何必費如許唇舌？

⑵就本章文字來說，前文說：「域中有四大。」這四大是道、天、地、王（或人），「自然」並不在其中，可見道之上並沒有「自然」。如「自然」果在道之上，則前文應說域中有五大才是。

那麼「自然」究竟是什麼？「道法自然」又如何解釋？「自然」就是萬物的本性。《道德經》二十九章王弼注說：「萬物以自然為性。」可以作為證明。「道法自然」就主觀而言，是說道不造不施；就客觀而言，是說道依循萬物的本性。下面我們再引幾處王弼注來作說明。二十七章「善行無轍迹」弼注：「順自然而行，不造不始。」「善言無瑕讁」弼注：「順物之性，不別不析。」「善數不用籌策」弼注：「因物之數，不假形也。」「善閉無關楗而不可開，善結無繩約而不可解」弼注：「因物自然，不設不施。」二十九章「天下神器，不可為也。」弼注：「萬物以自然為性，故可因而不可為也。」四十五章「大成若缺」弼注：「隨物而成，不為一象。」「大盈若沖」弼注：「隨物而與，無所愛矜。」「大直若缺」弼注：「隨物而直，直不在一。」「大巧若拙」弼注：「因自然以成器，不造為異端。」「大辯若訥」弼注：「因物而言，已無所造。」把這些注文統合起來，可以清楚的看出，所謂「道法自然」就是說道不違萬物之性，無半點私心造設而已。這個「法」字，不是「效法」，而應該解作「依」、「順」、「因」、「隨」，或「不違」。

二十五章王弼注也說：「法自然者，在方而法方，在圓而法圓，於自然無所違也。」可為證明。弼注又說：「人不違地，乃得全安；地不違天，乃得全載；天不違道，乃得全覆；道不違自然，乃得其性。」人、地、天之有所法，是為了自身的安、載、覆；道本身已自完足，其法自然，是為了得萬物之性，就是對萬物「生而不有，為而不恃，長而不宰」(五十一章)，也就是「無為」。所以人、地、天、道四者的關係是直承的，而道與自然的關係卻不是，就如同慈母之愛子女而任其發展自性一樣，這是施與而不是接受。如果說「自然」在道之上，那麼，萬物以自然為性，萬物也在道之上嗎？

(五)無為

「無為」與「自然」是一體之兩面，是二而一的。「無為」是「自然」的表現，「自然」是「無為」的精神。所謂「無為」，並非一無作為，而是因「自然」而為，因萬物之性而為，也就是不造不施、無私無欲而為。《道德經》說：

生之，畜之。生而不有，為而不恃，長而不宰，是謂玄德。（十章）

道生之，德畜之，長之育之，亭之毒之，養之覆之。生而不有，為而不恃，長而不宰，是謂玄德。（五十一章）

為無為，事無事。（六十三章）

道德既然生、畜、長、育、亭、毒、養、覆萬物，可見得道德並非無為。而由「為無為，事無事」，更可以看出「無為」並非無所作為，「無事」也非無所是事，只是順自然、順物之性而為而已。須知宇宙萬物，就其個體而言，本性自足，無需外力作為。大鵬水擊三千里，一飛九萬里，固然是適其性而逍遙；蜩與學鳩決起而飛，槍榆枋而止，斥鷃翱翔蓬蒿之間，甚至螻蟻孜孜爬行，也是適其性而逍遙。鶴腿自長，鴨腿自短，都沒有感到不便。我們如果鋸斷鶴腿，加在鴨腿之上，自以為主持正義、達到公平，卻不知反而斲傷鶴與鴨的本性，而使他們都不能行走。就其全體而言，原來就是一個大均衡，五行相生相剋，禽獸互相依存，互相剋制，就是均衡現象。即以蛇鼠為例，原是天敵，是一種均衡，卻有一批急公好義之士，為了除惡，把墾丁公園中的蛇大肆捕殺，結果蛇殺盡了，松鼠卻恣意啃噬園中的樹木，弄得樹木大批萎死，人們才又想到培養毒蛇來消滅鼠患。他如填海、移山、平湖、伐林，甚至發展武器、製造藥物，無一不是破壞均衡，斲喪自然和諧，其災害有的已顯，有的未露，總之不會毫無災害，這就是「有為」的結果。所以老子說：

為者敗之，執者失之。（六十四章）

自然界如此，人類社會亦然，士農工商，各行各業，各種團體，無不是相需相輔，相反相成。為政者只要法道無為而治，維持一個可各自發展、公平競爭的環境即可，不必有所偏倚，表現個人的好惡。所以老子說：

是以聖人處無為之事，行不言之教。（二章）

太上，不知有之，……悠兮其貴言。功成，事遂，百姓皆謂我自然。（十七章）

聖人常無心，以百姓心為心。善者吾善之，不善者吾亦善之。（四十九章）

《莊子・應帝王》說：「遊心於淡，合氣於漠，順物之自然而無私焉，而天下治矣。」正是這個道理。

人生亦然。就以生死而言，這本是人類的自然現象，就如同春夏秋冬四時之運行一樣，原不值得過分注意。然而一般人無不是悅生惡死，祈生懼死，不僅求高壽，甚至求長生不死，於是各種益壽養生之道蠭出並作。殊不知益壽養生的結果，反而斲喪生機、縮短生命，還不如清靜無為、順其自然，能得大壽。所以老子說：

人之生，動之死地，亦十有三。夫何故？以其生生之厚。（五十章）

益生曰祥。（五十五章）

「有為」不如「無為」、「益生」不如「無以生為」，難怪老子要說：

夫唯無以生為者，是賢於貴生。（七十五章）

老子主張「無為」，法家也主「無為」，那麼二者是否相同？我們的答案是法家——至少是韓非——的「無為」確是淵源於老子，但與老子的「無為」大異其趣。其不同之點有二：一是目的不同。老子主「無為」，是要君民一起「無為」，而得到最大幸福。法家主「無為」，則是為了方便治理，所以說：「明君無為於上，群臣竦懼乎下。」（《韓非子．主道》）二是方法不同。老子主「無為」，是任萬物之自然；法家主「無為」，則是依法令而為，韓非就曾說：「鏡執清而無事，美惡從而比焉；衡執正而無事，輕重從而載焉。」（《韓非子．飾邪》）自然與法令都是客觀的，看來似乎相同，其實大相逕庭。自然是萬物之性，並沒有固定的標準，萬物可任性而為，毫無拘束；而法令則是剛性的，是人所定的，有一定的範圍，萬物都要受到限制，並不能任性而行。所以二者表象雖相同，實則其差異何啻霄壤。所以司馬遷評說：「申子卑卑，韓子……其極慘礉少恩，而老子深遠矣！」（《史記．老子韓非列傳．贊》）

㈥樸

依據《說文》,「樸」是指未經雕斲的木,《道德經》十五章說:「敦兮其若樸。」用的就是這個意思。但在《道德經》中,「樸」有其特殊的意義,二十八章說:

知其榮,守其辱,為天下谷。為天下谷,常德乃足,復歸於樸。樸散則為器。聖人用之,則為官長,故大制不割。

王弼釋為真。本章的「樸」與「無極」對舉,都是指道而言。道未生萬物時,也就是未鑿破時,是「混成」,是無美無醜、無善無惡、無是無非的,而其用是無窮的,就如未雕斲的木一樣。待一經鑿破,萬物既生,就有美醜、善惡、是非之分,其用也就有限,就如同樸散而為器一般。

《易經·繫辭》說:「形而上者謂之道,形而下者謂之器。」道、樸是形而上的,故其用無限;器是形而下的,故其用有限。《論語·衛靈公》記載:子貢問孔子對他的看法如何,孔子說他是個器,子貢問是什麼器,孔子答說是瑚璉。瑚璉是祭器,貴重而華美,是器中的翹楚;但不管如何重要,究竟只是一個器,其用有限。若顏回「用之則行,舍之則藏」(《論語·述而》),行藏進退自如,已臻得道的境界。

萬物殊相而其性不同,猶之於萬器殊形而其用不同,人如果游心於萬物,將會逐物不返,如歧途亡羊,喪失了自我,所以老子要人「復歸於樸」,也就是復歸於道。實在不得已,也應該知止,知止庶幾乎可以免於危殆。所以他說:

道常無名,……始制有名。名亦既有,夫亦將知止,知止可以不殆。(三十二章)

「樸」和「欲」是相對的。初生嬰兒，毫無欲望，一片純樸，這時候可以說是得道之全。《道德經》中往往用嬰兒比喻得道之人，或叫人「復歸於嬰兒」（二十八章），其原因在此。及至年歲漸長，欲望漸多，純樸之性也逐漸喪失。於是爭逐的對象由疏食、飲水、布衣、草舍而珍饈、玉液、華服、重屋，而聲、色、貨、利，更推而至於聲名、地位、權勢、知識。欲望愈深，需求愈大，就愈要努力以赴，結果是快樂未得，痛苦先嘗。即使勉強得到，所喪失的既多，災害也可能接踵而至。所以老子說：

五色令人目盲，五音令人耳聾，五味令人口爽，馳騁田獵，令人心發狂；難得之貨，令人行妨。（十二章）

甚愛必大費，多藏必厚亡。（四十四章）

金玉滿堂，莫之能守；富貴而驕，自遺其咎。（九章）

至於知識、學問，固為一般人所重視，但道家卻認為同樣會帶來憂愁、災害。莊子就曾說：「吾生也有涯，而知也無涯。以有涯隨無涯，殆已。」（〈養生主〉）又說：「計人之所知，不若其所不知；其生之時，不若未生之時，以其至小求窮其至大之域，是故迷亂而不能自得也。」（〈秋水〉）老子更是主張加以棄絕，他說：

絕學無憂。（二十章）

為學日益，為道日損。損之又損，以至於無為。（四十八章）

其拯救之道，老子認為還是用「樸」來鎮壓，使欲望降低，或徹底消解。他說：

道常無為而無不為，侯王若能守之，萬物將自化。化而欲作，吾將鎮之以無名之樸；鎮之以無名之樸，夫亦將無欲。(三十七章)

王弼說：「抱樸無為，不以物累其真，不以欲害其神，則物自賓，而道自得也。」(三十二章注)把用「樸」鎮欲的效果說得透透徹徹。

(七)反

《道德經》四十章說：「反者道之動。」「反」有三層意思：一是相反相成，二是反向而行，三是反覆循環。「反者道之動」的意思偏重第三層，這也是三者之中最具有哲學意味的。茲分別說明於下：

1. 相反相成

道是獨立無匹的，但宇宙一切現象，都是由相反對立的形態所構成。《道德經》說：

有無相生，難易相成，長短相形，高下相傾，音聲相和，前後相隨。(二章)

這種相反對立的萬事萬物，彼此相輔相成。誠如《莊子・秋水》說的「東西相反而不可相無」。因為一個不存在，另一個也就無從存在，或沒有存在的價值，而隨之滅亡。所以老子說：

貴以賤為本，高以下為基。（三十九章）

這種相反相成的情形，《易經》中到處可見。因為一個卦象顛倒過來則成為另一個卦象，如泰與否、剝與復、損與益、革與鼎等是。可見得老子這種相反相成的思想，其來有自。

2. 反向而行

宇宙中萬事萬物無動而不變，無時而不移。在變動的過程中，依老子的看法，堅強者由於凸顯，因而受到摧折，柔弱者由於斂藏，反而因之留存，《莊子．天下》說：「堅者毀矣，銳者挫矣。」正是說的這個道理。所以老子說：

人之生也柔弱，其死也堅強；萬物草木之生也柔脆，其死也枯槁，故堅強者死之徒，柔弱者生之徒。是以兵強則不勝，木強則兵。強大處下，柔弱處上。（七十六章）

這一部分似與「弱者道之用」重疊，但二者還是稍有差異，「反者道之動」是就強弱互變說明其變的方向，重在一個「動」字；「弱者道之用」是說明道所表現的特性，重在一個「用」字。前者可以說是後者的理論基礎，後者可以說是前者的應用、落實。

3. 反覆循環

老子認為道創生萬物，萬物又復歸於道，如此周流不息，運行不已，宇宙萬物才能緜延不盡，生生不止。他說：

有物混成，先天地生。……大曰逝，逝曰遠，遠曰反。(二十五章)

夫物芸芸，各復歸其根。歸根曰靜，是謂復命。(十六章)

反覆循環既然是萬物變化的常規，人世間的一切當然也不能例外。所以老子說：

禍兮福之所倚，福兮禍之所伏。(五十八章)

正復為奇，善復為妖。(五十八章)

「反」與「常」不同，「反」是就其動者而言，「常」是就其靜者而言；「反」是「變易」，「常」是「不易」。

萬物反覆循環這種思想，不僅老子有，莊子也有。《莊子．秋水》說：「道無終始，物有死生，不恃其成；一虛一滿，不住乎其形。年不可舉，時不可止；消息盈虛，終則有始。」〈至樂〉篇中「萬物皆出於機，皆入於機」一段，也是循環之說。不僅道家有，儒家也有。孟子說：「五百年必有王者興，其間必有名世者。」(《孟子．公孫丑下》)朱熹《大學章句．序》說：「天運循環，無往不復。」陰陽家五德轉移之說，也是這種思想的表現。至於民間，這種思想更是充斥：這從俗諺中可以得知，諸如：「五十年風水輪流轉」、「十年河東，十年河西」、「時來運轉」、「冤冤相報」、「禍福相因」等皆是。而史書中更是常見，羅貫中寫《三國演義》說：「天下大勢，分久必合，合久必分。」已道盡歷史的演變情形。英國歷史學家湯恩比(Arnold Joseph Toynbee, 1889～1975)更尋出人類興衰的原因和軌跡，寫成《歷史研究》

十二卷。他並根據這個演變的軌跡，寫出人類未來的發展趨向，把未來的歷史都寫了出來，所以湯氏被稱為歷史哲學家。

這個萬物循環演變的思想，最早見於《易經》。《易經》每卦六爻「變動不居，周流六虛」（〈繫辭下〉），相鄰兩卦之間，是一個小循環；整個六十四卦，是一個大循環。〈繫辭〉上下，已道盡其義。因此要說老子這個循環反覆的思想來自於《易經》，是一點也不為過的。

(八)弱

老子主張柔弱，反對剛強，這是盡人皆知的事情。《道德經》中守柔的文字，處處可見；貴弱的思想，充斥全書。所以《莊子・天下》就說老子的思想是「以濡弱謙下為表」。《呂氏春秋・不二》也說：「老聃貴柔。」《荀子・天論篇》雖以批評的口吻說：「老子有見於詘，無見於信。」但認為老子思想主在柔弱則是相同的。因此我們如果說老子的哲學是「弱道哲學」，一點也不為過。

由於老子重視柔弱，一般人遂以為老子的思想過於消極，不適用於今日物競天擇、優勝劣敗的時代。這當然是對老子思想的一種誤解。我們知道老子是一位史官，是周守藏室之史（《史記・老子韓非列傳》）。史官「歷記成敗、存亡、禍福、古今之道，然後知秉要執本，清虛以自守，卑弱以自持。」（《漢書・藝文志・諸子略・序》）他的守柔的主張，是由於觀察千百年歷史的成敗、存亡、禍福而得，並不是為了標奇立異。老子也是一位長壽者，依據《史記》的說法，他活了「百有餘歲」。一個一百多歲的老人，他的生活體驗，自然比一般人豐富。同時老子又是一位具有大智大慧的人，對自然、人事的觀察，自然比一般人深刻。淵博的學識、豐富的體驗、深刻的觀察，其守柔的思想就是由這三者匯聚鎔鑄而成，其蘊涵之深厚，道理之真切，可想而知。如果我們僅僅由表面觀察，那裏能夠瞭解其思想的精髓呢？

弱者常存，剛者易折。劉向《說苑・敬慎》就記載這麼一件事：常摐病危，老子去探望說：「先生疾甚矣，無遺教可以語諸弟子者乎？」常摐張其口而示老子說：「吾舌存乎？」老子說：「然。」常摐又問：「吾齒存乎？」老子說：「亡。」常摐說：「子知之乎？」老子說：「夫舌之存也，豈非以其柔耶？齒之亡也，豈非以其剛耶？」常摐說：「是已，天下之事已盡矣！無以復語子哉！」舌頭柔弱，牙齒剛強，但人老時牙齒盡落，而舌則多完好無恙，這不是弱存強亡的最好說明嗎！

弱存剛折的原因，是由於剛強的多凸顯，柔弱的多內斂，一遇外來的打擊、挫折，凸顯的往往消滅，而內斂的多能保存。老子說：「飄風不終朝，驟雨不終日。」(二十三章) 又說：「強梁者不得其死。」(四十二章)《莊子・天下》也說：「堅者摧矣，銳者挫矣。」試看颱風來時，牆倒樹折，而小草絲毫無傷；男人強而平均壽命短，女人弱而平均壽命長，豈不是最佳明證！再者，由於柔弱的充滿生機，剛強的則生機衰竭，而萬事萬物的變化，如春夏秋冬四時之運行，正復為奇，善復為妖。因此在變化中，弱者生機顯露，強者終於消滅，所謂「物壯則老」(三十章)，這本是自然現象。所以老子說：「人之生也柔弱，其死也堅強；萬物草木之生也柔脆，其死也枯槁。故堅強者死之徒，柔弱者生之徒。」(七十六章)

不僅此也，依老子看來，柔弱還能勝剛強，他說：

天下之至柔，馳騁天下之至堅。(四十三章)

弱之勝強，柔之勝剛，天下莫不知，莫能行。（七十八章）

柔弱勝剛強。（三十六章）

在自然界中，水是最柔弱的，但卻沒有一樣東西可以勝過它。所謂「天下莫柔弱於水，而攻堅強者莫之能勝」（七十八章）。因此老子說：「守柔曰強。」（五十二章）

老子守柔的思想，用在待人接物上，便是謙下不爭。他曾舉自然界的例子說：「江海所以能為百谷王者，以其善下之，故能為百谷王。」（六十六章）又說：「上善若水，水善利萬物而不爭，處眾人之所惡，故幾於道。」（八章）又說：「天之道，不爭而善勝。」（七十三章）所以他主張「功成身退」（九章）、「知雄守雌」、「知白守黑」、「知榮守辱」（二十八章）。他並且認為「後其身而身先，外其身而身存。」（七章）「夫唯不爭，故天下莫能與之爭。」（二十三章）這和「守柔曰強」的道理完全相同。「謙」是中國傳統的美德，不僅道家重視，儒家也一樣的重視。五經裏記載謙下的文字俯拾皆是。《書經・大禹謨》說：「滿招損，謙受益。」這兩句話已經成為中國人的處世寶典，人人耳熟能詳。《易經》中謙下思想更是其主幹之一。《易經》六十四卦中沒有一卦六根爻都好，即使是乾卦，上九也「亢龍有悔」，只有謙卦，六爻皆吉。這適足以發人深省，令人警惕。而《易》六十四卦的每卦六爻，大致上有一個共同的原則，那就是居上（三、上兩爻）多凶，居中（二、五兩爻）多吉，居下（初、四兩爻）多无咎。經過粗略的統計，六十四卦的初爻，「吉」和「无咎」有三十九卦，「凶」與「吝」有十四卦，不明吉凶的有十一卦；第四爻「吉」和「无咎」也有三十九卦，「凶」和「吝」有八卦，不明吉凶的有十七卦。由此可知初爻與四爻雖處下而並無不利。居中多吉，應該是儒家中庸思想的根本，居下无咎則應該是道家守柔思想的源頭。有人認為儒家思想淵源於《易經》的乾卦，故主剛；道家思想淵源於《易經》的坤卦，故主柔。視界似乎稍窄了一點。

「柔弱勝剛強」，是一種自然的現象。「守柔曰強」，這個「強」是「守柔」的自然結果，並不是守柔的目的。如果把「取強」看作是守柔的目的，那就大大地誤解老子了。歷史上有很多人（如程顥、王應麟等）把老子看成陰謀家，把《道德經》看作陰謀家之言，就是這種誤解的結果。試想老子主張謙下不爭，如果守柔旨在取強，豈不是還落在「爭」的層面？與不爭的主張豈不互相矛盾？而落在爭的層面，如何能成為大家？又如何能與主張仁愛的儒家並轡齊驅？況且守柔所取得的強，也要被摧毀的啊！

老子不僅不主張取強，而且還反對取強，《道德經》三十章說：「以道佐人主者，不以兵強天下。其事好還，師之所處，荊棘生焉；大軍之後，必有凶年。善有果而已，不敢以取強。」三十一章又說：「夫兵者不祥之器……不得已而用之，恬淡為上。」用兵尚不敢取強，遑論其他！

那麼，老子主張守柔究竟有沒有目的？答案是有，只是目的不在於取強，而在於求社會、人生的圓滿、和諧，也就是「和」的境界。《莊子．天下》說老子：「以濡弱謙下為表，以空虛不毀萬物為實。」司馬談〈論六家要旨〉說道家「贍足萬物」，不毀萬物，贍足萬物，則世界自然無爭無競，圓滿和諧。在《道德經》中，老子對「和」曾三致其意，惜乎後人未加留意而已。如十八章說：「六親不和有孝慈。」六親和睦，雖無孝慈之名，而人人自然孝慈，如魚相忘於江湖。及至六親不和，孝慈之名產生了，孝慈之實也就隨而消亡了。四十二章說：「萬物負陰而抱陽，沖氣以為和。」萬物的創生，是由於陰陽的調和；若陰陽不和，則萬物無由而生，宇宙一片死寂，這真是一個令人難以想像的景象。五十五章說：「知和曰常。」「常」是久的意思，是對「變」而言，是道的規律。宇宙中的萬物無時不變，只有此規律（常）不變。萬物依規律而變，則雖變而不失其序；若不依規律，妄作妄為，就要產生凶災，所謂「不知常，妄作凶」（十六章）是也。如何致常？必由於和；如何致和？那就要由守柔謙下了。

「弱者道之用」（四十章），柔弱是道下落到經驗界的表現、作用。道本身創生萬物，但對萬物並不侵擾，並不干涉，因此萬物才能各盡其性，各遂其生。《道德經》十章說：「（道）生之，畜之。生而不有，為而不恃，長而不宰。」三十四章：「大道氾兮，其可左右。萬物恃之而生而不辭，功成不名有，衣養萬物而不為主。」五十一章說：「道生之，德畜之，長之育之；亭之毒之；養之覆之。生而不有，為而不恃，長而不宰。」正因為道對萬物不有、不恃、不宰，所以「萬物莫不尊道而貴德」（五十一章）。而道的這種不加干涉的精神，下落到經驗界，便是柔弱不爭，便是謙下退讓了。

由於老子特別重視柔弱謙下，柔弱謙下遂成為老子思想的代表。班固《漢書・藝文志・諸子略・序》說道家「清虛以自守，卑弱以自持，此人君南面之術，合於堯之克讓，易之謙謙」。其實何僅政治，舉凡軍事、外交、經濟、修己待人、處世接物，無不需要謙下柔弱，只是治政者居於高位，特別要謙下而已。

就政治而言，老子以居上位者應「常無心，以百姓心為心」（四十九章），「處上而民不重，處前而民不害」（六十六章）。不僅如此，還要「受國之垢，受國不祥」才「是謂社稷主，是謂天下王」（七十八章），人民才能「樂推而不厭」（六十六章）。

就軍事而言，老子是反對戰爭的，因為戰爭是一種強凌弱、眾暴寡的行為，何況「師之所處，荊棘生焉，大軍之後，必有凶年」（三十章）。所以他以為「以道佐人主者，不以兵強天下」（同上）。若「不得已而用之，恬淡為上」，（三十一章）即使戰勝了，也要「以悲哀泣之，以喪禮處之」（同上），這真是一種大慈大悲的胸懷。至於戰陣之間，也以退讓為重。他說：「不敢為主而為客，不敢進寸而退尺。」（六十九章）「勇於敢則殺，勇於不敢則活。」（七十三章）於此可見一斑了。

就外交而言，老子以為無論大國、小國，都要以謙下為要，但大國先對小國謙下，則更為重要。六十一章說：「大國以下小國，則取小國；小國以下大國，則取大國。大國不過欲兼畜人，小國不過欲入事人，夫兩者各得其所欲，大者宜為下。」

就經濟而言，老子主張輕稅養民，國君自己節儉，但要使人民生活富足。他曾說：「民之饑，以其上食稅之多，是以饑……民之輕死，以其上求生之厚，是以輕死。夫唯無以生為者，是賢於貴生。」（七十五章）又說：「朝甚除，田甚蕪，倉甚虛，服文采，帶利劍，厭（饜）飲食，財貨有餘，是謂盜夸（盜魁）。」（五十三章）他痛恨重稅，曾說：「聖人執左契而不責於人，有德司契，無德司徹。」（七十九章）理想的國君，不僅不征斂人民，還要給與人民，因為「既以為人己愈有，既以與人己愈多」（八十一章），人民富足，自然能夠「甘其食，美其服，安其居，樂其俗」，這不就是老子的理想國嗎？

總之，如果人人都能守柔不爭，謙讓處下，則人人心中自有一團和氣，而有海闊天空之感；世上紛爭絕跡，而一個和諧圓滿的世界於焉誕生。

(九)愚、智、明

任何人都想表現聰明，而不想表現愚蠢；任何人也都想被稱為智者，而不想被稱為笨伯。但老子恰恰相反，他不僅反對聰明智慧，而且還主張愚蠢渾噩。他曾說：「智慧出，有大偽。」（十八章）又說：「絕聖棄智，民利百倍。」（十九章）又說：「我愚人之心也哉，沌沌兮！」像這一類的文字，《道德經》中隨處可見。

《史記・老子韓非列傳》記孔子問禮於老子，老子劈頭就說：「良賈深藏若虛，君子盛德，容貌若愚。去子之驕氣與多欲，態色與淫志，是皆無益於子之身。」〈孔子世家〉則記載說：「聰明深察而近於死者，好議人者也。」兩處的記載，文字雖有不同，意思卻是相通，都是要孔子去聰明而存愚樸。我們知道孔子是一位行為謙虛、言語含蓄、具備溫良恭儉讓美德的人，而老子還要他去聰明、守愚樸，其對智慧的厭惡，愚樸的重視，就可想而知了。

老子如此激烈的反對智慧，當然有他的道理，歸納起來，大概有下列四點：

1. 智慧是虛偽的根據

智慧促使人類文明進步，是人類文明進步的原動力，這是毫無問題的。但就在人類文明的進程中，虛偽、欺詐也就隨之而產生、擴展。試看鄉村中的人，知識淺陋，生活簡單，卻沒什麼機心、詭詐，顯得純樸可愛；而反觀城市中的人，知識水準高，生活條件好，卻勾心鬥角，虛偽機詐，互不信賴，時時提防，有何幸福可言？嬰兒之可愛，就在於他不識不知，純真無邪。及至受到社會的薰染，外在的誘惑，智慧漸萌，純真漸失，而詐偽之心也就漸生了。所以老子說：「智慧出，有大偽。」是一點也不錯的。

2. 智者多鑿

孟子曾說：「所惡於智者，為其鑿也。如智者若禹之行水也，則無惡於智矣。禹之行水也，行其所無事也，如智者亦行所無事，則智亦大矣。」(《孟子・離婁下》) 所謂智者，不是智慧較一般人為高，就是知識較一般人為富。前者是天生的，後者是後天的。但不管是如何形成的，既是一個智者，大都喜歡用其私心，逞其私智，以示與眾不同，高人一等。其結果不是乖背人事，就是違反自然，不僅不足以成事，恐怕還要僨事。荀子曾說：「大巧在所不為，大智在所不慮。」(《荀子・天論篇》) 智者如果能夠順自然而為，為其所無為，則智亦大矣。然而有幾個智者能夠做到呢？馬克思如果不逞其私智，人類的一半就不會沉淪在煉獄之中，鄧小平如果不逞其私智，天安門就不會無端的橫添萬千冤魂。《莊子・應帝王》有一則寓言說：南海之帝和北海之帝為了報答中央之帝渾沌的恩德，就商量說：「人人都有七竅，用來看、聽、吃、呼吸，唯獨渾沌沒有，我們來為他開竅。」於是每天開鑿一竅，七天以後，七竅鑿好了，而渾沌卻死了。這都是用其私心、逞其私智而為的結果。由於人類智慧所創造的文明，給人類帶來的究竟是幸福，還是痛苦、災難，實在值得人深思。

3. 智者自遺其咎

如前者所言智者自認為高人一等，很少能謹言慎行，大都是用其私心，逞其私智。而其表現的方法，不出二途：一是言語，一是行為。表現於言語，則「禦人以口給，屢憎於人」(《論語・公冶長》)。表現於行為，則僨事敗功，為人所厭惡。古今因口辯而賈禍，因行乖而罹難的，數不勝數，都可以說是因智慧而自遺其咎。

4. 智者多憂

智者由於思慮遠、理想高，因而家事、國事、天下事，無事不憂。進亦憂，退亦憂，無時不憂。可以說是終生都在憂愁之中，毫無快樂幸福可言。所以老子發人深省的說：「絕學無憂。」（二十章）愚人則不然，他們思慮淺、理想低，甚至不思慮，無理想，因而容易滿足。不求有得，自無所失；不求成功，自無失敗。一生渾渾噩噩、平安無事。所謂「傻人有傻福」，就是這個道理。歐陽脩可以說是一位智者，當秋聲初起，感慨莫名，於是對著書僮發表了一長篇憂傷之言，嘆息不已。但回頭一看，僮子已經垂頭而睡。人人都笑僮子愚魯，其實這正是他的幸福。而歐公在嘆息聲中，不知又老了多少。人如果都能像這位僮子一樣，純真愚樸，不知憂愁為何物，那可以說是無上幸福了。

有以上四點理由，也就無怪乎老子要主張棄智守愚了。其實，表現聰明容易，表現愚蠢困難。對一個智者來說，表現愚蠢尤其困難，因為那需要有一番自覺功夫，超越智者的智慧才行。就如同武俠者流，武功練到絕頂，往往英華內斂，無異常人。孔門中的顏回就是這樣的人，他雖有聞一知十的才智，卻沉默寡言，不違如愚。而子貢博學多才，辯才無礙，卻不知收斂，喜歡「方人」。在《論語》中，除孔子外，他的言論最多。孔子也就有意的拿他來和顏回比上一比。好在他還有自知之明，曉得不如顏回。其實，顏回的「智」，他是絕對及得上的；所不如的，只是顏回的「愚」而已。真是所謂：「其智可及也，其愚不可及也。」（《論語・公冶長》）

治理國家，老子也反對用智，而主張「愚民」。他說：「古之善為道者，非以明民，將以愚之。民之難治，以其智多。故以智治國，國之賊；不以智治國，國之福。」（六十五章）又說：「是以聖人之治，……常使民無知無欲，使夫智者不敢為也。」（第三章）老子雖主張「愚民」，卻和「廢先王之道，禁百家之言，以愚黔首」（賈誼〈過秦〉）的秦始皇帝的「愚民政治」完全不同。不同之點有二：一是方法不同。秦的「愚民」，是要人民以吏為師，政府以嚴刑峻法為治，治政者可不愚；而老子的「愚民」，卻是要人民順其自然，政府以無為為治，治政者也愚。所以他說：「故以智治國，國之賊；不以智治國，國之福。」（六十五章）二是目的不同。秦的「愚民」，目的在方便治理；而老子的「愚民」，目的在求人民得到幸福。所以他說：「棄聖絕智，民利百倍。」（十九章）同為「愚民」，其差別有如天壤之隔，不可不辨別清楚。

其實，老子治政，根本毫無私心。《道德經》四十九章說：「聖人常無心，以百姓心為心。」既以百姓之心為心，何來私心？又有何「愚民」之可言？

老子雖反對「智」，卻很重視和「智」意思很近的「明」。什麼是「明」？老子說：「知常曰明。」（十六章）又說：「見小曰明。」「常」是指「道」的規律，「小」就是指「道」而言。所以「知常」、「見小」，也就是「知道」、「見道」了。

「明」和「智」有什麼區別？老子說：「知人者智，自知者明。」（三十三章）由此可知，「智」所以知人，「明」所以知己；「智」是外射的，「明」是內觀返照的。《道德經》四十七章說：「不出戶，知天下；不窺牖，見天道。其出彌遠，其知彌少。是以聖人不行而知，不見而名（明也）。」「道」不在別處，就在我們心中，所以能夠「不見而名（明）」。而內觀返照，正所以觀「道」，和「知常」、「見小」一樣，此所以為「明」。

「明」所以知己，所以觀「道」，這就是老子之所以輕「智」重「明」的原因。內心清明，外表愚昧，與「明道若昧」（四十一章）若合符節。也就是「君子盛德，容貌若愚」（〈老子韓非列傳〉）的境界了。

三、結語

《老子》八十一章，前後章的思想很少連貫，即使一章之中也往往如此，然而老子的整個思想是應該有一個體系的。昔人研究老子，多用西洋哲學的架構，套在老子的思想之上，看起來總覺得有點不能密合。我們認為整理老子的思想，條貫他的思想系統，應該到《道德經》中去尋找，用老子所用的詞語，而不必外求。本文提出了老子思想中幾個重要的詞語——道、無、有、常、自然、無為、樸、反、弱、愚、明等，想用它們來建立老子思想的架構。

老子思想全在一個「道」字，其他的詞語都是道的性質或作用，「無」是道之體，「有」是道之用，「常」是道之法則，「自然」是道之精神，「無為」是道之表現，「樸」是道之質，「反」是道之動，「弱」是道之用。其他如德、一、虛、靜、慈、儉、無欲、知足、無私、不爭……並非與道無關，也並非不重要，只是限於篇幅，未能一一述及。本文只是研究老子思想系統的一個初步、一個基礎，將來俟深入研究後，再將這些詞語一一收入，以求整理出一個完整的老子思想體系。

任何一種思想一定有其淵源，老子思想自亦不能例外。我們認為老子思想淵源於《易經》，研究老子的人大概都會知道，也都能接受。但知道是一回事，解說清楚又是另一回事。因為要精通這兩本偉大的書，而且要毫無偏倚、毫不主觀的把二者思想理清、連貫，這份工作實非易事。過去有人認為道家思想出於《易經》的坤卦，所見未免太小，難以使人信服。我們認為道家思想是《易經》的另一種詮釋，另一種體現。儒道二家是易理兩大主幹，兩家思想不僅不相背逆，還相輔相成。明乎此，也就難怪孔、老相敬，孟、莊不爭了。班固《漢書・藝文志・諸子略》把儒、道列為百家之首，實有其獨特的見地，其〈序〉謂百家之學「皆六經之支與流裔」更是千古不易之論。

我們認為老子思想的核心常、無、有，就是《易》之三易，而「反者道之動，弱者道之用」的思想源頭也在《易經》，不知這種看法能否得到大家的同意。至於要把老子思想全部與易理合轍，這是一件巨大的工程，絕非三、五年可以完成，只好有待於來日了。

四、重要參考書目

(1)《老子註》　嚴遵　藝文印書館

(2)《道德指歸論》　嚴遵　藝文印書館

(3)《老子註》　王弼　中華書局

(4)《老子微旨例略》　王弼　藝文印書館

(5)《老子章句》　河上公　廣文書局

(6)《老子道德經古本集註》　范應光　藝文印書館

(7)《道德真經注》　吳澄　藝文印書館

(8)《老子章句》　焦竑　新文書書局

(9)《馬王堆帛書老子試探》　嚴靈峰　河洛出版社

⑽《老子達解》　嚴靈峰　華正書局
⑾《才性與玄理》　牟宗三　學生書局
⑿《老子探義》　王淮　商務印書館
⒀《禪與老莊》　吳怡　三民書局
⒁《老子想爾註校箋》　饒宗頤　香港大學
⒂《老子選註》　陳柱　商務印書館
⒃《莊老通辨》　錢穆　三民書局
⒄《老子新證》　于省吾　藝文印書館
⒅《老子校詁》　蔣錫昌　明倫出版社
⒆《老子的哲學》　王邦雄　三民書局
⒇《老子哲學》　張起鈞　正中書局
(21)《老莊哲學》　胡哲敷　中華書局
(22)《莊子集釋》　郭慶藩　世界書局
(23)《新譯莊子讀本》　黃錦鋐　三民書局
(24)《新譯老子讀本》　余培林　三民書局
(25)《新譯老子解義》　吳怡　三民書局

莊子

王邦雄

一、前言

老之有莊，猶孔之有孟，莊子在道家的地位，有如孟子在儒家的地位。

老子「道生之，德畜之」的道，到了莊子，道已內在化，故轉言天人、至人、神人、聖人、真人的虛靜觀照，此有如孔子「天生德於予」的天，到了孟子，天已內在化，故轉言良知、良能、善端、本心、性善的呈現自覺。

莊子反省人生的困苦有二：一在「吾生也有涯」的天生命限，二在「而知也無涯」的人為桎梏；消解之道，前者在逍遙無待之遊，後者在天籟齊物之論，統合言之，在自我的真實之外，尋求整體的和諧。而其保證端在人自身的修養工夫，心齋的「無聽之以耳，而聽之以心」，坐忘的「離形」，就是消解「生有涯」的天生命限；心齋的「無聽之以心，而聽之以氣」，坐忘的「去知」，就是破除「知無涯」的人為桎梏。而心齋的「虛而待物」，與坐忘的「同於大通」，則已進至「天地與我並生，萬物與我為一」的境界。人生至此，已由自困自苦，轉化為自在自得了。

二、其人其書及其思想源流

依《史記・老子韓非列傳》的記載：

莊子者，蒙人也，名周。周嘗為蒙漆園吏，與梁惠王、齊宣王同時。其學無所不闚；然其要本歸於老子之言。故其著書十餘萬言，大抵率寓言也。作〈漁父〉、〈盜跖〉、〈胠篋〉，以詆訿孔子之徒，以明老子之術。畏累虛、亢桑子之屬，皆空語無事實，然善屬書離辭，指事類情，用剽剝儒墨，雖當世宿學，不能自解免也。其言恍洋自恣以適己，故自王公大人不能器之。楚威王聞莊周賢，使使厚幣迎之，許以為相。莊周笑謂楚使者曰：「千金重利，卿相尊位也，子獨不見郊祭之犧牛乎，養食之數歲，衣以文繡，以入太廟。當是之時，雖欲為孤豚，豈可得乎！子亟去，無污我，我寧游戲污瀆之中自快，無為有國者所羈，終身不仕，以快吾志焉！」

太史公此段生動的描述，給出了三方面的訊息：

一是莊子名周，宋之蒙人，嘗為漆園吏，年代上與梁惠王、齊宣王同時，好學深思，思想之大要根本源於老子。

二是莊子著書十餘萬言，大多以寓言形式寫出，主要篇章有〈漁父〉、〈盜跖〉、〈胠篋〉，思想的路數在批判儒墨之學，而究明老學治術。

三是莊子一生重在適己，王公大人挾重利尊位而來，亦不能器用他，以名利權勢為污，而以閒游草野為快，終身不仕，是典型的道家人物。

莊子年代既與梁惠王、齊宣王同時，當然也與孟子同時。老學有莊，孔學有孟，儒道兩家同時出現了絕世的天才思想家，氣勢磅礡，筆力萬鈞；可惜的是，孟、莊竟錯過了一段歷史性的會面對話，堪稱遺憾千古！

最讓我們不解的是，何以《史記》中所列舉莊子的代表作，竟會是被王船山評為低劣的篇章，是司馬遷所看到的《莊子》版本，跟我們不同？是來自兩漢大一統王朝的時代關懷，或是司馬遷家學傳統的思想侷限？不管站在任何角度，〈消遙遊〉、〈齊物論〉、〈養生主〉怎麼可能略過不提！說莊學要本歸於老子之言，是沒有問題的。不過，說莊子「詆訿孔子之徒，以明老子之術」，則錯得離譜。此可能與司馬遷判定〈漁父〉、〈盜跖〉與〈胠篋〉為代表作有關。

我們懷疑司馬遷沒有讀過《莊子》內篇的作品，所以會有錯誤的判斷。《莊子》心齋（〈人間世〉）與坐忘（〈大宗師〉）的工夫修養，都經由孔子、顏回師生的行誼對話，詮釋出來。此雖為寓言，不過，至少反應莊子看重孔子「樂以忘憂」（《論語・述而》）、顏回「不改其樂」（《論語・雍也》）的生命自在吧！

故《莊子》內、外、雜篇的代表性問題，有待釐清。今本《莊子》三十三篇為郭象所編定，而內、外、雜篇也是郭象所分判。故司馬遷所讀到的本子，與我們不同，理論上是可能的。內篇是莊學之內，外篇是莊學之外，雜篇是莊學之雜，判定是外是雜，顯然已具價值分判的意義。莊學之內才能代表莊子，莊學之外之雜就不能代表莊子的思想。再說，莊學之內，意謂道在生命之內，莊學之外，意謂道在生命之外，莊學之雜，意謂道亦在生命之內，體會真切卻雜陳偶現，不如內篇義理精純而全篇通貫。太史公所舉三篇，〈胠篋〉是外篇，〈漁父〉、〈盜跖〉是雜篇，且被判定在無可觀的四篇之中，由是而說莊子「詆訿孔子之徒，以明老子之術」，也就不足怪了。

從先秦到兩漢，哲學思考由根源問題，轉為完成問題。根源問題，重心在道，完成問題，用心在術。所以，道家是黃老治術，儒家是獨尊儒術。司馬談〈論六家要旨〉云：

> 其術以虛無為本，以因循為用。……虛者，道之常也，因者，君之綱也。

班固《漢書・藝文志》云：

> 道家者流，蓋出於史官，歷記成敗存亡禍福古今之道，然後知秉要執本，清虛以自守，卑弱以自持，此君人南面之術也。

足見，司馬遷對道家的理解，既承自家學的淵源，又雜有時代的色彩，老子的虛弱，已轉為君人南面之術。

實則，老子思想的流傳，可分「心知」與「生命」兩路，如圖示於後。

老子思想的「心知與生命」兩路圖

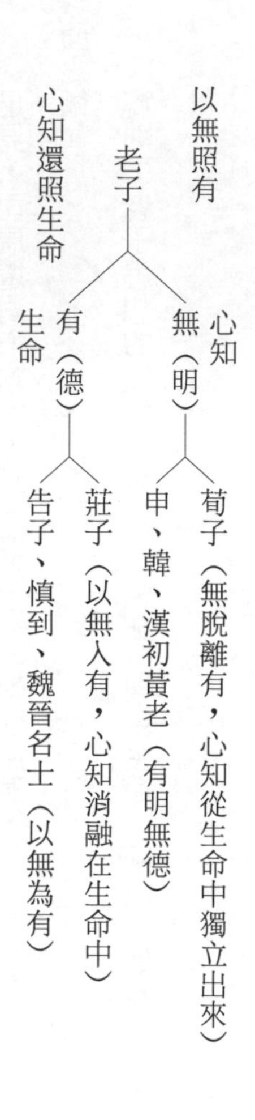

「心知」的那一條路，荀子虛靜知道，得其正，申韓黃老，才是「以明老子之術」；莊子則心知的無，已消融在「生命」之有中，故不顯政治的智慧，只顯生命的清明。故「生命」的這一條路，莊子「才全而德不形」（〈德充符〉），得其正，魏晉名士反名教，才是「詆訿孔子之徒」。

老子的道，猶突顯其形而上的高絕玄妙，到了莊子，道不顯自己，而化入人的生命流行中，故多言天人、至人、神人、聖人及真人的修養境界。

道落在人的生命流行中，最大的問題就在：

> 吾生也有涯，而知也無涯，以有涯隨無涯，殆已；已而為知者，殆而已矣。（〈養生主〉）

老子「道法自然」，是在人文之道外，另開自然之道，試圖將人生從他然導向自然，從人文化成中回歸自然樸質；莊子「唯道集虛」（〈人間世〉），是發現生有涯而知無涯的困苦。

化解生有涯之道，在逍遙無待之遊，消除知無涯之道，在天籟齊物之論。如是，生轉無限，知轉有限，此一可能就在心齋坐忘的工夫修養，離形則生可無涯，去知則知歸有涯，「無聽之以耳，而聽之以心」（〈人間世〉）是離形（〈大宗師〉），「無聽之以心，而聽之以氣」（〈人間世〉）是去知（〈大宗師〉）。通過修養工夫，人生的困苦即可解開，從有用之用的桎梏束縛中脫離出來，就可以回到無用之用的自然虛靜中，去實現自在自得的大用。

三、出身背景

莊子的家鄉，據錢穆先生的考據，位在今河南省商丘附近，向北四十里處。生當戰國時代，好友惠施身居相位，而他獨任漆園吏，管的是一片綠意的樹林，成天跟大自然生活在一處，遠離世俗塵囂，拋開名利權勢，過的是從人間隱退的自在歲月。

宋是商的後裔，殷尚質，殷又尚鬼，尚質是厭棄禮文煩瑣，而歸向質樸天真，尚鬼則是另開浪漫情思的想像空間，顯得不切實際。春秋戰國時代，北方是儒士墨俠奔走化成的人文世界，南方則是隱者真人閒散生息的自然天地。

依《孟子》的記載，揠苗助長的耕夫是宋人，依《韓非子》的描述，守株待兔的農人也是宋人，而《莊子．逍遙遊》，說「宋人資章甫而適諸越，越人斷髮文身，無所用之」。宋人下田，拉拔秧苗而期求快速長成，結果適得其反；宋人棄耕，呆坐樹下而等待兔子自己跑來撞樹，結果一無所獲；宋人經商，販賣禮服禮冠，卻跑到斷髮紋身的越地去，當然乏人問津了。甚至，宋襄公與楚國爭霸，卻堅守君子不重傷，不禽二毛，不鼓不成列的原則，當然痛失霸業。似乎宋人總是現實的挫敗者或者是失意者，凡迂腐可笑皆非宋人莫屬，這除了南方的浪漫風格之外，可能是周王室諸侯國間孤立商人後裔的傳統笑話吧！天真浪漫落在人為俗情來看，不免呆板愚蠢之譏，其實，莊子不僅是想像豐富才氣縱橫的大文豪，也是化解人間困苦，開發生命理境的大思想家，與孟子齊名，老之有莊猶如孔之有孟，孟莊二人堪稱戰國時代的兩大天才，是歷史夜空中永遠閃亮發光的兩顆星辰。

四、生平事跡

莊子家貧，向監河侯告貸濟急，監河侯滿口答應的說：「等我取得了封邑金之後，再借給你三百金好了！」莊子一聽，立即把憤怒擺在臉上，說道：「我昨兒來此，路上聽到有人喊我，我回頭看，原來是躺在車轍中的一條鯽魚，我問牠：『你喊我有事嗎？』牠回答：『我來自東海，今流落此地，可否請你緊急輸送給我斗升的水，來救我一命！』我也一如閣下，做了慷慨而不濟急的允諾，說：『沒問題，我正要南遊吳越之地，等到達之後，再激起西江的大水來迎接你，夠意思了吧！』鯽魚聽後大怒，抱怨說道：『我失去了片刻都不能離開的水，才向你求取斗升的水以存活，沒想到你竟然會這樣的回答，我看你趁早到乾魚鋪去找我吧！』」（〈外物〉）

別看莊子生活困頓，楚王派了大夫前來，向正在濮水垂釣的他說：「有請先生出來為國辛勞！」莊子手持釣竿，卻頭也不回的說：「我聽聞楚有神龜，已死了二千年了，被錦巾包著，繡笥盛著，供奉在廟堂之上，讓人卜斷吉凶，我要請教，依你看這隻神龜是願意死了留下骨頭，尊貴的給人禮拜呢？還是寧可活著，拖著尾巴在泥地上爬呢？」大夫回答說：「為神龜想，是寧可搖曳尾巴在泥地上爬。」莊子說：「你可以走了，我是寧可拖拉著尾巴在泥地上爬啊！」（〈秋水〉）

儘管莊子已表白自己「終身不仕，以快吾志」的心意，但有一回他身入大梁，去看好友惠施，仍引起相當的緊張反應。有人跟惠施說：「莊子來了，可能會取代你的相位！」惠施四處搜捕他三天三夜，未料，莊子卻自己出現在他的面前，並嘲諷幾句：「你知道嗎？從南海飛來的鵷鶵，在北飛的途中，不是梧桐樹不棲，不是練實不食，不是甘泉不喝。未料，路上有鴟鳥咬住一隻死老鼠，對著飛過的鵷鶵，大叫一聲，唯恐人家會來搶走這隻腐爛的美味呢，你現在不也是直衝著我『嚇』的叫那麼一聲嗎？」（〈秋水〉）

莊子與惠施，老愛辯論，不過兩人交情甚篤。惠施死後，莊子路過他的墳地，回頭對追隨的人說道：「有個郢地人，是個泥水匠，一滴白泥掉在他的鼻端上，像蒼蠅翅膀一般的薄，請來木匠石削去它，木匠快速揮斧，有如旋風一般捲過來，他卻漫不在意，斧頭砍下白泥而鼻端分毫無傷，他神色依舊不變。宋國君王聽聞此事，召來木匠說：『你也嘗試為寡人砍下一斧吧！』匠石說：『我是有這個能耐，不過，可以聽任我從容砍下一斧的人已死了很久了！』自從惠施死後，我再也找不到可以跟我暢談的人了，我沒有人可以聊天了！」（〈徐无鬼〉）

原來，哲人達觀，可以看破生死，不過，人間摯友死了，他卻有無可與言的寂寞！

莊子妻死，惠施前去祭弔，卻發現莊子兩腳前伸，敲著瓦盆唱歌，惠施不以為然，說：「人家跟你過一輩子，還生兒育女，她身死你不哭也就罷了，怎麼還能敲打瓦盆高歌，不覺得太過分了嗎？」莊子答道：「不全是這樣，當她過世之初，我豈能不感傷！只是往宇宙本初想，本來沒有生命的存在；何只沒有生命，根本還沒有形體；也不僅沒有形體，根本還沒有氣。在混然恍惚之間，動變而有了氣，氣動變而有形體，形體動變而有生命，而生又轉向死，此一現象一如春夏秋冬四季運行一般的自然，現在她的人正安睡在天地這個大房間裏，而我卻放聲大哭，自以為沒把生命真相看透，所以，我就不哭了！」(〈至樂〉)

日後，莊子將死之前，門人想厚葬他，他說：「我以天地為棺木，以日月為連璧，星辰做珠璣，萬物為陪葬，這不是頂美好完備了嗎？還有什麼好厚葬的呢？」弟子說：「我們是怕你被飛禽給吃了。」莊子說：「人死放在地面上被飛禽吃了，埋在地下會被螻蟻吃了，現在你奪了飛禽的食物而給了螻蟻，豈不是太偏心了嗎？」(〈列禦寇〉)

人生的終點站是死亡，而死亡是走回大自然的老家，在一生奔走於「生」的旅程之後，「死」可真是回家安睡一般，為什麼還傷感呢？所以，人生在世，老在逃避死亡，此有如一個走失在外的孩童找不到回家的路一樣。生死都可以看開，還在乎厚葬與否嗎？

五、人生的智慧

(一)跳開兩難的存在困局

有一回莊子帶學生遊學於外，在山上看到路旁長有一棵大樹，而伐木工人卻站立一邊，不想去動它，問何故，回答是沒有可用之材。莊子對眾生說：「這棵樹就是因為無用，才長得如此高大啊！」當天離山而去，投宿友人家，友人高興之餘，呼叫童子殺雁（鵝）以饗佳賓，童子請示說：「家有兩隻，一隻會叫，一隻不會叫，不知要殺那一隻？」主人回答說：「殺不會叫的那隻。」

第二天辭別主人家，門人迫不及待的問說：「前次山中木因為不材無用而得以保全自己，這回主人家的雁卻因為不會叫而被殺待客。老師，面對如此全然不同的結果，你要何以自處？」莊子回答說：「我將處於材（有用）與不材（無用）之間，不過，這樣的答案不是絕對的，似是而非，終不免於俗情牽累。倘若，能超越在自然無為的天地中，就不會掉落在有用與無用的兩難困境，而負累受害了！」（〈山木〉）

然而，鵝會叫真的就可以保全自己嗎？試想，當天清晨，主人好夢正酣，卻被鵝的叫聲吵醒，傍晚時候殺那一隻的答案可能完全不一樣。所以，會叫有用，也不見得有必然的保證。

莊子在〈人間世〉，最後發出了無邊的概歎，云：「人皆知有用之用，而莫知無用之用也。」有用之用，是立一個「用」的標準，來評估每一個人的存在價值，衡量每一個人的才能分量，合乎標準的人是有用的人，不合標準的人就是無用的人，前者可以享有成功的榮耀，而後者卻得承受挫敗的屈辱。問題是，「用」的標準卻出自主觀的好惡，它隨時會有變動，所以，即使全力以赴，前程依舊難以預估，而落在不穩定也沒有安全感的狀態中。

根本化解之道，就在無掉「用」的標準，不被流俗帶動，不去追逐時尚，就可以從這一有用與無用的二分中跳開，避開天下的紛擾，回歸自我的清淨，從有心有為的困苦超越出來，人生就可以自在逍遙了。

(二)越過牽引的人生流程

莊子創作一則精彩絕倫的寓言，透過「影之影」(罔兩)跟「影」(景)的對話，把人間的牽引流落，給出了深刻生動的諷喻。

「影之影」老被「影」牽動，就抗議說道：「剛剛你走路，現在你突然停步，剛剛你坐著，現在卻突然站起，你這個人怎麼如此起坐不定，行止無常?」

「影」無奈的答辯說：「我是有所待，不由自主才這樣的啊！我所待的那個人，也是有所待，做不了主才會如此啊！因為我所待的那一個人有如蛇蛻的皮，蟬脫的殼一般，並不是生命的主體，從它們的身上是看不出何以要如此，何以不如此的因由的。」(〈齊物論〉)

「影之影」是「影」拉出來的附屬品，而「影」是「形」帶出來的追隨者，「影之影」總被「影」牽動，而自己卻一無所知，故抱怨「影」沒有特立獨行的操守；而「影」也被「形」帶動，更是無可奈何。不過，它沒有抱怨，反而勸解「影之影」，別責怪「形」，因為，「形」也被「心」拉住，它只是人家的跟班，不能決定自己的起坐行止。

那人生的行程，是否命定的被牽動、被決定呢?莊子的批判反省是，每一個人不要做世俗的跟屁蟲，不要做物欲的奴隸，不要淪為「影」的身分，甚至是「影之影」，流落為時髦流行的追逐者，那生命就很可悲了。所以，他從「影之影」追問到「影」，再從「影」追究到「形」，最後從「形」逼出了無形的「心」，只有「心」才是我們的真生命，可以做主的決定者(真君)。不然的話，如影隨形，捕風捉影，人生充其極不過是蛇所蛻下的那一層皮，蟬所脫除的那一層殼而已！根本是虛幻不實，徒然的在人間奔忙行走，卻一無是處。

莊子要人從人間的牽引中超拔出來，不逐流俗也不沉落，拒絕做人家的仿造品（影），做人家的啦啦隊（影之影），而去做一個獨立自主的人，過真實開散的一生。

㈢走向生命感通的相知之路

莊子與惠施一起遊山玩水，走到濠水之上的石樑上。莊子說：「看水中的小魚，悠遊自得，多麼快樂啊！」

惠施不以為然，質疑的說：「你不是魚，怎麼會知道魚是快樂的呢？」

莊子迎接挑戰，不願示弱的依惠子的思路反問說：「你也不是我，怎麼會知道我不知魚的快樂呢？」

惠施就扣緊「人我不相知」的認知立場說：「誠然，我不是你，我不能確知你是否知道；但話說回來，你終究不是魚，所以，你不可能知道魚是否快樂，是毫無疑問的了！」

莊子深知自己已掉落惠施預設的陷阱中，所以當機立斷，斷然的從「人我不相知」的認知立場跳開，而回到「人我相感通」的生命情境去，說：「請回到原初的生命情境吧！當你責問我你怎麼可能知道魚是快樂的時候，你就已肯定人我可以相知才會問我的。我現在可以回答你的質疑了，我就站在這兒知道魚是快樂的！」（〈秋水〉）

惠施是名家，心是分別心，人是人，魚是魚，而「樂」是心中的感覺，看不到也就不相知，而莊子是道家，心是無分別心，物我兩忘而情景交融，消解形軀的障隔，在道心的直感觀照下，我快樂，魚也快樂，魚的悠遊自得，來去自如，也會朗現我心，在那個當下，物我無隔，天地跟我都是自在自得，事事無礙的。

生命在此，已走離知識的分別與困限，而證得了「天地與我並生，萬物與我為一」的最高境界。

(四)解開複雜的人間困結

有一則「庖丁解牛」的寓言，敘事切近而寓意深遠。

庖丁為文惠君表演解牛的過程，他動作猶如舞蹈，律動直似樂曲，不知不覺間解開了經絡最深微的交會之處。君王不禁讚嘆：「我今天算是開了眼界了，你的技藝怎麼可能到了這般精湛的境地！」未料，庖丁竟抗辯言道：「我一生所追尋的是道，早已越過技藝的層次了。剛開始時，我看到的是整頭的牛，三年之後，我不再看牛的形相了。當今，我順任心神感應，而不去捕捉視覺印象，感官知其所當止，而心神行其所當行，完全依循牛的自然結構，在骨節空處運行，筋肉交結之處都不會碰觸，怎麼會砍到骨頭呢？世俗上好的庖人每年要更換一把刀，因為他老切割到肉，一般的庖人則每月得更換一把刀，因為他砍到骨頭，而我這把刀，已用了十九年了，解了數千頭的牛，還跟當初一般的鋒銳，何以故？因為牛的結構有空隙，而我的刀刃沒有厚度，以沒有厚度的刀刃，進入有空隙的骨節間，好像整個空間無形中變大，刀可以在那兒隨意迴旋，還留有多餘空地呢！所以，十九年了仍完好如初。雖然如此，在解牛的過程中，每碰到筋骨叢聚而難以通過處，還是不敢掉以輕心，視覺作用因專注而停頓，心神感應卻在隨意間運行，動刀微妙，似有還無，而牛在無聲間解體，有如塵埃飄落大地一般的輕妙自然，那個時候，我提刀而立，看著大地四方，精神好似獲得了充盡的滿足與解放，也就把刀收藏了起來。」

文惠君聽了庖丁的自我剖白之後，才深有所悟的說：「多麼美妙啊，聽了先生一席話之後，我已悟得養生的道理了！」（〈養生主〉）

道理何在？人間世有如這頭牛，人跟人之間儘管複雜纏結，依然有空隙餘地，刀是每一個人的精神自我，我沒有自我的厚度，就可以輕鬆的通過人間世的關卡，不會去人碰人、人砍人，向世界宣戰的結果，是害苦了人間，也折損了自己，當真是何苦來哉！

六、思想大要

㈠逍遙無待之遊

老子的形上原理，是以本屬作用層的虛無，來保存天下萬有的實有。人生修養在「專氣致柔，能嬰兒乎」（《老子》十章）、「常德不離，復歸於嬰兒」（二十八章），政治智慧在「功成事遂，百姓皆謂我自然」（十七章）、「聖人無常心，以百姓心為心」（四十九章），人生的「化而欲作」（三十七章）是人為的錯失，政治的「始制有名」（三十三章）是造作的誤導，歸結在「道常無為而無不為」（三十七章），無掉了人為錯失與造作誤導，而回歸嬰兒的天真，跟百姓的自然，就是「無為而無不為」的常道了。

人生修養所追尋的是自我的真實，也就是「精之至」（五十五章）的生命人格，政治智慧所嚮往的是整體的和諧，也就是「和之至」（五十五章）的自然理序。

對莊子而言，自我的真實在逍遙無待之遊，這是主體生命的修養，整體的和諧在天籟齊物之論，這是形上根源的保證。《莊子》云：

北冥有魚，其名為鯤。鯤之大，不知其幾千里也；化而為鳥，其名為鵬，鵬之背，不知其幾千里也。怒而飛，其翼若垂天之雲。是鳥也，海運則將徙於南冥。南冥者，天池也。〈逍遙遊〉

這段寓言，寫主體生命的超拔飛越，奔向人生的終極理想境。北冥是北海，不說海而說是冥，意謂深遠不可知，如同老子所說的「玄」，「玄之又玄，眾妙之門」（一章），天道的「玄」，才能解釋萬有的「妙」，北冥是生命孕育之場，也是「眾妙之門」。「窈兮冥兮，其中有精；其精甚真，其中有信」（二十一章），精是精純而真實，且現象經驗可以證實。鯤本來是魚子，代表生命的本始。然魚子雖小，卻可以由「小」而「大」的成長，且長成幾千里的大。然幾千里的大，是數量的大，是形軀的大，這種大會成為生命的負擔。「化而為鳥」，是把大的軀體化掉，由「大」而「化」的飛越，不再是數量的擴展，而是品質的轉化，與境界的提升，超拔在形而上的層次，這是主體生命的大化流行。

主體生命的成長飛越，「怒而飛」，是奮起而飛揚，大鵬鳥起飛，聲勢壯闊，兩翼伸展，有如雲垂天旁。

然大鵬鳥起飛，雖是主體生命的自我超拔，卻不能離開天道自然，「海運」是海上長風吹起運行的時候，主體生命的大化，與天道自然的大化，同體流行，這樣的話，生命就從北冥直飛南冥了。而南冥就是人生的最終理想境，所以說：「南冥者，天池也。」天池是天道奧藏萬物的地方。人生由北冥而南冥，南冥天池，是天人合一的化境。

不過，從北冥飛往南冥，是由形下飛往形上，不是平面的逃避而是立體的飛越，所以，南冥不在北冥之外，只要生命由小而大，由大而化，則北冥已自我轉化，提升至南冥的境界，如是，人間化為天上，而天上不離人間。

《莊子》大鵬怒飛的寓言，正隱寓生命是由小而大，由大而化之成長飛越的歷程，主體的大化與自然的大化，同體流行，就開顯了天人合一的終極理想境。

消是消解，遙是遠大，消解形軀的束縛，與心知的限定，生命就可以解除忌諱憂慮，人間頓成空闊無邊，何處而不可遊？逍是工夫，遙是境界，遊是人生的自在自得。

惜乎小麻雀不知大鵬鳥的心胸懷抱，猶不解的嘲笑大鵬鳥，何以要「水擊三千里，摶扶搖而上者九萬里」，飛得那麼高遠，還不是一樣的飛嗎？且小麻雀的飛，沒有風險，突起而飛，就是一時沒有衝上枝頭，而掉落於地，爬起身再飛就是了，這不也是飛的極致嗎？

《莊子》以小麻雀的自我解嘲，來襯托大鵬鳥成長飛越的氣象壯闊，所以說：「小知不及大知，小年不及大年。」小知小年是分別心所執著的相對大小，大知大年是無分別心所觀照所實現的一體皆大。

此小大之別，落在生命的進程，就展現不同的境界，云：

故夫知效一官，行比一鄉，德合一君而徵一國者，其自視也亦若此矣。而宋榮子猶然笑之，且舉世而譽之而不加勸，舉世而非之而不加沮，定乎內外之分，辨乎榮辱之竟，斯已矣，彼其於世未數數然也……。此雖免乎行，猶有所待者也。若夫乘天地之正，而御六氣之辯，以遊無窮者，彼且惡乎待哉！故曰至人無己，神人無功，聖人無名。（〈逍遙遊〉）

第一類型的人，被世俗認定是成功的人物，知能盡一官之職，行誼合一鄉之義，德行得一國之君的賞識，且被一國之人所信任。此類事功人物的自我期許，就如同小麻雀一般的小。他們有求於外，有功有名。

第二類型的人，以宋榮子為代表。看不起有求於外，有功有名的官場人物，他認為活在自己才能護住生命的尊榮，有求於外無異失去自主權，所以，全天下的讚譽沒有能勸勉他，全天下的毀謗也不能讓他沮喪，他把自我之外的天下，從生命中排除。他固守於內，無功無名，然苦苦守住的己，卻未有價值內涵的樹立。

第三類型的人，以列子為代表。宋榮子所堅守的己，他也放開了，完全隨順外物，所以，可以御風而行，當然輕妙便捷。不過，十五天之後風又把他飄回來了，不是我御風，而直是風御我，雖難能並不可貴。列子無己，雖然免於走路的勞累，他還是有待於風的啊！更重要的是，他的生命已由風決定。

第四類型的人，是與天地萬物為一體的至人、神人、聖人，順天地自然之性，遊六氣變化之途，無功無名，抑且無己，列子無己是形軀的修鍊，至人、神人、聖人的無己，是生命精神的超越解放，列子無己猶有待於風，至人、神人、聖人的無己，則已入無待的境界。

所謂乘天地之正，意謂天地自有其正，故天地不可乘，今曰乘，實則不必乘；御六氣之變，意謂六氣自有其變，故六氣不可御，今曰御，實則不必御。不必乘不必御，也就是所在皆乘，所在皆御。所在皆是，隨處可遊是無窮；當下即是，無入而不自得則是無待。

無待是從萬物存在的依待關係中超拔出來，無小無大，不死不生，不在時空串系中，不在因果關聯中，一切匯歸自己，以「物之在其自己」的姿態出現，不對認知主體而顯，不在主客相對中，而是主客一體，「天地與我並生，萬物與我為一」(〈齊物論〉)，天地不必乘，六氣不必御，無條件無依存，這就是所謂的自在自得。

我自己在，我自己得，不依靠天地才在，不等待萬物才得，不依靠功，不等待名，我就在，我就得。而不依靠功，不等待名，是因為我無己，不執著自己，所以人間功名頓失去了所能依附的主體。如此，主體解放了，主體自由了，無執著無牽動，世界也解放了，人間也自由了，主體解消了，世界變大了，人間到處可遊，這就是逍遙遊。

(二)天籟齊物之論

自我的真實，要從生命的自由生發出來，整體的和諧，要從人格的平等建立起來。〈逍遙遊〉追尋的是生命的自由，〈齊物論〉展現的是人格的平等。

人之所以為人，人如何存在？人是什麼？或人有什麼？這都是哲學理論或宗教教義所要解答的問題，是即所謂的存有論，在莊子則稱為物論，為萬物的存在，找到了可以安身立命的理論基礎。

問人間是否平等，顯然不站在事實觀點，而是出於價值觀點，因為站在事實觀點，不必有萬物當該平等的思考。而價值觀根自各大教的義理系統，如儒墨兩家的思想體系，各有其獨立自足的是非標準，以墨觀儒或以儒觀墨，都很難有同情的了解，更別說肯定尊重了，故在思想家派的相激相盪中，墨批判儒的不是，儒抨擊墨的不是，此之謂儒墨的是非。

人跟人之間的誤解偏見，背後都藏有某一學派或某一教派的價值觀，不同教派的信徒或不同學派的門徒，不會僅停留在你說你的、我信我的之各說各話、我行我素的層次，總忘不了懷疑對方的人格甚至心智是否正常，所以誤解偏見，會帶來抗爭傷害。莊子要齊「物」，先得齊「物論」。

眾生平等要成為可能，只有建立各大教平等的共識。否則，人間的平等是假的，沒有真誠，沒有信任，只是妥協容忍，相安無事而已！

本來人只是物，有了物論之後，人才有尊嚴，才有價值，取消物論，可以根本上取消偏見，化解抗爭，卻可能帶來一個更可怕的後果，人退回到原始野蠻的狀態，變成赤裸裸的自然物，只有「在」而無「有」的人。

物論不取消，是否可以統一，物論統一，就沒有學派間的是非，不是眾生平等了嗎？問題是，各大教都是最後最高的唯一，沒有人可以取代，統一就是專制獨斷，你取消了它整個民族的存在基礎，必引發它傾盡全力的長期抗爭，反而帶來更大的災難跟傷害。

萬物平等，要從「物論」平等做起，而物論一者不能取消，二者不能統一，在不可齊之中，尋求可齊之道，唯有超越一途。莊子道家，本質上是作用層的空靈智慧，而不是實有層的實事實理，故不會捲入你是我非的對抗中，僅給出一照明的妙用，來化解儒墨的是非。

問題在，超越物論的理論基礎何在？《莊子》云：

> 南郭子綦隱几而坐，仰天而噓，嗒焉似喪其耦。顏成子游立侍乎前，曰：「何居乎，形固可使如槁木，而心固可使如死灰乎！今之隱几者，非昔之隱几者也。」
>
> 子綦曰：「偃，不亦善乎，而問之也！今者吾喪我，女知之乎！女聞人籟而未聞地籟，女聞地籟而未聞天籟夫！」
>
> 子游曰：「敢問其方？」子綦曰：「夫大塊噫氣，其名為風，是惟無作，作則萬竅怒呺。而獨不聞之翏翏乎？山林之畏佳，大木百圍之竅穴，似鼻、似口、似耳，似枅、似圈、似臼，似洼者、似污者；激者、謞者、叱者、吸者、叫者、譹者、宎者、咬者：前者唱于，而隨者唱喁，泠風則小和，飄風則大和，厲風濟，則眾竅為虛，而獨不見之調調、之刁刁乎！」
>
> 子游曰：「地籟則眾竅是已，人籟則比竹是已，敢問天籟？」
>
> 子綦曰：「夫吹萬不同，而使其自己也，咸其自取，怒者其誰邪？」（〈齊物論〉）

這一段「萬竅怒呺」的寓言，旨在為萬物存在的真實性，找到形而上的超越根據。

南郭子綦以今者吾喪我的修養工夫，來回應子游形固可使如槁木，而心豈可使如死灰的質疑。吾喪我是生命主體從形軀的束縛限定中，解脫出來，所以形體乾枯如槁木，問題是，形如槁木不一定心如死灰，心靈虛靜卻可以藏有無限的生機靈感。

吾是精神的我，我是形體的我，精神的我擺脫了形體的我，而回到它本身的自由。精神的我是無形的，形體的我是有形的，天籟是無聲之聲，地籟、人籟是有聲之聲，看到形如槁木，就斷定心如死灰，此有如只看到有形的我，卻看不到無形的我，只聽到有聲之聲的地籟、人籟，而聽不到無聲之聲的天籟一樣。

大塊噫氣是宇宙長風吹起，而風本無聲，這一無聲之聲是天籟。風吹向大地萬竅，會發出萬種不同的聲音，這是地籟。人也是萬竅之一，人人形體不同，人人吹奏的生命樂章也不同，這是人籟。地籟、人籟皆萬種不同，人我有異，很難平齊。然地籟、人籟，都從天籟來，它本身無聲，而萬竅怒呺的聲響都從它來，假如宇宙長風止息，萬竅即歸於死寂。所以，莊子一者肯定萬竅「咸其自取」的獨特風貌，二者又逼顯「怒者其誰」的天籟根源。沒有天籟的發動，萬竅是發不出聲音來的，而天籟又容許萬竅以自己的存在方式發聲。如是，地籟、人籟雖各有不同，卻同時都是真的，萬物平齊的理論基礎，就此建立。

落在每一個人的生命存在而言，《莊子》云：

若有真宰而特不得其朕，可行已信，而不見其形，有情而無形。百骸九竅六藏，賅而存焉，誰吾與為親？女皆說之乎？其有私焉？如是皆有為臣妾乎？

其臣妾不足以相治乎？其遞相為君臣乎？其有真君存焉！（〈齊物論〉）

這一段分析，真是千迴百轉，莊子反省人的生命，何以會有大知小知、大言小言的分別，何以會有大恐小恐、魂交心鬥的恐慌，從司是非到守勝，生命已歸於消殺沉溺與壓封僵化，而這一切的情態變幻，不知從什麼地方冒出來的？

從人生已有的經驗當中，似乎要有一個主宰，才能解釋人的行為，只是它是無形的，看不到它的朕兆而已！人體有百骸、九竅、六臟，就好像天地間有萬竅一樣。做為一個人你要跟其中的那一個最親呢？你一樣的喜歡它們，還是你有私心偏愛的？此顯然不可能。既然是一樣的愛，那麼它們的地位都有如臣妾一般，就不足以互相治理，因為都不能做主。另外還有一個可能，它們輪流當君臣，就可以有君做主了，問題是生理、官能、欲求，是實然的結構，不能誰取代誰，誰領導誰，最後，要解釋生命的統一現象，只有一個可能，在百骸、九竅、六臟之上，一定有一個真正的主宰，可以做為生命主體的心。

百骸、九竅、六臟，是有形的我，有如地籟、人籟，是有聲的世界，真君是無形的我，有如天籟是無聲的世界。天籟無聲，卻是一切聲音的發動者，心靈無形，卻是一切行為的決定者。它是虛的，所以可以透入萬有，也包容萬有，而主導萬有，並實現萬有。

萬竅怒呺的寓言，解釋萬物的存在，都從天籟來，所以地籟之全與人籟之真，都是天籟，每一竅的不同聲音，每一人的不同樂章，都是天籟的表現，所以一樣的真，一樣的美。人籟之真是自我的真實，地籟之全是整體的和諧。逍遙無待之遊，與天籟齊物之論，在此都有了存有論的根據。

(三)有真人而後有真知

逍遙無待之遊，是主體的超拔飛越；天籟齊物之論，是物我的同體肯定。前者，是由下而上的飛越，後者是由上而下的肯定。主體的超拔飛越是真人，物我的同體肯定是真知，真人有待工夫修養，真知則是修養證成的境界。

《莊子・大宗師》開宗明義云：

知天之所為，知人之所為者，至矣。知天之所為者，天而生也；知人之所為者，以其知之所知，以養其知之所不知。終其天年，而不中道夭者，是知之盛也。雖然有患，夫知有所待而後當，其所待者，特未定也。庸詎知吾所謂天之非人乎，所謂人之非天乎？且有真人而後有真知。

人生修養的最高境界，在同時知天跟知人。先問如何知天？天無形，只有通過天的作為去知天，而天的作為最有代表性的是天生的人，由此可知，知天、知人是二而一的問題。再問如何知人？也要由人的作為去知人，問題是，人的作為可區分兩類，一是出於人心執著所做出來的，這是有知有為的人為造作；二是出於人心虛靜所做出來的，只有天生自然的人才是真的。所以，知人可以知天，關鍵在，是真人還是假人，通過真人，無知無為的人，才能知天生的自然。

天生自然的人，就可以享有天年，不會在人為造作中傷了自己，而中道夭折，這是心靈虛靜的致極工夫。不過，此中還有不確定的因素存在，因為真人有待於修養工夫，而修養工夫是無窮無盡的歷程，所以真知的究竟一時難定。

倘若有此反省，以修養工夫做為保證，從人為造作中超拔出來，而歸於無為自然，那麼，你怎麼知道我所說的天不是人，我所說的人不是天呢？人生修養的最高境界，就是天人合一啊！真人是天真的人，天生真實的人，他的身上就有天了。

何謂真人？落在人生行程百態，可以有各種類型的表現：

1. 是去心知之執

不反抗寡少，不雄霸天下，不人為造作，這樣的人縱然有過錯也可以無悔，得當也不自以為得意，他什麼都不想要，所以也沒有什麼可以傷害他。

2. 是解情識之結

睡眠的時候沒有夢想，醒覺的時候沒有憂患，食物不求美味，生命氣息深遠，通過腳跟立足大地根土。而一般世俗卻生命氣息短淺，以咽喉為出口管道，好發議論，而無內斂涵藏，心知欲求纏結陷落，天生自然就少了。

3. 是破死生之惑

不喜悅生，不厭惡死，來時不忻喜，去時不抗拒，死生往來自在無累，安於來的起始，順任去的終結，有了此生感覺很好，不執著生也可以復歸。心不起人為造作，來傷損天道，也不有心有為來助長天道。這樣的人，心專一，生命寂靜，容貌質樸，可以清冷如秋季，也可以溫暖如春天，生命感受與四時同運，與萬物相處合宜，而不知一切是怎麼來的，好像天生自然一樣。

4. 是「以刑為體」的承受，「以禮為翼」的通過，「以知為時」的化解，「以德為循」的實現

人有形體是天生的限定，只要能無知無欲，形軀的束縛還是可以解開的；禮是人生的輔翼，形體不自由，人間也不自由，跟人相處關係複雜，禮正是通過人間複雜的管道；人生修養，去心知之執，解情識之結，破死生之惑，心歸於虛靜，跟天地萬物會有自然感應，看似不得已，實則因應得時宜；心虛靜無為，人生依循天生自然而行，就好像有腳的人總會走上小山丘一樣的自然，別人還以為他勤行苦累才到達的呢！自我的真實就在自然無為中實現了。

真人的最高境界是「天人合一」，云：

> 故其好之也一，其弗好之也一，其一也一，其不一也一。其一與天為徒，其不一與人為徒，天與人不相勝也，是之謂真人。(〈大宗師〉)

好與弗好，是就人間心知的相對區分而言，真人越過好與弗好之上，都是一，此有如老子云：「善者吾善之，不善者吾亦善之，德善。」(四十九章)聖人越過善與不善之上，都是善。不過，在一固然是一，從天道說當然無分別，關鍵在，在不一也是一，立身人間仍然是一，通過人間的考驗，在雜多中純一，這是有待於修養工夫的保證，「以其知之所知，以養其知之所不知」，其知所知，是不一，養其知所不知，則不一被化掉還是一，此之謂天與人不相勝，天與人不相淩駕，兩界不分裂，而是和諧統一。越過好與弗好，而歸於一，才能做到不一也一的修養境界。好與弗好，又如何越過？此《莊子》云：

> 泉涸，魚相與處於陸，相呴以濕，相濡以沫，不如相忘於江湖；與其譽堯而非桀也，不如兩忘而化其道。（〈大宗師〉）

越過之道，在兩忘而化其道，忘掉堯與桀的分別，就可以做到老子所說的「我無為而民自化」（五十七章），自化是百姓自己化於天道自然中。對於魚而言，是「穿池而養給」（〈大宗師〉），對於人而言，是「無事而生定」（〈大宗師〉），魚相忘於江湖，人相忘於道術，相忘兩忘，無好與弗好，都是一，如是人間的不一也一，天人合一的真人修養，就此完成。

(四)心齋與坐忘

不論是老子的「道生之，德畜之」（五十一章），還是莊子的「咸其自取，怒者其誰邪」，天道皆內在於萬物之中；而「萬物莫不尊道而貴德」（五十一章）與「其有真君存焉」，都肯定人人皆有德貴與真君。問題在，德的貴與君的真，是存有論的貴跟真，而人生在世，內在本具的德貴與真君，還得通過修養工夫，去實踐出來。

真君內在本有，是生命的主體，是自我的真實，而真君是天籟，天籟要通過萬竅的某一竅來發出聲音，真君也要寄寓在萬竅中某一形體來展開生命。《莊子》云：

一受其成形，不亡以待盡，與物相刃相靡，其行盡如馳，而莫之能止，不亦悲乎！終日役役，而不見其成功，薾然疲役，而不知其所歸，可不哀邪！人謂之不死，奚益！其形化，其心與之然，可不謂大哀乎？人之生也，固若是芒乎？其我獨芒，而人亦有不芒者乎？（〈齊物論〉）

「一受其成形，不亡以待盡」，就是「吾生也有涯」，生有涯就從成形待盡而來；「其形化，其心與之然」，就是「而知也無涯」，知無涯就從其心與之然而來。

真君是天籟，一受其成形，就會有彼是之分，云：

物無非彼，物無非是……。彼亦一是非，此亦一是非。（〈齊物論〉）

不亡以待盡，就會有死生之別，這是「其形化」的必然現象。不論是成形的彼是，還是形化的死生，都是「以刑為體」的存在處境，且是「天刑之，安可解」（〈德充符〉）的天生命限。

根本的問題出在「其心與之然」，心有知的作用，會執著彼是而為是非，執著形化而有死生，形化而心跟進，是非之分與死生之別，就會回過頭來壓迫自己，成了人生的自困自苦，困的是心知，苦的是生命。云：

其分也，成也；其成也，毀也。（〈齊物論〉）

未成乎心而有是非，是今日適越而昔至也。（〈齊物論〉）

分是分別心，分別心所成的是「是非」跟「死生」，而是非死生的分別一在心中形成，生命就毀了，受到了「德蕩乎名，知出乎爭」（〈人間世〉）的傷害。生命自然在名號分別中流蕩失真，因為「名也者，相軋也；知也者，爭之器也」（〈人間世〉），心知名號是爭的利器，是非向天下爭，死生跟自己爭。所以說：「二者凶器，非所以盡行也。」（〈人間世〉）傾軋抗爭帶來殺傷，是為凶器，不足以盡生命的自然之行。為了避開「以有涯隨無涯，殆已」的茫昧，就得去心知之執，從而破是非之分與死生之別，解開是非的桎梏與死生的枷鎖，而回歸生命的自然天真。故云：

胡不直使彼此死生為一條，以可不可為一貫者，解其桎梏，其可乎？（〈德充符〉）

人生的困苦，依道家的反省，來自心知的執迷，故修養工夫在心上做。對莊子而言，人生修養一在心齋，二在坐忘。云：

回曰：「敢問心齋？」

仲尼曰：「若一志，無聽之以耳，而聽之以心；無聽之以心，而聽之以氣。耳止於聽，心止於符，氣也者，虛而待物者也。唯道集虛，虛者，心齋也。」（〈人間世〉）

「心齋」是心的齋戒。所謂工夫修養，就在心如何對待物，在物欲與物象的牽連間，心如何存全它本身的自由？人有感官物欲，自然物有物象，物象牽引物欲，人的生命就在物象流轉與物欲爭逐中流落迷失。而物象進來第一關要通過感官。所以，人與物接，不能用耳去聽，而要用心去聽，因為耳的功能僅止於聽，聽到了也就被拉走了，它沒有反省選擇的能力，一如《孟子》所云：

耳目之官，不思而蔽於物，物交物，則引之而已矣！（〈告子上〉）

不用感官聽，而用心聽，如此人生就可從往外求取的路上，走回自己。故云：

夫徇耳目內通，而外於心知。（〈人間世〉）

問題在，心知的功能，僅能符應物象，且「與接為構，日以心鬥」（〈齊物論〉），物象為心知所執取，構成心象，並據為是非的標準，而與物相刃相靡。故云：

不知耳目之所宜，而遊心乎德之和。（〈德充符〉）

以其知得其心，以其心得其常心。（〈德充符〉）

心知困住自己，唯一可能是超越自己，不用心聽，外於心知，不知耳目之所宜，而用氣聽，氣就是虛而待物。一者氣是無心，是常心，如同「人莫鑑於流水，而鑑於止水，唯止能止眾止」（〈德充符〉），唯止是虛，能止眾止是照現萬物；二者無心才可以遊心，不執著不困陷，心掙脫心知，自我還歸真實，整體也可以和諧，所以說德之和。

心齋由耳而心，由心而氣的工夫修養，是由外而內，由有心而無心的超拔解消的歷程，此與告子所云的「不得於言，勿求於心；不得於心，勿求於氣」（《孟子．公孫丑上》），形式接近，「言」是社會人文現象，相當於耳，「不得於言，勿求於心」，相當於「無聽之於耳，而聽之以心」，因為心有知，心會亂，所以言有不得，不要求助於心來認知；「不得於心，勿求於氣」，相當於「無聽之以心，而聽之以氣」，心有不得安，也不要求助於血氣來支持，因為連帶著自然生命也會被擾亂了，依孟子「持其志，無暴其氣」與「我知言，我善養吾浩然之氣」（〈公孫丑上〉）的義理脈絡來看，氣是自然血氣，而不是虛而待物的氣，二者分屬心物兩個不同的層次，此是告子與莊子形似，而實大相逕庭。

在「心齋」的「虛而待物」之外，莊子又開出「坐忘」的「同於大通」的工夫境界。云：

仲尼蹴然曰：「何謂坐忘？」
顏回曰：「墮肢體，黜聰明，離形去知，同於大通，此謂坐忘。」（〈大宗師〉）

墮肢體就是離形，也就是無聽之以耳；黜聰明，就是去知，也就是無聽之以心。而聽之以氣的虛而待物，就可以躍登坐忘的境界。《莊子》云：

聞以有翼飛者矣，未聞以無翼飛者也；聞以有知知者矣，未聞以無知知者也。瞻彼闋者，虛室生白，吉祥止止。夫且不止，是之謂坐馳。（〈人間世〉）

有知知是聽之以心的「心知」，無知知是聽之以氣的「心齋」，虛室生白就是虛而待物，吉祥止止就是同於大通，人間美好止於無翼飛無知知的止，止水能止眾物來止，虛室無心能引眾人來止，這就是道家虛靜觀照，無為而無不為的實現原理，虛室生白與虛而待物義理等同，待物就是生白，所以有價值實現的意義，虛而待物的待，不是主客對待，而是心照現物，眾物來止，眾人來止，等於實現眾物，實現眾人，故謂吉祥。倘若人生沒有安身立命的依止停靠之地，則雖坐猶馳，不止就是「其行盡如馳，莫之能止」（〈齊物論〉），所以說不亦悲乎！

逍遙無待之遊，要無己無功無名，無己就是離形，無功無名就是去知；天籟齊物之論，「女聞人籟而未聞地籟」就是無聽之以耳；「女聞地籟而未聞天籟」就是無聽之以心；天籟無聲，就得聽之以氣，氣是虛的，無形的心才能聽到無聲的天籟。天籟是大塊噫氣，無所不在，真君是天籟，離形去知而真君凸顯，所以說同於大通。

由是而言，莊子的哲學所追尋的是自我的真實，與整體的和諧，都要通過心齋與坐忘的修養工夫，心虛靜而觀照萬物，而實現萬物，所以說：「唯道集虛。」

(五)無用之用是為大用

離形擺脫了「吾生也有涯」的天生命限，去知解開了「而知也無涯」的人為桎梏，無死生無是非，忘年忘義，真君「虛而待物」，天籟「唯道集虛」，萬物「咸其自取」，又「同於大通」，這是自我真實中的整體和諧。然而，人間的道永遠有真假的懷疑，人間的言永遠有是非的爭論，《莊子》云：

道惡乎隱而有真偽？言惡乎隱而有是非？道惡乎往而不存？言惡乎存而不可？道隱於小成，言隱於榮華。故有儒墨之是非，以是其所非，而非其所是。欲是其所非，而非其所是，則莫若以明。（〈齊物論〉）

道行之而成，物謂之而然。惡乎然？然於然；惡乎不然？不然於不然。物固有所然，物固有所可；無物不然，無物不可。（〈齊物論〉）

就天道內在於萬物的地籟而言，道是無往而不存的，故謂道行之而成；就內在本有的人籟而言，言是無存而不可的，故謂物謂之而然。道所往皆存，言所存皆可，故謂無物不然，無物不可。問題在，落在每一竅每一物的有限性而言，「然」於自己的「然」，「可」於自己的「可」，相對於他竅他物的特殊性而言，「不然」於自己的不然，「不可」於自己的「不可」，由是而成立儒墨的是非，相彼自是，故「是」對方之所「非」，而「非」對方之所「是」，以自身之道為真，以對方之道為偽，以自身之言為是，以對方之言為非。

莊子對儒墨的是非，有一超越的反省，當人間的道有真偽之分的時候，意謂大道已隱退，當人間的言有是非之爭的時候，意謂真言已隱藏，因為物固有所然，固有所可，今謂道有偽而言有非，反證大道隱於人為的小成，真言隱於有心的榮華。成小而失大，榮華而失真，超越翻轉之道，在「莫若以明」，「照之於天」（〈齊物論〉），不成則不失，無榮華則無是非。此《莊子》云：

其分也，成也；其成也，毀也。凡物無成與毀，復通為一。

為是不用而寓諸庸。庸也者，用也；用也者，通也；通也者，得也。適得而幾矣，因是已，已而不知其然，謂之道。(〈齊物論〉)

真偽是非是成，道隱言隱是毀，所成者小，所毀者大，越過「然於然，不然於不然」的執著定限，而回歸「物固有所然，物固有所可」的自然天真，「凡物無成與毀，復通為一」，就可以體現「無物不然，無物不可」之「道通為一」(〈齊物論〉) 的境界了。

有成有毀是用，無成無毀是庸。不用是生命不落在「用」的成心層次，而寄寓在「庸」，也就是超拔在道通為一的道心層次。在「用」的層次，有利害得失，是非死生之分，人我之間會有小用、大用的才學差別，歸結到有用、無用的價值分判；在「庸」的層次，無利害得失；是非死生之分，故云：「死生無變於己，況利害之端乎?」(〈齊物論〉) 根本無「用」的標準，人我之間也就不會有小用、大用的才學差別，更不會有有用、無用的價值分判了。

生命寄託在「庸」的層次，無標準，無分別，無批判，無貶抑，萬物不必委屈自己，去迎合世俗功名，而可以存全自身的用，此之謂「庸也者，用也」；而人人有用，就是「無物不然，無物不可」，已進於「道通為一」的境界，此之謂「用也者，通也」；人人凸顯自己的用，就是「物固有所然，物固有所可」，萬物自在自得，此之謂「通也者，得也」。人間世界，人人自在，人人自得，也就接近天道了。

所以，順任人人之所是而是之，就是物謂之而然，人生在此找到自己存在的地位；順任人人之所是，做人人之所然，此之謂「已而不知其然，謂之道」，因為道行之而成啊!

如何由「用」的層次，轉化提升至「庸」的層次，《莊子》云：

今子有五石之瓠，何不慮以為大樽，而浮乎江湖，而憂其瓠落無所容，則夫子猶有蓬之心也夫。（〈逍遙遊〉）

五石大的葫蘆瓜，既不能當酒壺，又不能做水瓢，因為脆弱提不起，又平淺無所容，所以惠施覺得栽種的心血付之流水，而把它擊碎，莊子批判他拙於用，就好像一樣有不龜手的藥方，有人世世代代幫人家漂洗棉絮，有人可以冬天與越人水戰，大敗越人而裂土封侯。這是在「用」的標準之下，前者小用，後者大用。不過，葫蘆瓜本身有它的用，你可以把它繫在身邊，當做腰舟，而浮浪於江湖之上，這才是它本身的大用，惠施通過人的觀點，把它當做酒壺或做成水瓢，這是人的有蓬之心，人為的拙於用，結果葫蘆瓜被擊碎了，而失去了它自身本有的用。又云：

今子有大樹，患其無用，何不樹之於無何有之鄉，廣莫之野，彷徨乎無為其側，逍遙乎寢臥其下。不夭斤斧，物無害者，無所可用，安所困苦哉！（〈逍遙遊〉）

惠施譏諷莊子，有如一棵山椿大樹，大本盤錯而不合繩墨的標準，小枝拳曲而不合規矩的衡定，所以種在路邊，木匠走過也不回頭看，因為大而無用啊！莊子說有用也可能帶來災難，閣下好像黃鼠狼一般隱伏藏身，等待出遊小動物，為了表現它的靈巧，這邊跳跳，那兒跳跳，反而中了獵人的機關，死於網羅之中。

實則大樹跟大葫蘆瓜一樣，有它本身的用，你不把它當木材用，就不會在乎它是否拳曲盤錯；最好的方式是把它種在無何有之鄉，心無何有，就是心沒有實用的立場，如此田野會變成空闊無邊，你就可以徜徉其中，寢臥其下，無為而逍遙。因為沒有材用的思考，也不會引來柴刀斧頭來砍伐傷害它，所以，大樹無用，反而不會困住自己，讓自己受苦啊！最後莊子說了一句語重心長的話：

> 人皆知有用之用，而莫知無用之用也。(〈人間世〉)

有用之用是人為的用，無用之用是自然的用，人為的用是自困自苦，自然的用才自在自得了。取消有心有為，回到無心無為，就由「用」的層次，提升至「庸」的層次，「用」是有用之用，「庸」是無用之用。前者不免有小用、大用的差等，有有用、無用的判別，後者則無小大之分，有無之別，每一個人回到自己本身的用，所以說，無用之用，是為大用。

總括說來，莊子的思想是老子哲學進一步的開展，老子體現的天道，到了莊子，已內在化而為天人、至人、神人、聖人、真人，故莊子哲學以人為主體，逍遙無待之遊，是自我的真實，天籟齊物之論，是整體的和諧，前者由小而大，由大而化的超拔飛越；後者由大塊噫氣，到咸其自取的同體肯定，二者之所以可能，有待於人自身心齋與坐忘的修養工夫，如是，生有涯而知無涯的人生困苦，才得以化解，無掉世俗功名人為造作的「用」，才能成全人人自身的大用。

道家思想，從平面而言，似乎走文明的倒退路，儒家是走出自然，開出人文，道家則倒反回去，走出人文，回歸自然。不過，道家的自然，不是自然世界，而是自然境界，不是山水田園的自然現象，而是山水畫田園詩的自然理境，詩情畫意由心生發出來，是以道家的回歸自然，不是倒退，而是超越，儒家以人文化成自然世界，道家則從儒家的人文化成中超拔出來，開出自然境界。儒家有心，而道家無心，試繪簡圖表示：

儒家有心，道家無心的生命兩境

道家無心	儒家有心	物欲 象
自然境界↑	人文化成↓	自然世界

七、現代意義

〈養生主〉開宗明義就點出了亙古以來生命存在的兩大困局，云：「吾生也有涯，而知也無涯。」生有涯是自我的有限性，知無涯是天下的複雜性，人生是自我活在天下，既有限又複雜，形成了人生的困苦。逍遙無待之遊，可以化解生有涯的有限性，天籟齊物之論，可以消除知無涯的複雜性，如是，生命自我由有限轉向無限，而人間世界也由複雜回歸單純，人生就由自困自苦，跳脫出來，而走向自在自得。

中國人有兩個夢，一為孔子的夢見周公，一為莊周夢為蝴蝶。周公是人文的善，代表治國平天下的道德理想，蝴蝶是自然的美，代表山水田園的藝術化境。夢見周公是歷史文化的傳承，夢為蝴蝶是物我的交會合一。孔孟的儒家要我們給出善，老莊的道家要我們看到美，一個追尋善的理想，一個追尋美的化境。只有善而未有美，或只有美而未有善，都是缺憾，善而有美，是謂完善，美而有善，是謂完美。

夢見周公，落實在今天是民主法治與科技經貿的結構運作，夢為蝴蝶，落實在今天是文學藝術與音樂舞蹈的悠閒美趣，前者投入擔當，後者放開觀賞，人生在此雙軌中並進，或許這才是現代人活在現代社會不可少的夢想與追尋吧！

八、參考書籍簡介

讀莊子書，在歷代注解本當中，要以何家為先？在義理、詞章與考據之間，要以何者為重？這是關涉研讀莊學之進路及心態的問題。

中國讀書人「以述為作」，各家注解已注入了自家的體驗感受與智解妙悟於其中，不必是莊子的本義。如郭象《注》，成玄英《疏》，憨山大師《內篇註》、王船山的《莊子解》、宣穎的《南華經解》，皆成一家之言。不僅開展哲人自家的哲學，且代表整個時代的思想風貌。此中願推介憨山大師之《莊子內篇註》（瑠璃經房），以其平易可讀，又能正面發揮莊學入世之旨趣，正是僧道間過渡的大好橋樑，不會陷入名言概念的迷霧中，而滋生誤解。

另有綜合各家注解之精義者，如郭慶藩的《莊子集釋》（河洛圖書出版社）、王先謙的《莊子集解》（三民書局）、阮毓崧的《莊子集註》（廣文書局），各本皆詳盡可讀。

凡此各家之注解，皆兼有訓詁與義理二者之長，以筆者之閱覽所及，陳壽昌輯之《南華真經正義》

（鵝湖出版社），既集各家之說，且自成一體系，尤將宣穎之《南華經解》的精妙獨到處，融入自家之中，又消去其不當之處，堪稱研讀莊學之最佳版本，初學與專研兩皆得宜。

若初學者不願長篇累牘的廣讀各家說，可讀黃錦鋐先生之《新譯莊子讀本》（三民書局）、張松輝先生之《新譯莊子讀本》（三民書局）、吳怡先生之《新譯莊子內篇解義》（三民書局），經文注音，又白話語譯，讀來方便；另陳鼓應之《莊子今註今譯》（商務印書館），精確度與清晰性相當高，是自行研讀者的大好讀本。

而義理方面，深入淺出而人人可讀者，首推吳怡先生之《逍遙的莊子》（三民書局）與《禪與老莊》（三民書局）二書；貼近生命百態而文字輕快者，有《莊子平話》（專心企業）與《莊子》（三民書局）二書，皆譯自日本學者的通俗之作。

若作一專家式的學術研究，則當代哲學大師唐君毅先生《中國哲學原論》（學生書局）之一系列的專著，與牟宗三先生之《才性與玄理》（學生書局）與《中國哲學十九講》（學生書局），非精讀消化不可；徐復觀先生的《中國人性論史》（學生書局）與《中國藝術精神》（學生書局）二書，對莊子思想，亦有相應貼切的發揮。

讀莊進路，當由訓詁辭章，再入義理妙境，其間總要融入自家之生命，做一存在的呼應與印證，這樣的話，才可說是善讀古人書，消化莊子的人生智慧，來支持我們生命的成長，化解我們生命的困苦，此真正是唸動真言，法力無邊了。

荀子

李建崑

一、前言

我國學術思想以儒家為主流，孔子、孟子、荀子被稱為先秦儒家三大思想家。孔孟的地位，在歷史上向無疑義，且被尊為儒學的宗祖。只有荀子，自戰國以來，際遇不定，評價時高時低。魏晉六朝時代，儒學不振，荀子學說固然備受冷落；宋明兩代，理學發達，荀子學說卻仍未獲得應有的重視。直到清代學者以實事求是的態度重新研究荀子學說，認清其思想真況，才從正統的迷思中跳脫出來。這固然是因為荀子在某些論題執持特別的觀點，使其思想擁有一定程度的複雜性，也因為荀子的門徒韓非成立法家，墮入權威主義，完全悖離儒家原義，使人誤認荀子學說為儒家之歧途。

其實荀子繼承孔子外王之遺緒，提出「隆禮義殺詩書」、「法後王」、「知統類」，表現出相當程度的經驗性格及客觀精神。他以智識心，主張「天生人成」、「化性起偽」，從而達成人文化成的理想。這些都是荀子對中國文化所作的貢獻。何況荀子學說內容與儒、道、墨、法各家都有或多或少的關聯。研究荀子學說，有助於吾人對先秦各家之理解。重新開發荀學的內涵，彰顯荀學的新貌，遂成為吾人無可旁貸的責任。以下的論述，分就荀子生平、著作、學說體系各方面，綜攝前說，鎔以己意，末附重要參考書目，或能對初學者略有助益。

二、荀子事跡與著作

㈠荀子生平事跡

荀子一生事跡，頗難詳考，原因是古代典籍對於荀子的記載十分簡略，常被後人徵引的資料也大約只有兩種，一是《史記・孟子荀卿列傳》，另一是漢劉向《孫卿新書・敘錄》。此外，應劭《風俗通・窮通》、《戰國策・楚策》、桓寬《鹽鐵論・論儒》、《韓非子》雖都有關於荀子的記錄，卻又失之零星片斷。清代學者對於荀子事跡的鉤稽下過極深的功夫，撰成不少考證文章，舉例而言，像謝墉〈荀子箋釋序〉、汪中〈荀卿子通論〉、〈荀卿子年表〉、胡元儀〈郇卿別傳〉、〈郇卿別傳考異二十二事〉等文都有極高價值。民國以來，先後又有游國恩〈荀卿考〉、梁啟超〈荀卿及荀子〉、錢穆〈荀卿考〉、羅根澤〈荀卿遊歷考〉（以上諸文都收入《古史辨》中）、蔣伯潛〈荀子略考〉、梁啟雄〈荀子傳徵〉、龍宇純〈荀卿後案〉、王叔珉〈史記孟子荀卿列傳斠補〉等作，運用精密的方法，反覆考察荀子相關資料，取得相當可觀的成果，以下便根據前揭諸文，考述如次。

正史對於荀子生平之記載見諸《史記・孟子荀卿列傳》：

荀卿，趙人。年五十始來游學於齊。騶衍之術迂大而閎辯；奭也文具難施；淳于髡久與處，時有得善言。故齊人頌曰：「談天衍，雕龍奭，炙轂過髡。」田駢之屬皆已死齊襄王時，而荀卿最為老師。齊尚脩列大夫之缺，而荀卿三為祭酒焉。齊人或讒荀卿，荀卿乃適楚，而春申君以為蘭陵令。春申君死而荀卿廢，因家蘭陵。李斯嘗為弟子，已而相秦。荀卿嫉濁世之政，亡國亂君相屬，不遂大道而營於巫祝，信禨祥，鄙儒小拘，如莊周等又滑稽亂俗，於是推儒、墨、道德之行事興壞，序列著數萬言而卒。因葬蘭陵。

漢劉向《孫卿新書・敘錄》也說：

孫卿，趙人，名況。方齊宣王、威王之時，聚天下賢士於稷下，尊寵之。若鄒衍、田駢、淳于髡之屬甚眾，號曰列大夫，皆世所稱，咸作書刺世。是時孫卿有秀才，年五十，始來游學。諸子之事，皆以為非先王之法也。孫卿善為《詩》、《禮》、《易》、《春秋》。至齊襄王時，孫卿最為老師。齊尚脩列大夫之缺，而孫卿三為祭酒焉。齊人或讒孫卿，乃適楚。楚相春申君以為蘭陵令……。

由此可知荀子名況，趙國人。劉向又說：「蘭陵人喜字為卿，蓋以法卿也。」可知荀子又字卿。至於「荀」又作「孫」，連《荀子》書中都有多次稱「孫卿子」。對於這種記載上的歧異，司馬貞《史記索隱》、顏師古《漢書注》都說是為了避漢宣帝之諱。然而清謝墉已考知漢時尚不諱嫌名，前此顧炎武《日知錄》也認為「荀」之作「孫」是語音之轉。可知「荀」字之字音同於「孫」，因音轉而通用。

關於荀子遊齊的年齡，《史記》與劉向〈敘錄〉都認為是「年五十始來游學於齊」，唯應劭《風俗通》謂：「齊威宣之時，孫卿有秀才，年十五，始來游學。至襄王時，孫卿最為老師。」胡元儀、游國恩、梁啟超、錢穆，據此認為《史記》及劉向〈敘錄〉「年五十」應作「年十五」。但是，顏之推《顏氏家訓・勉學》作：「荀卿五十始來游學。」所以汪中〈荀卿子通論〉以為「未可遽以為譌字也。」與此持相同看法的尚有蔣伯潛、龍宇純諸家。王叔珉先生認為問題之關鍵在於「始來」二字，始已複語，「始」亦「已」也，所以「荀卿年十五，已來游學於齊」，謂其來游學之早。王叔珉先生云：「《郡齋讀書志》引劉向〈孫卿書錄〉作『年十五』，與《風俗通》合，是也。其作『年五十』，蓋宋以後人據誤本《史記》妄乙之耳。」（見〈史記孟子荀卿列傳斠補〉）就王氏之說來考察，則「年十五」似可採信。

《荀子・彊國篇》有荀卿說齊相之文。據汪中〈荀卿子通論〉說：「正當齊湣王之世，湣王再攻破燕、魏，留楚太子橫，以割下東國，故荀卿為是言。」可知荀卿說齊相的年代在齊湣王季年（西元前二八五年左右）。由於齊人不聽荀卿之言，於是離齊赴楚。齊襄王時，齊國重修列大夫之缺，荀卿復至齊國為祭酒。其後齊人讒謗荀卿，乃再度離齊適楚。此次赴楚國的年代，則難以察考。

據《史記・春申君列傳》：「楚考烈王元年以黃歇為相，封為春申君。……春申君相楚八年，以荀卿為蘭陵令。」由此可知荀卿二度離齊赴楚國，受任為蘭陵令在楚考烈王八年（西元前二五五年）。荀卿在楚國擔任蘭陵令也有一些波折。據劉向〈敘錄〉的記載，荀卿中間還曾因楚人讒言而離楚赴趙。又據《戰國策・楚策》說：「趙以為上卿」，未幾又離趙返楚。荀卿在楚、趙之間的動向，因為文獻不足，無法得知確切的年代。不過我們由《荀子・議兵篇》確實知道荀卿曾與臨武君議兵於趙孝成王之前。又據

《荀子》的〈儒效篇〉、〈彊國篇〉則荀子也曾會見秦昭王及應侯，只是年代難以察考。又據《史記・李斯列傳》知秦始皇元年（西元前二四七年）李斯辭荀卿入秦國。

秦始皇十一年，亦即楚考烈王二十五年（西元前二三八年），李園殺春申君，荀卿廢蘭陵令。荀子自此長居蘭陵，著書立說，卒於蘭陵。

由於荀卿的生卒年代，載籍並無明確的資料可以參稽，後世學者遂有各種不同的推測。現存關於荀卿生平的年表不下十餘種，王忠林《新譯荀子讀本・荀子的生平》曾作詳細的羅列和比較。據王氏之推測，荀子生年在西元前三一五年左右，卒年大約在西元前二二八年左右。

(二)荀子之著作

《荀子》一書是經過後人多次編纂、整理而成的。漢劉向《孫卿新書・敘錄》說：

> 孫卿卒不用於世，老於蘭陵。疾濁世之政，亡國亂君相屬。不遂大道而營乎巫祝，信機祥，鄙儒小拘。如莊周等又滑稽亂俗。於是推儒、墨、道德之行事興壞，序列著數萬言而卒。

可知《荀子》原為荀卿所手著。但是並非文集的形態，而是內容頗有重複的散章。據劉向〈敘錄〉：「所校讎中《孫卿書》凡三百二十二篇，以相校，除復重二百九十篇，定著三十二篇。」這便是後人所讀《荀子》原本。劉向最早的定名是《孫卿新書》，《漢書・藝文志》著錄，稱之為《孫卿子》三十二篇。據王應麟考證，當係傳寫之誤。《隋書・經籍志》及《舊唐書・經籍志》、《新唐書・藝文志》都著錄為十二卷。

至唐楊倞作《荀子注》，在〈荀子序〉說：「以文字繁多，故分舊十二卷三十二篇為二十卷；又改《孫卿新書》為《荀卿子》，其篇第亦頗有移易，使以類相從云。」自此各書志之著錄都作二十卷。可見《荀子》一書又經唐楊倞再次的整理。楊倞大概是唐武宗時代（西元八一四—八四六年）的人，至清代乾嘉年間（西元一七三六至一八二〇年間）大約一千年。乾嘉時代學者對《荀子》章句訓詁、名物考證資料大都被清王先謙收入《荀子集解》之中，形成今本的編次：

第一卷　勸學篇第一　脩身篇第二
第二卷　不苟篇第三　榮辱篇第四
第三卷　非相篇第五　非十二子篇第六　仲尼篇第七
第四卷　儒效篇第八
第五卷　王制篇第九
第六卷　富國篇第十
第七卷　王霸篇第十一
第八卷　君道篇第十二
第九卷　臣道篇第十三　致士篇第十四
第十卷　議兵篇第十五
第十一卷　彊國篇第十六　天論篇第十七

第十二卷　正論篇第十八

第十三卷　禮論篇第十九

第十四卷　樂論篇第二十

第十五卷　解蔽篇第二十一

第十六卷　正名篇第二十二

第十七卷　性惡篇第二十三　君子篇第二十四

第十八卷　成相篇第二十五　賦篇第二十六

第十九卷　大略篇第二十七

第二十卷　宥坐篇第二十八　子道篇第二十九　法行篇第三十　哀公篇第三十一　堯問篇第三十二

今本《荀子》三十二篇，由於內容非常雜亂，引起後人的懷疑，認為其中某些篇章不是荀卿的原作。最早對《荀子》各篇真偽提出疑問的是楊倞。楊倞《荀子注》在〈大略篇〉題下說：「此篇蓋弟子雜錄荀卿之語」，又在〈宥坐篇〉題下指出：〈宥坐篇〉、〈子道篇〉、〈法行篇〉〈哀公篇〉、〈堯問篇〉都是「荀卿及弟子所引記傳雜事」。在〈堯問篇〉末更說：「自『為說者』以下，荀卿弟子之辭。」楊倞認為〈大略篇〉以下之篇並非荀卿所作。胡適在《中國哲學史大綱》說：

《漢書》，《孫卿子》三十二篇，又有賦十篇，今本《荀子》三十二篇，連賦五篇，詩兩篇在內。大概今本乃係後人雜湊成的。其中有許多篇如：〈大略〉、〈宥坐〉、〈子道〉、〈法行〉等，全是東拉西扯拿來湊數的。還有許多篇的分段全無道理：如〈非相〉後兩章，全與非相無干；又如〈天論篇〉的末段，也和天論無干。又有許多篇，如今都在大戴、小戴的書中（如〈禮論〉、〈樂論〉、〈勸學〉諸篇）或在《韓詩外傳》之中。究竟不知是誰抄誰。大概〈天論〉、〈解蔽〉、〈正名〉、〈性惡〉四篇全是荀卿的精華所在。其餘的二十篇，即使真不是他的，也無關緊要。

後來梁啟超在《要籍解題及其讀法》中也曾指出：「〈儒效篇〉、〈議兵篇〉、〈彊國篇〉皆稱『孫卿子』，似出於門弟子之手。」「〈宥坐〉以下五篇宜認為漢儒所雜錄，非《荀子》之舊。」「其餘二十六篇，有無竄亂或缺損，則尚待細勘。」楊筠如在《荀子研究》第一章進一步舉證〈樂論篇〉、〈天論篇〉、〈脩身篇〉、〈性惡篇〉、〈非十二子篇〉、〈大略篇〉各篇，說明文字竄亂之情形。又說《荀子》與《禮記》、《韓詩外傳》文字相同之篇章，製成對照表：

（甲表）

《荀子・禮論》——《小戴禮記・三年問》、《大戴禮記・禮三本》

《荀子・樂論》——《小戴禮記・樂記、鄉飲酒義》

《荀子・法行》——《小戴禮記・聘義》

《荀子・哀公》——《大戴禮記・哀公問五義》

《荀子・脩身、大略》——《大戴禮記・曾子立事》

《荀子・勸學、宥坐》——《大戴禮記・勸學》

（乙表）

《荀子・不苟》——《韓詩外傳》一、二、三、四、六（共五次）

《荀子・脩身》——《韓詩外傳》一、二、四、五（共四次）

《荀子・王制》——《韓詩外傳》三、三、三、五（共四次）

《荀子・君道》——《韓詩外傳》四、五、五、六（共四次）

《荀子・儒效》——《韓詩外傳》三、五、五、七（共四次）

《荀子・宥坐》——《韓詩外傳》三、三、八、十（共四次）

《荀子・堯問》——《韓詩外傳》三、六、七、七（共四次）

《荀子・臣道》——《韓詩外傳》四、五、六（共三次）

《荀子・天論》——《韓詩外傳》一、二、五（共三次）

《荀子・哀公》——《韓詩外傳》二、四、四（共三次）

《荀子・議兵》——《韓詩外傳》三、四（共二次）

《荀子・非相》——《韓詩外傳》三、五（共二次）

《荀子・子道》——《韓詩外傳》三、九（共二次）

《荀子・法行》——《韓詩外傳》二、四（共二次）

《荀子・非十二子》——《韓詩外傳》四、六（共二次）

《荀子・勸學》——《韓詩外傳》四、八（共二次）
《荀子・彊國》——《韓詩外傳》六（共一次）
《荀子・富國》——《韓詩外傳》六（共一次）
《荀子・大略》——《韓詩外傳》四（共一次）

由於《荀子》與大小戴《戴記》、《韓詩外傳》關係如此複雜而密切，楊筠如《荀子研究》主張：

㈠與大小戴《禮記》、《韓詩外傳》相同的文字，暫時只能割愛。㈡與前面所舉幾篇中主要思想矛盾的地方，也最好不采。㈢凡是稱孫卿子的各條，為慎重起見，也最好不要用為荀子學說的資料。

此外，張西堂作《荀子真偽考》，主張將三十二篇《荀子》分為六組來看：

第一組：〈勸學〉、〈脩身〉、〈不苟〉、〈非十二子〉、〈王制〉、〈富國〉、〈王霸〉、〈天論〉、〈正論〉、〈禮論〉、〈樂論〉、〈解蔽〉、〈正名〉、〈性惡〉，共十四篇。這十四篇都可信為真荀子之文。不過有的間有一段或由他篇錯入。

第二組：〈榮辱〉、〈非相〉、〈君道〉、〈臣道〉共四篇。這四篇有幾段可信為真荀子之文，但又有幾段很可疑為非荀子所作。〈榮辱〉、〈非相〉兩篇，尤為顯然。

第三組：〈仲尼〉、〈致士〉、〈君子〉共三篇。這三篇恐非荀子文，其思想文字頗令人懷疑。

第四組：〈儒效〉、〈議兵〉、〈彊國〉共三篇。這三篇亦非荀子文，應是荀卿弟子所撰述者。

第五組：〈成相〉、〈賦〉共兩篇。這兩篇本與儒家之孫卿子無關。

第六組：〈大略〉以下六篇。這六篇宜認為漢儒所採錄之詞。

從胡適、梁啟超、楊筠如、張西堂四家的論點來看，代表一種「疑古」的精神。其中態度最激烈當推胡適。胡適竟只肯定〈天論〉、〈解蔽〉、〈正名〉、〈性惡〉是荀卿精華所在，其餘可以無關緊要，這種態度，當然不正確。而梁啟超說明了《荀子》與《禮記》、《韓詩外傳》的關係，皆為《禮記》、《韓詩外傳》採自《荀子》，並不能證明《荀子》與彼文字相同之處，皆為偽作。張西堂雖曾對勘七十餘處《荀子》與大小戴《禮記》及《韓詩外傳》，其結論也不出梁啟超的範圍。因此龍宇純先生曾於〈荀子真偽問題〉一文中，就《荀子》一書可能致疑的篇章及文字作了詳細之考察。並且斷定張西堂等人對於《荀子》部分篇章之起疑，「或則僅是章節的錯亂問題，或則由於論者對於荀子之一知半解，全書實並無偽作痕跡。」此又代表一種「無證不疑」的精神。

總結而言，《荀子》由於成書於漢代，經過多人編纂整理，失落原始面貌，自屬難免；若因此懷疑若干篇章為偽作，一筆抹殺，棄而不治，自非得宜。對前賢公認毫無問題的篇章多加鑽研，秉持荀子思想的理論路徑，參酌今人詮衡的成果，自行判斷那些被懷疑的篇章，或許才是吾輩後學應有的態度。

三、荀子學說之基本精神

荀子繼孔孟之後，成為儒學大師，其思想之基本觀點、其學說之基本精神如何，誠為研究荀學的重要課題。據清胡元儀〈郇卿別傳〉，荀子善長《詩》、《易》、《禮》、《春秋》諸經。他曾從根牟子受《詩經》，傳授毛亨，是為《毛詩》。又傳浮丘伯，浮丘伯傳申公，是為《魯詩》。他從馯臂子弓受《易經》，並傳其學。又從虞卿受《左氏春秋》，以傳張蒼，張蒼再傳賈誼。穀梁俶也曾為經作傳，傳授荀子，荀子傳浮丘伯，伯傳申公，申公傳瑕丘江公，世為博士。荀子尤其精通《禮》，只是受授不詳。從漢初經學傳承統系來看，凡是治《易》、《詩》、《春秋》者，都是源自荀子。

可見荀子繼承孔門子夏、卜商一派，最重經籍之整理與傳承，這種學問路向，自然與子思、孟子一派的路向大為不同。荀子固然飽讀經籍，而漢初經籍，端賴荀子傳授，對儒門之發揚光大，功不可沒。歷來研究孔孟荀三家思想者，曾有：孔子言仁，孟子言仁義，荀子言禮之區別。亦有：孔子仁者，孟子勇者，荀子智者之比較。顯然三者人格形態相對差異，導致學說之基本精神大為不同。

儒家思想以禮為最重要的觀念，因為禮是踐仁的基本功夫。孔門一切思想觀點，皆由禮而起。勞思光先生《中國哲學史》卷一論及孔子思想曾有精闢看法，大體認為孔子思想第一步是「攝禮歸義」，進而「攝禮歸仁」，然後仁義禮三觀念合成一理論主脈，而以仁作為此主脈的終點。

韋政通先生《荀子與古代哲學》更就孟荀學說的進展作成比較，謂：

> 孟子就孔子所言者更進一步轉到人之心性上來，專就禮之根源處立論；荀子則直契周公制禮與孔子從周之義，特重禮之客觀效用，復就禮制典憲而言禮之統類。（第二頁）

換言之，孟子是順著孔子之「仁」，朝內聖方向，開創心性之學；而荀子則是紹繼孔子之「禮」，往外王方向，彰顯「禮義之統」。而荀子此種外王的進路，其實是打算解決政治範疇的問題。試看荀子的正面主張：

隆禮義而殺詩書。(〈儒效篇〉)

禮以定倫。(〈致士篇〉)

禮者，治辨之極也。(〈議兵篇〉)

隆禮尊賢而王，重法愛民則霸。(〈彊國篇〉)

都是針對政治提出的。尤有進者，禮非但是「法之大分，類之綱紀」，宇宙萬有及一切人事也無不涵括其中。試看《荀子．禮論篇》說：

天地以合，日月以明，四時以序，星辰以行，江河以流，萬物以昌。

可知荀子已將禮推至宇宙論的高度。甚至荀子的性惡論也與隆禮思想密切相關。如龍宇純先生〈荀子思想研究〉曾說：

荀子性惡之說，顯然不是因為他所見人性與孟子全不相同，於是據理力爭，只是有鑒於聖王禮義與性善說不能相容，乃不得不斟酌取舍……僅憑欲望可致爭亂的觀點，而改言性惡。(見《荀子論集》第七十四頁)

不只性惡論只為重禮而發，即如〈天論篇〉雖有老莊影響，卻仍回歸「天生人成」的儒家本位；再如正名思想，都不外是以「禮」為出發點。總結而言，禮是荀子學說的基本觀點，隆禮是荀學的基本態度。由於荀子如此重禮，使其學說充滿現實性和客觀精神。

四、荀子之天論

人與天之關係，向為古代哲人最重視之論題。上古詩書典籍上的天，大體指：具有意志力、能禍福人之「宗教之天」。春秋時代，人文精神躍動，典籍上的天，或指「形上意義之天」，或指道德意義的「義理之天」。然而《荀子》之天，卻是無意志、無愛憎，也無理智能力的「自然實體」。荀子論天的看法，大體集中在〈天論篇〉。

〈天論篇〉開宗明義地指出：

> 天行有常，不為堯存，不為桀亡。應之以治則吉，應之以亂則凶。彊本而節用，則天不能貧，養備而動時，則天不能病，循道而不貳，則天不能禍。

這裏的「天」指的是與人類社會相對的客觀物質世界，也就是自然界。自然界的運行，有其一定的規律和法則；它不會為聖君存在，也不會為暴君改變運行的規律。換言之，天道不影響人事，天人沒有感應。以合理的行為去肆應，會為自己帶來幸福，若不以合理的措施去對待它，就會帶給自己凶災。這表示吉凶在人，不在天。由此可知〈天論篇〉是針對當時流行的：「天有意志」、「治亂在天」、「天命可畏」的論點提出批駁。所謂「天行有常」，正是荀子論天的基本觀點。「天」既然只是一個自然實體，明於天人之分，把自然當作自然來看，便是一種應有的理性態度。

〈天論篇〉又說：「不為而成，不求而得，夫是之謂天職。」自然界的職能，既是自然而然，則已根本否定「天有意志」之可能。天有四時代序，地能生產萬物，而人則應治理自然和社會。荀子認為一個君子但求如何善用天地間之資材即可，而不必去理解天地萬物背後超越的道理。因此他說：「唯聖人為不求知天」。

而另一方面，荀子也認為「天情」(人所承受於自然的情感)、「天官」(人所承受於自然的感官能力)、「天君」(人主宰五官的思維中樞)、「天養」(人如何利用自然物來養育自己)、「天政」(人肆應禍福的能力)都必須有所了解，惟其如此，才能判定何者當為，何者不當為。荀子稱這種理性的認知活動為「知天」。顯然，荀子對那些不能由理性能力去對治的「天職」、「天功」是不鼓勵人們去研究，而對於那些能夠依「禮義」去裁治或成全的一面，則認為是可知而且必須研究的。

闡明天人分途的道理之後，〈天論篇〉又說：

大天而思之，孰與物畜而制之！從天而頌之，孰與制天命而用之！望時而待之，孰與應時而使之！因物而多之，孰與騁能而化之！思物而物之，孰與理物而勿失之也。願於物之所以生，孰與有物之所以成。故錯人而思天，則失萬物之情。

這是荀子「制天用天」的主張。自表面看頗有勘天役物之精神，與科學精神相似。可是〈富國篇〉說：

「天地生之，聖人成之。」〈王制篇〉說：「天地生君子，君子理天地。君子者，天地之參也，萬物之總也，民之父母也。」〈君道篇〉說：「君子……其於天地萬物也，不務說其所以然，而致善用其材。」則荀子之「制天用天」不過是表示：「自然」受「人文」宰制，「制天用天」的目的仍是基於禮義治國之用意，而非藉此建立科學思想。荀子此種思路，牟宗三先生《荀學大略》稱之為「天生人成」。韋政通先生《荀子與古代哲學》說：「天生之生，非天地之大德曰生之生，生即自然而然之義。人成者，即通過禮義之效用以成。」（第四十五頁）此一段言論，實為「天生人成」最佳注腳。

荀子既然主張制天用天，那麼，「一天下，裁萬物，長養人民，兼利人民。」（〈非十二子篇〉）便成為聖王的要務。如何具體達成「制天用天」之目的呢？〈王制篇〉說：

故養長時，則六畜育，殺生時，則草木殖……草木榮華滋碩之時，則斧斤不入山林，不夭其生，不絕其長也。黿鼉魚鱉鰍鱣孕別之時，罔罟毒藥不入澤，不夭其生，不絕其長也。春耕夏耘，秋收冬藏，四者不失時，故五穀不絕，而百姓有餘食也。汙池淵沼川澤，謹其時禁，故魚鱉優多，而百姓有餘用也；斬伐養長不失其時，故山林不童，而百姓有餘財也。

這一段話，大抵強調「長養以時，殺生以時」的原則。而所謂「時」，就是大自然的律則。唯其有計畫地掌握大自然的律則，才能裁制自然，造福百姓。

從〈天論篇〉全文來看，荀子視天為自然實體，倡言「天人之分」、「天生人成」、「制天用天」，可是，卻又有「上事天，下事地，尊先祖而隆君師」之主張，前後似有矛盾。按《荀子・禮論篇》曾將天地、先祖、君師視為「禮之三本」，依禮一併致祭，以表思慕之情。所謂「事天事地」應與「尊敬先祖」之動機相同。再看〈天論篇〉說：

日月食而救之，天旱而雩，卜筮然後決大事，非以為得求也，以文之也。故君子以為文，而百姓以為神。以為文則吉，以為神則凶也。

可見荀子一面主張「制天用天」，一面主張「事天事地」，是基於完全不相同的理由。荀子所以不廢「事天」，除了表現報本還始之外，兼有作為施政藝術，安定民心的用意，並非以為祝禱卜筮，果能獲得所求，故謂「以為文則吉，以為神則凶也」。

總結而言，荀子論天，前後思想一貫，並無牴牾之處。主要的目的在釐清天人關係，破除純任天道而忽略人事之疏失。

五、荀子之性惡論

性惡論是荀子思想最具特色也最受誤解的部分。所謂「性」指的是什麼？「性」的範圍如何？荀子對此有相當確定的界說。《荀子．正名篇》說：

生之所以然者，謂之性。性之和所生，精合感應，不事而自然，謂之性。

〈性惡篇〉說：

凡性者，天之就也，不可學、不可事。禮義者，聖人之所生也，人之所學而能，所事而成者也。

〈禮論篇〉說：

性者，本始材朴也；偽者，文理隆盛也。

從以上的解釋，可知荀子所謂的「性」是指一種自然生成，並非後天造成、不可學、不可事的自然材質。另外，荀子也對「性」、「情」、「欲」作了區別。在〈正名篇〉中，荀子認為「性」是天之就。「情」是性之質，而「欲」是情之應。他把「性」中的好、惡、喜、怒、哀、樂都謂之「情」。在〈王霸篇〉中，他把「目欲綦色，耳欲綦聲，口欲綦味，鼻欲綦臭，心欲綦佚」視為人的情性所不能避免的五種欲求。又在〈性惡篇〉中把「飢而欲飽、寒而欲暖、勞而欲休」視為人性，可見荀子所論之「性」，內容既包括生物的本能，也涵蓋心理的欲求和反應。換言之，荀子是從人的動物性層次來論「性」。

耳目聲色、飽暖安逸的本能欲求，原無善惡可言，但是純任生物本能的欲求，是有可能肇生惡端，荀子便從此一角度論證性惡。〈性惡篇〉說：

人之性惡，其善者偽也。今人之性，生而有好利焉，順是，故爭奪生而辭讓亡焉；生而有疾惡焉，順是，故殘賊生而忠信亡焉；生而有耳目之欲，有好聲色焉，順是，故淫亂生而禮義文理亡焉。然則從人之性，順人之情，必出於爭奪，合於犯分亂理而歸於暴。故必將有師法之化、禮義之道，然後出於辭讓，合於文理而歸於治。用此觀之，然則人之性惡明矣，其善者偽也。

又說：

> 古者聖王以人之性惡，以為偏險而不正，悖亂而不治，是以為之起禮義、制法度，以矯飾人之情性而正之，以擾化人之情性而導之也。始皆出於治，合於道者也。

由此可見荀子主張性惡，只是認為順任人類情性，會造成爭奪、犯分、亂理的結果。可是荀子並未認為人類本性不可移易，相反地，主張：「性也者，吾所不能為也，然而可化也」（〈儒效篇〉），而「化性」有賴於「起偽」。

所謂「偽」，唐楊倞用「為也，矯也」解釋。其實，東漢王充很早就解釋成：「偽者，長大之後勉使為善也。」（《論衡．本性》）。此外宋黃震《日抄》也說：「蓋彼所謂偽者，……殆類《中庸》之所謂矯。」而禮義正是這種「矯飾」人「性」的工具，聖人是禮義的製作者，此即〈性惡篇〉所說的：「禮義者，是生於聖人之偽，非故生於人之性也。」

荀子認為：就「性」的角度而言，聖人與一般人並無若何不同。但因「聖人積思慮，習偽故，以生禮義而起法度。」（〈性惡篇〉）另一方面，荀子也肯定每一個人都有「可以知仁義法正之質」，「可以能仁義法正之具」，因此，只要「彊學而求有之」，加以師法之化，人人都有成為聖人之可能。師法與禮義可以促使人們逐漸脫離動物性，而向道德、人性進升。基於這個緣故，外在方面，荀子重視禮義，內在方面，認為「心」是自我提升的動力。〈正名篇〉曾簡要說明「心」與「偽」的關係，謂：

情然而心為之擇，謂之慮。心慮而能為之動，謂之偽。慮積焉，能習焉，而後成，謂之偽。

牟宗三先生《荀學大略》曾經簡潔指出：此「心」是一種智性的、認識的心，而非仁義禮智合一的心。誠如牟先生所說：

荀子以智心之明辨（即不暗之天君）治性，實非以智心本身治性，乃通過禮義而治性也。明辨之心能明禮義，能為禮義，而禮義卻不在人性中有根，卻不在惻隱之心、羞惡之心、辭讓之心中表現，是則禮義純是外在的，而由人之「積習」以成，由人之「天君」以辨。（《名家與荀子》第二二六頁）

荀子與孟子雖然在論性的立場上針鋒相對，可是荀子〈性惡篇〉中「塗之人可以為禹」一大段話，其實並未能夠否定性善，相反地，證成了性善。再者，本惡的「性」如何在認知之「心」的光照下，絕對趨向於善的方向？荀子也未具體說明。

六、荀子之禮論

「禮」是荀子思想最重要的內容，《荀子》一書論禮多達三百餘處，可見荀子對禮重視的程度。荀子論禮最精粹的篇章是〈禮論篇〉，在此闡明了禮的起源、內涵和作用。〈禮論篇〉說：

禮起於何也？曰：人生而有欲，欲而不得，則不能無求，求而無度量分界，則不能不爭。爭則亂，亂則窮。先王惡其亂也，故制禮義以分之，以養人之欲，給人之求。使欲必不窮乎物，物必不屈於欲，兩者相持而長，是禮之所起也。

荀子認為人生來有所欲求，欲求不能得到滿足，必然導致爭亂，而所謂「禮」，是先王為了調節人們的欲求，避免爭亂而制定的。可見荀子論禮，依舊是建立在性惡的基礎之上。〈禮論篇〉又說：

禮有三本：天地者，生之本也；先祖者，類之本也；君師者，治之本也。無天地，惡生？無先祖，惡出？無君師，惡治？三者偏亡，焉無安人。故禮上事天，下事地，尊先祖而隆君師，是禮之三本也。

這是從另一個角度來論禮。荀子認為天地生物以養人，所以天地是生命的本源；先祖繁衍宗族，所以先祖是宗族的本源；君師統領教化百姓，所以是政治的本源。制禮時，郊天、社地、禘祖是祭禮中最隆重的，天地、先祖、君師可以說是「禮」的本源。從以上的論述，可以看出荀子也肯定「禮」是順應人類報恩戴德之本性而形成的。

〈性惡篇〉說：「故隱栝之生，為枸木也；繩墨之起，為不直也；立君上，明禮義，為性惡也。」「禮」既是基於消除爭亂而作，又出自聖人之「偽」，因此，在荀子思想體系中，禮不但成為客觀外在之物，而且擁有很濃厚的「工具性」色彩。勞思光《中國哲學史》第一卷，便特別針對此點指出：荀子思想已背儒而近墨。

荀子常以「禮」、「義」合稱。如：〈儒效篇〉說：「隆禮義而殺詩書」、〈王制篇〉說：「禮義者，治之始也。」〈臣道篇〉說：「禮義以為文。」〈致士篇〉說：「禮義備而君子歸之。」所謂「義」，荀子在〈彊國篇〉說：「夫義者，所以限禁人之為惡與姦者也……夫義者，內節於人而外節於萬物者也。」〈脩身篇〉說：「食飲衣服，居處動靜，由禮則和節。」〈致士篇〉說：「禮者，節之準也。」可見「禮」、「義」二名，在荀子的思想觀念中，是可以相互涵括的。〈致士篇〉說：「禮及身而行修，義及國而政明。」〈勸學篇〉說：「將原先王，本仁義，則禮正其經緯蹊徑也。」最能說明「禮」與「義」為兩個涵義相同的觀念，而禮甚至也是達成仁義的經緯蹊徑。

荀子所說的禮範圍甚大。據陳大齊《荀子學說》指出：上自人君治國之道，下至個人立身處世之道，乃至飲食起居的細節，莫不為其所涵攝。禮不但是行為方面的準繩，且亦是思想言論方面的準繩，不但是處理社會現象的準繩，且亦是應付自然現象的準繩。故荀子所說的禮，包羅了言行的各種規範，可說是一切規範的總稱（見《荀子學說》第一四〇頁）。舉例來說：

> 隆禮至法，則國有常。（〈君道篇〉）
>
> 禮者，法之大分，類之綱紀也。（〈勸學篇〉）
>
> 國家無禮則不寧。（〈脩身篇〉）
>
> 禮義者，治之始也。（〈王制篇〉）
>
> 禮之所以正國也，譬之猶衡之於輕重也、猶繩墨之於曲直也、猶規矩之於方圓也。（〈王霸篇〉）
>
> 禮者，人主之所以為群臣寸尺尋丈檢式也。（〈儒效篇〉）

都是就治道來論禮，所謂禮、法，都視為治國的根本原則。再如：

禮者，所以正身也。(〈脩身篇〉)

恭敬，禮也。(〈臣道篇〉)

君子審於禮，則不可欺以詐偽。(〈禮論篇〉)

禮者，人之所履也。(〈大略篇〉)

都是就個人立身處事來論禮，此處所謂禮，就是個人的行為規範。再如：

禮者，謹於治生死者也。(〈禮論篇〉)

禮者，謹於吉凶不相厭者。(〈禮論篇〉)

凡禮，事生飾歡也，送死飾哀也，祭祀飾敬也，師旅飾威也。(〈禮論篇〉)

則又就祭祀、儀節來論禮。再如：

禮者，人道之極也。……法禮足禮，謂之有方之士。(〈禮論篇〉)

禮也者，理之不可易者也。(〈樂論篇〉)

天地以合，日月以明，四時以序，星辰以行，江河以流，萬物以昌……萬物變而不亂，貳之則喪也。禮，豈不至矣哉！(〈禮論篇〉)

凡用血氣、志意、思慮，由禮則治通；不由禮，則勃亂提僈。（〈脩身篇〉）

則禮不但是思想是非的標準，是人間最高的真理，甚至於日月四時的運轉規律，也通乎禮，禮還是宇宙之間森羅萬象運化昌盛的極則。

雖然在荀子的思想系統之內，禮相當於一切人倫的規範，一切事物都可以統攝於禮，受禮的統轄約制。荀子把「學至乎禮」視之為「道德之極」（〈勸學篇〉），然而，質實地說，荀子隆禮的目的，主要還是在「經國定分」（〈非十二子篇〉）、「明分使群」（〈富國篇〉），也就是說，在盡治道之責任。因此他倡導「知通統類」，綜合百王累積之法度為「禮義之統」，是企望達到〈王制篇〉所說：「全道德、致隆高、綦文理、一天下、振毫末，使天下莫不順比從服」的理想境界。

七、荀子之心論

荀子主張性惡，又認為人可以為善，原因是別有「心」在。人之所以為人，不全因為「二足而無毛」，而是人擁有辨別人間上下、貴賤、長幼、親疏的能力。是心靈能力指引人的行為趨向善。所以荀子說：「心也者，道之主宰也。」（〈正名篇〉）而「道也者何？曰：禮義辭讓忠信是也。」（〈彊國篇〉）「人何以知道？曰心。」（〈解蔽篇〉）

所謂「心」又指什麼？荀子在〈解蔽篇〉中說：

心者，形之君也而神明之主也，出令而無所受令。

可知荀子視「心」為人之主宰。它有「自禁」、「自使」、「自奪」、「自取」、「自行」、「自止」的性質。也就是說：「心」作為人類主宰，是絕對自由自主。〈天論篇〉中，稱「心」為「天君」，更能說明「心」之主宰性。

心的性質如何？荀子認為：「心，生而有知。」（〈解蔽篇〉）心除了可以辨別飢寒、黑白、清濁之外，更能進一步辨別是非、曲直、善惡。荀子承認人人都有出自自然的心理反應，如飢而欲食，寒而欲衣，但是這些欲求，屬於「性」的範圍。至於「知人之性」、「知仁義法正之質」的心靈能力，荀子有時稱為「慮」或「知慮」。此種出諸理智的心靈能力，才能指引人類行為。所以《荀子・正名篇》說：「性之好惡，喜怒哀樂謂之情，情然而心為之擇，謂之慮。」「吾慮不清，則不能定然否也。」（〈解蔽篇〉）荀子將「心」界定在知辨能力上，同時將「心」、「性」分立，是和孟子以「四端之心」言性、「盡心」就能「知性」、「心」「性」合一的主張是十分不同的。牟宗三先生《荀學大略》稱：荀子是「以智識心」。也就是說人類所以在自利的物質生活之外，別有道德的精神生活，正因為人有此理智的認知心，荀子所仰賴以「化性起偽」者，也是此種理智的認知心。

理智的認知心何以有認知「道」的能力？《荀子・解蔽篇》說：

> 心何以知？曰：虛壹而靜。心未嘗不臧也，然而有所謂虛。心未嘗不兩也，然而有所謂一。心未嘗不動也，然而有所謂靜。

又說：

不以所已藏害所將受，謂之虛。……

不以夫一害此一，謂之壹。……

不以夢劇亂知，謂之靜。……

虛壹而靜，謂之大清明。

荀子認為「心」可以收集感官所捕捉到的一切感覺，「心」可以兼知不同的事物，「心」更具有活動不停的特質。因此若能強化「心」收藏能力，不因已有的認識去妨害將要接受的認識；不因對彼種事物的認識而妨害此種事物的認識；不讓夢中的想像和胡思亂想干擾自己的認知能力。能夠如此，必能保證達到認知透徹、毫無偏蔽的境界，荀子稱此種境界為「大清明」。

問題是並非每一個人都能達到「虛壹而靜」的「大清明」之境。大多數的情況還是認知有所侷限、有所蔽塞，以致於不能明白全面的道理。因此荀子一一指出這些蔽塞。〈解蔽篇〉說：

故為蔽：欲為蔽、惡為蔽，始為蔽、終為蔽，遠為蔽、近為蔽，博為蔽、淺為蔽，古為蔽、今為蔽。凡萬物異則莫不相為蔽，此心術之公患也。

荀子雖僅列舉十種蔽塞，並非人類心術之公患僅此十種，而是希望舉一隅而以三隅反，使人去思考更周全的思想方法。就荀子的十蔽而言，可歸納為相對的五組。「欲」、「惡」是兩種極端的感情，偏執於任何一方都易生蔽。「始」、「終」是對事物而言，止於始而不知終，或止於終而不知始，都易生蔽。「遠」、「近」

是就空間而言，務遠而遺近，或執近而遺遠，都易生蔽。「博」、「淺」則就知識而言，博而不能返約，或淺而不識深，都易生蔽。「古」、「今」則就時間而言，論古而不能驗於今，或言今而不能徵於古，亦易生蔽。概括而論，世間萬物的無窮相對性質，使那些執持絕對單一立場的人容易陷於蔽塞之困境。

既知十蔽為心術之公患，那麼，人應如何解蔽？荀子提出「懸衡」與「兼權」的主張。〈解蔽篇〉說：

> 聖人知心術之患，見蔽塞之禍，故無欲、無惡、無始、無終、無近、無遠、無博、無淺、無古、無今。兼陳萬物而中懸衡焉，是故衆異不得相蔽以亂其倫也。

所謂「兼陳萬物」是不預存成見，客觀排列事物。所謂「懸衡」是內心建立一個客觀標準，據以衡斷事物。至於這個標準是什麼？〈解蔽篇〉的答案是「道」，也就是禮義。另一方面，〈不苟篇〉說：

> 欲惡取捨之權：見其可欲也，則必前後慮其可惡也者；見其可利也，則必前後慮其可害也者；而兼權之、熟計之，然後定其欲惡取捨，如是，則常不失陷矣。

所謂「兼權」就是當進行欲惡利害取捨時，應顧及兩端，從相對兩端的角度深思熟慮，方能避免偏執，不受蔽塞。

八、荀子之名論

「名」是先秦時代儒、墨、名三家共同關注的論題。各家所言之「名」雖有不同，然而論名應始於孔子。孔子在答覆子路「為政奚先」之問題時說：「必也正名乎！」孔子認為為政的先務在「正名」。孔子的正名主義為「君君、臣臣、父父、子子」。名正則言順，言順則事成，事成則禮樂興，禮樂興則刑罰中，刑罰中則民有所措手足。這是孔子強調正名的理由。孔子之後，名家惠施、公孫龍之徒和墨家後學的辯者，進一步對宇宙事物作純認知的探究，其立說的歸宿，在邏輯理論或思辯形上學理論。荀子的正名思想，除了探索思辯問題之外，立說的歸宿卻仍在政治及歷史文化方向的問題上。這是荀子與名墨辯者極為不同的地方。

關於荀子的正名論，集中於立「三標」，破「三惑」。所謂三標即「所為有名」、「所緣以同異」、「制名之樞要」。第一標：「所為有名」，是指制名的目的。〈正名篇〉說：

> 異形離心交喻，異物名實玄紐。貴賤不明，同異不別；如是，則志必有不喻之患，而事必有困廢之禍。故知者為之分別，制名以指實，上以明貴賤，下以辨同異。貴賤明，同異別，如是，則志無不喻之患，事無困廢之禍，此所為有名也。

這一段話的意思是：不同的人，觀點各異，皆欲自述想法；不同的事物，名實各異，就會貴賤分不清、同異不能別。如此，思想不能相互了解，必有事做不成的禍害。聖王對這些加以區分，制定各種名稱，用以表達客觀事物，一方面用來分別貴賤，一方面是用來區分同異。這樣便能充分交換思想，也沒有做不成事之虞。

那麼根據什麼來區別名稱的同異呢？於是有第二標：「所緣以同異」。〈正名篇〉說：

然則何緣以同異？曰：緣天官。……心有徵知。徵知，則緣耳而知聲可也，緣目而知形可也；然而徵知必將待天官之當薄其類然後可也。五官薄之而不知，心徵知而無說，則人莫不然謂之不知。此所緣以同異也。

這是說名稱的同異是由於「天官」——即耳、目、鼻、口、形、能——的感覺能力對客觀事物所作的辨別。天官各有所能，不可替代。天官對於事物的感覺是人人相同的，透過各種比喻，人與人之間就可以對彼此的感覺有所了解。這就是為什麼人類要共同約定事物的名稱，以便進行思想的交流。我們的心靈又能對感覺印象進行分析、辨別，而心靈的驗證能力，必待天官與事物對象接觸，才能起作用。否則，不能認識事物，也不能分析事物使人了解。透過天官對事物作分辨之後，即為之命名。於是有第三標：「制名之樞要」。制名樞要中之根本的原則是「同則同之，異則異之」。制名的細則是「單足喻則單，單不足喻則兼，單與兼無所相避則共」。例如：牛、羊是單名。黃牛、黑羊則是兼名。若單名謂之牛，雖萬牛同名；兼名謂之黃牛亦然。雖共用，無害於分別。人人皆知牛、羊為異實，故為異名。異實莫不異名，同實莫不同名，不可相亂。

荀子提及的「名」有：「大共名」、「大別名」、「別名」、「單兼名」。共名之範圍大，別名之範圍小。大共名是最上位的名，這最高的名是「物」。單兼名則為下推之名，推至極點為止。〈正名篇〉說：

名無固宜，約之以命，約定俗成謂之宜，異於約則謂之不宜。名無固實，約之以命實，約定俗成謂之實名。名有固善，經易而不拂，謂之善名。

又說：

物有同狀而異所者，有異狀而同所者，可別也。狀同而為異所者，雖可合，謂之二實；狀變而實無別而為異者，謂之化，有化而無別，謂之一實。此事之所以稽實定數也。此制名之樞要也。

荀子除了提出「約定俗成」的制名方法，還提出「稽實定數」之方。而荀子定數以「所」為準，所謂「所」即空間。如老幼異狀，狀變而同所，謂之一實。如此馬彼馬，雖同名為馬（合），因異所，故為二實。荀子認為制名、用名應以「三標」為原則。

至於「三惑」，皆緣於「名實相亂」而產生。荀子基於經驗的、常識的角度以論「名」，所以對於超經驗的、純理論的觀點以言「名」者，多所非難。第一惑是：「惑於用名以亂名」。〈正名篇〉舉「見侮不辱」、「聖人不愛己」，殺盜非殺人」為例。這是明顯與第一標「所為有名」牴觸的用法。第二惑是「惑於用實以亂名」。〈正名篇〉所舉之例證為「山淵平」、「情欲寡」及「芻豢不加甘，大鐘不加樂」這是明顯牴觸第二標「所緣以同異」的用法。第三惑是「惑於用名以亂實者」。〈正名篇〉所舉之例為「非而謁楹，有牛馬非馬」，是明顯違背第三標「約定俗成，稽實定數」的原則，故犯「以名亂實」的用法。荀子對於三惑之類，皆斥為姦言邪說。值得注意的是荀子主張由明君來處理姦言。〈正名篇〉說：

故明君臨之以勢，道之以道，申之以命，章之以論，禁之以刑，故民之化道如神，辨說惡用矣哉！今聖王沒，天下亂，姦言起，君子無勢以臨之，無刑以禁之，故辨說也。

原來荀子的正名主張與其禮治思想相關。政治清平之時，明君但守聖人名分即可，不必與亂名者辨說是非，因為「百姓易一以道，而不可使共故」。但在聖王沒，天下亂，姦言起，君子無勢以臨、無刑以禁的時候，就必須靠辨說。而「立三標」、「破三惑」的正名理論，也就成為迫切需要的理論了。

九、荀子之政治論

荀子所處時代，正值戰國末期、秦帝國即將形成的時代，無論政治、社會、學術、文化都產生劇烈的變化。其學說又以「禮」為中心，有大量的思想內容與治道相關。《荀子》一書，如〈王制篇〉、〈富國篇〉、〈王霸篇〉、〈君道篇〉、〈臣道篇〉、〈致士篇〉、〈議兵篇〉、〈彊國篇〉、〈正論篇〉、〈禮論篇〉、〈樂論篇〉都或多或少涉及政治問題。以下即分禮治與善群、足國裕民、法後王等項，略談荀子的政治思想。

(一)禮治與善群

禮治是儒家的理想治術，早在孔子已有「道之以德、齊之以禮」、「以禮讓為國」、「為國以禮」的主張。荀子著書，即為弘揚禮治。在〈王制篇〉，荀子曾有「欲榮，則莫若隆禮敬士」之說，又有「禮義者，治之始也」之言，荀子不但認為：「隆禮貴義者其國治，簡禮賤義者其國亂。」(〈議兵篇〉)甚至視「禮」為「治辨之極、強固之本、威行之道。」此外，〈成相篇〉說：「治之經，禮與刑。」〈大略篇〉說：「禮者，政之輓也。為政不以禮，政不行矣。」在在都表現出強烈的禮治傾向。

為了達成禮義治國之功效，荀子提出「群」的觀念。認為能群、善群是人君應有的表現。〈君道篇〉

說：

君者，何也？曰能群也。能群也者，何也？曰：善生養人者也，善班治人者也，善顯設人者也，善藩飾人者也。

荀子把生養、班治、顯設、藩飾視為善群的「四統」，果能施行四統，便能得到天下人的歸附。

第一統是「善生養人者也」。〈君道篇〉的解釋是：「省工賈，眾農夫，禁盜賊，除姦邪，是所以生養之也。」可知荀子以減少工商，增加農業生產，並且盡力除暴安良，來生養百姓。當然《荀子》其他篇章仍有類似主張，大抵不出孔子「富之」、「教之」的範圍。

第二統是「善班治人者也」。〈君道篇〉的解釋是：「天子三公，諸侯一相，大夫擅官，士保職，莫不法度而公，是所以班治人也。」此言天子設三公總理天下政事，諸侯設相總理一國之政事，下設大夫專領一官之事，士謹守其職位，各級官吏莫不敬守法度公正無私，此即設官分職之事。〈王制篇〉中更詳述官制，大凡施政上所需的職守，幾羅列無遺。

第三統是「善顯設人者也」。〈君道篇〉的解釋是：「論德而定次，量能而設官，皆使其人載其事，而各得其宜，上賢使之為三公，次賢使之為諸侯，下賢使之為士大夫；是所以顯設之也。」這是以德望決定位次，依能力授與官職。所論的是用人唯德、授官唯賢的人事要件。

第四統是「善藩飾人者也」。〈君道篇〉的解釋是：「修冠弁衣裳，黼黻文章，雕琢刻鏤，皆有等差，是所以藩飾之也。」按〈富國篇〉也說：「德必稱位，位必稱祿，祿必稱用。」這是說國家設官分職、量能授官之外，還應使各級官員衣冠花紋用何種色彩，使用器具雕什麼圖樣，都有等級差別。在服飾器用上顯示尊卑貴賤，榮顯功勳。

由此四統看來，群道即君道。此四統包括生養百姓的民生問題、國家統治結構的施設、用人的條件以及官吏的服制，目的在使人親之、安之、樂之、榮之。

(二)足國裕民

荀子相當重視創造財富。關於富國之道，《荀子．富國篇》闡發最精。荀子認為富國之道，首在「明分使群」，次則「以禮節用」、「以政裕民」。

《荀子．富國篇》說：「兼足天下之道在明分。」聖君賢相的職責在使百姓無凍餒之患。農人分田而耕，商賈分貨而販，百工分事而勸，大夫分職而聽，諸侯分土而守，上自天子、三公莫不有其分內職責。〈富國篇〉又說：

> 足國之道，節用裕民，而善藏其餘，節用以禮，裕民以政。彼裕民，故多餘，裕民則民富。

又說：

> 上以法取焉，而禮節用之，餘若丘山，不時焚燒，無所藏之；夫君子奚患乎無餘。

又說：

故知節用裕民，則必有仁聖賢良，而且有富厚丘山之積矣……不知節用裕民則民貧……上雖好取侵奪，猶將寡獲也。

可知荀子相當重視「節用」、「裕民」。節用方面，荀子不但主張個人應節用，士大夫也應節用。不設冗官，不耗公帑，輕賦稅，少聚斂，那麼農人力田，商賈安心，百工忠信，各階層都能安於其業。至於裕民方面，荀子主張開其源，節其流，使上下俱富。

(三)法後王

儒家對於古代聖君常致崇仰之意，例如孔子有「先王有至德要道」（《孝經》），孟子有「遵先王之法」（〈離婁〉）之語。孔孟崇仰的對象是堯、舜、文王、武王，這是前賢多謂孔孟崇先王的原因。而荀子則不然，既崇先王，又有「法後王」之主張。

荀子的學說祈向可以用「隆禮義殺詩書」來概括，隆禮重義，以建構「禮義之統」，達成「經國定分」的目的。而「法後王」是在點出禮義的歷史根據。（詳牟宗三《荀學大略》、韋政通《荀子與古代哲學》、蔡仁厚《孔孟荀哲學》之論析。）

首先吾人應知荀子並不反對先王。如〈勸學篇〉說：「不聞先王之遺言，不知學問之大也。」〈非十二子篇〉說：「勞知而不律先王，謂之姦心。」〈非相篇〉說：「凡言不合先王、不順禮義，謂之姦言。雖辯，君子不聽。」可見荀子並未完全拒絕取法先王。

其次吾人應了解荀子兼取先王的原因。〈禮論篇〉說：「先王之道，忠臣孝子之極也。」〈君道篇〉說：「古者先王審禮，以方皇周浹於天下，動無不當也。」〈富國篇〉說：「先王明禮義以一之。」又〈禮論篇〉說：「先王案為之立文，尊尊親親之義至矣。」清楚明白地說明荀子取法先王的原因還是在先王所立的「禮」，可作為後人遵循之法式。

那麼，荀子攻擊俗儒不知法後王的理由何在？由〈儒效篇〉可知一個梗概。按《荀子・儒效篇》說：

略法先王而足亂世術，術繆學雜，不知法後王而一制度，不知隆禮義而殺詩書；其衣冠行偽已同於世俗矣……呼先王以欺愚者而求衣食焉，得委積足以揜其口，則揚揚如也……是俗儒者也。

這是說有些俗儒「術繆學雜」，空喊先王名號以騙取衣食，得到一點積蓄餬口就得意洋洋。顯然荀子攻擊的對象所以可鄙，是因為他們完全不知先王為什麼值得效法。此外〈非相篇〉也說：

妄人者，門庭之間，猶可誣欺也，而況於千世之上乎？……五帝之外無傳人，非無賢人也，久故也。五帝之中無傳政，非無善政也，久故也。禹、湯有傳政而不若周之察也，非無善政也，久故也。傳者久則論略，近則論詳。略則舉大，詳則舉小。愚者聞其略而不知其詳，聞其細而不知其大也。是以文久而滅，節族久而絕。

從時間的角度來看，五帝、禹、湯的善政實在年代過於湮遠，難於詳考。而作傳的人對於年代久遠者就論說簡略，年代近的就記載詳明。簡略就只能舉其大端，詳明就能舉其細節。所以荀子認為：一般人不能由簡略而推知詳明，由細節而推知大端，所以禮法久遠就失傳，制度久遠就滅絕。〈儒效篇〉說：「言道德之求，不二後王，道過三代謂之蕩，法二後王謂之不雅。」意蘊與此相同。按孔子曰：「周監於二代，郁郁乎文哉！吾從周。」（《論語．八佾》）又曰：「殷因於夏禮，所損益可知也；周因於殷禮，所損益可知也。」（《論語．為政》）又曰：「夏禮吾能言之，杞不足徵也；殷禮吾能言之，宋不足徵也。文獻不足故也，足，則吾能言之矣。」（《論語．八佾》）顯然荀子法後王的思想，是繼承孔子「吾從周」而來。

至於法後王的積極理由，《荀子．非相篇》說：

> 欲觀聖王之跡，則於其粲然者矣，後王是也。彼後王者，天下之君也，舍後王而道上古，譬之是猶舍己之君而事人之君也。故曰：欲觀千歲，則數今日；欲知億萬，則審一二；欲知上世，則審周道；欲知周道，則審其人所貴君子。故曰：以近知遠，以一知萬，以微知明，此之謂也。

後王治國的禮法制度粲然明備，有跡可循，這是荀子主張法後王的理由。上古的禮法遺跡，猶保存在周禮之中，欲了解上古聖王的治跡，由周朝的禮法制度可以類推。因此他說「欲知上世，則審周道」。從荀子的思想來看，「禮」是貫串古今治道的樞紐，因此他提出「統類」的觀念，所謂統類，是指一切事類所依據的共理，也是禮法制度的最高原理原則。〈儒效篇〉中即以「志安公，行安修，知通統類」作為「大儒」的條件。〈不苟篇〉說：

> 君子位尊而志恭，心小而道大，所聽視者近，而所聞見者遠。是何邪？則操術然也。故千人萬人

之情，一人之情也，天地始者，今日是也；百王之道，後王是也。君子審後王之道，而論於百王之前，若端拜而議。推禮義之統，分是非之分，總天下之要，治海內之眾，若使一人。故操彌約而事彌大，五寸之矩，盡天下之方也。故君子不下室堂，而海內之情舉積此者，則操術然也。

此處所謂的「術」，就是指「禮義之統」。百王之道，一脈相承，必先掌握「禮義之統」，才有可能進一步掌握百王之道。君子若能深入考察後王禮法，便可從容不迫地論議歷代帝王的治道。從後王的禮法之中，推求統類，自能肆應無窮，輕易地治理四海之內的百姓了。

十、荀子之道德修養論

荀子以智心治性，禮是最重要的工具。禮又出於聖人之「偽」，因此荀子在道德修養上，另有特別的工夫在。具體來說，可分為養心和積學兩方面。

先說養心。荀子視心為「形之君，神明之主」，稱心為「天君」，深知心靈對行為的主宰作用，因此頗重視治氣養心之術。〈不苟篇〉說：

君子養心莫善於誠，致誠則無它事矣。惟仁之為守，惟義之為行。誠心守仁則形，形則神，神則能化矣。誠心行義則理，理則明，明則能變矣。變化代興，謂之天德。

荀子指出養心之道沒有比真誠更緊要，真誠致極，則專一其事。如何去進行呢？唯有守仁行義。君子誠心守仁，必能積於中而發於外，達到盡善挾治、遷化於善的境地。君子誠心行義，則行為必合乎事理；合乎事理，必能是非分明；是非分明，則能達到變化惡性的目的。君子若能守仁行義，能化能變，變化交替作用，則與天道之變化一般，因此稱之為天德（最高的德行）。此外〈脩身篇〉也有一段話，提示變化氣質、涵養心性的方法說：

> 治氣養心之術：血氣剛強，則柔之以調和；知慮漸深，則一之以易良；勇膽猛戾，則輔之以道順；齊給便利，則節之以動止；狹隘褊小，則廓之以廣大；卑溼重遲貪利，則抗之以高志；庸眾駑散，則劫之以師友；怠慢僄棄，則炤之以禍災；愚款端愨，則合之以禮樂。（通之以思索）凡治氣養心之術，莫徑由禮，莫要得師，莫神一好。夫是之謂治氣養心之術也。

荀子指出：對於血氣剛強的人，以調和之德柔化他；對於城府深沉的人，以坦率忠直來要求他；對於膽大暴戾的人，以道理輔導他；對於言行敏捷不慎的人，以徐緩的舉止來節制他；對於心胸狹隘的人，則以開闊的胸襟來擴張他；對於志量卑下、性情迂緩又貪求近利的人，則以遠大的志向來激發他；對於平庸駑劣又不知檢束的人，則以師友來改造他；對於自輕自棄的人，則以災禍曉喻他；對於愚誠忠厚的人，則以禮樂來調合他。總結而言：治氣養心之術，最速捷的途徑沒有比「隆禮義」、「重師法」、「貴專一」更快的了。從荀子提示的修養方法來看，荀子著重於損有餘、益不足，裁成約制，以歸於正的方法。

次說積學。由於荀子將一切的學問約之於禮，必須「有師法之化，禮義之道，始合於文理，再歸於治。」（〈性惡篇〉）因此，荀子極力強調「學不可以已」（〈勸學篇〉），認為「少而不學，長無能也。」（〈法行篇〉）然則，如何積學以成就德性，達到變化氣質的目的呢？

首先，荀子強調環境的薰習作用。〈勸學篇〉說：「蓬生麻中，不扶而直；白沙在涅，與之俱墨。」因此「君子居必擇鄉，游必就士，所以防邪僻而近中正也」。

其次，荀子強調鍥而不捨、專默精誠的學習方法。〈勸學篇〉說：「不積蹞步，無以至千里，不積小流，無以成江海。騏驥一躍，不能十步；駑馬十駕，功在不舍。鍥而舍之，朽木不斷，鍥而不舍，金石可鏤。」這是說學問是依靠一點一滴累積而成。累積學問，有賴鍥而不捨的工夫。〈勸學篇〉又說：「無冥冥之志者，無昭昭之明；無惛惛之事者，無赫赫之功。」這又說明了學問之積累，有賴於專心致志。

至於為學的程序、步驟如何？〈勸學篇〉說：「學惡乎始？惡乎終？曰：其數則始乎誦經，終乎讀禮；其義則始乎為士，終乎為聖人。真積力久則入，學至乎沒而後止也。故學數有終，若其義則不可須與離也。」可見荀子是以誦讀經書為初階、研究禮法為終極。主張以「聖人」為修養目標作終身的學習。他以《詩》、《書》、《禮》、《樂》、《春秋》作為學術研究的對象。希望藉「積學」以「成德」，達到內以自定、外以應物的境地。

最後，荀子又區分人格的等第為聖人、儒、士、君子、小人。聖人是「道之管」（〈儒效篇〉）、「道之極」（〈禮論篇〉）、是「備道全美者也」（〈正論篇〉）。儒又可分為大儒、雅儒、俗儒、賤儒、陋儒、散儒、腐儒。雅儒以下，品卑學劣，自不入流。士則分通士、公士、直士、愨士。荀子經常以君子小人作對比，而以「始乎為士，終乎為聖人」勉人，由此可知荀子人格區分的祈向了。

十一、荀子之學術批評

荀子之學術批評散見於《荀子》各篇，但是以〈非十二子篇〉綜合分析評論諸家學說，論點最明確，內容最豐富，成為中國哲學史極重要的文獻。荀子所非的十二子分別是：它囂、魏牟、陳仲、史鰌、墨翟、宋鈃、慎到、田駢、惠施、鄧析、子思、孟軻。前人曾對荀子所非究為「十二子」抑為「十子」有疑，原因是《韓詩外傳》作十子。韋政通〈荀子非十二子疏解〉（在《荀子與古代哲學》第二一九－二二五三頁）、王慶光〈荀子非十二子釋評〉（在《荀子與戰國思想研究》第十一－一二五頁）曾作詳細考察，仍以「荀子所非確為十二子」為是。以下即據前賢之作及相關資料簡述如次：

1. 評它囂、魏牟：

〈非十二子篇〉說：「縱情性，安恣睢，禽獸行，不足以合文通治；然而其持之有故，言之成理，足以欺惑愚眾：是它囂、魏牟也。」它囂生平不可考。魏牟指魏公子牟。其年輩同於公孫龍，後於莊周。是道家一派的學者。荀子抨擊二子放縱情性，恣意而行，卻中心泰然，一無愧悔，行為直與禽獸無異。其學不合禮文，不通治道，雖言之成理，卻能迷惑愚眾，不足為取。按〈性惡篇〉、〈儒效篇〉、〈解蔽篇〉都有近似言論，肯定都是抨擊此二子。李滌生《荀子集釋》說：「此可謂縱慾主義。」無怪乎荀子斥為禽獸之行。

2. 評陳仲、史鰌：

〈非十二子篇〉說：「忍情性，綦谿利跂，苟以分異人為高，不足以合大眾，明大分。然而其持之有故，其言之成理，足以欺惑愚眾：是陳仲、史鰌也。」荀子評二子強抑情性，不使抒發，志行深險違俗，以趨異自高，不能和合大眾，彰顯等級名分。雖言之成理，卻能迷惑愚眾，不足為取。〈儒效篇〉也對這種「忍情性然後能修」者斥為小儒。李滌生《荀子集釋》謂此為「苦行主義」，古籍對陳仲的記載大體與荀子所評相符，問題是史鰌即衛大夫史魚，《論語》載孔子讚美：「直哉！史魚。邦有道如矢，邦無道如矢。」是一個正直不苟的形象，似不若荀子所評之不堪。王慶光先生〈荀子非十二子斟釋及分評〉謂：「史鰌……較特異之行，先秦諸籍無載，《新序》始言史鰌見賢不肖錯置，乃『屍諫』衛靈公。」又謂：「故知荀子深嫉二子者，在其棄卿大夫之職守，行其絕世險隘之行徑，非單以『忍』即有過。」（前揭書第三八－三九頁）此說新穎可從。

3. 評墨翟、宋鈃：

〈非十二子篇〉說：「不知壹天下建國之權稱，上功用，大儉約，而僈差等，曾不足以容辨異，縣君臣；然而其持之有故，其言之成理，足以欺惑愚眾：是墨翟、宋鈃也。」荀子在此抨擊的是墨子及其門徒宋鈃不知齊一天下人心，以禮義為建國權衡，反而崇尚功利主義，過度倡行儉約，反對等級差別。不能分辨親疏貴賤，也無從區別君臣上下。除此之外，〈解蔽篇〉、〈天論篇〉、〈王霸篇〉、〈正論篇〉、〈禮論篇〉、〈富國篇〉都有一些和墨家針鋒相對的評論。墨家背周道而用夏政，非禮非樂、節用薄葬，自與主張「隆禮義之統」的荀子不能相容。因此荀子抨擊墨翟，最能切中墨家思想的缺陷。

4. 評慎到、田駢：

〈非十二子篇〉說：「尚法而無法，下（不）脩（循）而好作，上則取聽於上，下則取從於俗，終日言成文典，反紃察之，則倜然無所歸宿，不可以經國定分。然而其持之有故，其言之成理，足以欺惑愚眾：是慎到、田駢也。」荀子抨擊二者尚法而不知以禮為據，不循先王之道，而好作新法。企圖上取君主之信任，下得眾庶之服從。言論雖成文典，反覆按察，則見其疏遠百王禮法，無所歸宿，不能賴以經略國政，別異定分。按慎到、田駢俱為道家人物，而慎到同時亦為法家之祖。據《莊子‧天下篇》，慎到「棄知去己」、「舍是與非」、「塊不失道」均與莊子思想切合。《呂氏春秋》載田駢之言論，亦屬道家之義。慎到「棄知去己」，田駢「變化應求而皆有章，因性任物而莫不當。」（《呂氏春秋》）與荀子隆禮尚智的學術精神相對，故有此評。

5. 評惠施、鄧析：

〈非十二子篇〉說：「不法先王，不是禮義，而好治怪說，玩琦辭，甚察而不惠，辯而無用，多事而寡功，不可以為治綱紀；然而其持之有故，其言之成理，足以欺惑愚眾：是惠施、鄧析也。」荀子抨擊二者不以先王為法，不以禮義為是，喜研治怪誕之說，逞奇異之辭，雖析理甚精，而不切於實用；雖多費心力，而收效甚少，不可持為治國之綱紀。此外〈不苟篇〉尚有評論惠施、鄧析琦辭怪說之語，也認為「君子不貴，非禮義之中也」。按惠施、鄧析皆為名家之徒。其說完全違反荀子〈正名篇〉中所立之標準，充滿「用實以亂名」、「用名以亂實」及「用名以亂名」之混亂現象。而且這些怪說、琦辭皆違反先王，背逆禮義、徒驚世俗而擾亂人心，與荀子一貫主張相反，因有此評，只是惠施與鄧析所處時代不同，其論辯的名理亦異，荀子將兩人並列同譏，顯為論評失當之處。

6. 評子思、孟軻：

〈非十二子篇〉說：「略法先王而不知其統，然而猶材劇志大，聞見雜駁。案往舊造說，謂之五行，甚僻違而無類，幽隱而無說，閉約而無解。案飾其辭而祇敬之，曰：此真先君子之言也。子思唱之，孟軻和之。世俗之溝猶瞀儒，嚾嚾然不知其所非也，遂受而傳之，以為仲尼、子游為茲厚於後世：是則子思、孟軻之罪也。」荀子謂子思、孟軻，雖法先王之禮義，但疏略而不知禮義之統。逞才好辯，聞見駁雜。據舊說而造出五行理論，極其僻邪而無條貫，極其幽隱而說不出令人信服之道理，極晦澀而不可理解。卻文飾其辭，推崇地說：這真正是孔子的遺說。子思倡之在先，孟軻附和於後，世間的愚瞀俗儒，歡然接受，不察其非，遂受而傳之。且以為：孔子、子游之道正是因為子思、孟子有此學說才見重於世，豈知實為子思、孟子的罪過。

按本條評論因牽涉「五行說」之起源問題，引起學者的研究興趣；前輩學者章炳麟、梁啟超、劉節、譚戒甫，都有考證，莫衷一是。龍宇純先生〈荀卿非思孟五行說楊注疏證〉（《荀子論集》第八七－一〇五頁）考之最精。略謂：五行五常二說其初本獨立發生，各有其範疇，五行為陰陽家言，而五常為儒家所道。後因五行說範疇漸次推廣，至於無不可攝。漢鄭玄深受薰染，遂用以箋釋《中庸》、《詩經》諸經，唐楊倞承鄭氏之箋注，遂有「五行，五常：仁義禮智信是也」之注。其實《臺州本荀子》載唐仲友淳熙八年所為序說：「子思作《中庸》，孟子述之，道性善。至卿以為人性惡，故非子思孟軻。」（《荀子論集》第一〇三頁引）可謂道出荀子非議子思、孟軻真正的動機來，實宜詳參。

綜觀《荀子・非十二子篇》之批評重點，大致集中於十二位思想家「人格類型」、「言論形式」、「制度主張」三方面，荀子以自身的學說批判這些思想家，其執持的標準仍是一「足以完成治道的禮義之統」

（見韋政通〈荀子非十二子疏解〉，在《荀子與古代哲學》第二五一頁。）由於荀子一律用「禮義之統」加以認知和衡斷，自不免有主觀限制和認知不切的缺陷，此為研讀〈非十二子篇〉所不能不知者。

十二、研究荀子的可行途徑

欲研究荀子，應先了解過去研究概況。前賢梁啟超、韋政通、鮑國順都有專文專章或論著附錄提示初學者研究荀子之方向。截至目前，國人對荀子的研究可以粗分為：(1)《荀子》箋注；(2)考證整理；(3)學說研究三大項，茲綜述如次，並提出若干可行的研究途徑。

在《荀子》箋注方面，唐楊倞作《荀子注》首開箋注的研究領域，至清代已有十分可觀的成果。清人對《荀子》一書的訓釋，以王先謙《荀子集釋》最重要。民國以後梁啟雄《荀子柬釋》、李滌生《荀子集釋》、楊柳橋《荀子詁釋》、大陸學者集體合作的《荀子新注》，雖已大體吸收清人及民國以來的詁訓成果，但仍不免有遺珠之憾。又如阮廷卓《荀子斠證》、劉文起《荀子正補》、饒彬《荀子疑義輯釋》，再如龍宇純先生〈荀子集解補正〉、〈讀荀卿子札記〉、〈讀荀卿子三記〉等亦然。因此，一部符合當代學術詮釋規範，又嚴謹客觀的《荀子》新校釋本，仍是值得期待的。這一部新校釋本最好能收集海內外學者之成果與結論，並通過前人之成果作進一步的理解。最好採用現代人之思想與語言重新訓釋字辭，並以疏解方式推闡荀子思想觀念至一可能的限度。如此，必能增益讀者之理解，並進一步作思想性的創造。

在荀子的考證與《荀子》的整理方面，清人原已做得很多，加上《古史辨》中已收錄民國以來游國恩、梁啟超、錢穆、羅根澤、張西堂、楊筠如等前輩學者的考證專文，又另有蔣伯潛、王叔珉、龍宇純諸先生的專書專文，做了進一步的考證；因此，關於荀子的外緣問題、生平資料實在已獲得相當深入的察考，除非另有新資料出土，否則已無太多後學置喙的餘地。至於《荀子》一書的整理，已有嚴靈峯先生《無求備齋荀子集成》之編纂，嘉惠後學不淺。在工具書方面，又有哈佛燕京學社一九五〇年據王先謙《荀子集解》逐字或詞為標目編成的《荀子引得》，也極富價值。今後在《荀子》資料的整理，似可朝向《荀子》研究論著索引的編製與《荀子》研究資料的纂輯方面去進行。若能囊括古今，包攬海內外的研究資料，必為極大的貢獻。

至於荀子學說之研究方面，先後有陳大齊《荀子學說》、牟宗三《荀學大略》、周紹賢《荀子要義》、韋政通《荀子與古代哲學》、吳康《孔孟荀哲學》、熊公哲《荀卿學案》、蔡仁厚《孔孟荀哲學》、魏元珪《荀子哲學思想研究》等大著，在荀子思想的詮釋與荀學系統的建立方面，實已有相當豐碩的業績。以上諸作，也成為研究荀子的必備參考書。但是，時代日新，所面臨的思想課題也愈不同，荀子思想仍應一再地被詮釋，荀學系統仍有必要一再地建立。運用一切可能的解釋工具，自多學科的詮衡角度，去建構一套新的荀子哲學，必然是今後研究荀子的主要祈向。

此外，針對荀子的人性論、知識論、禮學、政治學說作精密的專題研究，或者從事荀子與各家思想之比較研究（如：荀墨比較、荀韓比較、荀子與朱子比較等等），或從事哲學史的考察，去發掘荀學在歷代的沉浮情形，找尋新的荀子思想資料，都為極有意義的研究方向，目前也陸續有學者正在進行，凡此都是今後研究荀子的可行途徑。

十三、重要參考書目

㈠箋注考證類

⑴《荀子注》　唐楊倞注　宋熙寧元年刊本　中華書局四部備要本　商務印書館四部叢刊景印古逸叢書本

⑵《荀子箋釋》　清謝墉撰　清乾隆五十五年抱經堂叢書本　中華書局四部備要本　商務印書館叢書集成本

⑶《荀子補註》　清郝懿行撰　清嘉慶間刊齊魯先喆遺書本

⑷《荀子補註》　清劉台拱撰　清嘉慶十一年揚州阮常生刊劉端臨先生遺書

⑸《荀子雜志》　清王念孫撰　清道光十二年原刊《讀書雜誌》本　民國十三年掃葉山房石印本

⑹《荀子集解》　清王先謙撰　清光緒十七年長沙思賢講舍刊本　成文出版社《無求備齋荀子集成》影印本　商務印書館萬有文庫本　藝文印書館影印本　另有新文豐圖書公司及蘭臺書局之《漢文大系》本

⑺《荀子札迻》　清孫詒讓撰　清光緒二十年札迻原刊本

⑻《荀卿子通論》　清汪中撰　清道光間家刊本　另附於《荀子集解》內

⑼《荀子點勘》　清吳汝綸撰　清宣統元年衍星社原刊本

(10)《荀子平議》　清俞樾撰　清光緒二十五年重刊春在堂叢書本　民國十一年念劬堂原刊《諸子平議》本

(11)《荀子補釋》、《荀子斠補》、《荀子詞例釋要》　民國劉師培撰　民國二十五年寧武南氏校刊劉申叔遺書本　藝文印書館本　華世出版社本

(12)《雙劍誃荀子新證》　民國于省吾撰　民國二十六年排印本　藝文印書館本　樂天出版社本

(13)《荀子新箋》　民國高亨撰　民國五十年商務印書館刊本

(14)《荀子柬釋》　民國梁啟雄撰　民國六十三年臺灣河洛圖書出版社景印本　民國六十六年世界書局改名《荀子約注》本

(15)《荀子集釋》　民國李滌生撰　民國六十八年臺灣學生書局出版

(16)《荀子正補》　劉文起撰　國立臺灣師範大學六十九年博士論文

(17)《荀子新注》　北京大學哲學系《荀子》整理小組撰　民國七十二年里仁出版社出版

(18)《荀子增注》　日本久保愛撰　日本寬政八年（西元一七九六年）京師冰玉堂刊本　成文出版社《無求備齋荀子集成》景印本

(19)《校定荀子箋釋》　日本朝川鼎撰　日本寬政十三年（西元一八〇一年）江戶和泉屋刊本

(20)《荀子增註補遺》　日本豬飼彥博撰　日本寬政十三年（西元一八〇一年）京師冰玉堂刊本　成文出版社《無求備齋荀子集成》景印本

(21)《新譯荀子讀本》　王忠林撰　民國六十一年三民書局排印本

(22)《荀子今註今譯》　熊公哲撰　民國六十四年商務印書館排印本

(23)《荀子詁釋》　楊柳橋撰　民國七十六年仰哲出版社影印本

(24)〈荀子集解補正〉、〈讀荀子札記〉、〈讀荀卿子三記〉　龍宇純撰　在民國七十六年臺灣學生書局版《荀子論集》內

(25)《荀子假借字譜》　張亨撰　民國五十二年臺灣大學《文史叢刊》

(26)《古史辨》　第四冊《諸子叢考》　出版者不詳

(27)《古史辨》　第六冊《諸子叢考續編》　出版者不詳

(28)《諸子通考》　蔣伯潛撰　民國三十七年初版正中書局排印本

(29)《先秦諸子繫年》　錢穆撰　一九五六年香港大學出版社排印本

(30)《無求備齋荀子集成》　嚴靈峯編纂　成文出版社出版

(31)《荀子引得》　哈佛燕京學社民國三十九年排印本

(32)《六十年來之荀子學》　程發軔撰　正中書局出版

(33)《荀子疑義輯釋》　饒彬撰　民國六十六年蘭臺書局排印本

(34)《新譯荀子讀本》　王忠林注譯　一九七八年三民書局排印本

(二)學說研究類：

(1)《荀子學說》　胡韞玉撰　民國十三年國學研究社排印本　民國六十六年成文出版社《無求備齋

荀子集成》影印本

(2)《荀子學說研究》　楊大膺撰　民國二十五年中華書局排印本

(3)《荀子研究》　楊筠如撰　民國三十年商務印書館國學小叢書本　五十五年人人文庫本

(4)《荀子哲學綱要》　劉子靜撰　民國五十八年商務印書館人人文庫本

(5)《荀卿學案》　熊公哲撰　民國五十六年商務印書館人人文庫本

(6)《荀子學說》　陳大齊撰　民國四十三年中華文化出版委員會出版　民國六十年華岡出版有限公司再版本

(7)《荀學大略》　牟宗三撰　民國四十三年中央文物供應社排印本　民國六十八年臺灣學生書局收入《名家與荀子》之中

(8)《荀子要義》　周紹賢撰　民國六十六年中華書局排印本

(9)《荀子與古代哲學》　韋政通撰　民國五十五年商務印書館人人文庫本

(10)《孔孟荀哲學》　吳康撰　臺灣商務印書館排印本

(11)《孔孟荀哲學》　蔡仁厚撰　民國七十三年臺灣學生書局排印本

(12)《荀子學說析論》　鮑國順撰　民國七十一年華正書局排印本

(13)《人性的批判：荀子》　陳修武撰　民國七十二年時報文化出版事業公司排印本

(14)《荀子哲學思想研究》　魏元珪撰　民國七十二年東海大學出版社排印本

(15)《荀子通論》　嵇哲撰　民國四十九年友聯出版社

(16)《荀卿學述》　韋日春撰　民國六十二年蘭臺書局排印本
(17)《荀子論集》　龍宇純撰　民國七十六年臺灣學生書局排印本
(18)《荀子禮學之研究》　陳飛龍撰　民國六十八年文史哲出版社排印本
(19)《荀子與戰國思想研究》　王慶光撰　民國七十七年大同資訊圖書出版社排印本
(20)《荀子成聖成治思想研究》　劉文起撰　民國七十四年復文書局排印本

韓非子

張素貞

一、其人其書

(一)《韓非子》原稱「韓子」

《韓非子》是先秦法家集大成的作品，也是我國政治學方面的重要典籍。在這之前，固然早已有法家思想的發展，史上明顯具有政績的管仲（?—西元前六四五年）、申不害（?—西元前三三七年）、商鞅（?—西元前三三八年），以及任勢派的慎到（?—西元前二七五年），都是法家先驅，是《韓非子》中稱揚的前輩，但是《管子》公認後學偽託，《申子》散佚，《商君書》不盡可信，《慎子》只有零散的篇目。真正能夠提供政治理論，讓我們了解戰國晚期的帝王政治理想，並且藉以比較歷代施政得失的，還是《韓非子》。

《韓非子》原稱「韓子」，作者韓非（西元前二八〇—二三三年），本來是韓國的公子，以國姓為姓，「韓子」既是人名，也是書名。《漢書．藝文志》法家類著錄《韓子》五十五篇，現存的也是五十五篇。

宋代以後，由於士子崇拜韓愈，尊之為「韓子」，而韓非之書，為避免混淆，便有稱為「韓非子」的，宋代晁公武《郡齋讀書志》、清代張之洞《書目答問》、梁啟超《要籍解題及其讀法》便是；有的則仍沿用「韓子」，如清代《四庫全書》總目及簡目即是。民國以後，大致都通稱「韓非子」，作者也通稱「韓非子」。

現存《韓非子》五十五篇，和《漢書・藝文志》著錄的篇目相合，我們無法證明是否完全是韓非子原作。根據紀曉嵐《四庫全書總目提要》的看法，大約是韓非所寫，最初是各自成篇，後來弟子們才收集編排成書。這推論是近情理的。和先秦大部分的典籍一樣，書中也有一些後人摻雜的痕跡，例如〈初見秦〉、〈存韓〉兩篇，可能是羼入了秦室檔案，不僅和《戰國策》雷同，並且嚴重影響後人對韓非子操守的批判。事實上，《韓非子》的可靠性，遠比其他典籍來得大，因為它較為晚出，又是秦始皇（西元前二五九－二一〇年）所推尊的法家。

《史記・老子韓非列傳》提及韓非子寫了「〈孤憤〉、〈五蠹〉、〈內外儲〉、〈說林〉、〈說難〉十餘萬言」，這幾篇該是司馬遷認為最可信的重要作品。這些篇目也確實各具意義，足以映現韓非子的思想。如果以這些篇目做為重心，標列《韓非子》思想的梗概，再據以審核比較其他篇目，如：〈顯學〉、〈定法〉、〈難勢〉、〈問辯〉、〈六反〉、〈詭使〉、〈亡徵〉、〈南面〉、〈八經〉、〈八說〉、〈備內〉、〈姦劫弒臣〉、〈難一〉、〈難二〉、〈難三〉、〈難四〉等篇，都與重要篇目思想一致，也是可信的作品。另外有些篇目，可能有少許不妥之處，卻仍然不離韓非子立說本旨的，如〈二柄〉用「刑德」來稱賞罰，或許是沿襲春秋成習；〈忠孝〉稱民為「黔首」，可能是後人羼亂。又如：〈主道〉、〈揚搉〉二篇發揮道家無為之說，來建立法家為君之道，它的形式卻是用韻；〈解老〉闡釋《老子》之道，有不少精湛的闡發，卻也流露一些法家的見解；〈喻老〉大抵以法家的觀點設喻，兼顧《老子》之意，也往往超越道家的範疇；這些都說明了韓非子有取於道家，而又獨具風貌。參閱幾家校釋文字，當面對書中偶見的紛歧現象時，必須以澄明的思慮、冷靜客觀的析判，才能直探《韓非子》學說的本旨。

(二)時代背景

韓非子出身韓國的公族，雖是公子，和韓王的關係卻極疏遠。他患有口吃的毛病，懷才不遇，文章寫得非常好。他的時代，正是戰國晚期，諸侯競強圖霸，勢如水火。秦國自孝公之後，六代施行法家之政，國富兵強，虎視眈眈，急欲併吞天下。韓國多山，略有今河南西北部、陝西東部，地多貧瘠，民生疾苦，又介於大國之間，西有秦，南有楚，東有齊，北有趙、魏，在七雄之中，最為弱小。因為地接強秦，飽受威脅，秦向六國發動攻勢，韓國首先受侵害；六國向秦國施行攻擊，韓國又須作先驅，免不了冒險犯難。而在內政來說，積弊已深，韓王闇弱，權貴當道，內憂外患，隨時有滅亡之虞。

基於個人的血緣關係，他對於韓國政情的關切，遠超過遨遊列國、藉機求合於諸侯的願望。他關顧現實，面對問題，研擬具體方案。屢次上書韓王，提出許多救亡圖存的良策，可惜被懷藏私心的權貴大臣阻撓，沒能施展抱負。他憤慨國君不能修明法制，任勢用術，力求富強；不能選用切實幹練的法術之士，反而舉用一些浮淫害國之人，又感傷自己忠貞、正直，卻不被重視，於是發憤著書，寫成了十幾萬字的《韓非子》。韓國的政治環境，以及韓非子孤直不得志的狀況，可以從〈孤憤〉篇看出一些梗概。

據說秦始皇見過〈孤憤〉、〈五蠹〉兩篇文章後大為嘆服，恨不能見見作者本人。李斯（西元前？—

二〇八年）告訴他，是自己的同學韓非寫的。秦王為了得到韓非，發兵攻韓，在緊迫情況下，韓非臨危受命，出使秦國。秦王很高興見了他，卻並不信任他，李斯和姚賈趁機毀謗韓非「終為韓，不為秦」（《史記・老子韓非列傳》），於是，他被關在雲陽宮。李斯向來自覺趕不上韓非，此刻怕秦王錄用韓非，影響自己的前途，便派人逼他服毒；等秦王再度想起他，想赦免他的時候，韓非已命喪九泉。根據《史記》中〈始皇本紀〉、〈韓世家〉、〈六國年表〉的記載，韓非子是在始皇十三年（西元前二三四年）使秦，次年，即始皇十四年（西元前二三三年）死於秦。他和韓國宗室的關係，既有血緣，卻又疏遠，唯一能為國效命的機會，便是出使秦國，可惜壯志未伸，一整套政治理論未能實際試用。

陳啟天〈韓非及其政治學〉贊成錢穆《先秦諸子繫年考辨》之說，推定韓非子約生於西元前二八〇年；陳奇猷〈韓非生卒年考〉的推定卻早了約十八年，但論據並不充足，姑且存錄，作為參考。韓非子死後三年，韓國被滅亡；死後十二年，秦始皇統一了天下。李斯執政，所用的方策，大抵和韓非子的主張相合。後人往往把秦國的速亡，歸咎於法家學說的缺陷；其實韓非子志在救亡圖存，他提出的理論，究竟有價值與否，應該從它是否切合當代政治需要來衡定；而秦始皇、李斯、胡亥等人執行上的偏差，也不能不作客觀的考量。事實是，每當國家危疑弱亂之時，總是有賴政治家運用《韓非子》學說以求獨立自強，因為它關顧現實的特質，確實掌握了施政原則，有它不可磨滅的貢獻。

二、學術淵源

《史記・商君列傳》記述商鞅入秦遊說秦孝公的歷程，由帝道而王道，而霸道、強國之術。因為孝公急欲「及其身顯名天下」，於是強國之術最投合他的心意。這樣的政治理想層次逐項遞衍，也許可以用來比照法家思想從儒、道兩家轉化而出的現象；韓非子從學於荀卿，深受道家思想影響，卻是以法家姿態展現，也就不難理解。

(一)儒家

韓非與李斯同是出自荀卿（西元前三四〇—二四五年）門下，一代大儒的兩個弟子，一個是法家學說的集大成者，一個是秦始皇的卿相，追究因由，不外時勢使然。由於時代遽變，過去儒者強調的、用以維繫宗法社會的道德禮義，已逐漸失去效用，改革派所強調的、客觀而平等的「法」成為安定社會的準繩。儒家的終極關懷，固然有高遠的境界，韓非子認為過於「寬緩」，不合「急世」之需（〈五蠹〉）。在荀子的學說裏，已受時代潮流的影響，融合了不少法家思想，而他的弟子們，為求應合戰國晚期的激烈競爭，便進一步以十足法家的姿態出現。一般學者把荀子視為儒、法過渡的橋樑性人物，若比較荀、韓的學術思想，倒也可以見出明顯的師法關係。

荀子言性惡，相信人類本能的欲念，可以透過澄明的正知，憑藉禮義的教化，導引為善。他所謂的「性」，其實只是本能之欲，他肯定教化之功。韓非子談人性自利，認為各為己謀，趨利避害。他相信因應人情，制定賞罰，以收獎勵和嚇阻之功，似乎不敢期望能「化性」，卻和荀子一樣對人性存有疑慮。荀子主張法後王，是對法先王的修正，表現改革精神，韓非子則進一步主張歷史演化，該以當代聖王做尊奉目標，因應制宜。荀子以禮為最高標的，韓非子則以法為治國最高準繩；荀子不信天命，主張天生人成，韓非子也主張棄龜明法（〈飾邪〉）。而荀子屢以法度與禮義並論，又有重刑罰和尚功用的主張，這些都給予韓非子重要的啟示。話雖如此，荀子認為「有治人，無治法」（〈君道〉），還是儒家本位，荀、韓學說的相似，全在於法家成分。綜觀《韓非子》，除了〈解老〉幾個段落，係注疏性質，闡發儒家學說以外，儘管不排除帝王之政的長遠理想，卻大多對儒學採取抨擊的態度，這是兩家旨趣不同的緣故。

㈡道家

司馬遷作《史記》，把道家的老子、莊子和法家的申不害、韓非同篇立傳，說韓非「喜刑名法術之學，而其歸本於黃老。」如此說來，韓非子與道家的關係應該相當密切。但值得留意的是，除了〈解老〉一些闡釋道家哲理的文字以外，韓非子雖然有取於道家，終究歸趣卻大不相同。在《韓非子》中，每每可以看出設論出發點是道家詞語，最後作用及結果又相去懸遠。諸如道家力倡「無為」，是崇尚自然的放任、不干涉，韓非子卻一如申不害，拿它作高明的控制手段，「執一以靜」（〈揚搉〉），督責成效，效果是：「明君無為於上，群臣竦懼乎下。」（〈主道〉）道家摒棄賢智巧慧，是要使民不爭，復歸於樸，韓非子卻和慎到一樣，藉智巧的否定，推出尚法任勢的主張。〈解老〉時而流露相當強烈的法度觀念和功利觀點，〈喻老〉大談權謀，議論與援引的《老子》詞語不盡相符，甚而是截然相異。足見韓非子有取於道家，仍不放棄個人主觀的融會，重在發揮法家學說，以應世急。

㈢法家

《韓非子》挹注不少諸家理論，仍以法家思想為歸趣。推展實力，競富圖強，是法家學說取合諸侯的動人目標。管仲興漁鹽之利，李悝（西元前四五五—三九五年）盡地力之教與實施「平糴」法，吳起（西元前四四〇—三八一年）的「強兵」及裁汰冗員、抑制貴臣（《史記・孫子吳起列傳》）的主張，都以實際的政略為《韓非子》提供有力的論證。子產（？—西元前五二二年）鑄刑鼎，李悝撰《法經》，對於《韓非子》成文公布之法確有先導作用。而在理論方面，商鞅尚法，主張信賞必罰，用法作為強國利民的工具；申不害尚術，主張循名責實，以方術控御群臣；慎到尚勢，主張秉權立威，尊君卑臣，令行禁止。《韓非子》總集法家大成，在〈定法〉篇中補足商鞅之法及申不害之術的不足；在〈難勢〉篇裏拈出「人為之勢」，彌縫慎子威勢理論。可見《韓非子》乃採擷前輩法家理論的精華，主張法、術並重，勢、利兼顧，尊君貴法，以帝王政治理想為依歸，構成完密的思想體系。

㈣墨家、名家

韓非子於先秦諸子中，最為晚出，身處紛爭擾攘之世，胸懷為祖國脫困的心思，亟欲振衰起敝，救亡圖存，因而詳察當代政局，悉心綜會各家學說，研擬具體應世的方針。因此，除了儒、道兩家學說的轉化，法家思想的承襲改進，對於其他諸家，也有融會抯取之處。譬如：〈顯學〉、〈五蠹〉雖力斥墨家之流的俠者「以武犯禁」，〈問辯〉抨擊墨學「以難知為察」；但墨家論法的概念，大倡功利、實用的觀點，都和《韓非子》的立論一致。而「尚同」主張取法於天子，又與《韓非子》尊君貴法相通；墨家並主張廣設耳目，使民取法乎上，無所隱瞞，與《韓非子》察姦、謁過的看法相貫。此外，墨家倡行「兼愛」，打破貴賤親疏之別，對法家「法律之前，人人平等」的思想，多少有啟引作用。墨家鑑於人性自利，乃亂之由，因而主張「兼相愛，交相利」（〈兼愛中〉），此與《韓非子》自利人性觀所見略似，只是韓非子不談愛，只談法罷了。

至於以邏輯論理見長的名家，講究名實之辨，韓非子言術，重循名責實，為文長於論理，不無受名家影響。

三、思想基礎

任何學說能具備完整體系，必定有它立論的基本觀點，《韓非子》體大思精，它立論的基礎，則是相信人性自利自為，非嚴刑重賞不能維持安定，獎勵生產，競富圖強；確信歷史演化，政治措施必須因應制宜；確信當代政局，仁義德禮不足奏功，惟有充實實力，才能安定富強。

㈠自利人性觀

先秦諸子有關人性最具體的說法，是孟子（西元前三九〇—三〇五年）的性善說與荀子的性惡說。孟子道性善，卻不否認人有陷溺的可能，因而提醒人要不斷提高自覺，「求其放心」（〈告子上〉）；荀子言性惡，認為耳目之欲不能縱恣，必須用禮義制約，「積善而不息」（〈性惡篇〉）。兩家都強調教化，勸人修為，孟子說：「人皆可以為堯舜」（〈告子下〉），荀子說：「塗之人可以為禹」（〈性惡篇〉），立意雖各有所重，異中又有相同之處。墨子（西元前四八〇—三九〇年）闡揚兼愛，推究人類社會之所以紛爭不寧，是由於人人自利。韓非子的人性觀，似乎和墨子很近似，又多少和荀子的性惡有些因緣，不過，他直接剖析人性自利自為，認為政治家不能不正視事實，考量各種因應措施時，必須顧慮人性種種複雜層面，他的重點放在如何研擬規範性的制約，而不像荀子一樣著力於禮義教化。

韓非子並不否認人有善性，只是認為當代環境已不如古代淳樸，爭奪紛競之下，天生自利的劣根性顯露無遺，能自省自律、知足知止的人少之又少。而法家的政論，一直針對大眾，講求普遍而必然的效果，因此不敢冀望人人皆能向善，便由人性自利來立說，擬就周密穩妥的方策。依照荀子的看法，人群爭奪殘賊，在所難免，必須提倡禮義來維繫社會秩序，陶冶人心，使之向善；韓非子則認為，人自利圖己，仁義德禮都不足杜防人們為惡，只有嚴施賞罰，任勢用術，才能統御臣民。

他認為人性自利，只要利之所在，往往甘冒危險，不辭勞苦去做。因此人或有善舉，並不是品德高超；人偶有惡念，也不是罪孽深重，實在是利害攸關，有的是職業需要，不得不如此。〈備內〉云：「輿人成輿，則欲人之富貴；匠人成棺，則欲人之夭死也。非輿人仁而匠人賊也。」君臣之間，因為利害相異，彼此蓄計，各為己謀，各取所需；父子之間，雖有骨肉之親，也難免各存私心，權衡利害，各圖私便；夫妻之間，雖然親暱，也是以利害相窺伺，各作打算。基於他對戰國末葉人性頹敗現象的觀察，便苦心思索一套方術，企望在公法範圍之內，能兼顧眾人的自利心理，由自利到互惠，使各遂其意。譬如僱傭工耕耘，主人給付高薪，傭工賣力工作，主客兩利（〈外儲說左上〉）；又譬如君主為霸王而勤政，臣僚為富貴而效命，結果是君臣兩利（〈六反〉）。

㈡演化歷史觀

法家是主張因應制宜的改革派。遠在春秋時代，儒、道兩家都是崇古而非今，都認為古代種種比現時理想，主張效法古人。儒家稱引先王，「祖述堯、舜，憲章文、武」（《中庸》），力倡恢復固有的禮制；道家講求無為，主張「道法自然」（《老子》二十五章），冀望回歸太初的淳樸。法家不同，相信歷史演化，種種現象必然改變，主張順應時勢，制定因應的新制度。戰國以還，時局動盪，封建制度業已崩潰，原本維繫社會秩序的「禮」，隨著宗法制度的頹壞而失去效能，法家由「禮」離析出來的「法」，便因客觀性而被凸顯重視，提出依據客觀環境而改革的主張，成了時代的風潮。即如儒家的荀子，也傾向實用，以法度與禮義並論；慎到更成為由道家轉入法家的過渡性人物，他們對韓非子都有影響。商鞅說：「治世不一道，便國不必法古。」（《商君書・更法》）韓非子說：「世異則事異，事異則備變。」（〈五蠹〉）權衡時勢，因應制宜，朝著富強的目標邁進，切合時代的需要，確實具有急效。正因為主張因應制宜，所以韓非子反對法古，無論孟子法先王也好，荀子法後王也好，他認為都不能解決當代問題。他反對循古守舊，認為簡直是「守株待兔」（〈五蠹〉），進而抨擊儒者的仁義不切實際，不如法家的法、勢；甚至從實證的觀點，由根本上否定儒學，指斥為「愚誣之學」（〈顯學〉）。由演化的歷史觀，韓非子宣揚法家學說是順應時勢的最佳方案，而法度賞罰則是治國御民的不二法門。

㈢務力的國家觀

法家在當代提出的治國方案，正好順應貴族分治轉趨於君主集權的大勢，韓非子的帝王政治理想，抱持國家主義，如何謀求安定，富強是基本要求，這也是晚周列國諸侯的共同國策，事實上也是古今中外治國的永久目標。由於人性自利，時代遽變，國與國之間各自為謀，一切以利害為基準，轉相侵奪，絕無道義可言。韓非子說：「上古競於道德，中世逐於智謀，當今爭於氣力。」(〈五蠹〉)又說：「力多則人朝，力寡則朝於人，故明君務力。」(〈顯學〉)既然是「處多事之時，……當大爭之世」(〈八說〉)，為了順應時勢，小而謀求自保，致力富強，大而求能爭霸諸侯，非充實實力不可。

實力的充實，一則是鼓勵農耕生產，以求致富；一則是獎勵戰陣之勇，以求致強。讓人民自力更生，「以力得富，以事致貴。」(〈六反〉)亦即實行重農主義、軍國主義。

既談充實實力，相對的，仁義之道也許適用於古代，並不適用於當時；揖讓、辯智也許曾經發揮過作用，並不能在當代解決紛爭。因此「(徐)偃王仁義而徐亡，子貢辯智而魯削。」(〈五蠹〉)為政者要想抵抗外侮，保全獨立，除了講求實力的充實，別無他途。

既然講求充實實力，一切都要講究功用，舉凡聽言、觀行，國君都得以實用的標準來衡量。既以實力謀求富強，便得尊重勤耕力戰之士。「儒以文亂法，俠以武犯禁」(〈五蠹〉)，韓非子認為儒、俠都妨礙法治，不切實用，又影響耕戰富強政策的推展，因而都在排斥之列。他持著狹窄的功用觀點，以充實實力的短程目標為考量標準，於是道家的「貴生」一派，縱橫家的策士，名家的辯智之士，活賊匿姦的所謂「義士」，以及儒、俠，都歸納為「姦偽無益之民」(〈六反〉)，其中固然有政治考慮的因素，但連學術人文也一概予以否定，不免狹隘，熊十力先生批評為「耕戰一孔政策」(《韓非子評論》)，是有道理的。

四、政治思想

(一)任勢

《韓非子》最為後人稱揚的是法治思想。不過，以整個思想體系看來，韓非子主張帝王政治，亦即君主集權，任勢是行法用術的先決條件，似乎重要性遠過於法、術。韓非子的任勢主張，與西方所謂的「權力政治」意義相似。他主張國君要有崇高的地位和至尊的威嚴，以及最大的權力。《韓非子》中有時說勢位，有時說威勢，有時說勢重，都是指統治權或主權而言。由於人性自利，必任勢才能統御大眾；時代演變，必任勢才能應世制宜；國際之間以實力相較量，必任勢才能自立自強。國君對內以權力要求統一安定，才能突破貴族分治的弱亂，而集中一切力量，在安定之中求繁榮、求發展，充實實力，奠定王霸的根基。

1. 君擅權勢

《韓非子・喻老》設喻解說《老子》三十六章「魚不可脫於淵，國之利器，不可以示人」，認為魚要依賴深淵才能活存，國君要仗恃權勢才能持盈保泰，直截把「勢」之於君，比喻為「淵」之於魚，是活存的必備條件。國君務必要自己掌握權勢，如果權勢借給臣下，國君失勢，就有身死國亡之虞。〈內儲說下〉云：「權勢不可以借人，上失其一，下以為百。」〈二柄〉提及田常奪取賞權而齊簡公被弒，子罕奪取罰權而宋君被劫；〈喻老〉和〈孤憤〉都以田氏奪權及六卿專政，反覆致意，強調君主要專擅權勢。

韓非子的君主政治理想，是以國君代表國家，具無上的威嚴，擁有最高的權力。勢是國家的統治權，必須具備無所不禁的絕對強制性，尊君卑臣，令行禁止。這個統治權由君主親自掌握，絕不輕易假手他人。因為：人臣對於國君，並沒有骨肉親屬關係，只是「縛於勢而不得不事也」（〈備內〉），而老百姓的本性是「服於勢，寡能懷於義」（〈五蠹〉）。「勢」可說是國君治國安民最有力的憑藉；有勢，國君才有威權，地位才能鞏固，一切理想政治也才不致落空。

〈心度〉云：「主之所以尊者，權也。……明君操權而上重。」國君正因為有權勢，才受尊重，身居上位，也因為掌握權勢，地位才尊貴。君主不僅不能把權勢交託給臣下，連和官吏共用賞罰也不成，〈外儲說右下〉云：「賞罰共，則禁令不行。」當然，如果是君主授權，任派官職，責成功效，那又另當別論了。

2. 賢不如勢

《韓非子・難勢》是純粹討論威勢統治的論文，辯論焦點在於賢者政治與威勢統治孰優孰劣，而歸結出儒者的任賢說遠不如法家的任勢說周全合用。文中先援引慎到的任勢理論，重點在「恃勢不慕賢」；再假設儒者批駁慎到的理論，重點在「賢者任勢」；最末韓非子補足慎到的任勢說，提出「人為之勢」，駁議儒者的「賢者任勢」之說矛盾難行。慎到由道家轉入法家，主張尚法不尚智，恃勢不慕賢，他把道家的唯物觀運用為君主統治理論。他是法家任勢派的代表，但是他所講的勢，仍只是天生自然而然的勢位傳襲，對於它可能有的弊病，諸如暴君殘民逞欲，便沒有應付的良策。「桀為天子，能亂天下」，也招致儒者有力的抨擊。儒者的議論並不曾把「賢」與「勢」看做對立排斥，不否認任勢的必要，只是強調有條件的任勢，要由賢者來用勢。這「賢者任勢」是儒家人治德化的基本條件，所以〈難勢〉的辯論牽涉到法家法治主義與儒家人治主義的立論根據。韓非子揭示「人為之勢」——也就是整套治術，認為有了這套治術，國君賢或不賢都不成問題。他駁斥「賢者任勢」的主張，以為賢君可遇不可求，待賢不濟急，不如讓中等資材的君主「抱法處勢」，去治理國家。

值得注意的是，《韓非子》的論辯固然有部分歪曲儒者的用意，但「人為之勢」的設想，先籌劃好規模，利用既有的條件，憑藉完善的制度，達成不遜於優等條件的好效果，這種構意流露了法家面對現實去研擬解決方策的務實精神，非常難得。其次，「抱法處勢」強調任勢不能脫離法治，顯現君主集權並非漫無節制。又，議論中，以為完善的法制足以替代賢德，「畫道德於政治領域之外」（見蕭公權《中國政治思想史》），就純政治理論的建立來說，是一大貢獻。

3. 賞罰固勢

《韓非子・二柄》起首就說：「明主之所道制其臣者，二柄而已矣。二柄者，刑德也。」刑是罰，德是賞，賞罰是君主用來控制臣僚的兩大權柄。所謂國君有權勢，事實上就是指國君能掌握賞罰，專擅威利，使臣民畏誅罰而利慶賞。國君擁有賞罰大權，可以避免大臣竊權叛亂，治理天下也就容易了。

「賞莫如厚而信，罰莫如重而必」（〈五蠹〉），一則示民以大利可趨，一則示人以大害當避，兩者兼施，可以收到懲惡勸善的效果。由於法家治政目的在求普遍周全的功效，韓非子說：「為政，猶沐也，雖有棄髮，必為之。」（〈六反〉）又如飲藥、彈痤，必須忍苦、忍痛，才有治癒的可能。為政者顧全大體，對於妨害治安的不良分子，不得不嚴懲，必要時還主張重刑，「重一姦之罪，而止境內之邪。」（〈六反〉）

重刑所加，只是犯罪的人，而懲罰一個犯罪的人，卻能警戒眾民，杜防效尤。

對於賞罰，法令必須明文宣佈，既三令五申，執行必須確實，公允不偏。站在法治立場，韓非子反對私下賞罰，也不贊成君主隨一己好惡胡亂賞罰。賞罰應以法禁為準，依照名實來評論功罪，依據功罪來決定賞罰。此外，政治上的賞罰與社會上的毀譽也必須一致，否則是非混淆，百姓就無所適從。韓非子一再抗議當時的國君既欲謀求富強，又同時兼禮儒、墨，認為此與獎勵耕戰的政策有所牴牾，便是基於這個理由。

(二)尚法

1.平等客觀

在古代「禮不下庶人，刑不上大夫」(《禮記・曲禮上》)，國家用「禮」來約束貴族，而用「刑」來繩治人民。貴族與平民，基本上的待遇是不平等的。「刑」是貴族用以統治平民的工具，既含階級性，亦含秘密性，沒有固定的標準，平民不易了解。春秋以後，封建制度漸次動搖，法家應時而出，參合法理，運用於實際政治，擬用「法」作為治國最高準繩，應時制宜，既客觀又有所依據，法律之前，人人平等，不再有同罪異罰的現象發生。韓非子說：「刑過不避大臣，賞善不遺匹夫。」(〈有度〉)懲善罰惡，絕不因個人身分貴賤而有所不同。又說：「不辟(避)親貴，法行所愛。」(〈外儲說右上〉)君主執法，不能因為親貴寵信而有所包庇。他舉楚莊王太子違法駕車到雉門，廷理依法砍斷他的車輈、殺死車夫的例子，莊王不但不聽太子哭訴，徇私處罰廷理，反而讚許廷理「立法從令，尊敬社稷者，社稷之臣也。」並且叮嚀太子別再犯錯（〈外儲說右上〉）。所謂：「王子犯法，與民同罪。」《韓非子》提供了最好的詮釋。

2. 明法去私

韓非之前，管仲、子產的法治主張已粗具規模，經李悝、商鞅而更加完備，韓非的法論，大抵是承商鞅的餘緒，而再發揚光大。他重法的理由，主要基於自利的人性觀。人有為惡的傾向，所以制作法令來杜防、矯正；又因人性好逸惡勞，有自然陷溺的趨勢，因此設嚴刑峻法，採取忍痛約制的法治手腕，企盼百姓能奮勉圖強，而謀長治久安。在當代，推行法治，以求富強，也是時勢所趨，乃為政者的當務之急。

用法治國的基本原則，就在於能「明法制，去私恩」（〈飾邪〉），以客觀平等的法，作為總依據，絕不夾雜人為的私情。一個英明的君主，奉法治國，就如同憑藉圓規劃圓、方矩劃方，設了權衡就可以量出輕重，是「萬全之道」（〈飾邪〉）。人既自利，唯以公法為標的，限定自利的幅度，明法去私，才可以防止人性自利自為的一些弊害，對於繁複的社會關係，也可以藉著客觀公平的法來維繫。

《韓非子．有度》云：「故當今之時，能去私曲，就公法者，民安而國治；能去私行，行公法者，則兵強而敵弱。」能摒除私心，完全依據公法辦事，奉客觀平等的法，透過公平無私的執行，發揮安定治強的作用。《史記．太史公自序》引述司馬談〈論六家要旨〉所批評的「嚴而少恩」，並不是法家的缺點，而是貫徹理論的必然行為，時至今日，也還是民主政體遵循的不變法則。

3. 罪刑法定

封建時代，法律還未能完全公開，人民在法律之前，也還未能一律平等，法令的規定和執行，多少含有秘密性、階級性。法家主張法令制定，不但要成文，而且要公佈，《韓非子．難三》云：「法者，編著之圖籍，設之於官府，而布之於百姓者也。」既有條文可資依循，又公佈周知，某些罪行，何種懲罰，便有固定的標準，這便有「罪刑法定」的意義，是保障人權的突破性建樹。過去，貴族用法，彈性很大，一罪數罰，同罪異罰的事例很多，有所謂「幼賤有罪」（《左傳．昭公元年》）的說法，顯然執法並不公平客觀。《韓非子．難一》有關「郤子分謗」的駁議，對於郤子有心赦免軍士在先，救不成，又吩咐示眾，出爾反爾，批判說：「韓子之所斬也，若罪人，則不可救；……若非罪人，則勸之以徇，是重不辜也。」論斷一語中的。處斬的軍士究竟有罪無罪？有罪就不能赦免；無罪就不該示眾，執法該客觀公平，罪刑輕重得依法律規定辦理。

韓非子認為治理天下，必須順應人情，〈八經〉云：「凡治天下，必因人情。人情有好惡，故賞罰可用；賞罰可用，則禁令可立，而治道具矣。」要因應人們的好利惡害之心，制定法度；另一方面，隨著時代變更，法制也得因應制宜，切合時需。但立法固然要斟酌實際需要而略作變更，在情勢沒有重大轉變的時候，也不宜朝令夕改，徒增紛擾。而新舊法令，也應該有明確的取捨，以免不法之徒，鑽營漏洞，擾亂治安，所以說：「法莫如一而固。」（〈五蠹〉）為了執行上不致有認識偏差的顧慮，法令的規定務必周詳明切。而國家立法的目的原在維繫社會安定，並非強民所難，故意陷人於罪。所以法令不宜過於煩苛，務求平實，易於了解，易於實踐。韓非的法治主張，講求普遍性的效果，法令制定必得適應一般民眾的需求，程限不宜太嚴峻急迫，科條切忌煩瑣細碎。當時民眾受教育機會有限，他主張「以吏為師」（〈五蠹〉），正是要官吏教導人民熟習法令，希望訓練出奉公守法、勤耕力戰的好公民。

4. 執法公平

既有罪刑法定的理念，還有待執法者的絕對公平，貫徹法治，法的客觀平等性質才能顯現。

韓非子認為：「爵祿生於功，誅罰生於罪。」（〈外儲說右下〉）臣民只要盡心盡力，有功自然有賞，爵位俸祿照考核頒賜；若是違法犯罪，按法必受懲罰，全看犯罪的嚴重性判定罪罰。換言之，賞罰都肇因於個人的行為優劣，一切全看自己的表現，執法者若是公平，受刑人心悅誠服，也不至埋怨，所以說：「賞者不德君……誅者不怨上……。」（〈難三〉）〈外儲說左下〉記述一則「跀者救獄吏」的故事，說明依法判罪，雖有仁德惻隱，仍不能不秉公執法。這份苦心，受刑人能體諒，因為執法公允。陳壽《三國志・諸葛亮傳》評述：「刑法雖峻，而無怨者，以其用心平而勸戒明也。」正好可以說明這種法治精神。

由於強調執法公平，韓非子不主張隨意輕言赦宥，認為後遺症不小，會使臣民產生輕忽法令、僥倖投機的心理。他說：「論囹圄而出薄罪者，是不誅過也。……不誅過，則民不懲而易為非。」（〈難二〉）為了維護法治的尊嚴，貫徹法治的精神，即使有逃犯超越國界，受到他國的庇護，韓非子主張也應不惜代價引渡回國，讓犯人接受國法的制裁。〈內儲說上〉援引衛嗣公不惜以巨款，甚至以城池和鄰國交涉，堅持要引渡逃犯回國，原因就在於：事關國法尊嚴，事關執法公平，事關全民未來守法精神的培養，足以影響政治安定，關係國家強盛，一國之君不能不鄭重其事！

㈢用術

熊十力《韓非子評論》云：「韓非之書，千言萬語，壹歸於任術而嚴法。雖法術兼持，而究以術為先。」《韓非子》中，確實是每每法術並舉，而言術的篇幅又佔了絕大的比例。法與術，原屬相對之詞，法是公開的原則，乃臣民所奉行；術是私秘的權謀，由君主獨擅。韓非子說：

術也者，主之所以執也；法也者，官之所以師也。(〈說疑〉)

術者，因任而授官，循名而責實，操殺生之柄，課群臣之能者也：此人主之所執也。法者，憲令著於官府，賞罰必於民心，賞存乎慎法，而罰加乎姦令者也：此人臣之所師也。(〈定法〉)

法者，編著之圖籍，設之於官府，而布之於百姓者也。術者，藏之於胸中，以偶眾端，而潛御群臣者也。故法莫如顯，而術不欲見。(〈難三〉)

綜括來說：法是明文公佈、明定賞罰、讓臣民奉守的，所以越明顯越好。術則是君主獨用的控御臣僚的方術，有公開督責的銓敘官吏原則，所謂「循名責實」，很有實證效用；術另有一層秘藏於內心，暗地裏控御的權謀性質，神妙莫測，所謂「伺察之術」，是越隱密越好。大體而言，前者備受後人讚許，有許多管理學上的睿見，值得參考；後者則受君主專制體系獨裁自雄的觀念影響，頗受論議。

過去商鞅重法、申不害重術，韓非子則認為必須法、術並重，一則以公佈周知的律文，責令臣民奉守，一則以胸中內藏的機智，督課群臣竭盡才能，兩樣相輔相成，才能達到治安富強的目標。對於治國，韓非子特別強調用術控御臣僚，理由是：「明主治吏不治民。」(〈外儲說右下〉)國君必須能駕馭百官，然後督責百官治民，逐層負責，政務才能推展，也才能完全符合自己的要求。而他對人性的察照，以為君臣關係沒有父子天倫的血緣恩澤，各自打算，「上下一日百戰」(〈揚搉〉)，人類既天生自私自利，國君務必用術，才能杜防人臣營私舞弊，進而督責群臣盡忠職守，使他們真正為國家謀福利，增進行政功效。能用術，君主的權位才鞏固；能用術，一切的法令才能照章推行。因為術如此重要，《韓非子》中論術的篇幅格外多，如〈八經〉及〈內儲說〉上、下篇，〈外儲說〉左上、左下、右上、右下篇，就純粹是術論。

1. 術主無為

《史記》把法家的申、韓和道家的老、莊合併立傳，多少有些道理的。韓非取法於道家學說，再參融自己主觀的見解，運用為法家主張的很多，「無為」便是重要的一項。他把道家的「無為」，發揮為人君秉權立威的手段，與老子主張不造作施為，「復歸於樸」（二十八章）的立意完全不同。

韓非子認為：一個人的智慮有限，力量有衰竭的時候，他應該懂得分層負責的道理，「夫物眾而智寡，寡不勝眾，故因物以治物。下眾而上寡，寡不勝眾，故因人以知人。」（〈難三〉）國君日理萬機，如果躬親庶務，勢不能做得完善。「與其用一人，不如用一國」（〈八經〉），所以「明主不躬小事。」（〈外儲說右下〉）國君應該任法而無為，只須拘定法度，根據群臣的能力而任使，讓臣下分層負責，國君虛靜以待，便可以安享成名，所以說：「人主者，守法責成以立功者也。」（〈外儲說右下〉）此外，由於君臣利害關係不同，人臣往往窺伺君主，把握君主的弱點，巴結逢迎，以遂利祿，因而飾偽表態，影響國君對於臣子的督課，妨礙賞罰的公允，嚴重的甚至喪失權位，身死國亡。〈二柄〉云：「子之託於賢，以奪其君者也；豎刁、易牙因君之欲，以侵其君者也。其卒，子噲以亂死，桓公蟲流出戶而不葬。」因此，韓非子認為君主要掩情匿端，不隨意表露好惡真情，以免讓臣子有所憑藉，臣子不能投機，只好奉公守法了。

法家用術，和墨家一樣，還主張察姦，獎勵人民告姦，事無鉅細，國君雖在深宮，都可以了解。《韓非子・姦劫弒臣》云：「明主者，使天下不得不為己視，使天下不得不為己聽。故身在深宮之中，而明照四海之內。」無為之術運用的極致，能使天下人都做自己的耳目，以靜制動，天下事絲毫不被遺漏，國君無為，而百事皆舉，天下可治。

2. 循名責實

《史記》說韓非喜歡刑名之學，「刑名」即「形名」，也就是名實。《韓非子》中提到「循名責實」、「綜覈名實」、「審合形名」，意思一樣。他主張國君督課群臣，考核政績，必須要求他們言行相合，名實相符，運用「循名責實」的原則來責求官吏稱職，百姓守法。〈二柄〉云：「為人臣者陳而言，君以其言授之事，事以其事責其功。功當其事，事當其言，則賞；功不當其事，事不當其言，則罰。……臣不得越官而有功，不得陳言而不當。」在〈主道〉也有大同小異的議論。根據官吏的建立，配合個人的才能，安排合宜的職事，審合言與事是否相符，品論功罪，確定賞罰。君主虛靜無為，以形名術考核群臣的實際表現，不准言事不合當，理論還相當精密。如果事前發論，預測當小有成就，結果功效大，是不合原則的；事前預想大有成就，結果功效小，也不成，都得處罰。而基本上必須謹守職分，若是越官求功，不僅不賞，還可能誅罰。大抵是相當拘泥職分，有杜絕臣僚僥倖求功之意，卻也難逃「不近人情之嚴刑」（見王雲五《先秦政治思想》）的批判。

韓非子循名責實的理論，除形名術之外，還有參伍術，兩者密切不可分。要以「形」證合「名」，必須多方諮詢意見，叫做「行參」；也得多方考察真偽，叫做「揆伍」，這樣子考核名實絕不是孤證巧合，而是客觀印證，有充分的人證、物證。用這種方式來任人，那麼左右近習自然竭力盡智，不敢虛言惑主；

群臣百吏自然清廉方正，不敢貪污虐民，誠然如此，便可以達到管仲、商鞅一般的治績了。

3. 聽言之術

戰國時代，縱橫短長之說盛行，一國之君權重位高，臣僚與說客各懷私計，窺覘君主心理，陳言往往巧詐偽飾，因此，國君聽取言論，決定錄用型貶，必得謹慎仔細，否則容易被蒙蔽。韓非子的聽言術，可以說是以無為為經，以參伍為緯。主張虛靜以待，保持緘默，不輕置可否，再以參伍之術，審合那些言論是否切實可靠。〈八說〉云：「無思無慮，挈前言而責後功。」聽言與觀行，在韓非子的君術中，是先後貫串的。不僅「聽」、「觀」要配合，還得留意遠近事例，多方面綜合觀察，細加驗合。這種參合審驗，表現了為政者處事用人的鄭重周到。〈備內〉云：「偶參伍之驗，以責陳言之實。執後以應前，按法以治眾，眾端以參觀。」會合眾多端緒，參驗觀研。目的在於：既不使無辜者蒙受冤屈，也不使違法者僥倖圖利，不使虛詐作偽者蒙混得逞，儘量做到客觀切實。

〈內儲說上〉云：「觀聽不參，則誠不聞；聽有門戶，則臣壅塞。」聽言、觀行，若不能多方面參合審驗，便不能了解真情實況；如果光是聽信某個大臣的意見，形成跋扈壟斷，那麼群臣的意見再也沒有管道可以上達人主，君主勢必受到壅蔽。韓非子於〈內儲說上〉與〈難四〉都藉侏儒設說「一人煬竈」的故事，諷諭彌子瑕專擅，蒙蔽衛靈公。為人君主，理當如太陽光芒普照天下，任何東西也不能遮擋它，他理當普察天下人，沒有人可以蒙蔽他。

聽言之術，還得講究「一聽」，〈內儲說上〉云：「一聽，則智愚分；責下；則人臣參。」君主一一聽取有關人員的意見，個別了解有關人員的才賦性向，督責人臣積極參與，提供切實的建議。〈八經〉云：

「事至而結智，一聽而公會。」英明的君主，善用人臣的智慮，懂得集思廣益，個別聽取人臣的意見，還要透過公開的辯論，見出各種可行方案的優劣利弊，便於裁奪，減少施行的困擾。《韓非子．內儲說上》敘說一個有名的成語故事「濫竽充數」，便點出了臣僚蒙混的在所難免，君主若肯逐一了解，自然可以除去良莠不齊、僥倖濫職的情事。

韓非子主張人主聽言、觀行，務須以是否切合實用做為衡量的標準：

> 聽其言而求其當，任其事而責其功，則無術、不肖者窮矣。……明主聽其言必責其用，觀其行必責其功。(〈六反〉)

有鑑於當代君主常眩於說士美妙的辯辭，往往因此任用，卻未必果然如其所言，可以建立功績，所以韓非子再三強調，要「以功用為的」(〈外儲說左上〉)，要實際驗合。《韓非子》有「買櫝還珠」的設喻，過於華麗的修飾，往往喧賓奪主，讓人留意到末節而忽略了本體。人主聽言，常常受到華美文采的炫惑，而忘了要求內容實際(〈外儲說左上〉)。韓非子更提醒人主，千萬別因為喜歡某個臣子能言善辯，就任用他，即使孔子那樣賢聖，他對弟子的判斷還差點失誤。魏國因孟卯善辯就任用他，結果在華陽損失了十五萬大軍；趙國因趙括善辯就任用他，結果長平一戰，四十萬大軍被活埋(〈顯學〉)。援用史實，具體印證：君主任用臣僚，聽言必須觀行，總要以切合功用為原則。

4. 用人之術

有關用人行政的方術，《韓非子》的理論相當周詳，可以做為銓敘官吏及管理僚屬的借鑑。(1)用捨自主：基於君主政權的專擅威勢理念，用捨之權必須由君主掌握。人員取捨進退，全權在君，不得假手他人。一旦用人之權旁落，在內被姦臣挾制，在外被敵國操縱，國君就等於傀儡，隨時有身亡國滅的危險。(2)體制分明：《韓非子・內儲說下》云：「參疑（擬）之勢，亂之所由生也，故明主慎之。」臣僚權勢相等相似，「廷有擬相之臣，臣有擬主之寵」（〈說疑〉），都足以使國家危亂。君主用人，必嚴分等級，使體制分明，以免臣下並敵爭權，越分作亂，也不致有尾大不掉，太阿倒持的禍患。(3)因材器使：〈定法〉所謂「因任而授官」，〈主道〉云：「群臣陳其言，君以其言授其事。」主張衡量才能，交付適當的職務，希望臣子各展所長，克盡職守，提高行政效率。為求確切，他主張審慎鄭重，授事之後，須經試用：「試之官職。」（〈顯學〉）「論之於任，試之於事，課之於功。」（〈難三〉）頗有今人「實習」的義涵，非常周備。(4)劃分職權：〈定法〉及〈難三〉引述申子「治不踰官」的名言，旨在強調官吏克盡職守，嚴守分際，不得越權。司馬談〈論六家要旨〉，讚譽法家：「明分職，不得相踰越，雖百家弗能改也。」正因為各有所司，便於分工，也易於督課，較有成效。即使建立功績，若是越俎代庖，不僅無功，尚且要責罰，因為「侵官」遺害很大（〈二柄〉）。(5)專任責成：人臣貪得富貴榮利，多數喜歡兼官兼事，但國君任人，卻是不准兼官兼職。既劃分職權，每樣職務專任一人，那麼有專才負責，各盡本分，便不會有互相爭權諉過的流弊，國君還可以徹底督責，朝既定目標努力。〈用人〉云：「明君使事不相干，故莫訟；使士不兼官，故技長；使人不同功，故莫爭。」分權管理，完全合乎人事行政管理學的理論。(6)進退有準：考績進退，需要配合形名參伍審驗的原則來考核，以實際的表現論定功罪，做為進退取捨的標準。沒有倖進，也沒有冤屈，吏治廉明公平可望達致。(7)循序遷升：〈八說〉云：「明主之國，遷官襲級，官爵授功，故有貴臣。」人主量能授事，必先讓他由低級官職做起，然後逐步按功升遷，一則藉此歷練。〈顯學〉：「明主之吏，宰相必起於州部，猛將必發於卒伍。」由於個個閱歷豐富，又都經得起考驗，所以「爵祿勸而官職治」，足以稱王天下。

5. 伺察之術

君主虛靜無為，掌握形名、參伍、聽言、觀行、用人等方術，按理已足夠杜防人臣欺君罔上，違法作亂。但是，《韓非子・難三》所謂：「術不欲見（現）。」主張人主掩情匿端，莫測高深，進一步還要用伺察之術，去杜漸防微，主要因由，全在於對人性持懷疑的態度，也基於政治複雜層面的考慮。他說：「善持勢者，早絕其姦萌。」〈外儲說右上〉凡事由小處敬慎做起，必能防患未然，這種燭察遠姦，照見隱微，最可以看出韓非子留心君術的法家當行本色。

《韓非子・內儲說下》提出六種君主必須伺察的事項，顯示過人的觀察。(1)權借在下：韓非子主張君獨擅勢，若是主權旁落，大臣專斷，小則君主被蒙蔽，大則亂亡。(2)利異外借：君臣利益不同，姦臣多圖私利，不顧國家的安危，甚至假借外國的力量來抬高自己的地位，無所不用其極，侵害到國君的權益。(3)託於似類：做臣子的窺探君主的心理，假託類似的事欺騙國君，使君主錯賞錯罰，臣子藉此達成私人的目的。(4)利害有反：大凡事情發生了，有人因此得利，有人因此受害。一件事原本應該有好處，卻沒有利，反有害，查明因此而得利的人，往往就是搞鬼的人。(5)參疑內爭：宮內嫡庶並敵，人臣顯貴抗衡，人主不早防患，必引致內憂。后妃爭寵，大臣爭權，嫡庶爭位，權貴與人主爭衡，這都是敗亡的徵兆。(6)敵國廢置：兩國對峙，往往敵國行反間，企圖擾亂行政，暗中操縱各級人員的用捨大權，讓國君誤用奸佞而廢黜忠良，影響國家前途。以上都是隱微而關係重大的事，君主不可不察。

《韓非子．主道》提及人主有五種壅蔽君主的現象，君主不能不偵察詳實：臣子蒙騙國君，封鎖消息，使國君不能明斷。臣子控制國家的財貨利益，使國君失去獎賞大權。臣子專擅權勢，發號施令，使國君失去裁制力量。臣子對百姓施恩示惠，使國君喪失榮譽。臣子樹立私人黨羽，使國君孤立無援。臣子的作為，是竊取政權、推翻君主的前奏，君主必須警覺，及早杜防。

《韓非子．八姦》提及人臣違法亂禁的八種方式：在床、在旁、父兄、養殃、民萌、流行、威強、四方。人臣巴結君主所親近的貴夫人、左右近習、側室公子，託他們為自己求取種種好處。臣子利用聲色犬馬來取悅君主，使君主沉迷其中，而自己藉機求取私利。散發公財，施行小惠，藉此沽名釣譽。利用說客迷惑君主，或供養劍客勇士，來威脅群臣，要求替自己吹噓捧場，隱匿姦情。借用外國的力量來加重自己的威望。針對這八種為姦的方術，君主杜防的具體辦法是：不讓所愛的人有不合法的請求。不讓左右近習有超過實情的言辭。不讓父兄大臣有不合法的推薦。不讓群臣揣探自己的心意，供給自己聲色玩好。不讓臣子私下行惠，侵奪國君的恩賞之權。不讓群臣私下相互毀譽。有軍功的加賞，私鬥的處罰，不讓臣子行私。拒絕外國的勒索，不讓群臣假借外力來增加私人的威望。

《韓非子．內儲說上》提及幾項伺察之術，則涉及權謀陰智。譬如：疑詔詭使，故意任派臣子做些難以揣測用意的任務，讓臣子危疑懼怕，因而不敢做壞事，會本本分分地盡忠效命。又如：挾知而問，君主明明知道事實真相，卻故意裝作不知道，而垂詢群臣，由此了解群臣的忠奸誠偽。再如，倒言反事，故意顛倒他人的言詞，就事實相反的情形來試探一些嫌疑犯，姦情就可以大白。

韓非子認為預先杜防姦事的發生，比遏止亂事還重要，最根本的辦法就是根絕作亂為姦的心思。〈說疑〉：「禁姦之法：太上禁其心，其次禁其言，其次禁其事。」要設法除去人臣作亂為姦的憑藉，臣子可能借內寵或外援作為依恃，君主如能徹底行使循名責實之術，便可以斷絕內寵和外援的作用，消弭姦亂。為求有效防姦，韓非子主張讓群臣互相伺察，獎勵告姦。「告過者，免罪受賞；失姦者，必誅連刑。」〈制分〉而對於一些位高權重的臣子，必要時也可以監押他們的親戚子女，加厚爵祿，嚴厲督責，來防止他們叛亂。如有叛亂跡象，應立即清除，若一時還未能確實蒐集相當的罪證，卻已具有威脅性的，〈八經〉主張不妨利用飲食或仇人來除去，叫做「除陰姦」。至於國君左右近習，仗勢欺民，傲視國君，不殺他們就妨礙法治，要殺他們，又投鼠忌器，這就得忍痛加以清除。以上這些話，頗多與參伍術及法治相牴牾的，對後代專制統治，株連濫殺，也有負面影響，雖則切中世情弊竇，但是過分重視伺察，遺忽基本法治的客觀公平性，是《韓非子》受人非議之處。

五、耕戰富強

富國強兵，是法家的中心政策，也是法家學術思想的終極目標。富強的具體方策，就在於耕與戰。耕是財力的本源，戰是武力的考驗。戰國時代，工商業發達，土地私有兼併之風日盛，加上連年戰亂，因此耕夫流亡，農村破產，兵源衰竭，稅源枯竭。所以法家主張講究充實實力，明揭耕戰之旨，韓非子繼李悝、商鞅之後，以耕戰致富強為當務之急。〈心度〉云：「能趨力於地者富，能趨力於敵者強，強不塞者王。」若能使百姓勤於農耕，勇於公戰，霸王之業也可望達成。

㈠富強由內政著手

韓非子生當列國務力爭強的時代，有鑑於縱橫捭闔，誇飾文詞，不切實用，於是大力主張富強的根本在於內政，不在外交。欲貫徹富強的國策，必須有穩定的內政做後盾，並非單憑外交手腕，任派辯士去談合縱、連橫就能達致。「治強不可責於外，內政之有也。」（〈五蠹〉）所以，「必不亡之術」是：「嚴其境內之治——明其法禁，必其賞罰；盡其地力，以多其積；致其民死，以堅其城守。」（〈五蠹〉）事實上就是：整頓內政，增產致富，人民拚死守城以致強。審明法禁，獎勵耕戰，國家才能安定富強。

㈡爵賞以勵耕戰

韓非子認為要致富圖強，必須積極獎勵百姓致力耕戰。人性好利，不妨順勢利導，用高爵厚賞來加以勸誘。倘若致力耕戰可以求得富貴，再危險勞苦，也在所不計了。〈五蠹〉云：「夫耕之用力也勞，而民為之者，曰：可得以富也。戰之為事也危，而民為之者，曰：可得以貴也。」至於賞勸的方式有三種：第一、給予善田利宅、爵祿：大凡良田美宅，高爵厚祿，沒有人不喜愛的，用來獎賞有軍功的人，確實有「厲（勵）戰士」（〈詭使〉）及「易民死命」（〈顯學〉）的作用。第二、重農賤商工：富商大賈利用游資兼併農田，侵奪農夫的利益，也等於是妨害公利。所以戰國諸子多主張重農抑商，韓非子指斥商工是末作，商工之民是蠹蟲，認為明主該鼓勵人民棄商工而就農，要使「商工游食之民少而名卑」（〈五蠹〉），輕賤商工就可以獎勵農夫。第三、譽耕戰之士：除了實際以爵祿賞勸，還要設法讚譽耕戰之士，提高他們的社會地位，使賞譽一致。使他們富足顯貴，讓工商、游食之民歆羨而看齊。

(三)明法以除姦偽

晚周學術思想自由，百家爭鳴，有許多學派的主張雖具學術價值，卻不一定合乎法家實用的標準，便在韓非子的詆斥之列。他以實用眼光來品評百姓，富強既是基本國策，能致力富強的耕戰之民便於國有益；不切實用，亂法亂俗，譁眾取寵的，便是姦偽無益之民。法，是國家治國的最高準繩，儒、俠「亂法」、「犯禁」，便犯了大不韙；他主張以法律貫徹國策，對「五蠹」、「姦偽無益之民」加以壓抑，不宜禮遇。為求急速而實用的功效，他認為聖賢如孔子、墨子，孝廉如曾參、史鰌，既不致力耕戰，對國家的貢獻遠不如農夫、戰士，幾乎完全否定賢德、孝廉的價值。重視功利而輕蔑文明，這是法家的短狹之處。

(四)經濟方策

韓非子對於經濟方策的貢獻，遠遜於其他法家，那是因為他生於戰國晚期，特別重視政治理論的緣故。《韓非子．難二》第六小節，有一些經濟發展的主張。他認為：要因天功，盡人事，不違農時，男耕女織，分工合作。要使地盡其力，權衡地形，選擇農種，利用農業機械。對於農家副業，家畜飼養，強調選擇良種，細加培育，這些都是經濟繁榮的要項。他也主張貨暢其流，雖然政策上要賤商工，但商人通有無，自有其作用，所以便利交通，方便商市關梁的通行，使貨物無阻，也是經濟方策之一。對於人民，他要求他們能節衣食、儉財用，以求蓄積富足。

在稅賦政策上，韓非子主張重稅厚斂，一則為了調節貧富，一則為了充實府庫，有非常狀況，還可以「救饑饉、備軍旅」（〈顯學〉）。

韓非子講實用，尚功用，他以為只要賣力耕作，節儉財用，便能富足，而窮困往往是由於怠惰奢侈，如果征斂富人的錢財來賑救窮人，便失去獎勵農耕的意義。因此，他反對輕言救濟的惠愛措施，認為不如「辟（闢）草生粟」（〈八說〉）切實有效。為求形名術的適當運用，認為毫無因由地「發倉囷而賜貧窮」（〈難二〉），只是變相鼓勵人民僥倖貪得。他甚至於刻板到贊允秦昭王面臨饑荒的危機，還念念不忘嚴守賞罰的原則，不輕易賑濟（〈外儲說右下〉），拘泥於形名術的貫徹，到了不近情理的地步。

(五)軍事方策

在尚武重力的時代，列國競強，「國小則事大國，兵弱則畏強兵」（〈八姦〉），講求擴張實力，「戰勝弱敵」（《史記・孟子荀卿列傳》），便得要求百姓「并力疾鬥」（〈顯學〉），「赴險殉誠」（〈六反〉），為了貫徹目標，不惜民力。

「夫用兵之道，攻心為上，攻城為下。」（《三國志・蜀書・馬謖傳・注》）韓非子確信：「用兵者服戰於民心。……兵戰其心者勝。」（〈心度〉）要讓百姓習於戰爭，民心樂戰，然後可勝。對內要激勵戰鬥意志，所以越王句踐向怒蛙致敬；也要取信於民，所以吳起說賞就賞。（皆見〈內儲說下〉）對外要活用心理戰術，必要時「兵不厭詐」（〈難一〉），不妨設計誘敵。在防守上，要能善用險要的地勢，具備堅固的防禦工事。軍需亦須充足，軍餉源源不絕，攻伐戰守，便都有依恃。就軍士的要求而言，士卒精銳，才能克敵制勝，一則須嚴格訓練技藝，一則須整飭軍紀。軍紀嚴明與否，則又取決於賞罰是否得宜。

六、尊君愚民

《韓非子》尊君貴法，以富強為鵠的，旨在培育尊君守法、勤耕力戰的理想公民，藉法來推行統一思想教育。

(一)法治教育

《韓非子・五蠹》云：「民固驕於愛，聽於威。」他相信末世亂俗，仁義德禮不能感化，而法治卻具有普遍、必然而又迅捷的效果，因此，他主張「用法之相忍，而棄仁之相憐」(〈六反〉)，毅然旅行強制性、干涉性的法治教育。

法家確認：強制性手段，乃是出於愛利百姓之心，因為人類受周遭環境的刺激，不能承擔物欲的誘惑，能知足知止，孝悌修潔，自我規範的，實在是鳳毛麟角；法治則可以讓百姓免於罪戾。《韓非子・姦劫弒臣》揭示理想世界：「故其治國也，正明法，陳嚴刑，將以救群生之亂，去天下之禍，使強不陵弱，眾不暴寡，耆老得遂，幼孤得長，邊境不侵，君臣相親，父子相保，而無死亡係虜之患，此亦功之至厚者也。」在戰國亂局中，謀求和平、安定的環境，雖是嚴刑重罰，卻是期望維護治安，注重倫理，而且有社會福利，老幼各得其所，這種終極理想，和《禮記・禮運》很相近。

至於實施法治教育的人，既非通儒碩學，也不求德高望重。「以法為教，……以吏為師。」(〈五蠹〉)

由現職的官吏向人民解釋法律條文，官廳、軍隊、監獄都是教育的主要場所，目的在讓百姓明瞭賞罰內容，知法守法。（參梁啟超《先秦政治思想史》）

㈡尊君

尊君，是帝王政體的當然要求。君主代表國家，維繫一國的治亂安危，地位不能不尊，權力不能不大。唯有天下人共同擁戴君主，臣民尊上從令，君主施政才能有具體的成效。

做臣子的尊君，先得瞭解利君，國君之利即國家之利。為臣之人，先利君而後利己，先利國而後利家，才算公忠無私。臣子事君盡忠，就應當尊君，人主再不肖，臣子不敢侵奪權益；臣子再賢能，也只聽憑國君差遣。即使暴君逞欲擾亂天下，韓非子仍固執守分尊君之說，而反對暴君可誅。他不贊允人臣間接批評君主，因此，讚譽先王等於誹謗當代君主。這不僅是絕對的尊君，還很有箝制輿論的意味。他主張絕對的主權論，認定國君享有無上的權利，人臣竭盡無限的義務。〈有度〉記述賢臣的規條是：不畏險難，不辭卑賤，順上從法，忠貞無二。不輕易求去或逃亡，不詐說強諫，不行惠收下，不離俗非上，不耗國利家。培育尊君保國的賢臣，可說是尊君教育的極致。

至於人民，韓非子希望他們能重命畏事，寡聞從令，做尊君明法的好國民。對於一些無法用威勢使他們聽服政令的高蹈派人士，認為沒有團體精神，不妨鏟除，因而讚許太公望誅殺狂矞、華士兄弟（〈外儲說右上〉），不免忽視個人自由，用法過嚴。他又認為一些清逸隱遁之民，不能順從政令，對國家毫無貢獻，絕不能讓他們擁有過高的聲譽，以免百姓效尤（〈說疑〉）。

(三)愚民

韓非子主張訓練專一從法、勤耕力戰的理想公民，相對的，便抨擊儒、墨各家相異的學說，有意箝制思想，行愚民政策。

時代動亂，是非混淆，賞譽不一，《韓非子．問辯》云：「言無二貴，法不兩適。」他倡言治世無辯，百姓言行都奉法為準，不宜聽取智辯之言，亂法非上。施行的方法是：(1)抑儒墨，非道名：從實利實證的角度，貶抑儒、墨為愚誣之學；認為道家恬淡恍惚，無法無用；名家飾智辯說，妨令害法，都得力加排斥。(2)息文學，塞私便：儒者講究學術，導致離法、疑法、亂法等大害，如果重視文學，勢必妨害法令推行，不能鼓勵耕戰，因此必須禁止講學，杜絕求取個人的便利，〈八說〉云：「息文學而明法度，塞私便而一功勞，此公利也。」否定學術的充實、文化的延續、智慧的啟迪，成為法家學說的弊端。

韓非子抱持國家主義，國家的公利高於一切，認為為了公利，必須在相當範圍內遏制人民的私利，因而採取干涉手段，只要是為公利，確實有高遠的策略，即使百姓抱怨，也不妨獨斷。韓非子藉「民智如嬰兒」之說，苦心積慮地揭示重農、重刑、重稅、強兵等軍國主義政策的用意（〈顯學〉），雖乍看有些「愚民」的意味，事實上全出於務力的觀點，在兩千多年前的政治環境下，也表露相當的政治睿見。

七、文學技巧

《韓非子》受士子珍愛，歷兩千年而不衰，不僅是政治理論精到深刻，而且是由於文章具有雄偉氣勢，議論酣暢，結構謹嚴，思慮周密。《韓非子》可說是兼賅義理與詞章之美。它文學上的價值，自唐、宋以迄明代，甚至喧賓奪主。使許多文人沉潛其文章，而輕忽其深思奧義。簡括來說：《韓非子》這部政治學典籍，堪稱哲理散文，作者駢散互用，極具論辯技巧，往往是波瀾起伏，層層深入，不僅善用史實，而且巧妙譬喻，鋪設寓言故事，以深蘊的哲理，發人深省，引人入勝。

㈠寓言託意

《韓非子》的寓言膾炙人口，已經轉為成語典故的，不勝枚舉。如：「守株待兔」比喻枯候成果，不合時宜；「買櫝還珠」勸人切勿喧賓奪主，主從不分；「郢書燕說」說明附會依託，言之成理，卻並無實據；「買履取度」諷喻拘泥不通，墨守成規，不知應時制宜。在長篇議論中，以寓言託意，活潑變化，往往是藉以引導出必要的政論，嚴肅論題中插入充滿諧趣的寓言，既富饒興味，又耐人省玩。

㈡援引史實

為了加強論文的說服力，《韓非子》常常援引史實，配合寓言與鋪敘文字，再做一概括性的論證。因為是歷史中具體事件，可以達到絕對令人信服的目的。譬如：〈顯學〉敘及用人之道，須聽言之餘，再細加觀察，不僅舉孔子觀察失實的例子，為強調不宜「任辯」，還列舉了「魏任孟卯之辯，而有華下之患；趙任馬服之辯，而有長平之禍。」〈說難〉引敘鄭武公殺關其思，及衛靈公對彌子瑕的先寵後疏，是以整個事件發展來印證「說難」。至於〈難篇〉二十八節短論，全是以古代事跡起筆，再加駁議論難。

(三)解說譬喻

《韓非子》長於議論，為求議論具體，除了解說某些道理之外，也融用譬喻，再綜合歸納。譬如：解說聽言觀行、任人之道，先以辨識瞎子、啞巴必得讓他觀看、答話做比喻，再推述任人必先以官職督責考核，果然言行實際，才稱得上「能士」(〈六反〉)。又如：為強調君主必須以賞罰控御臣僚，《韓非子・二柄》先以老虎憑藉爪牙制服狗做比喻。為強調法術之士具有法術長才，然而識才和論寶同樣困難，《韓非子・和氏》特舉和氏獻璧的故事做比況。

〈解老〉與〈喻老〉是《韓非子》有關老子哲理的詮釋與譬喻，前者是注疏性質，後者則以故事比況。〈解老〉多闡說醇厚的道家言論，〈喻老〉多呈現強烈的法家旨趣；不過，〈解老〉也渲染了些許法家色彩，〈喻老〉則兼顧不少道家哲理。

(四)辯論技巧

《史記・韓非列傳》謄錄了〈說難〉全文，足見太史公相當欣賞這篇文章。〈說難〉陳述遊說諫諍的困難，分析遊說諫諍成敗的因素，縷記委曲陳辭的各種方法，是《韓非子》探討諫說技巧的重要作品。

至於發揮議論長才，借題發論，以辯難取義的篇目，則有〈難一〉、〈難二〉、〈難三〉、〈難四〉及〈難勢〉等五篇。可說是開創我國文學史上的辯難體裁，漢代東方朔〈答客難〉、司馬相如〈難蜀父老〉、揚雄〈解難〉、〈解嘲〉、班固〈答賓戲〉，都是模仿這種形式，假設問對辯論。清代章學誠《文史通義》認為王充的《論衡》是仿效〈難篇〉寫作的。明顯可見的，〈問孔〉、〈刺孟〉、〈非韓〉等篇，形式全是〈難篇〉的翻版。

《韓非子・難勢》是以威勢統治為主題的辯難文章，先引述慎到的任勢理論，再假設儒家尚賢派的詰難，最後據理論駁，提出中主抱法處勢的主張。〈難篇〉四篇總共二十八節，各有議論重心，自成段落。體例上，一律先引述古事，再以「或曰」論難，大抵是申說法家思想，有不少精粹的法家理論。也常見層層逼進，條貫簡明，思慮周密的精闢論說，展現了難得的辯論技巧。

八、學術評價

《韓非子》是我國古代最完備的政治學典籍。他的時代，封建貴族分治的崩潰離析局面已漸結束，而時代潮流正往帝國大一統的方向推動。《韓非子》帝王政治理想的提出，直接促進貴族封建制度的瓦解與中央集權制度的建立，把中國歷史推向一個嶄新的局面。從秦始皇開創帝國，一直到清末宣統皇帝遜位，中國兩千多年的政體大致不變。秦人驟興乍滅，顯露了法家思想的侷限，但漢代繼蕭、曹的黃老治術之後，王霸之政（《漢書・元帝紀》載宣帝語）及儒學的法家化（見余英時《歷史與思想》），說明了實際政治融用各家思想的跡象，而法家學說實為支撐兩千年帝王政治的骨幹。因此，要了解我國兩千多年的君主政治，不能不研究《韓非子》。

就學術立場來看，《韓非子》在先秦諸子中是頗受論議的一家。自從孟子有王霸之辯（〈公孫丑上〉），班固有「傷恩薄厚」之評（《漢書・藝文志》），學者們入主出奴，《韓非子》便很難受到正視。其實由於救亡圖存的直接目的，《韓非子》關顧現實，不同於儒家的留意終極關懷，也不同於道家的關心自我超越。就當代的情境分析，唯有在紛亂中先求安定強盛，霸而後王，帝王的境界仍然是《韓非子》的理想。而法既以客觀、平等、公開的特質，取代了禮的階級性、秘密性，成為治國的最高準繩，這是政治史上的一大進展。法的厲行，法理自須超乎人情之上，「傷恩薄厚」之說仍是由儒家的親親尊尊觀念出發，多少帶有學派互為批判的門戶之見。

《韓非子》人性自利的論點也備受訾議。事實上出於深刻的審視，他談人性，包容了優劣長短，主張因勢利導，使人自利，兼能互惠，公私兩全。他不否認人有善性，但是德化只能具有局部而偶然的效果，政治運作卻非得顧及全面而又必然的效果，還得憑藉法治！韓非子客觀而理智地把道德由政治領域劃分出來，建立一套頗近似近代意味純政治的政治哲學，是韓非子對中國的不朽貢獻。(參韋政通《先秦七大哲學家》、蕭公權《中國政治思想史》) 相似的主張，馬基維利的《君王論》受到西方政治學的重視，在中國卻因儒學混合政治與教化為一，《韓非子》被認為峭刻而遭貶抑。

平情而論，《韓非子》因應世局，獎勵耕戰，因而菲薄仁義，看輕學術文化，暴露了現實層面的近利，缺乏遠程的理想，確實失之過激。基本理論上，法的公開平等，厚賞重刑，信賞必罰；術的因任授官，循名責實，行參揆伍，都是極具有實效的理論。迄今民主體制之下，法的精神也還有相通之處，術的運用相近於銓敘人員的客觀管理學。勢的理論，順應時代風潮，君主集權，自然就得尊君。倘若法的分量大些，「抱法處勢」可以接近西方的君主立憲；無奈法家的立法權卻不能正本清源（見梁啟超《先秦政治思想史》），君權有擴張的趨勢，發展到偏鋒，尊君之極，便濫殺無辜；術隱晦神秘之餘，獎勵告姦，甚至有除陰姦的主張，溢出了法的範圍，成了《韓非子》學說的重大缺陷。

《韓非子》雖不無缺失，畢竟是體大思精的政治學巨構，歷代頗受喜愛，則又由於《韓非子》的議論精到，文采動人。每當國家危疑弱亂之時，總是有賴政治家實際運用《韓非子》學說，以求獨立自強。三國時，諸葛亮治蜀，開誠佈公，平正廉明，儼然《韓非子》所謂的「法術之士」。王船山《讀通鑑論》以為魏、蜀都重申、韓之術，因為三國擾攘，最似戰國！宋代王安石與明代張居正，銳意革新，力謀富強，也參酌了《韓非子》學說。六朝、隋、唐佛、老盛行，兩宋理學振興，士子多半留意《韓非子》的文章之美。《韓非子》的寫作，結構謹嚴，析理透徹，議論精闢，文辭富贍，筆鋒犀利，氣勢酣暢。更巧妙的是，他善用寓言託意，援引史實論證，〈解老〉、〈喻老〉解說譬喻，〈難勢〉及〈難篇〉辯難精采。明代門無子《韓子迂評》跋云：「余晚年最愛《韓子》論事入髓，為文刺心。」胡應麟《筆叢》云：「亡（無）論文辭瑰瑋，其抉摘隱微，燁如懸鏡，實天下之奇作也。」很能道出《韓非子》深細、華美而又深動人心的文章特色及其不朽的價值。

《韓非子》係匯結法家思想的大成，旁參各家學說的精華，對我國數千年的君王統治又有不可忽視的影響，因此，研讀《韓非子》，也可以用來逆推其他前輩法家思想，比論其他諸子學說，參證歷代政治理論。《韓非子》對於政治哲學確實有精到的探析，人情法理往往中外皆然，所以研讀《韓非子》，也可以用來探究切合現代環境的政治理論，用來與相近的外國學說比較研究。倘若從文章的巧妙著眼，儘可視做習文範本。研讀《韓非子》，要由時代環境去理解它關顧現實、積極進取的特質，體會它深具實用性又富涵啟發性的哲學，客觀地理解，冷靜地剖析、比較。無論義理思辨工夫的培養，抑或詞章修練工夫的琢磨，採擷汲引，全在讀者。

九、重要參考書目

1.有關注疏方面：

(1)《韓非子集解》　王先慎　華正書局　七十六、八　藝文印書館　中華書局

(2)《韓非子校釋》　陳啟天　中華書局　二十六、十二　商務印書館　五十八、五

(3)《韓非子集釋》　陳奇猷　世界書局　五十二、一　河洛出版社　六十三、三　華正書局　七十六、八

(4)《韓子淺解》　梁啟雄　學生書局　六十、一

(5)《韓非子選》　王煥鑣　聯貫出版社　六十二、九

(6)《韓非子今註今譯》　邵增樺　商務印書館　七十一、九

(7)《新譯韓非子》　傅武光、賴炎元　三民書局　八十六、十一

2.有關思想方面：

(1)〈韓非及其政治學〉《校釋》附　陳啟天

(2)〈韓非學述・生平考〉《集釋》附　陳奇猷

(3)《韓非子研究》　趙海金　正中書局　五十六、一

(4)〈韓非及其學術思想〉　李伯鳴　香港聯合書院學報二期

(5)〈韓非學術源於老子說〉　羅宗濤　師大國研所集刊八期　五十三、六
(6)《韓非子評論》　熊十力　蘭臺書局　六十一、十一　學生書局　六十七、十
(7)〈韓非的著作考〉(收入《古史辨》第四冊)　容肇祖　明倫出版社　五十九、三
(8)《韓非子思想體系》　張素貞　黎明文化事業公司　六十二、五　增訂七十四、十
(9)〈韓非與馬基維利比較研究〉　王讚源　幼獅學誌十卷四期
(10)《韓非子析論》　謝雲飛　大林出版社　六十二、二　東大圖書公司　六十九、四
(11)《六十年來之韓非子學》　韋日春　正中書局　六十三、五
(12)《韓非子的哲學》　王邦雄　東大圖書公司　六十六、八
(13)《韓非思想體系》　王靜芝　輔大文學部　六十六、十
(14)《國家的秩序——韓非子》　張素貞　時報出版公司　七十、三
(15)《韓非解老喻老研究》　張素貞　長歌出版社　六十五、三
(16)《韓非子難篇研究》　張素貞　學生書局　七十六、三
(17)《中國法家哲學》　王讚源　東大圖書公司　七十八、三
(18)《韓非子政治思想新探》　盧瑞鍾　臺大政治系　七十八、四
(19)《韓非子的實用哲學》　張素貞　中央日報出版部　七十八、十

呂氏春秋

傅武光

一、呂氏春秋的來歷

(一)《呂氏春秋》的作者

《呂氏春秋》(以下簡稱「呂書」)是先秦最後一部「子書」,在諸子學派的「十家」中,被歸類為「雜家」(見《漢書・藝文志・諸子略》)。

呂書的作者,向來掛名呂不韋,但此書實際不是出於呂不韋之手。它是呂不韋門下食客們的集體創作。關於這一點,有幾種漢代的資料可資佐證:

1.《史記・呂不韋列傳》:「呂不韋乃使其客人人著所聞,集論以為八覽、六論、十二紀,二十餘萬言,以為備天地萬物古今之事,號曰『呂氏春秋』。」

2.《漢書・藝文志・諸子略》:「《呂氏春秋》二十六篇。秦相呂不韋輯智略士作。」

3.《漢書・楚元王傳》:「劉向曰:『秦相呂不韋集知略之士而造春秋。』」

4.桓譚《新論》：「呂不韋迎高妙作《呂氏春秋》。」

根據以上資料，可知呂不韋對於呂書只有倡始之議，而無參與之功；真正著手的人物是他的門客，姓名已無從查考。至於呂不韋的生平事跡，《史記》有〈呂不韋列傳〉交代甚詳，請讀者自行參考。

(二)著書的動機和目的

動機和目的，有時一致，有時不一致。呂書之撰著，倡自不韋，而執筆出於門客。呂不韋從商致富，然後以其富厚交通王侯，作政治投資。從他把秦國留置在趙國的人質子楚視為「奇貨可居」，可見不韋對政治事務也採取生意的眼光來處理。而且在《史記．呂不韋列傳》中，也一點兒都看不出他有什麼學術的素養，所以依此判斷，不韋除了親自決定要門客著書以外，應沒有學術能力來指導著書的內容和方向。但是綜觀呂書的內容，實含有崇高的理想和深遠的目的。顯然著書的動機和著書的目的，必須分別而論，也就是動機出於不韋，而目的則決定於他的門客。茲分述於後：

1.不韋命門客著書的動機

不韋命門客著書的動機，《史記．呂不韋列傳》說得很清楚：

> 當是時，魏有信陵君，楚有春申君，趙有平原君，齊有孟嘗君，皆下士喜賓客以相傾。呂不韋以秦之強，羞不如，亦招致士，厚遇之，至食客三千人。是時諸侯多辯士，如荀卿之徒，著書布天下。呂不韋乃使其客人人著所聞，集論以為八覽、六論、十二紀，二十餘萬言。以為備天地萬物

古今之事，號曰「呂氏春秋」。布咸陽市門，懸千金其上，延諸侯游士賓客有能增損一字者予千金。

這是說，呂不韋之招致賓客，乃至命客著書，都是出於「羞不如」的心理，用現代的名詞說，就是出於「自卑」的心理。根據心理學的說法，自卑的人，常思在某方面有所建樹，以求補償。試看呂不韋在書成之後「布咸陽市門」的作法，便知他是如何急切地希望全天下的人都知道他有一部鉅著！也從可知道他補償心理的強烈。

2. 呂氏賓客著書的目的

呂氏賓客著書的目的，約有二端：

(1)統一學術思想：學術思想的統一和現實政治的統一有相當密切的關係。學術思想的矛盾，常導致政權的分裂與混亂。如今日民主與集權兩大集團的相對抗、臺海兩岸的長期分裂，根本原因，在於思想的扞格不入。惟有學術思想歸於協調一致，政治才有歸於統一安定之可能。周室自東遷以後，王綱解紐，諸侯坐大，至戰國時，天子已名存實亡。及呂不韋相秦，東周君已亡，天子絕祀。這固然種因於封建制度，但學術思想的雜然歧出，相激相盪，也是一大因素。呂氏賓客看得很清楚，要想政治歸於統一，學術思想也要協調一致。當時秦國國勢甚強，其東界已擴展至今東經一一四度附近，幾乎奄有天下之大半，東方各國已微弱不堪，呂氏賓客已可明顯預見天下將被秦國所統一，所以更覺統一學術思想的重要性。學術思想的統一，可有兩種途徑：一是獨尊一家，罷黜異說，像漢武帝、董仲舒那種作法。一是彌綸群言，融合會通，使之兼有眾長而納於同一條貫，呂氏賓客採取了後者。他們的說法是：

聽群眾人議以治國，國危無日矣。（卷十七〈不二〉）

有金鼓，所以一耳也；必同法令，所以一心也；智者不得巧，愚者不得拙，所以一眾也；勇者不得先，懼者不得後，所以一力也。故一則治，異則亂；一則安，異則危。夫能齊萬不同，愚智工拙皆盡力竭能，如出一穴者，其唯聖人乎！（同上）

今御驪馬者，使四人，人操一策，則不可以出於門閭者，不一也。（卷十七〈執一〉）

這三段話明顯表示，治國要齊一思想。呂書之融合諸子思想，根據在此。而齊一思想為其著書目的，亦至為顯然。

(2)為統一後的王朝作治平的藍圖：先秦諸子，其著書立說，大部分都在謀政治之出路，呂書表現得更為明顯。首先，呂書的作者強烈地希望天下出現新的共主，出現新的王朝，以平息干戈，拯救百姓，他們說：

今周室既滅，而天子已絕。亂莫大於無天子；無天子則彊者勝弱，眾者暴寡，以兵相殘，不得休息，今之世當之矣。（卷十三〈謹聽〉）

當今之世，濁甚矣，黔首之苦不可以加矣！天子既絕，賢者廢伏，世主恣行，與民相離，黔首無所告愬。（卷七〈振亂〉）

他們想要重見天下一統的希望，其實是明知可以實現的，因為情勢很明顯，天下即將統一在秦國的強大兵力之下。但是當時秦國的政治，呂書的作者對它是十分不滿的，他們實在不願看到秦國所施行的那一套繼續實行於統一後的新王朝，所以他們對於秦國的現實政治大加撻伐，他們說：

今世之言治，多以嚴罰厚賞，此上世之若客也。（卷十九〈上德〉）

嚴罰厚賞，此衰世之政也。（同上）

彊令之笑不樂，彊令之哭不悲。彊令之為道也，可以成小，而不可以成大。（卷二〈功名〉）

他們一面撻伐秦國之政治，一面提出自己的政治理想：

為天下及國，莫如以德，莫如行義。以德以義，不賞而民勸，不罰而邪止。（卷十九〈上德〉）

古之君民者，仁義以治之，愛利以安之，忠信以導之；務除其災，思致其福。（卷十九〈適威〉）

聖人南面而立，以愛利民為心。（卷九〈精通〉）

此外，為了規範帝王，更在十二月紀中詳定天子每月的居處、服色、施政大綱及許多禁忌，其立意略有似於今之憲法，使天子亦當有所限制。在此更可以看出作者著書的深心。其有意為統一後之新王朝作治平之藍圖，昭然可見。元陳澔說：「將欲為一代興王之典禮。」（《禮記集說》）可謂十分中肯。

㈢「呂氏春秋」的名義

為什麼此書取名為「呂氏春秋」？司馬遷有如下的說法：

> 孔子明王道……西觀周室，論史記舊聞，興於魯而次《春秋》，上記隱，下至哀之獲麟，約其辭文，去其煩重，以制義法，王道備，人事浹。七十子之徒，口受其傳指，為其有所刺譏、褒諱、挹損之文辭，不可以書見也。魯君子左丘明懼弟子人人異端，各安其意，失其真，故因孔子史記，具論其語，成《左氏春秋》。鐸椒為楚威王傅，為王不能盡觀《春秋》，采取成敗，卒四十章，為《鐸氏微》。趙孝成王時，其相虞卿上采《春秋》，下觀近勢，亦著八篇，為《虞氏春秋》。呂不韋者，秦莊襄王相，亦上觀尚古，刪拾《春秋》，集六國時事，以為八覽、六論、十二紀，為《呂氏春秋》。及如荀卿、孟子、公孫固、韓非之徒，各往往捃摭《春秋》之文以著書，不可勝紀。（《史記・十二諸侯年表》）

這裏提到了四部書及另外四個作者，並謂那些著作都與孔子的《春秋》有關。所以有三部書逕以「春秋」為名，再冠以「某氏」，而成《左氏春秋》、《虞氏春秋》、《呂氏春秋》。

實際上，司馬遷上面所提到的各家之書，可確知其與孔子之《春秋》有關的，只有《左氏春秋》，其他如荀卿、孟子、韓非的著作，無論在形式上或內容上，都與《春秋》沒有關聯，這是大家都知道的。《呂氏春秋》也一樣。

那麼司馬遷為什麼又明白地說上述的著作是「上采《春秋》」、「刪拾《春秋》」及「捃摭《春秋》」呢？清代章學誠曾有比較合理的說法，他說：

《呂氏春秋》，亦春秋家言，而兼存典章者也。當互見於《春秋》、《尚書》，而猥次於雜家，亦錯誤也。古者春秋家言，體例未有一定，自孔子有知我罪我之說，而諸家著書，往往以「春秋」為獨見心裁之總名；然而左氏而外，鐸椒、虞卿、呂不韋之書，雖非依經為文，而宗仰獲麟之意，觀司馬遷敘〈十二諸侯年表〉而後曉然也。（《校讎通義》）

章氏這段話，說明各家以「春秋」命名之著作，乃取義於兩點：一是表示「獨見心裁」；一是表示「宗仰獲麟之意」。換句話說，命為「春秋」，一方面表示成一家之言，一方面表示繼孔子之志業。依章學誠的意見，則《呂氏春秋》命名的意義，可以作如下的解說：

1. 名為《呂氏春秋》即代表呂氏的一家之言。
2. 名為《呂氏春秋》，即表示學孔子作《春秋》：
(1)孔子作《春秋》乃「上明三王之道，下辨人事之紀」（《史記・太史公自序》），呂氏作《春秋》，也「所以紀治亂存亡，所以知壽夭吉凶」（《呂氏春秋・序意》）。
(2)孔子作《春秋》，足以「當一王之法」（《史記・太史公自序》），呂氏作《春秋》，也是「將欲為一代興王之典禮」（陳澔《禮記集說》）。

㈣《呂氏春秋》的成書年代

此一問題，向有二說，分別是成於秦王政八年和七年，但此二說都不正確；正確的年代是秦王政六年。其原委如下：

《呂氏春秋》的成書年代，書中說得很明白：

維秦八年，歲在涒灘，秋甲子朔，朔之日，良人請問十二紀。……（卷十二〈序意〉）

通常序文都寫於書成之後，並置於全書之末。因此古今學者幾乎都根據此文而斷定呂書完成於秦王政八年。宋呂祖謙，清周中孚，近人胡適、顧頡剛、徐復觀等，都持這種說法。

但這一說法，已確定不可信，因為根據曆法推算，秦王政八年，太歲不是涒灘。涒灘是庚申年，而秦王政八年是壬戌年。首先發現這個問題的是宋朝的王應麟。根據此一發現而替呂書成書年代找到比較合理解釋的是清代的姚文田。

姚文田的意見主要有四點：

1. 他據《淮南子》「淮南元年冬，太一在丙子」之記載為推算之基礎。太一，即太歲。淮南元年當漢文帝十六年（西元前一六四年），上推秦王政元年（西元前二四六年）為甲寅，六年為己未，七年為庚申，八年為辛酉。所謂「歲在涒灘」，涒灘即申年，乃秦王政七年，而非八年。

2. 呂氏賓客著書以前，秦昭襄王、孝文王、莊襄王世代相傳，怎可擅自從秦王政開始直書曰秦？其稱秦必在莊襄王滅東周君以後。

3.經考證，東周君被秦所滅，在莊襄王二年（莊襄王在位共三年）。《史記・秦本紀》及〈六國年表〉記東周君之亡，在莊襄王元年，乃司馬遷之錯誤。

4.所謂「維秦八年」，實從東周君被滅的第二年（即莊襄王三年）開始計算。秦王政元年為「秦二年」；而「秦八年」實為秦王政七年，是年歲次庚申，正合所謂「歲在涒灘」之說。

姚氏此說，推論方法正確，但是結論仍有差錯。問題出在他忽略了秦以十月為歲首的紀年法。秦自文公始，以建亥之月（十月）為歲首，漢初因之，直至武帝太初元年（西元前一〇四年）才改以建寅之月（正月）為歲首。所謂以十月為歲首，就是以十月一日為新年度的開始，九月三十日為年度的結束。也就是每年取夏曆之冬，加上第二年之春夏秋為一歲。於是一個紀歲之名（如甲子、乙丑之類），常跨夏曆的兩年。如秦王政七年之歲首為夏曆庚申年之冬，則紀歲可稱為庚申年，而春夏秋則又在夏曆辛酉年中，故也可稱辛酉年。

姚氏根據《淮南子》「淮南元年冬，太一在丙子」之說，誤以為淮南元年（文帝十六年）的全年都是「丙子」，殊不知只限於歲首之冬而已，其年之春夏秋應為「丁丑」才是。姚氏此處一誤，於是推算的結果，也誤以為秦王政七年全年都是「庚申」，殊不知只限於歲首之冬而已，其春夏秋已是「辛酉」了。其實「庚申」年的春夏秋三季乃在秦王政之六年，〈序意〉所謂「維秦八年，歲在涒灘，秋甲子朔」，實際是在秦王政六年，而非七年。姚氏之說，終未達一間。

由此推知，呂書以秦繫年，實始於秦王政即位前兩年，也就是莊襄王二年。依姚氏說法，呂書稱秦必在莊襄王既滅東周君之後，則東周君必滅於莊襄王元年。《史記・秦本紀》和〈六國年表〉所記，正是如此。司馬遷並沒有錯，錯的是姚氏自己。

姚氏的論證結果，雖然差了一年，但是他提供了一條線索，非常寶貴，那就是稱秦不自秦王政開始。有了這條線索，才讓我們得以突破舊說而推斷出呂書完成的正確年代。

為了方便了解，茲再將上面所論述的情形，表列於下：

			舊說	姚文田說	正確年代
秦莊襄王元年（西元前二四九年）		冬 辛亥	史記是年東周君亡		東周君確亡於是年，《史記》無誤
	二年	春夏秋冬 壬子		東周君應亡於是年，《史記》有誤	秦元年
	三年	春夏秋冬 癸丑		秦元年	秦二年
秦王政	元年	春夏秋冬 甲寅		秦二年	秦三年

年	季	干支		
二年	春 夏 秋 冬	乙卯	秦三年	秦四年
三年	春 夏 秋 冬	丙辰	秦四年	秦五年
四年	春 夏 秋 冬	丁巳	秦五年	秦六年
五年	春 夏 秋 冬	戊午	秦六年	秦七年
六年	春 夏 秋 冬	己未	秦七年	秦八年

年	季	干支	備註		
七年	春 夏 秋 冬	庚申			秋，歲在涒灘，呂書〈序意〉篇作於是年
八年	春 夏 秋 冬	辛酉	學者多誤以為在是年	秦八年冬歲在涒灘 秋歲在作噩	
九年	春 夏 秋 冬	壬戌			

二、呂氏春秋的組織

㈠《呂氏春秋》的結構及篇數

《呂氏春秋》由三大部分構成，即：「十二紀」、「八覽」、「六論」。「十二紀」每紀配置五篇，共六十篇。「八覽」每覽配置八篇，共六十四篇。「六論」每論配置六篇，共三十六篇。三大部分合計，共一百六十篇，另有〈序意〉一篇，共一百六十一篇。

但今本「八覽」的第一覽只有七篇，應是亡佚一篇，所以全書仍是一百六十篇。

(二)名數所象徵的意義

呂書各部分的名數，仔細觀察，都含有特定的意義，而不是出於偶然。

「十二紀」的十二，顯然是配合一年十二個月的意思。這一點已無可爭論，因為每一紀的紀首依次冠以孟春、仲春、季春、孟夏、仲夏、季夏……直到季冬為止。

「八覽」的八，應是取義於「八卦」，八卦相重，為六十四卦。八覽每覽八篇，共六十四篇，正相符合。徐復觀以為八覽之八指八方（見《兩漢思想史》），恐怕不確。

「六論」的六，應是取義於「六合」。《莊子‧齊物論》：「六合之外，聖人存而不論。」所謂六論，大概是說窮極六合之論。這一點，根據徐復觀說（見《兩漢思想史》）。

(三)編排次序

呂書的內容次序，很可能古今不同。今本「十二紀」在前，次「八覽」，次「六論」。如此編排，則顯示「十二紀」為全書最重要的部分。因為古書幾乎都把最主要的部分排在最前面，以示「開宗明義」。但是從幾個跡象來看，可能也出現過這樣的編排，即「八覽」在前，次「六論」，而「十二紀」殿後。主要理由有三：第一，《史記‧呂不韋列傳》說：「呂不韋乃使其客人人著所聞，集論以為八覽、六論、十二紀，二十餘萬言，以為備天地萬物古今之事。」這是最直接的證據。第二，司馬遷提到《呂氏春秋》，常省稱《呂覽》。如《史記・太史公自序》和〈報任安書〉都說：「不韋遷蜀，世傳《呂覽》。」這說明「八覽」在前，且為最重要的部分，故用它來作代表。第三，古人序文，常置於全書的最後，今「十二紀」之後，有〈序意〉一篇。正表示「十二紀」在「八覽」、「六論」之後。如此編排，則表示「八覽」才是重心所在。

兩種編排次序，那一種纔是原書的本真，已經無法斷定。

三、呂氏春秋的內容

㈠十二紀

「十二紀」在呂書中，是一項非常特殊的設計。它的形式架構是依陰陽家「序四時之大順」（《史記・太史公自序・論六家要旨》）而建立的。陰陽家認為「春生夏長、秋收冬藏，此天道之大經也，弗順則無以為天下綱紀」（同上），「十二紀」即依「春生夏長、秋收冬藏」的自然規律而在四季十二月中各安排與季節相應的內容。春天萬物滋生，故於孟春、仲春、季春安排有關於「生」的文章；夏天萬物成長，故於夏季三月安排有關於「長」的文章；秋天萬物收斂，故於秋季三月安排有關於「收」的文章；冬天萬物隱藏，故於冬季三月安排有關於「藏」的文章。

「十二紀」每一紀的紀首，都是當月的「月令」，每篇結構相同，茲舉〈孟春紀〉為例，以便說明。

孟春之月，日在營室，昏參中，旦尾中。其日甲乙，其帝太皞，其神句芒。其蟲鱗，其音角，律中太簇。其數八，其味酸，其臭羶。其祀戶，祭先脾。東風解凍，蟄蟲始振。魚上冰，獺祭魚，候雁北，天子居青陽左个，乘鸞輅，駕蒼龍，載青旂，衣青衣，服青玉，食麥與羊。其器疏以達。

是月也，以立春，先立春三日，太史謁之天子曰；「某日立春，盛德在木。」天子乃齋。立春之日，天子親率三公九卿諸侯大夫以迎春於東郊……

是月也，天子乃以元月祈穀於上帝。乃擇元辰，天子親載耒耜，措之參於保介御之間，率三公九卿諸侯大夫躬耕帝籍田……

是月也，天氣下降，地氣上騰，天地和同，草木繁動。王布農事……

是月也，命樂正入學習舞。乃修祭典……禁止伐木，無覆巢，無殺孩蟲胎夭飛鳥，無麛無卵，無聚大眾，無置城郭，掩骼霾髊。

是月也，不可以稱兵；稱兵必有天殃。……

孟春行夏令，則風雨不時，草木早槁，國乃有恐。行秋令，則民大疫，疾風暴雨數至，藜莠蓬蒿並興。行冬令，則水潦為敗，霜雪大摯，首種不入。

在這裏面，舉凡天文、氣象、人文、鬼神等一切現象，都組入陰陽五行的架構之中，然後配上當月應行的政治措施，最後警告，假如不依此而行，就會有種種災禍發生。茲將「十二紀」的十二篇月令，依五行架構列表於後，以醒眉目。

四時	（五行）（木）春			
十二月		孟春紀	仲春紀	季春紀
天象	日躔	營室	奎	胃
	昏星	參中	弧中	七星中
	旦星	尾中	建星中	牽牛中
日		甲乙	甲乙	甲乙
五帝		太暭	太暭	太暭
五神		句芒	句芒	句芒
五蟲		鱗	鱗	鱗
五音		角	角	角
十二律		太蔟	夾鐘	姑洗
數		八	八	八
五味		酸	酸	酸
五臭		羶	羶	羶
五祀		戶	戶	戶
五臟		脾	脾	脾
物候		東風解凍，蟄蟲始振，魚上冰，獺祭魚，候雁北。	始雨水，桃李華，蒼庚鳴，鷹化為鳩。	桐始華，田鼠化為鴽，虹始見，萍始生。
天子起居		天子居青陽左个，乘鸞輅，駕蒼龍，載青旂，衣青衣，服青玉，食麥與羊，其器疏以達。	天子居青陽太廟，乘鸞輅，駕蒼龍，載青旂，衣青衣，服青玉，食麥與羊，其器疏以達。	天子居青陽右个，乘鸞輅，駕蒼龍，載青旂，衣青衣，服青玉，食麥與羊，其器疏以達。
機祥（違背時令的庶徵）		孟春行夏令，則風雨不時，草木早槁，國乃有恐。行秋令，則民大疫，疾風暴雨數至，藜莠蓬蒿並興。行冬令，則水潦為敗，霜雪大摯，首種不入。	仲春行秋令，則其國大水，寒氣總至，寇戎來征。行冬令，則陽氣不勝，麥乃不熟，民多相掠。行夏令，則國乃大旱，煖氣早來，蟲螟為害。	季春行冬令，則寒氣時發，草木皆肅，國有大恐。行夏令，則民多疾疫，時雨不降，山陵不收。行秋令，則天多沉陰，淫雨早降，兵革並起。

夏（火）			夏秋之際（土）
孟夏紀	仲夏紀	季夏紀	
畢	東井	柳	
翼中	亢中	心中	
婺女中	危中	奎中	
丙丁	丙丁	丙丁	戊己
炎帝	炎帝	炎帝	黃帝
祝融	祝融	祝融	后土
羽	羽	羽	倮
徵	徵	徵	宮
仲呂	蕤賓	林鐘	黃鐘之宮
七	七	七	五
苦	苦	苦	甘
焦	焦	焦	香
竈	竈	竈	中霤
肺	肺	肺	心
螻蟈鳴，丘蚓出，王菩生，苦菜秀。	小暑至，螳螂生，鶪始鳴，反舌無聲。	涼風始至，蟋蟀居宇，鷹乃學習，腐草化為蚈。	
天子居明堂左個，乘朱輅，駕赤騮，載赤旂，衣赤衣，服赤玉，食菽與雞，其器高以觕。	天子居明堂太廟，乘朱輅，駕赤騮，載赤旂，衣朱衣，服赤玉，食菽與雞，其器高以觕。	天子居明堂右個，乘朱輅，駕赤騮，載赤旂，衣朱衣，服赤玉，食菽與雉，其器高以觕。	天子居太廟太室，乘大輅，駕黃騮，載黃旂，衣黃衣，服黃玉，食稷與牛，其器圜以揜。
孟夏行秋令，則苦雨數來，五穀不滋，四鄙入保。行冬令，則草木早枯，後乃大水，敗其城郭。行春令，則蟲蝗為敗，暴風來格，秀草不實。	仲夏行冬令，則雹霰傷穀，道路不通，暴兵來至。行春令，則五穀晚熟，百螣時起，其國乃饑。行秋令，則草木零落，果實早成，民殃於疫。	季夏行春令，則穀實解落，國多風欬，人乃遷徙。行秋令，則丘隰水潦，禾稼不熟，乃多女災。行冬令，則寒氣不時，鷹隼早鷙，四鄙入保。	

四時		秋（金）		
十二月		孟秋紀	仲秋紀	季秋紀
天象	日躔	翼	角	房
	昏星	斗中	牽牛中	虛中
	旦星	畢中	觜巂中	柳中
日		庚辛	庚辛	庚辛
五帝		少皞	少皞	少皞
五神		蓐收	蓐收	蓐收
五蟲		毛	毛	毛
五音		商	商	商
十二律		夷則	南呂	無射
數		九	九	九
五味		辛	辛	辛
五臭		腥	腥	腥
五祀		門	門	門
五臟		肝	肝	肝
物候		涼風至，白露降，寒蟬鳴，鷹乃祭鳥，始用刑戮。	涼風生，候鳥來，玄鳥歸，群鳥養羞。	候鴈來，賓爵入大水為蛤，菊有黃華，豺則祭獸戮禽。
天子起居		天子居總章左个，乘戎路，駕白駱，載白旂，衣白衣，服白玉，食麻與犬，其器廉以深。	天子居總章太廟，乘戎路，駕白駱，載白旂，衣白衣，服白玉，食麻與犬，其器廉以深。	天子居總章右个，乘戎路，駕白駱，載白旂，衣白衣，服白玉，食麻與犬，其器廉以深。
機祥（違背時令的庶徵）		孟秋行冬令，則陰氣大盛，介蟲敗穀，戎兵乃來。行春令，則其國乃旱，陽氣復還，五穀不實。行夏令，則多火災，寒熱不節，民多瘧疾。	仲秋行春令，則秋雨不降，草木生榮，國乃有大恐。行夏令，則其國旱，蟄蟲不藏，五穀復生。行冬令，則風災數起，收雷先行，草木早死。	季秋行夏令，則其國大水，冬藏殃敗，民多鼽窒。行冬令，則國多盜賊，邊境不寧，土地分裂。行春令，則暖風來至，民氣解墮，師旅必興。

冬（水）		
孟冬紀	仲冬紀	季冬紀
尾	斗	婺女
危中	東壁中	婁中
七星中	軫中	氐中
壬癸	壬癸	壬癸
顓頊	顓頊	顓頊
玄冥	玄冥	玄冥
介	介	介
羽	羽	羽
應鐘	黃鐘	大呂
六	六	六
鹹	鹹	鹹
朽	朽	朽
行	行	行
腎	腎	腎
水始冰，地始凍，雉入大水為蜃，虹藏不見。	冰益壯，地始坼，鶡鴠不鳴，虎始交。	鴈北鄉，鵲始巢，雉雊雞乳。
天子居玄堂左个，乘玄輅，駕鐵驪，載玄旂，衣黑衣，服玄玉，食黍與彘，其器宏以弇。	天子居玄堂太廟，乘玄輅，駕鐵驪，載玄旂，衣黑衣，服玄玉，食黍與彘，其器宏以弇。	天子居玄堂右个，乘玄輅，駕鐵驪，載玄旂，衣黑衣，服玄玉，食黍與彘，其器宏以弇。
孟冬行春令，則凍閉不密，地氣發泄，民多流亡。行夏令，則國多暴風，方冬不寒，蟄蟲復出。行秋令，則雪霜不時，小兵時起，土地侵削。	仲冬行夏令，則其國乃旱，氣霧冥冥，雷乃發生。行秋令，則天時雨汁，瓜瓠不成，國有大兵。行春令，則蟲螟為敗，水泉減竭，民多疾癘。	季冬行秋令，則白露早降，介蟲為妖，四鄰入保。行春令，則胎夭多傷，國多固疾，命之曰逆。行夏令，則水潦敗國，時雪不降，冰凍消釋。

以下繼續說明「十二紀」的文章，如何「順四時」而安排。也就是探索各紀文章的內容和季節的關聯性。

春主「生」，故孟春、仲春、季春三紀所配置的文章都和「生」有關。

1.〈孟春紀〉下之四篇為〈本生〉、〈重己〉、〈貴公〉、〈去私〉。前兩篇都論養生之道；後兩篇義如其題，表面上與「生」之義無涉，其實〈貴公〉所謂「陰陽之和，不長一類；甘露時雨，不私一物；萬民之主，不阿一人」，正表示萬物之所以能「生」，乃由於天道之公；萬民之所以能「生」，正由於君主之大公而無私。

2.〈仲春紀〉下之四篇為〈貴生〉、〈情欲〉、〈當染〉、〈功名〉。前兩篇仍與養生有關。〈當染〉與《墨子・所染》大部分相同，呂書錄此，主要強調「所染不當，故國皆殘亡，宗廟不血食，絕其後類……」，意謂所染適當則生且榮；所染不當，則死且辱。〈功名〉也似與「生」無所關聯，但所謂「由其道，功名不可得逃……善為君者，蠻夷反舌殊俗異習皆服之，德厚也。……故當今之世，有仁人在焉，不可而不此務。」此表示仁人德厚，四方歸之，則功名可立。而仁乃生生之德，故仍與「春生」有關。

3.〈季春紀〉下之四篇為〈盡數〉、〈先己〉、〈論人〉、〈圜道〉。前兩篇都講貴生之理。〈論人〉前半言無為之理，後半言觀人之法。〈圜道〉言天道圜，地道方，各有分職；君執圜，臣處方。貴各當其職。此兩篇似難索解其與「春生」之關係。但綜觀〈仲春〉、〈季春〉二紀，已由養生修己之道，旁及觀人、用人之術，而歸結於君臣分職之理。意在尋求群體共生共存之方，則仍與「春生」之義有所關涉。

夏主「長」，故孟、仲、季三夏所配置的文章都和「成長」有關。

4.〈孟夏紀〉下之四篇為〈勸學〉、〈尊師〉、〈誣徒〉、〈用眾〉。此四篇皆論為學之事。蓋人之成長，除生理之變化成長外，還應在知識、智慧、性靈上有所成長，而這方面的成長則有賴於學。故安排四篇有關於學的文章。

5.〈仲夏紀〉下之四篇為〈大樂〉、〈侈樂〉、〈適音〉、〈古樂〉。

6.〈季夏紀〉下之四篇為〈音律〉、〈音初〉、〈制樂〉、〈明理〉。

以上兩紀八篇都說音樂之事。孔子曾說：「興於詩，立於禮，成於樂。」(《論語・泰伯》)意謂人格之完成，須靠音樂的陶冶。安排八篇談音樂的文章於夏季，應是取義於此。可見呂書認為人的成長，包括了知識、德行各方面。

秋主「收」，故三秋所配置的文章，都和「秋收」有關。

7.〈孟秋紀〉下之四篇為〈蕩兵〉、〈振亂〉、〈禁塞〉、〈懷寵〉。〈蕩兵〉推論兵之原理，謂有義兵而無偃兵。〈振亂〉、〈禁塞〉皆駁斥非攻之論。〈懷寵〉謂義兵足以使民懷其德而歸之如流水。

8.〈仲秋紀〉下之四篇為〈論威〉、〈簡選〉、〈決勝〉、〈愛士〉。〈論威〉論樹立軍威之道。〈簡選〉言兵甲固應簡選精良，亦當訓練有素。〈決勝〉論決勝戰場之道，謂「兵貴因。因敵之險以為己用；因敵之謀以為己事。兵貴不可勝。不可勝在己，可勝在彼，聖人必在己者，不必在彼者。故執不可勝之術，以遇可勝之敵，若此則兵無失矣。」〈愛士〉言行德愛人則民親其上而樂為君死。

9.〈季秋紀〉下之四篇為〈順民〉、〈知士〉、〈審己〉、〈精通〉。前兩篇義如其題。〈審己〉言必審知國家所以存亡之理。〈精通〉言精神相通之理。

以上三紀十二篇文章，皆論軍事。〈季秋紀〉之四篇，乍看似與軍事無關，實則在軍事之外，以論「不戰而屈人之兵」之道，尤為軍事之本。秋氣肅殺，故以軍事之肅殺配合之。

冬主「藏」，故冬天三紀所配置的文章都和「冬藏」有關。

10.〈孟冬紀〉下四篇為〈節喪〉、〈安死〉、〈異寶〉、〈異用〉。前兩篇主張節葬，以安頓死者。因為厚葬必引來盜墓之賊，而死者不得安矣。兩篇都講喪葬之事。葬，藏也。正合「冬藏」之義。〈異寶〉提及孫叔敖之死，〈異用〉提及周文王命人更葬被掘出之骨骸。雖較牽強，但作者欲以此牽合「冬藏」之意，甚為明顯。

11.〈仲冬紀〉下之四篇為〈至忠〉、〈忠廉〉、〈當務〉、〈長見〉。前兩篇獎勵忠勇，後兩篇則強調智慧見識的重要。蓋惟有智慧見識，才不致造成愚忠愚勇。

12.〈季冬紀〉下之四篇為〈士節〉、〈介立〉、〈誠廉〉、〈不侵〉。皆所以勸人樹立節操。

冬季三紀之內容，略可分為兩點：一是談喪葬之事，一是強調節操之重要。喪葬之事，與「冬藏」之義，關係緊密，容易了解。談節操，則似與「冬藏」之義無關。我認為這大概和孔子所說「歲寒然後知松柏之後凋」有關。松柏四季長青，不畏冰雪，向來被認為是堅貞的象徵；同時，冬天為一年之最後一季，比之人生，則為中年以後的階段。這個階段，應該成就相當高尚的道德境界。所以在冬季安排了以砥礪節操為內容的文章。

㈡八覽

八覽依次為〈有始覽〉、〈孝行覽〉、〈慎大覽〉、〈先識覽〉、〈審分覽〉、〈審應覽〉、〈離俗覽〉、〈恃君覽〉。茲分述如下：

1.〈有始覽〉首言天地開闢，中言天文地理，與《淮南子・地形》略相似，末言天地萬物為一體。

此覽之下，尚有六篇（應是七篇，後來亡佚一篇）：

(1)〈應同〉言人與自然互相感應之理。帝王之將興將亡，都會出現特殊的徵兆。由是而提出「禍福自召」的說法。

(2)〈去尤〉義如其題。尤，通「囿」，或通「宥」。去尤就是去除拘蔽。

(3)〈聽言〉言聽言必察善與不善。察善與不善，必習其心於學問。

(4)〈謹聽〉謂謹於聽言。教人不自以為智而必聽賢者之言；聽賢者之言，必先知賢不肖之分；知賢不肖之分，必先學問。

(5)〈務本〉言安危榮辱之本在於主，主之本在於宗廟，宗廟之本在於民，民之治亂在於有司。有司當以功取榮，不可臨財而貪得。

(6)〈諭大〉言天下大亂，無有安國；一國盡亂，無有安家；一家盡亂，無有安身。故小之定也必恃大，大之安也必恃小。小大貴賤，交相為恃。而凡謀物之成，必由廣大眾多長久，故主意偏於務大。

此覽七篇，本天道以論政，故先言天地開闢，而及於君臣所以自處之道，及其所當從事之職務。

2.〈孝行覽〉言為天下國家必務本，本莫貴於孝。義多同於《孝經》與《禮記・祭義》。此覽又另含七篇：

(1)〈本味〉言治國之本，在於得賢，得賢之道，以禮接之。篇中大段敘述伊尹向商湯陳說烹煮調味之道，以喻治國之要。故以「本味」名篇。

(2)〈首時〉言有湯武之賢，而無桀紂之時，不成；時至，有從布衣而為天子者，有從千乘而得天下者，有從卑賤而佐三王者。總之，成功在於得時。

(3)〈義賞〉言賞罰必以義。因賞罰之柄，國君所執。賞罰之所約束，久則成習而安之若性，故賞罰之所加，不可不慎。

(4)〈長攻〉意即長功、大功。言人主有大功，則不聞其不肖之名；亡國之主，則不聞其賢明之聲。篇中歷引越王句踐、楚文王、趙襄子之事，皆不循理而後世稱之，有功故也。而功名之立，必有機遇，機遇之得，則屬之於天。

(5)〈慎人〉言功名之立，雖屬之於天，但因此而不慎於人事則不可；亦言若不得時，則不可強為。

(6)〈遇合〉言遇不遇，時也。時不合，必待合而後行。不以不遇而改其度，不為不合而易其操。

(7)〈必己〉言外物不可把握，故君子把握其在我者，而不求之於在人者，義與《莊子・山木》略同。

此覽八篇，義承上覽，言治國之根本，並總論其成敗之道。

3.〈慎大覽〉言賢主愈強大愈恐懼。夏桀以逸豫亡身，湯武以殷憂啟聖，因教人於安思危，於達思窮。此覽又另含七篇：

(1)〈權勳〉言小利、大利之害，小忠、大忠之賊。不去小利，則大利不得；不去小忠，則大忠不至。教人勿貪小利而失大利。

(2)〈下賢〉言人主當禮賢下士，不應以其權勢驕人。而惟至公之人方能做到。

(3)〈報更〉言施恩則有報，國君如能禮賢，則賢士報之。因歷舉報恩之事以為證。

(4)〈順說〉言善說者若巧士，因人之力以自為力，因其來而與來，因其往而與往，不設形象，與生與長，如聲之與響。大抵皆游說之術。

(5)〈不廣〉意謂不曠，指不曠廢人事。言智者之舉事，必因時。時不可必得，其人事則不可曠廢。

(6)〈貴因〉言三代所寶莫如因。賢主為政必因人之心，因民之欲。

(7)〈察今〉言治國必須尚法，世易時移，又須變法，故擇先王之法，而法其所以為法。先王之所以為法者人也，而己亦人也。故察己則可以知人，察今則可以知古。有道之士，貴以近知遠，以今知古。總之，當法後王而不法先王。

此覽八篇，義承上覽。上覽言建功立業之道，蓋就開國時期言之；此覽繼論守成之道，蓋就國家既立之後言之。

4.〈先識覽〉言國之興亡，可以先識。國之興，天遺之賢人與極言之士；國之亡，天遺之亂人與善諛之士。故有道者之言，不可不重。此覽之下，又含七篇：

(1)〈觀世〉言主賢世治，則賢者在上；主不肖世亂，則賢者在下。故必禮遇有道之士，而後其智能可盡。

(2)〈知接〉言智者所接遠，愚者所接近。所接近而告之以遠，亦不能曉。為人君者，智不能接遠，則不能接受忠言。戒人主不可自以為智。

(3)〈悔過〉義承上篇，言智有所不至，則不能接受忠言。因舉秦穆公敗於崤為例，謂穆公不聽蹇叔之言，故致敗而有悔。

(4)〈樂成〉言民可與樂成，不可與慮始，故當專任賢人，而勿惑於百姓喣喣之論也。

(5)〈察微〉言治亂存亡，始於至微；能察至微，則大事無過。而惟賢智之士為能察微，故為人君者當求賢士而治之也。

(6)〈去宥〉意即去囿。宥，通「囿」。拘限義。篇旨與〈去尤〉互為表裏。〈去尤〉末言：「解在乎齊人之欲得金也，及秦墨者之相妬也。」此二事即出現在本篇中。

(7)〈正名〉言名正則治，名喪則亂。名實必須相符，否則擾亂經驗認知，徒然紊亂政治與社會秩序。《呂氏春秋》在此表達了反對名家「專決於名而失人情」的立場。

此覽八篇，皆強調知識之重要。有廣博之知識，才有深遠的見識，故本覽以「先識」為名。

5.〈審分覽〉言人主必審分，然後可以致治。有道之主，按其實而審其名，以求其情；聽其言而察其類，勿使混亂。故至治之務在於正名，名不正則人主憂勞勤苦，而官職煩亂衝突。此覽之下，又包含七篇：

(1)〈君守〉言君主之所當守。君主之所當守，在於無知無為。無知無為，就是守靜。故曰：「得道者必靜，靜者無知。知乃無知，可以言君道也。」又曰：「善為君者無識，其次無事。有識則有不備矣，有事則有不恢矣。」大抵以老子之智慧，用之於君術，與前篇義旨相承。

(2)〈任數〉意為用術。言為人君者，耳目智巧不足恃，必講究用術。因者，君術也；為者，臣道也。

因者靜，為者擾。故君道無知無為，而賢於有知有為。

(3)〈勿躬〉言為君者勿躬親官事。立意與前三篇相貫通。

(4)〈知度〉意謂知為君之法度，亦即知為君之所執。與〈君守〉篇名義近，內容亦相表裏。略謂為君者當去愛惡之心，用虛無為本，因而不為，責而不詔；去想去意，靜虛以待。不代之言，不奪其職，督名審實，各有所司。

(5)〈慎勢〉言權均則不能相使，勢等則不能相並，治亂齊則不能相正，故小大、輕重、少多、治亂不可不察。故必保有以大畜小、以重使輕、以眾使寡、以治定亂之勢，而不可失也。

(6)〈不二〉言勿聽眾人議以治國。諸子各自為說，莫衷一是，宜使融合為一。使萬竅怒號者，如出乎一穴。《呂氏春秋》可謂在此宣示其融合諸子思想之主張。此篇比他篇特短，顯有脫文。

(7)〈執一〉承前篇，言一則治，兩則亂。使四人各操一鞭以駕駟馬（一車四馬），則不可出於門閭。又言為國之本，在於為身；身為而家為，家為而國為，國為而天下為。四者異位同本，無出於身。此亦可見執一之重要。

此覽八篇，所論都屬政治問題，而尤側重在君主治政用人之方術，大體採納法家任勢、用術的政治手段。

6.〈審應覽〉言人主出聲應容，不可不審。有道之主，不率先發言——人唱我和，人先我隨。取其實以責其名，則說者不敢妄言。此覽之下，又包含七篇：

(1)〈重言〉意謂不輕易發言。指人主之言，不可不慎。而其最高境界是「聽於無聲，視於無形」。

(2)〈精諭〉言聖人之相知，不待於言。因為在言語之外，精誠可以相告。

(3)〈離謂〉意謂「言與意相離」。換言之，即名與實不相符。言所以表意，名所以指實。若言與意相離，則聽言而意不可知，如此則欲治而愈亂。《呂氏春秋》之作者在此篇中，特從政治之觀點，表示對名家之反對。

(4)〈淫辭〉言語言文字所以表達心意，若名實不符，將導致言行不一致。篇中列舉公孫龍、惠施之說，而指為淫辭。其反對名家之態度，與前篇同。

(5)〈不屈〉意謂言辭不窮。言精明善辯的人，未必得道；但言辭犀利，對應如流，沒有窮盡的時候，然而未必是福。

(6)〈應言〉列舉惠施、白圭、公孫龍諸人之言辯，以見辯者言辭之不窮，與前篇義旨相承。

(7)〈具備〉言賢者欲立功名，須有其具，亦即須有相當之條件。若不得其具，雖賢過湯武，亦勞而無功。得君行道，是賢士立功名之具也。而其根本，則在於誠，故曰：「凡說與治之務，莫若誠；說與治不誠，其動人心不神。」

此覽八篇，皆言君主聽言之道，戒君主勿聽名家之言，因為從現實政治觀點來看，名家之言，只會變亂是非，不利於治。由是而得一結論，即君臣之務，莫若以誠；誠之又誠，乃通於天，而天下化之。

7.〈離俗覽〉言世人崇尚理義，鄙視苟且。布衣人臣之行，清廉潔白，愈窮愈榮。因列舉石戶之農、北人無擇、卞隨、務光之高節而稱之；同時讚美舜與湯之因時而動，造福萬民。蓋不論隱居以求其志，或行義以達其道，皆超越世俗，為人所重，故以「離俗」名篇。此覽之下，又包含七篇：

(1)〈高義〉言君子以義為貴。國家尚義，可以長久。蓋高義之風節既成，雖歷亂而可治，涉危而可安。至其所謂義，又以忠孝為先。

(2)〈上德〉即尚德。言治天下國家，莫如以德，莫如行義。以德以義，不賞而民勸，不罰而邪止。為治而恃嚴罰厚賞，乃衰世之政。

(3)〈用民〉言用民之道，太上以義，其次以賞罰。不肖之主，不得其道，而徒恃其威。威愈多，民愈不為所用。故威不可無有，而不足專恃。

(4)〈適威〉意謂適用威刑。蓋威刑只能制民之形，不能得民之心。威刑過猛，則國人讎之，而敗亡無日矣。於是主張「仁義以治之，愛利以安之，忠信以導之；務除其災，思致其福」。

(5)〈為欲〉論人君令人得欲之道。民之可用，因其有欲，善為君者，能使民得欲無窮，故民之可得而用亦無窮。治亂存亡，端在為君者使民之術何如耳。

(6)〈貴信〉義如其題。言人主必信，信立則虛言可以賞，而六合之內皆為己府。天行不信，不能成歲；地行不信，草木不大。天地之大，四時之化，而猶不能以不信成物，又況乎人事。故曰：「信而又信，重襲於身，乃通於天。」

(7)〈舉難〉言舉用人才之難。蓋天之生物，本有不全，故不應以全舉人。賢主知其如此，故權而用其所長，不以人之小惡而忘其大美。

此覽八篇，又承前覽。前覽言聽言之術，此覽則言用人之方。

8.〈恃君覽〉言立君主的原由。人之能生存，依賴群眾，群眾所以不散，因為大家認為群體對自己有利；群體之能發生作用，在於立君。所以立君之意，原在為民謀利。故曰：「置君，非以阿君也；置天子，非以阿天子也；置官長，非以阿官長也。德衰世亂，然後天子利天下。」一旦君主自私自利，則應「廢其非君，而立其行君道者」。所說義理甚精，與〈貴公〉所言「天下非一人之天下也，天下之天下也」思想一貫。此覽之下，又包含七篇：

(1)〈長利〉言創制立功，必計長久之利。利倍於今，而不便於後，不為也；安雖長久，而以私其子孫，不為也。伯成子高為後世之長利而辭為諸侯，周公計後世之長利而辭封險固之地，是其例也。

(2)〈知分〉言達於死生之分，則利害存亡不能惑。人乃陰陽之化，陰陽之化出於天，天有盛衰興廢，人亦有困窮通達，此乃不得不然之數，故聖人居易俟命，而不以感私傷神。凡事之來，皆「以義為之決而安處之」。

(3)〈召類〉言類同相召，氣同則合，聲比則應。禍福之所自來，眾人不知，則以為命；其實皆有召之者。總而言之，皆自召也。就政治言之，亂則召寇，召寇必亡；欲不召寇，惟有脩明政治之一途矣。

(4)〈達鬱〉意謂暢通鬱塞。言人身精氣鬱塞則致病，國家亦然。主德不通，民欲不達，是為國家之鬱塞，久鬱不達，則百惡並起，萬災叢生矣。故為政如治川：「治川者，決之使導；治民者，宣之使言」。

(5)〈行論〉言人主之行，與布衣異。勢不便，時不利，不惜事讎以求存。何故？因其執民之命，不得以快意為事。快意為事，是「先事而簡人」（意謂重視事情而輕視人命），失所以立君之義矣。

⑹〈驕恣〉言亡國之主必自驕，必自智，必輕人。自驕則賤士，自智則專制，輕人則無備。無備則召禍，專制則位危，賤士則壅塞。欲無壅塞必禮士，欲無位危必得眾，欲無召禍必完備。三者，人君之大道也。

⑺〈觀表〉言人心隱匿難見，淵深難測。聖人之所以過人，以其先知；先知必審徵表。眾人則以為神以為幸，而不知其為數理之所不得不然。

此覽八篇，所言皆不離政治，而尤側重於為君者之態度。先推論國家社會所以成立之原，乃由於眾以為利，因深論利害之理，及國君所以知利害之術。強調立君乃所以利民，戒人主不可以國徇私，而當勵精圖治，為人民謀福祉也。

㈢六論

六論依次為〈開春論〉、〈慎行論〉、〈貴直論〉、〈不苟論〉、〈似順論〉、〈士容論〉。茲分述如下：

1.〈開春論〉言開春始雷，則蟄蟲動矣；時雨降，則草木育矣。王者厚其德，積眾善，而鳳鳥聖人皆來至矣。故賢主不必苦心焦慮，在於任賢。此論之下，又包含五篇：

⑴〈察賢〉言立功名要在得賢。魏文侯師卜子夏，友田子方，禮段干木，身逸而國治。故賢主不必苦形愁慮，執其要而已矣。

⑵〈期賢〉言國家安定，名聲顯聞，決非偶然，必得賢士。當時世主多昏闇，人君如有明德，士必

歸之，如蟬之趨明火也。

(3)〈審為〉教人細察自所欲為之目的，而衡量其輕重得失。蓋吾人之身，重於天下，而世人多為利而忘其身，是不知所為矣。

(4)〈愛類〉言仁者必愛其類。故仁人之於人民，只要有利，無不為之。賢人不遠千里往來於王公之朝，非求自利，乃以利民。故人主有能以民為務者，則天下歸之矣。

(5)〈貴卒〉猶言貴猝。言智者之異於常人，以其能應變於倉猝之間。因舉吳起、鮑叔、伶悝諸人之事，以為「智貴卒（猝）」之證。

此論六篇，仍不脫政治。而要旨皆歸於利民，利民在於任賢。此論為六論之首，故從「開春始雷」說起，此猶八覽之首——〈有始覽〉之從天地開闢說起也。

2.〈慎行論〉言君子計行慮義，小人計行其利。計利者未必得利；惟慮義則利。此論之下，又包含五篇：

(1)〈無義〉言義者，百事之始，萬利之本。與前篇大旨相同。

(2)〈疑似〉言知必求其精審，凡疑似之事，不可不察。若不能辨析疑似，則所失必多。

(3)〈壹行〉言士當專一其行，惟專一其行，始可信賴。換言之，士當樹立信義。

(4)〈求人〉言治國必求賢人。得賢人，國無不安，名無不榮；失賢人，國無不危，名無不辱。

(5)〈察傳〉言傳言不可不察；不察則數傳之後白者為黑，黑者為白矣。

此論六篇，義承前論。前論多言利，恐人泥於小利，故此論極言以義為利，始為大利。又因利之為利易見，義之為利雖知，故繼言知之貴審。既知義之為利，則必付之實行，故又極言行之貴壹也。

3.〈貴直論〉言賢主所貴莫如士，士之可貴，在於能直言。此論之下，又包含五篇：

(1)〈直諫〉言非賢者不肯犯顏直諫，故賢主對於直諫之臣，當寬容之。

(2)〈知化〉言事之變化，可以前知，智之可貴，貴先知化。

(3)〈過理〉猶言不合於理，亦即過度之意。言亡國之君主，其所以亡國，皆由於逸樂過度。

(4)〈壅塞〉言亡國之主，被阿諛之臣所包圍，以致言路壅塞，聽不到正直的聲音。

(5)〈原亂〉推求致亂之根源，以為大亂之產生，皆因聽信讒言，而直言壅塞之故。因舉晉獻公聽驪姬而致大亂為例，以為證明。

此論六篇，極言直臣之可貴。

4.〈不苟論〉言賢者雖見重於國君，亦不肯苟為；雖言聽計從，亦不肯阿諛。故賢主好賢，必可受福而避禍。此論之下，又包含五篇：

(1)〈贊能〉意謂贊誦賢者。極言賢者之可貴。其言曰：「得十良馬，不若得一伯樂；得十良劍，不若得一歐冶；得地千里，不若得一賢人。」

(2)〈自知〉言存亡安危之關鍵，在於自知。人主欲知，必有賴於得直士。

(3)〈當賞〉言賞罰務求至當，賞罰至當，則親疏遠近賢不肖皆為之盡力效勞。

(4)〈博志〉應作「摶志」(王念孫說)。意即專一其志。言用志專一而不紛，則無事不成。

(5)〈貴當〉言治國貴在得其至當之道。至當之道在於君主之自治。君主之自治，歸本於治欲，治欲又歸本於治性，治性又歸本於順自然。

此論六篇大抵言君主當用賢而去不肖。義承前論。前論言直臣之可貴，此論言貴能用之。而用人之道，又歸本於君心。

5.〈似順論〉言事多似順而倒，似倒而順。表面似相反，而實際則相似；反之，表面似相順，而實際則相反。申明循環往復的道理。此論之下，又包含五篇：

(1)〈別類〉言人之患在強不知以為知。惟通乎大道，乃能辨別類似，獲得真相。

(2)〈有度〉言賢主聽言，有其法度，故人莫能欺。其法度在「通乎性命之情」。所謂「通乎性命之情」，即通達仁義，而去其私心。誠如是，則心正，正則靜，靜則清明，清明則虛，虛則無為而無不為矣。

(3)〈分職〉言為君之道在於無為。君執無為，乃能使百官有為也。國家設官分職，各有所司。君主當用人之長，如己有之，不可自智自為。

(4)〈處方〉當為「處分」（王念孫說）。言人物與事物各有其特殊之性能，綜合各種異能，正所以成就共同之大事業，故貴因材授官，因人任職。

(5)〈慎小〉言賢主當謹慎小事，否則將召大禍，所謂「巨防容螻，而漂邑殺人；主過一言，而國殘名辱」也。

此論六篇，仍承前論。前論多言君主知人用人之方，此論則總論為君之道。

6.〈士容論〉論國士之容，而歸本於誠。言誠則人應之，無待於言；言亦不足以使人完全曉知。此論之下，又包含五篇：

(1)〈務大〉言天下大亂，則無安國；一國盡亂，則無安家；一家盡亂，則無安身。故惟致力於大，而後小者獲安。

(2)〈上農〉意即尚農。言聖王導民，先務於農，民務農則淳樸，淳樸則易為君主所用。民務農則厚重，厚重則少私義，少私義則公法立。可以戰，可以守。務農之道，男事耕種，女務蠶織。義與《商君書・農戰》同。

(3)〈任地〉論使用土地為農業生產之道。

(4)〈辨土〉言耕地之道，須辨別土壤之性質。與〈任地〉有相輔之義。

(5)〈審時〉言耕種莊稼須配合時令。

此論六篇，仍承前論。前論言人君之道，此論則言臣民之務。而六篇之中，前二篇言為臣之道，後四篇言人民之事，皆農家專門之學。農家之書，今皆失傳，賴此四篇，尚可略見梗概。

四、呂氏春秋對諸子思想的取捨

《呂氏春秋》既以融合諸子思想為目的之一，它對於諸子思想必有所取有所捨，而不可能全盤接受。因為全盤接受必會產生矛盾，而不能條貫成一系統。茲依儒、道、墨、陰陽、名、法、縱橫、農、小說、兵之次序，論述其於各家思想之取捨。

㈠對儒家

所取於孔子的，在修己方面，取其崇孝道、主忠信、重學問、尚音樂、謹行藏等主張；在治人方面，取其德化、無為、正名、大同、君臣以義合等觀念。

所取於孟子的，有貴義、貴民、革命等思想。

所取於荀子的，有天生人成、尊師、致誠等學說。

至於所捨棄的，則是荀子所倡的性惡、隆禮、尊君各端。

大抵《呂氏春秋》於孔孟，由內聖而外王，由人事而天道，幾乎無所不取，雖不能盡節目次第之詳，但大體已提攝其大綱，綜括其要義；於荀子思想亦多所鎔裁。以數量來說，取於孔孟者較多，荀子較少。其取於孔孟的，多存其原旨，或發揮其精義；其取於荀子的，則多所修正或轉變。所不同於孔子的，孔子極重禮，而《呂氏春秋》則罕言之，而轉重「理」和「義」。觀其「世亂則禮煩」，「禮煩則不莊」之言，固知其乃重視禮的內質，而不重視它的儀文末節。「理」與「義」正是禮的內質，根據此內質，禮可隨時訂立。可見《呂氏春秋》之重「理」、「義」，並不是忽略了孔子的「禮」。

㈡對道家

所取於老子和莊子的概念，有道、反、虛、靜、嗇、因、知常、無為、法天地各端；於楊朱則取其貴生思想。

道家思想在《呂氏春秋》中，佔有很重要的地位。凡《呂氏春秋》的形上學，大抵皆根據道家為說。其論養生、論君道，多衍申道家之旨。

老子之學，王弼稱其「崇本息末」(《老子微旨例略》)，可謂知言。但實際上，本末一體，體用不二；本體既立，則大用存焉。故老子雖非陰謀家，而後世多資之以為用。《呂氏春秋》也是如此，其取老子之說，多發揮它的「用」，而脫略其「體」，尤其論君道時最明顯。正因其貴「用」而遺「體」，故其取於老子者雖多，而全書之根本思想終不受老子所決定。

(三)對墨家

《呂氏春秋》對墨家，取其貴義、愛利、尚賢、節葬、非攻等主張；而所捨棄的，有天志、明鬼、尚同、非命、非樂、非儒各端。

大抵《呂氏春秋》於墨家思想的重要部分都加以採納，而尤重其言「利」之觀念。呂書之喜言利，可謂主要是受墨家的影響。汪中(字容甫)謂其「深重墨氏之學」(《呂氏春秋・序》)，不是沒有道理的。

(四)對陰陽家

呂氏賓客著《呂氏春秋》之時，正當鄒衍的晚年。呂書中的陰陽家思想，主要來自於鄒衍。鄒衍的思想，主要有陰陽消息、五德終始、機祥度制和大九洲說四端。呂書於前三端都加以採納，只有大九洲說，未見引述。

陰陽消息為《呂氏春秋》宇宙論中的重要觀念。《呂氏春秋》又將此觀念融入四時之中，以說明四時物候所以變遷之故。

禨祥度制，在《周書・時訓》已略具雛形，《呂氏春秋》據以修改，使原本以災異為因、人事為果的說法，變成以人事為因、災異為果，從而給君主施加壓力。其中本多迷信成分，《呂氏春秋》則以「禍福自召」之說，替它作合理的解釋，目的在取信君主，使他時時有所警覺而不敢怠忽。

十二月紀首，為君主起居施政的行事曆，完全依照陰陽消息、五德終始和禨祥度制的理論而建構，務使符合「與元同氣」的最高原則。

(五)對名家

《呂氏春秋》論及「名實問題」及「名家人物」的，共有九篇，即〈正名〉、〈審分〉、〈知度〉、〈審應〉、〈離謂〉、〈淫辭〉、〈不屈〉、〈應言〉、〈別類〉。綜觀這九篇，可一言以蔽之，曰：《呂氏春秋》對於名家，完全採取反對的態度。此一態度，不僅消極地表現在「捨而不取」，並且更積極地「著而非之」。《呂氏春秋》之反對名家，分從「體」、「用」兩端加以駁斥。就「體」上說，乃反對其命題設論，不守「約定俗成」的律則。就「用」上說，乃反對其違反常識，而徒然干擾社會秩序。

(六)對法家

《呂氏春秋》之對法家，取其尚法、任勢、用術的實際做法、變法的觀念，以及重農、強兵的政策。

而捨棄它極端自私的人性論，以君國之功利為目的價值觀及存在決定意識的歷史觀。

其所取於法家之各端，都屬於「中性」而不含價值意味者，故呂書只視之為一套工具而運用之，以熔接於儒家的思想根基上。

就實際政治言，《呂氏春秋》是反對法家政治的。它說：「以貍致鼠，以冰致蠅，雖工不能；以茹魚去蠅，蠅愈至，不可禁——以致之之道去之也。桀紂以去之之道致之也。罰雖重，刑雖嚴，何益？」（卷二〈功名〉）又說：「嚴罰厚賞，此衰世之政也。」（卷十九〈上德〉）其反對之意，至為明顯。原來，法家政治實行最徹底的，當推秦國，而其長期實行法家政治的種種弊害，當為著書之賓客親眼所睹，故上引反對法家嚴刑峻罪之語，應是隱指秦國而發的。

(七)對縱橫家

《呂氏春秋》對縱橫家，採徹底反對之態度，此與其對名家之態度，完全一致。縱橫家與名家都以「辯說」為事。名家辯論的方法，縱橫家可資以利用，而使辯說更精采，更具說服力。二者雖辯說的題材有不同；但他們辯說時，不本於誠，不顧及義，而終歸於虛妄巧佞，則是一樣的。虛妄巧佞之言，足以惑世誣民而妨害政治，干擾社會秩序。《呂氏春秋》即針對此點而反對名家。其於縱橫家，也說它足以「使世益亂，不肖主重惑」（〈勸學〉），而凡聽信縱橫家之國，「天下知其亡」（〈慎勢〉），可見呂書之反對縱橫家，也是基於縱橫家之有害於國家的政治的緣故。

(八)對農家

《呂氏春秋》於「六論」之最後一論〈士容論〉特著〈上農〉、〈任地〉、〈辨土〉、〈審時〉四篇以專言農事;又於「十二紀」中明定農政之要,以為帝王施政的憑依,俱見其重農之意。通觀全書,除〈仲秋紀〉曾提到「易關市,來商旅,入貨賂,以便民事」外,更未見在其他經濟方面(如《管子》之言山海之利者)有所措慮,其以重農為主要之經濟政策,至為明顯。

〈上農〉等四篇,其內容有「道」(所以重農之故),有「藝」(耕稼之方)。其「道」的部分,與「為神農之言者許行」之說全不相契,而反與法家之言多相合。於此見農家之於法家,本有淵源。而《呂氏春秋》所取於農家者,主要乃在於農政之要與耕稼之方。《漢書·藝文志·諸子略》序論農家,以農政之要與耕稼之方為農家本旨,以「君臣並耕」為農家末流之弊。《呂氏春秋》對於農家,實取其前者,而捨其後者。

惟《呂氏春秋》雖不取許行君臣並耕之說,但它建立了天子親耕「籍田」的制度,這恐又不免係受「君臣並耕」之影響。不過兩者立意絕不同。「君臣並耕」之立意或在均勞逸,齊尊卑;而天子親耕「籍田」,乃旨在表率天下,以獎勸農事。

(九)對小說家

《漢書·藝文志·諸子略》之成立小說家,所根據的是著作的形式,而非思想的歸趨。所以《呂氏春秋》與小說家的關係，也只能在著作的形式上來說。

《漢書・藝文志》所謂小說家，乃指利用小說（敘述故事）的方式以表達其意旨的一派。小說家這種著作形式，《呂氏春秋》大量採用，除「十二紀」紀首及〈上農〉等最後四篇之外，幾乎每篇都如此。《漢書・藝文志》列宋鈃於小說家，有《宋子》十八篇。《呂氏春秋・去宥》大旨與《莊子・天下》所記宋鈃之學相合，可能〈去宥〉的內容即取自《宋子》十八篇之中。《漢書・藝文志》又有《伊尹說》二十七篇。《呂氏春秋・本味》所記伊尹的身世，及其以「至味」遊說商湯的故事，與〈慎大〉所記伊尹輔佐商湯消滅夏桀一段，或許就是取自於《伊尹說》二十七篇之中。

《呂氏春秋》既大量採用小說家著作之形式，其中或許還有很多是取自《漢書・藝文志》小說家的，只是已經無從考證。總而言之，《呂氏春秋》可算是非常擅用小說家言的了。

(十)對兵家

兵家原不在「十家九流」之中，《漢書・藝文志》根據劉歆《七略》特立〈兵書略〉，與〈諸子略〉等並列。後世史志，多把兵家列在「子部」，視為諸子學派之一。《呂氏春秋》論及軍事的文章，在十二紀的三秋紀（〈孟秋紀〉、〈仲秋紀〉、〈季秋紀〉）中佔有可觀的篇幅，故於前述九家之外，別敘其對兵家的取捨。

《呂氏春秋》主張王者要有「義兵」，以伸張正義，而反對「偃兵」。故書中盛言軍事。綜觀其軍事思想，絕大部分與《司馬法》相合。《司馬法》是古代王官治兵振旅之法，其學為後世兵法的根源。但《司馬法》與後世兵家孫武之法有不同。《司馬法》尚仁義而濟之以權，兵家者流貴詐力而終之以變。《司馬法》以仁為本，孫武以詐立。《司馬法》以義治之，孫武以利動之。《呂氏春秋》的軍事思想既多合於《司馬法》，故就兵家而言，呂書與吳起為近，而與孫武、孫臏為遠。這是因為吳起雖兵家，而曾學於曾子，頗受儒家之薰陶。宋高似孫說：「讀《吳子》，其說蓋與孫武截然其不相侔也。起之書，幾乎正；武之書，一乎奇。起之書，尚禮義，明教訓，或有得於《司馬法》者；武則一切戰國馳騁戰爭、奪謀逞詐之術耳。」（《子略・卷三》）總之，呂書的軍事思想，取之於《司馬法》與吳起兵法者多，取之於孫武、孫臏兵法者少。

五、呂氏春秋的思想宗趣

《呂氏春秋》因兼採眾說、融合諸子之故，《漢書・藝文志》把它列於「雜家」，後世學者對《呂氏春秋》的思想宗趣，遂產生仁智之見：

方孝孺說它「論德皆本黃老」（《遜志齋集・卷四》）。近人顧實，也說它「以黃老道德為宗」（《漢書藝文志講疏》）。此二家都認為《呂氏春秋》的思想是歸本於道家的。

盧文弨則說：「大約宗墨氏之學。」（《抱經堂文集・卷十・書呂氏春秋後》）這是認為歸本於墨家的。畢沅說：「彙儒、墨之旨，合名、法之源。」（《呂氏春秋新校正・序》）汪中（容甫）也說：「不名一家之學。」（《述學・補遺・呂氏春秋序》）此二家則以為呂書是眾說雜陳，無所宗主的。

其實，這些都是表相的看法，值得商榷。所謂表相的看法，是指上述各家之論呂書思想宗趣，乃取決於「量」的多寡，而沒有分辨「質」的特性。如盧文弨之所以斷定為「宗墨氏之學」，理由是「要由成之者非一人，其墨者多也」(引同前)。而他所以說著書人「墨者多」，乃由呂書所取於墨家學說之多推論而來。再如畢沅與汪中之以呂書為「不名一家」，無所宗主，理由皆出於其書「不出於一人之手」(引同前)。至於方孝孺之謂其「論德皆本黃老」，則只要看他著一「皆」字，就知道那是由統計而得到的結論。

實際上，思想是不能「量化」的。決定思想宗趣的因素，純在於「質」。

欲知《呂氏春秋》的思想本質是什麼，首先需要了解它立說的理論基礎。因為理論基礎就是思想家立說的大前提；大前提既定，其學說的性格、宗趣也跟著確定。

《呂氏春秋》立說的理論基礎，在於它的天道論、人性論、價值觀和歷史觀。

《呂氏春秋》的天道論，在本體論方面，多取道家的觀念，而僅止於對本體的形式特性的描述，如道的先在性、虛無性、超越性、恆常性等，這些形式特性，乃儒、道二家之「共法」，不必專屬於道家。在宇宙論方面，則根據《易傳》而主「陰陽化生」之說。根據此一體系的理論，其所謂「道」，乃是「乾道變化，各正性命」的「乾道」，以「仁」為其本質。其所謂「生」，為實體之創生，其所謂「天」，以創生為意志。與道家「不生之生」不同。凡此，皆屬於儒家的形態。

其人性論，以仁義為性之內容，又主張節制情欲。雖未明言性善，而其宗仰孟子之意，至為明顯。

其價值觀，以為人生的價值，在發揮理性，以成就完美的人格；而實現此價值的根源，即在個人性分之中。因此，其價值之歸宿，落在個體生命的本身。個體生命的本身，為價值而存在；群體組織又為個體生命之追求價值而存在。此一價值觀，乃以孟子性善說為基礎所必有的發展。故《呂氏春秋》的價值觀，實即孔、孟的價值觀。

至於其歷史觀，則認為歷史乃一「變」的過程，但又承認在「變」的過程中，有「不變」者在。因此《呂氏春秋》主張「變法」，而又申明變法有其原則，此原則又有其不變的恆常性。它認為法的本身可以變，而立法的精神不可以變。立法的精神為何？即維護「人」的尊嚴，實現「人」的價值理想。換言之，法之變，以「人」為依皈。這表示「人」在變動不居的歷史進程中，有其主宰性，而足以決定其動向。此與孔、孟以人為歷史之重心的歷史觀相合。

《呂氏春秋》此一歷史觀所產生的最直接又最明顯的作用，在抵擋法家。法家以為歷史之變，全由物質條件所決定。其主張變法，唯利是圖，唯變是趨，無故常可守，無理想可託，而成全面之變，徹底之變。此在當時允為最時髦、最有影響力的巨流狂瀾。但《呂氏春秋》終未因此而走上法家之路，原因即在它以儒家之歷史觀為理論基礎，承認「人」為歷史之重心的緣故。

總之，《呂氏春秋》的理論基礎，無論是天道觀、人性觀、價值觀和歷史觀，都是屬於儒家系統的。換言之，它是以儒家的理論基礎為基礎，來融合諸子思想的。所以在此基礎之上的上層結構，自然是歸宗於儒家的。儘管融合諸子之後，表相如何多樣化，對各家如何倚輕倚重，然終不害其歸趣於儒家。

茲試舉《呂氏春秋》與道、墨、法三家之關係來作證明：

道、墨、法三家都各有它建構思想體系的理論基礎，以決定它思想的方向。如道家的「自然」，墨家的「天志」，法家的「性惡」都是。必先有此理論基礎，然後才有走上此三家之路的可能。《呂氏春秋》

既以儒家的理論基礎為基礎，則它與上述三家之理論基礎相遇時，有相牴牾之處，必捨而不取，故其整體思想，必不為此三家所決定。

就其與道家之關係來說，道家沖虛自然之「道」，與儒家無聲無臭而生機飽滿之「仁」，有其相同的形式特性，故《呂氏春秋》取之，這就是方孝孺認為它「論德皆本黃老」的原因。但道家的「道」和儒家的「仁」相融通後，「道」的沖虛自然，恰好成為「仁」的屬性。故呂書雖有取於道家之「道」，以及由「道」衍生的許多觀念；但終未因此而走上道家之路。

就其與墨家之關係來說，墨家創為「天志」之說，以為「兼愛」的理論根據，並謂「義，果自天出」（《墨子・天志中》），這與儒家人性論之主張「仁義內在」說，適相牴牾。故《呂氏春秋》於「天志」、「兼愛」之說，並不加以採取。至於墨家「愛利」之說，《呂氏春秋》雖屢屢稱之；而實際上，只取其「交利」，而不取其「兼愛」。雖常「愛利」並稱，而此「愛」已轉化為儒家的「仁愛」，不再是墨家的「兼愛」了。可見《呂氏春秋》對於墨家思想的重要關節，都因與自己的理論基礎相牴牾而不加採納。故雖有取於墨家的「貴義」、「尚賢」、「節葬」、「非攻」諸端（盧文弨即因此而謂其「宗墨氏之學」）；而實不能決定《呂氏春秋》整體思想的根本宗趣。

就其與法家的關係來說，法家的理論基礎，如極端自私的人性論，以君國之功利為目的的價值觀以及存在決定意識的歷史觀，無一不與孔、孟相悖反，故《呂氏春秋》都不取；所取的限於「尚法」、「任勢」、「用術」、「變法」、「重農」、「強兵」等實際作法而已。《呂氏春秋》既已割棄法家的理論基礎，則此所取的部分，已不含價值意味，只把它看作一套工具，而在儒家的基礎上來運用而已。故其所取於法家的部分雖不為不多，也終不能使它成為法家。

由上述《呂氏春秋》與道、墨、法三家的關係來看，都足以證明《呂氏春秋》的整體思想是歸宗於儒家的。舉此三例，可以類推其餘。

六、重要參考書目

(一)校釋方面的書籍

(1)《呂氏春秋解》　漢高誘

(2)《呂氏春秋新校正》　清畢沅　世界書局諸子集成七

(3)《呂氏春秋補校》、《呂氏春秋續補》　清梁玉繩　清白士集

(4)《呂氏春秋補校》　清茆泮林　鶴壽堂叢書

(5)《呂氏春秋正誤》　清陳昌齊　嶺南叢書

(6)《呂氏春秋高注補正》　清李寶洤　廣文書局

(7)《呂氏春秋集釋》　民國許維遹　鼎文書局

(8)《呂氏春秋校釋》　民國尹仲容　國立編譯館

(9)《呂氏春秋校釋》　大陸陳奇猷　華正書局

(10)《呂氏春秋今注今譯》　民國林品石　商務印書館

⑾《呂氏春秋上農等四篇校釋》　民國夏緯英　鼎文書局

⑿《畢校呂氏春秋補正》　日本松皋圓　中央圖書館藏手稿本

⒀《新譯呂氏春秋》　大陸朱永嘉、蕭木　三民書局

㈡論述方面的著作

⑴〈讀呂氏春秋〉　民國胡適　胡適文存第三冊

⑵〈讀呂氏春秋札記〉　民國楊樹達　積微居讀書記

⑶《讀呂氏春秋》　民國馬敘倫　臺北市立圖書館藏本

⑷〈呂氏春秋之分析〉　民國劉汝霖　古史辨第六冊

⑸《呂氏春秋的政治理論》　民國賀淩虛　商務印書館

⑹〈呂氏春秋與法家之關係〉　民國朱守亮　中華學苑二期

⑺《六十年來之呂氏春秋學》　民國楊宗瑩　正中書局

⑻《呂氏春秋研究》　民國田鳳臺　學生書局

⑼《呂氏春秋與諸子之關係》　民國傅武光　中國學術著作獎助委員會

淮南子

陳麗桂

一、淮南子與劉安

㈠《淮南子》的撰作與古注

《淮南子》是西漢淮南王劉安（西元前一七九－一二二年）率領門下賓客撰寫的。書成之時，正式的名稱叫「鴻烈」，「鴻」是大的意思；「烈」是明的意思，取意「大明其道」。由於劉安與賓客所撰另有「外書」和「中篇」，本書因此也叫「內書」或「內篇」。劉向校定本書時稱《淮南內》。自從班固《漢書・藝文志》論列九流十家稱「諸子」後，後世緣之而加「子」，《隋書・經籍志》以後因而有了《淮南子》之稱。

本書的撰著，除主事的劉安外，尚有蘇飛、李尚、左吳、田由、雷被、毛被、伍被、晉昌八人以及思想傾向於儒家的大山、小山等人。全書原本二十篇，加上書末的自敘——〈要略〉，總共二十一篇。書成時，恰逢武帝新即位，劉安往朝新君，獻上此書以為賀禮。以主撰者劉安個人譽滿朝廷的文學才華，和南方文學領袖的威望，可以想見，在當時必然相當轟動。可惜一方面因為漢朝是辭賦的盛行時代，漢賦本由楚辭轉變而來，撰者又大多為楚人，內中尤多辭賦高手，劉安本人尤其擅長辭賦，《漢書．藝文志》說劉安生平作過四十多篇賦。因此，書中文字講究修辭，又多雜楚語；另一方面，劉安後來以謀反罪名抄家，其書可能有一段時間列禁，種種原因，竟使它在當代已產生不易讀的困難。東漢時便出現了四種注解本——許慎、馬融、延篤、高誘四家，開了當代人注當代書的先例。後來馬、延兩家注相繼亡佚，許、高兩家注解也殘缺不全。宋人蘇頌校理內府秘書時，便全取較為詳贍的十三篇高注本（〈原道〉、〈俶真〉、〈天文〉、〈地形〉、〈時則〉、〈覽冥〉、〈精神〉、〈本經〉、〈主術〉、〈氾論〉、〈說山〉、〈說林〉、〈脩務〉）配合上高注所缺的許注本八篇（〈繆稱〉、〈齊俗〉、〈道應〉、〈詮言〉、〈兵略〉、〈人間〉、〈泰族〉、〈要略〉），合成今本《淮南子》二十一篇。不過，內中許、高兩家注已略有相摻雜之勢了。

(二)劉安的生平與著作

《淮南子》的主撰者劉安，是西漢淮南厲王劉長（西元前一九八－一七四年）的兒子，劉長則是高帝劉邦最小的兒子，母親本是趙王張敖美人。高帝七年（西元前二〇〇年），韓王信降匈奴，高帝將兵往伐，過趙，張敖執禮甚卑，高帝箕踞詈罵，十分粗魯。趙相貫高不平而勸趙王謀反，不獲同意，遂私與心腹，瞞著趙王，謀刺高帝。八年（西元前一九九年）冬，高帝二度北伐，返途又過趙。張敖獻美人，侍幸而懷孕，張敖為她另築館舍以待產。貫高等人埋伏在柏人準備行刺，卻因高帝忌諱於地名不吉祥，不肯留宿而不果。九年（西元前一九八年）十二月，行刺事洩，張敖一家被捕入獄，美人也受牽連，把懷孕生子的事透過獄吏上報。高帝正在氣頭上，不加理會。美人弟趙兼託辟陽侯審食其請求呂后幫忙；呂后嫉妒，不肯幫忙，辟陽侯不敢力爭，美人含恨自殺。獄吏抱著嬰兒見天子，高帝這才後悔，葬美人於真定，而把嬰兒交給呂后撫養。高帝十二年（西元前一九五年），滅了淮南王英布，收回封地，改立幼小的劉長為淮南王。

劉長是大力士，能扛鼎。文帝即位時，高帝八子中只剩了文帝和劉長。劉長仗恃著天子至親，驕慢不守禮法。為了母親當年的含恨自殺，尤其深怨辟陽侯沒有據理力爭。文帝三年（西元前一七七年）趁入朝長安之便，往訪審食其，一見面就取出預藏袖中的鐵椎，一椎椎死了審食其，然後肉袒伏闕請罪。文帝一則念在手足之情，再則體諒他為母復仇，沒有降罪。當時上自薄太后，下至太子百官無不憚忌他，更助長了他的驕氣。回國以後，出警入蹕稱制，一切排場與天子無二，甚至自作法令，不用漢法。文帝十分頭痛，曾使帝舅薄昭寫信給他，勸他恭謹修省，上書謝罪，劉長很不高興。

文帝六年（西元前一七四年）棘蒲侯太子柴奇謀反，劉長也牽連在內，文帝再也不能忍受，召他到長安，四十多位議罪大臣論他的罪，都說該「棄市」，文帝免了他的死罪，廢去他的淮南王位，發配西蜀嚴道邛郵，以檻車傳送。檻車所過各縣，人人憚忌劉長的驕橫和神力，連吃飯都不敢輕易打開封車。劉長平生從未受過這等屈辱，一氣之下，竟絕食而死，死時才二十五歲，留下了四個五、六歲的孤兒。文帝八年（西元前一七二年），分別封四個孤兒（時皆七、八歲）為侯。文帝十二年（西元前一六八年），又改封他們為王，三分劉長原封地（當時劉良已死，無後），而以長子劉安襲稱淮南王。

劉安個性與父親截然相反，允文而不好武，喜歡讀書鼓琴，曾召收門下賓客幾千人著書立說，他個人才學又極好，武帝敬重他的才華，每有文件到淮南，一定叫當代大文豪司馬相如起草潤色，才敢送出。建元二年（西元前一三九年），劉安初朝武帝，獻上了剛殺青的《鴻烈》，武帝極為喜愛。又命他寫〈離騷傳〉，他才思敏捷，清早受詔，吃早飯時就作好了。以後又陸續寫了些歌功頌德的賦。武帝很高興，常宴請他，與他談論國家大事，往往談到晚上。

據說劉安第一次朝見武帝時，太尉田蚡到霸上迎接他，曾告訴他：天子無子，一旦駕崩，不論就血親或才德，劉安都是最佳人選。淮南的賓客臣子，也不時以劉長廢死的往事來刺激他，劉安因此有反心。建元六年（西元前一三五年），有彗星出現，賓客告訴劉安：天下將有大兵災。劉安想起田蚡的話，加緊準備攻戰之具，結交郡國，行賄賂，並令女兒劉陵前往長安從事鋪路工作。元朔二年（西元前一二七年），武帝賜劉安几杖，准予免行定期朝覲之禮。

劉安庶子不害，不得寵；嫡子遷，恃寵而驕，素喜劍道，自以為高明，逼雷被比劍。雷被推辭不得，相陪而誤傷劉遷。劉遷怒而對劉安說雷被壞話，劉安不察，竟要處罰雷被。當時武帝為伐匈奴，大事徵兵，詔告天下：願從軍者，到長安報到，阻止從軍者有罪。雷被畏罰，逃往長安從軍，並上書告劉安父子阻止從軍。武帝削劉安二縣封地以示儆戒。據說劉安深以為恥，謀反之心益烈，早晚研究地圖，部署造反進兵事宜。

元朔六年（西元前一二三年）不害的兒子劉建深恨父親無寵而屢遭劉遷母子欺凌，暗中勾結外人，欲加害劉遷而以父親代之，遭劉遷毒打，乃使好友嚴正上書天子，告發劉安一家謀反。而當年被劉長椎殺的辟陽侯審食其孫子審卿，懷著舊恨，也暗將淮南王謀反事證，告訴宰相公孫弘。劉安賓客伍被跑去自首，承認曾為劉安籌劃謀反事宜。武帝於是派人搜捕淮南太子、王后，包圍王宮，淮南賓客悉數逮捕，又搜出不少證物。劉安自殺，王后、太子及所有牽連在內的人，全遭收捕誅殺，封地改為九江郡，黨羽死者幾萬人，列侯豪傑遭牽連的也有幾千人，分別依罪輕重議處。主審這次反獄的，是董仲舒的弟子呂步舒，這一年是武帝元狩元年（西元前一二二年）。

由於劉安生平喜做學問、談道，賓客中尤多方士；獲罪後，全族夷誅，賓客多遭牽連，死後，人因傳說他與方士得道成仙，全家連雞狗一齊升天。《博物志》、《水經注》、《搜神記》裏都記載著劉安升天、得道的遺址與八公山、八公石、八公紀、劉安廟，還記有八公初謁劉安事跡。《抱朴子》甚至結合「謀反」、「升天」兩事調侃劉安，說他升天後見了玉帝，言語猖狂，舉止無狀，自稱「寡人」。玉帝一怒，貶他去守天廁三年。這些都可見劉安事跡在當代以及後世的迴響。

劉安一生才學高、學問好，以著書立說為職志，曾召賓客寫過不少著作。根據《漢書》本傳、〈藝文志〉、〈嚴助傳〉及《藝文類聚》等類書的記載，除了依託附會者外，可靠者至少十三、四種：

(1)「內書」二十一篇：即今傳《淮南子》。

(2)「外書」三十三篇：是雜說，到高誘注《淮南子》時，已剩十九篇，有人認為即是《莊子后解》和《莊子略要》。

(3)「中篇」八卷：即《萬畢術》，又叫《鴻寶苑秘枕中之書》，專言神仙黃白之術，外加一些物理、美容原理，連解說文字合共二十餘萬字。一切有關劉安升天成仙的傳說，大抵由此附會而來。

(4)《淮南王賦》八十二篇、〈成相〉篇。

(5)〈離騷傳〉。
(6)〈道訓〉二篇。
(7)《淮南兵書》：或以為即今本《淮南子》中的〈兵略〉。
(8)〈頌德〉、〈長安都國頌〉、〈諫伐閩越書〉。

可惜除了「內書」二十一篇、〈諫伐閩越書〉全存，中篇的《萬畢術》有專家作了部分的輯佚外，其餘全都亡佚了，「內書」二十一篇因此成了研究劉安思想唯一完整而可靠的資料。

二、淮南子的思想背景

秦、漢之際不論在中國政治社會或學術思想史上都是個急遽變遷的大時代。就政治社會而言，隨著貴族分權政治時代的結束，中央集權的統一專制帝國建立起來。秦、漢王朝的相繼建立，給這巨變的大時代打上了兩次休止符。尤其是第二次劉漢王朝的建立，成立了中國歷史上首次長治久安的五百年大帝國。政治上既得空前的整合，學術上也因應著政治統合的情勢而有總結前代成果，作系統性統合的壯舉，甚至，這種學術的統合很有為政治統合規摹藍圖的氣勢。秦帝國的《呂氏春秋》和漢帝國的《淮南子》都強烈地懷帶著這樣的企圖，也濃厚地散發著這樣的氣質。從《淮南子》原名叫「鴻烈」，又屢屢強調其全備「帝王之道」的用心，都明白表露了這一點。

就學術思想的內質言：戰國時代，百家爭鳴的局勢把各家學說推展到了頂峰，在殫精竭力地各顯神通的同時，互相觀摩吸收成了不可避免的趨勢，各家為了壯大自己，不免要吸收他人，兼包並容成了一時風尚。儒家的荀子，墨家的墨辯，《莊子》外雜篇，乃至法家的韓非，都有這種傾向。到了秦、漢一統後，再沒有像荀、韓一樣既能執守本家立場，又能汲取他人，以營養自己、強化自己的大家出現。春秋戰國以來，相繼出現的百家之學也確乎到了應該全面整理結算的階段，《呂氏春秋》和《淮南子》的出現，正是順應著這樣的情勢而來的。

另一方面，戰國以來，方興未艾的燕、齊陰陽方術，入秦以後，挾著正盛的氣數，迎合著嬴秦帝王望日永天、不死不滅的勃大野心，和劉漢朝廷迷信神怪的愚闇智性，得到空前發展的機會，蓬勃地滋長，竟蔚為一代顯學。而長期以來，一再的政治分裂和社會動亂，身經兩度大動盪的劉漢子民，飽受顛沛蹂躪的心，疲極思靜，打著虛靜無為的道家思想，是各家思想中較能提供一方淨土的清涼劑，自然受到了較大的歡迎。適時而出的《淮南子》，在上述多項因素的結合下，因此也就以統合天、地、人之道，通貫百家之學的自負，高舉道家（其實是黃老）的旗幟，卻又濃烈地散發著陰陽家氣味的特殊形態出現了。

三、淮南子的思想特色與體系

㈠雜家與博雜

《淮南子》二十一篇，班固《漢書・藝文志》歸為雜家，班固說雜家的思想特色是「兼儒、墨，合名、法」，有輔政弼治的實用功能。《淮南子》的思想形態正是摻合各家，相當的博雜，也以通天地之理、接人間之事、全備帝王之道為撰作宗旨。它以道家思想為主軸，用道家思想去統合儒與刑名、法各家，全書卻又普遍瀰漫著濃厚的陰陽色彩。主撰者劉安在最後相當於序的〈要略〉中，批評儒、墨、管、晏、縱橫、刑名、商鞅等各家思想，都是緣於特殊情勢或地理需要而產生，是「拘繫牽連」的一曲之學，終不能廣應大通。《淮南子》則是針對各家的先天缺陷，想提出一套打破時空限制，永世通行的大法則，博雜地兼採各家，也就成了必然的趨勢。

其次，作者也認為：任何事物只有博大才能游刃有餘地產生一定功用，窄小究竟難成氣候，本書既是要大明其道，要「統天下，理萬物，應變化，通殊類」的，當然不能不博大、不龐雜了。

不過，它批評了儒、墨、兵、法、刑名、縱橫各家，卻沒有批評道家與陰陽家，這可能是因為這兩家最符合它那「觀天地之象，通古今之事」的要求。道家高超的智慧尤其最能幫助它們達到「紀綱道德，經緯人事」的使命。因此，全書二十篇（〈要略〉除外），開頭的前六篇，從〈原道〉到〈覽冥〉，不是道家就是陰陽家的思想，其餘的儒、刑名、法各家思想，在書中幾乎都是以兼合的形態出現，只有道家和陰陽家思想獲得這樣全篇性的介紹。而在剩餘的十四篇中，道家思想固然是主軸，陰陽家思想以其強大的滲透力，也摻合在許多篇中。

在兼採各家的同時，撰者也做了一番汰蕪存菁、融會貫通的工夫。因此，不但篇篇有其獨特的主題和形態，貫串全書，出老莊（尤其是老子）而不入於老莊的道德思想，更使全書得到提挈，而呈現本末完賅、綱舉目張之勢。這樣的安排和融合，一方面凸顯了《淮南子》的價值，另一方面也落實了《淮南子》一統前古學術，規擬治平藍圖的宏願。

(二)體例與結構

全書自〈原道〉以迄〈脩務〉，由「道」的本體論，逐漸進入「人事」的應用論，最後以通貫天、地、人的〈泰族〉結論全書：

〈原道〉發揮《老子》道德義。〈俶真〉窮究道始，發揮《莊子》宇宙觀與有無義。〈天文〉總論天地、宇宙、陰陽、日月、星辰乃至風霜雨露、萬物的形成、天象與下物的類應與感動，甚至災異變化、祅祥徵兆。〈地形〉紀九州內外山川、澤藪、風土的道里、長短、深廣，並奇珍異產。〈時則〉撮《呂氏春秋》十二紀而成，紀一年十二月的時令、風候、物象、政令、舉事，並其順逆妖祥。〈覽冥〉以「精」、「誠」為媒介，專論馳神感通之理。〈精神〉以道家，尤其是《莊子》虛無養神的修養原則，配合傳統天人合一的學說，完成寧靜節制的修養論。〈本經〉推衍《老子》「大道廢」一章的章旨，論證大道的淪廢與仁義禮樂的殘道鑿樸，而歸於節性養神，復返道初。〈主術〉以道家的無為、儒家的民本思想，配合法家、刑名家的明法、因勢、循名責實等政治架構與技術，申論人君之道與君臣相與之理。〈繆稱〉以瑣碎形式，綜合道家的無為虛己、儒家的「反身而誠」、「居易俟命」，歸本於原心反性、適情知足。〈齊俗〉發揮《莊子》的齊物思想，參以因、時、變的觀念，而歸結於「宜」、「用」的平實價值觀。〈道應〉援引子史事例五十二則，解證《老子》禍福得失之言五十二則，《莊子》之言一則，《慎子》之言一則。〈氾論〉沿襲〈齊俗〉，推衍「因」與「時」、「變」之旨。〈詮言〉反覆論證虛己無為之道。〈兵略〉綜合各家兵論，昌言仁義、本政、虛無、趁勢、因權的用兵之道，並論將。〈說山〉、〈說林〉仿《韓非子・說林》累列百八十餘事例，以雜論各類事理。內中多名理名言，或儒或道，或陳說事實現象，借事為喻，以解說人世紛擾糾結、曲折難明的道理。〈人間〉仿《莊子‧人間世》，多舉事例以明世間損益、利害、禍福、是非、功過、毀譽等相反相合、倚伏反覆之機。〈脩務〉推闡《淮南子》有為式無為論，賦老莊消極的無為以積極、顯實之義，朝應用一途去開展，以循道勤務，興治立功去改造道家的「無為」，使落實為順自然以積極建立事功。勤勉、力學因此亦成為「無為」的重要內涵。「泰族」義為「大聚」，是全書的總結論，〈泰族〉篇統合前十九篇思想，作簡要提挈或結論，終標舉出揉合儒、道、陰陽、法各家思想的「神化」(〈精誠動化〉)為政治至境。

就二十篇的次序排列而言，開頭兩篇〈原道〉、〈俶真〉一以釋老，一以解莊，明白揭示了全書脊柱。以下各篇，篇篇不離老莊清簡、虛無本旨。而且〈本經〉以前各篇多偏重天地自然的陳述與道德理論，〈主術〉以下則側重人事之治理、記載與研論，是「道德」的應用。前半論題多屬抽象道理，後半漸落實為實際的事類、方法與問題。至末篇〈泰族〉則以綜會道德與人事的姿態，昌論至德神化的治道，作為全書的結論，符應了它那「紀綱道德」以「經緯人事」的撰作宗旨。

四、淮南子的思想要論

(一)道論

1.道的體性

「道」是《淮南子》全部思想的基礎和核心。《淮南子》的道論基本上是源自老莊的，但它卻受了陰陽、儒、法等各家思想與漢人普遍思想形態的影響，偏向於喜由形下的事物現象去詮釋形上的道德境界，借用有形的時空概念去恢廓道體，把虛靈的「道」，轉化為成熟、圓融、高效率的人事之「術」，致使來自老莊的道充滿了形下色彩與絕對入世的效用功能，開展出偏向黃老一路的思想體系。

老莊的「道」，本指自然生化中含動力的生機流衍，是一種完美的形上境界，也是一種至高無上的原則。它虛無（非感官知覺對象）、廣漠、超時空，是萬有生授之源。《淮南子》的道體，基本上也具備這些特質。不過，它卻借用了一切想像所及的空間概念去恢廓它、詮釋它，讓它凸顯較清楚的影像。比如：(1)它說「道」，「覆天載地，廓四方，坼八極，高不可際，深不可測，包裹天地，稟受無形……塞於天地……彌於四海，施之無窮而無所朝夕」，既「幎於六合」，又「不盈一握」。它「橫四維而含陰陽，紘宇宙而章三光，甚淖而滒，甚纖而微」，「無秋毫之微，蘆苻之厚，四達無境，通於無坼」（詳〈原道〉），道是超時空、虛無廣漠的。(2)此外，它並從天地萬物的作用功能中去徵驗道的體性，說道汩汩靈動，生生不已。你看：天地運滯而不廢，水流涓涓而不止，風蒸雲蔚，雷擊雨降，龍興鸞集，大自然現象的千變萬化無一不是道體的作用與功能。(3)道不但超乎一般時空限制，同時超乎一般質量與標準，可大可小，不增不減，彈性無限，是放諸四海皆準的絕對價值，這使它具備了成為一切事物最高原則的優越條件，萬有因道而化生，而顯性，而全備圓滿、自足無缺：山因以高，水因以深，獸因以走，鳥因以飛，星辰因以行，麟因以遊，鳳因以翔。草木潤澤，金石出；禽獸茁壯，人倫諧。甚至，瑞應連連，袄災不生，一切的偉大發明和人類文明都由此肇生。

這樣的鋪敘是《淮南子》發揮老莊思想，甚至推衍一切思想理論很典型的表達形態。其思想基礎基本上是脫化自《莊子・大宗師》和《道德經》十四、二十一、三十九各章，卻夾帶著濃厚的漢人天人感應色彩。經這一鋪敘，「道」是顯實多了，卻也明顯地有了「形埒」了。

2. 道的創生——氣化的宇宙論

《淮南子》以「氣」為道體創化的元機與關鍵。按照〈天文〉、〈精神〉的說法：「太始」衍生「虛霩」，「虛霩」以上都是無形的惘象。「虛霩」再生宇宙，有了宇宙，才肇生「元氣」，元氣既肇生於宇宙的時空中，當然「有涯限」，是物質，它本身質性又有清濁之分，清者（陽剛）浮升為天，濁者（陰柔）凝滯為地，透過這天地陰陽剛柔二氣的結合，四時、萬物及各種自然現象都產生了。其詳細過程則：陰陽專凝生四時，四時散生萬物。其中，蟲類是「繁」氣所化生，人類則是「精」氣所化生。就人而言：精神是清妙天氣的賦生，形骸是重濁地氣的凝成。列為簡式是：

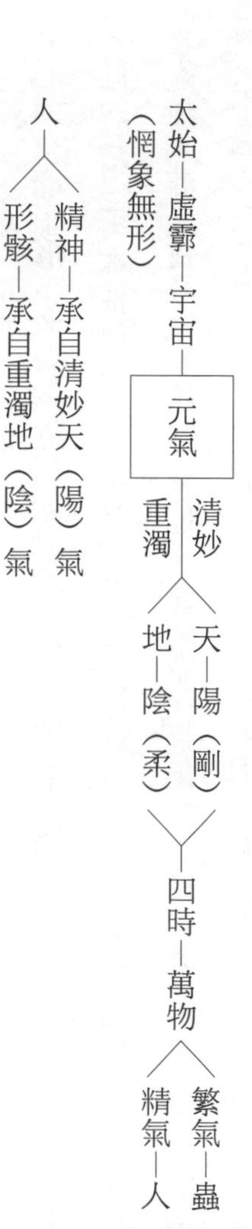

此外，水火日月風霜雨露雷霆雪霧的生成也同樣是這一氣的激薄轉化。

這樣的區列，所依據的應該是當時粗糙的科學知識和來自陰陽家的氣化觀念，配合著自己大膽的臆測和推斷，卻為中古中國架構了一個相當有系統的宇宙論模式，此後成為中國哲學家宇宙論的傳統間架。它同時在〈俶真〉裏借用《莊子・齊物論》「有始也者」一段作為間架，配合《易》緯《乾鑿度》一系的說法，把宇宙天地的創生演化明分為「始」、「未始有始」、「未始有夫未始有始」、「有」、「無」、「未始有無」、「未始有夫未始有無」七大階段，細述其內容狀態，明白顯示了極力要揭開宇宙創生奧祕的努力和決心。以後張衡《靈憲》、《廣雅・釋天》，乃至晉人偽造的《列子・天瑞》都屬這一系列的說法。

而不管是前列的創生程式，還是這裏的七大階段，《淮南子》都是以「氣」(元氣)為生化關鍵。「氣」在《淮南子》乃至漢人思想中是很特殊的，它是宇宙由靜而動，由混溟而開化的關鍵，也是宇宙和道體創化運作的元機，它生於時空(宇宙)中，靈動活絡了時空，使超時空的「道」，在時空中呈顯性徵與功能。因為「氣」的緣故，也因為強調道用，《淮南子》的「道」，便常跌落在時空中，在現象界裏。〈齊俗〉說：「往古來今謂之宙，四方上下謂之宇，道在其間而莫知其所。」

3. 道的效用與功能

(1)由「不仁」、「自取」到「自正其道」與「非為」：

老子講道，強調道的柔弱不宰性，莊子則較偏重道自生自化的超拔性。因此，《道德經》以水為道體的完美化身；而《莊子》書中最契天機的體道真人卻光怪陸離，天殘地缺，為人間所絕無僅有。《淮南子》的「道」轉化自老莊，但，所表現出來的，卻是偏於老子一路的黃老色彩。它講道體的運作也是「自然無為」；但它詮釋「自然無為」，卻兼跨老莊，兩路並進。它兼取老子的「不仁」、「不宰」和莊子的「自生」、「自取」，提出了「非為」與「正其道而物自然」，去詮釋老莊的「無為」，說明道體的生生其實只是依循一定道理，成就足以創生的條件，則一切不待創而自生。又說天地的造設、萬物的孳生都是各「正其道」、呈其德，自安、自取、自養，同時取足，不假任何外力，天地宇宙於是而繁茂富麗，這叫「無為」，叫「神明」。另一方面，它並轉化老子的「不仁」，提出「非為」，去徹底否定道體運作具有任何意識與目的，卻顯然夾揉了若干「機遇」意味；這以後到了東漢，另一位以道家自然主義為倡的雜家王充，便據之而推衍出「不故」、「不為」、「適偶」的機械自然論。王充說：天既不生，地也不長，是萬物自然化育。夫婦也「不故」生子，是夫婦交合而子「偶」自生，「春不為生，夏不為長，秋不為成，冬不為藏」（〈自然〉），是陰陽二氣自出，萬物自生長、自成藏。

(2)天人交修，和諧圓滿：

其次，莊子由發揮「自然」義而強調天機的純完，去除人為的造作。《淮南子》沿承《莊子・馬蹄》的旨趣，也主張取「天」去「人」；但它更要求天人圓滿和諧，主張「外與物化而內不失其情」、「外化而內不化」，內在固然要保住一定的操持，外在也要能「詘伸贏縮卷舒，與物推移」，既要隨「人」入俗，又要不失「天」真；既保住天真，又不失人俗的照應，天人兼顧，協調圓滿，這是作者的理想，也反映了漢代道家學者對初啟的太平治局無限的憧憬。《淮南子》這種明顯向「人」妥協的態度，當然是對先秦道家，尤其是莊子的刻意調和和轉化。就「循天保真」一端來說，它確是牢牢守住莊子陣營，因此，一再強調要「中有本主，不受於外」；但在「隨人」一方面，卻從老子的雌柔和法家的「時變」中得到更多啟示。

(3)由柔後到因循時變：

在〈原道〉裏，作者全面鋪敘了水的全備道性，並演繹老子的柔弱哲學，強化了老子寓弱於強的觀點，揭開老子柔弱勝剛強的真相，是因強者恆為弱者的擋箭牌，弱者恆受庇護。它說，柔後不是一攤爛泥，是「藏於不敢」，一切表面的柔弱事實上是蓄勢待發，以便應時而動，蔚為強大。在不露形色的潛藏中，其實是緊盯外物，一刻不曾放鬆的。這樣的柔後當然不僅限於自保自全，而是積極地積弱為強、積柔成剛，成為致強勝取的訣竅了。老子寓弱於強的「道」，經這一公然轉化，從此堂堂皇皇進入黃老權謀的界囿，成了一種高效不敗之術，作者因此改稱它為「因」、「因循」。這個「因循」之術是要隨物順勢待時而相應變化的，因此，與「因循」同時，《淮南子》也講「時變」。這因循時變的哲學以後成為《淮南子》無為論的主要內容，《淮南子》就是用「因循」、「時變」去詮釋「無為」的，它同時也是全書思想的核心精神，留待「無為論」中再詳細討論。

4.道德退化與仁義禮樂

先秦道家基本上都是道德退化論的堅持者，老子視仁義為道德的殘破與支裂。莊子也視智慧的開發為天機的破產，仁義是附贅懸疣。《淮南子》繼承這些，在〈俶真〉、〈覽冥〉、〈本經〉、〈主術〉各篇都大事鋪敘人類社會道德的墮落史。它把人類歷史文明的演化分成或二、或三、或五個階段，越先前越真樸近道，越後面越衰墮敗德。綜合這些排列，約可分成七大時期：

(1)至德之世（太清之始、往古之時、古之人）

(2)伏羲之世（世之衰、衰世）

(3)神農黃帝之世(容成氏之時)

(4)堯舜之時

(5)昆吾夏后之世(桀之時、晚世)

(6)周之衰(分山川谿谷之後、春秋戰國)

(7)當今之時(初漢)

它把人類道德與歷史的演化和天地宇宙的演變看作同一系統,都是由簡而繁,由樸而華,漸次紛雜混亂。「道」是萬化之源,至純至上,也是諸德之母,至高至完。「道」以下各種現象開始化生,道德也開始割裂。因此,「伏羲之世」以下都不純完了,人類歷史真是一部悲觀黯淡的道德墮落史,這是戰國時代老子的憂心和焦慮。入秦以後,一切果真應了老子之言,法張德敗,世亂益亟,至秦亡而達頂峰。漢興,因不得不重估老子的言論價值,回頭試朝老子「反樸」之路二度探行,這是西漢無為術興用之因。因此,《淮南子》敘述到「當今之時」時,道德便不再下墜,而且開始公然承認仁義也可以輔道德之所不足了。因為歷史文明不斷地向前推進,道家理想事實上不可能施用於實際政治,上古的渾茫真樸,僅能充作象徵性的憑弔對象,對實際人生並無太大意義,歸真反樸充其量只能上溯到黃帝時代。這和西漢黃老治術推崇道家卻標榜黃帝,而不標榜伏羲、神農是同一意味的。論治,最早當從黃帝開始。

5. 仁義禮樂與救衰扶敗

當純完的太上道境成為遙遠而不可企及的象徵時,仁義禮樂猶不失為高貴可及的情操,對人心仍有相當的感動力,《淮南子》因此改變老莊絕不妥協的態度,開始向仁義禮樂認同。它說仁義禮樂儘管有失,

「非通治之治」，卻如鞋帽一般，自具一定而不可抹殺的價值功能。論政、施治、立法都少不了它，這和漢初黃老之治一面標舉清靜無為，一面居仁由義、廣施德惠，精神完全一致。政治究竟不能徒恃抽象的清靜無為。而比起法家、縱橫家的現實與權詐，儒家的仁義醇厚契真多了。

仁義之外，對於「禮」定名分、別親疏、維持社會秩序、調和人際關係和「樂」移情性、化戾致和的功能，《淮南子》同樣肯定。不過，它更提出一個「適」的標準來，防節其過溢而淪為虛飾，主張以「質」為本，依情循性而制定，「適情」而「辭餘」，庶幾「文」而不失質樸。調和了道家的徹底否定禮樂、儒家的隆禮崇樂和墨家的苛陋不及，呈現了十足的雜家思想形態。

㈡無為論

先秦道家推衍道的效用與功能，拈出了「無為」的處世哲學，《淮南子》推衍道體的作用，也同樣提煉出因循無為的應世術。它幾近全面地汲取先秦道家無為論的精神與內涵——虛靜、保真、反智、柔後、崇道，卻將方向固定於事功與應用一端去發展，結合儒家思想中可以和道家保真理論牽合的修身觀念，甚至與道家截然相反的法家「時變」精神，巧妙揉合在一起，大大改造了老子，乃至先秦道家的柔後哲學與反智思想，重新塑造出屬於漢代，乃至《淮南子》式的無為理論。在這裏，反己與保真互濟並存；勸學與反智可以並講而不牴觸；崇道成了尊重外在客觀規律；柔後成為含帶韌度與後勁的因循術，甚至須和「時變」結合使用；道與事、權與常，在道家原本對立的東西，到此都成雙配對地並用而不能偏廢了。

1. 何謂「無為」

根據〈說山〉、〈氾論〉、〈繆稱〉的瑣碎敘述，「無為」是靜默、寡欲、簡約省事、依循自然而不飾人偽，這些大致和老莊相合。但，《淮南子》的無為有更積極的開展，它特別強化老子「無為而無不為」的觀點，極力推闡其功能，它說：無為是「不先物為」、「因物之所為」，如龍如蛇，能「盈縮卷舒，與時變化，外從其風，內守其性」，無為不是「凝滯不動」，是「莫從己出」，不搶主動，不改本然，一切觀物而為，應物而動。《淮南子》給無為正面而全面下定義，是在〈脩務〉中，它說無為不是「寂然無聲，默然不動，引之不來，推之不往」，「感而不應，攻而不動」。無為是「私志不得入公道，嗜欲不得枉正術，循理而舉事，因資而立功，推自然之勢而曲故不得容，事成而身弗伐，功立而名弗有」。總之，無為不是毫無作為，是從「公道」，戒「私志」，順自然以反智巧，充分利用一切自然條件去建立事功。水行用舟，沙行用鳩，因高為山，因下為池，都是順自然條件以行事，都不算有為。只有「以火熯井，以淮灌山」之類，才是用己背自然，才算有為。換言之，有為無為的差別不在為與不為，而在如何為，是「循己」以為，還是「因資」而為。只要不背自然規律，充分利用周遭條件，因時、因地、因物制宜，都是無為。

這樣的無為，一方面把握住道家崇自然、去己去智的基本特質，另一方面也用了許多積極觀念去填實道家無為的內容，無為從此成為尊重客觀規律以行事的合理高效行為，一種循自然以求發展的特定意義的有為。

2. 虛無與靜默

虛靜是先秦道家無為的基本內涵，《淮南子》詳實地加以發揮。它透過實例的分析，去解證：一切抽象無形的東西，雖寄託於具體有形事物中，卻每超越其上以指導之；有形事物之「用」，關鍵往往不在物體本身，而在寓託此體之上無形的理，「有」由「無」以發用，「無」佐「有」成其用。甚至，不用本身即是最大的功用，虛無本身就具備至高無上的價值。鼎和鬼神都以列而不用，成就其至高之用。這提示我們：真正偉大的事功，並不一定要汲汲為營、躬身力事。我們治事理物也貴由實有中去體悟虛無的妙理，由虛無中去抽繹實有的指導原則，「視於無形，聽於無聲」，不僅注意有形之跡，更要察無形之兆，使虛無成為超乎思想行為之上的指導原則與藝術，將一切有為納入其中，接受指導，以求不毀不敗。

虛無之外，《淮南子》又主以靜制動，教人透過「靜」的工夫去蘊生足以鑑照外物的清明，才能在滔蕩紛擾的事物行為中認清客觀環境，把握正確方向，堅實穩住自我，以應對外物，而無差忒。因此，《淮南子》的「靜」至少包括了：⑴不躁。⑵正己以形物，也就是穩住自己、調整至理想狀態，以為觀測外物的資本。這就不只是道家的反真修己，同時也是儒家的內聖工夫了。道家的虛齋工夫和儒家的示範教育同時兼揉於《淮南子》的靜默哲學中。

3. 自正其道：循天保真與反己正身

〈泰族〉曾以自然現象的各正其道、呈其理而萬物自生長，說明「無為」的真諦只是不侵擾外物，使得到充分生長條件而自我取足。這明白揭示了：萬物自然而沖漠的生命本狀就是偉大的天地玄機，就足以參同造化的妙理，這完全是道家反樸歸真的自然義。因此，我們只要調整生命，復返真樸，便足以產生偉大功效，《淮南子》因此說要「原天命，治心術，理好憎，治情性」（〈詮言〉）。但在講到這四項反樸工夫時，卻岔出了克省的意義，它說：身是道所託，身得則道得，又說「聖人不為可非之行」，「修足譽之德」，凡事盡其在我，不忮不求，不迎禍，不攘福，不憂不懼。這其中固然含帶了道家的曠達與瀟灑；但更多的是儒家樂天安命的篤厚與寬和。

4. 去智與勸學

先秦道家因為堅信自然本身就孕含偉大玄機和最全備的妙理，因此徹底反對一切後天的智故，全面否定後天開發的智慧具有任何價值、功能。《淮南子》遵循先秦道家傳統，也反智，唯獨對知識的學習和追求，卻持相反的看法。因為依據《淮南子》順自然以求發展的無為定義，學習正是順著先天自然材質以求發展，不算「用己而背自然」，仍是無為。何況知識才能所以被排斥，只因它們不是開發過的，就是偏而不全，有偏限。《淮南子》則認為：既有偏限，便需擴充與調整。學習，可以交換經驗和智慧，積累眾多才智，以突破先天偏限。而且，講求後天的擴充和調整工夫並不表示對先天材質功能的否定。對萬物自然的本質和天性：馬能揚蹶，雁知順風，螘能為垤，虎豹處茂草……《淮南子》是很稱許的。全然地移易天性，當然不好，不可能；但，適度修整潤飾它，卻實在有必要。適當的順導、潤飾，不但不會抹殺天性，反使它得到更大、更充分發展，使它變得更可期、更穩定。

從去己反智到非學，在老莊是自然而必然的；從去己反智演成勸學，在《淮南子》也是自然而必然的。其間的分歧就在《淮南子》是「道」、「事」並重，「天」、「人」雙修的。除了「循天」以保真自適外，還要俯仰於世，「與俗交」；「全其身」之外，還要「入人」，後者的意願尤其大過前者。既要在俗世求發展，就得對自然條件有所調整或開展了，學習也就在這天人協調的條件下被納入了「無為」的領域。

5. 易簡與周數

先秦道家反對苛削細察，老子以「儉」為寶。《淮南子》也反對挑剔求全，察察之明。因為天下事物無窮，個人才智有限，以有限才智去應對無窮事物，如果斤斤計較，疲憊一生也難成大事。《淮南子》因此提出「易簡」的精神原則，教人做事要把握要點，而不要苛削求全。因為天地間遍處都是缺憾，全然合道而了無瑕疵的事物行為，在現實世界中是找不到的，過度計較或膨脹這些缺憾，必將因小失大。一味求全，你終將失去一切。只有認可缺憾才能減少缺憾，只有取大略小，才能保全那些沒缺憾的部分。

同樣地，天地事物表象儘管紛繁，背後卻都有一定的存在理據，《淮南子》稱它們為「道」、「理」、「數」或「公道」，以表示它們是一種放諸天下恆定不變的客觀規律。我們治事，如果能把握這個規律，懂得尋繹事物中那一點核心之理，便能四兩撥千斤，沒有解決不了的事情。《淮南子》因此教人要執「數」、「任數」、「周數」，要「循理」，捐棄無謂的主觀智能，準確把握事物所以然而必然的客觀規律，便能事省而功多。

6. 柔後與因循

《淮南子》與《老子》都主柔守後，但《老子》較偏於以之為自全長存之道，《淮南子》卻懷著強烈的剛強動機，處心積慮要致強大。《老子》的柔後是看透式的，《淮南子》卻是蓄意式的，這是秦、漢黃老學家轉化《老子》的通常形態。《老子》的柔後顯示了動亂時代裏，弱者冀由減少紛爭去換取久視長生之機；《淮南子》的柔後則顯示了大有可為的初漢強者由新滅的嬴秦中，鑑知剛強必敗的道理，收斂起強者的姿態，出之以柔弱，去保住剛強，明顯反映了強者躊躇滿志之餘的戒慎。因此，它的柔後是「志弱而事強」、「心虛而應當」，要「行柔而剛，用弱而強」、「與物回周旋轉」，要「周於數而合於時」，不急不躁，俾能準確把握事物發展的核心關鍵與時機，一舉致勝。這樣的柔後，其實是要隨物順勢待時而變的，《淮南子》改稱它為「因」或「因循」，《淮南子》就以「因循」去轉化《老子》的柔弱哲學。

它認為天地萬物各有其本然之勢與自然之性，也生俱循性求便的本能，懂得在物與我、外境與己性兩不可易的性勢中，自然找出一條足相依輔而不衝突的均衡和諧之道，以利己而遂生。「匈奴出穢裘，干越生葛絺，各生所急以備燥濕，各因所處以禦寒暑，並得其宜，物便其所。」這種協調外物的本能叫「因」。有形事物如此，無形的事物也一樣有自具的規律，也是只能「因」而不可改的。這些就叫做「數」或「道理之數」，都是該「因」的對象。整個〈時則〉篇就是因自然以制人事的記錄。這樣的「因循」，旨在強調從順應外物中去理治外物，甚至超越外物。

這個「因」的哲學稍早可遠溯至《老子》「和光同塵」的「玄同」，和《莊子》的「形莫若就，心莫若和」，但真正大用於人事的理治，使成一種治事技術的卻是先秦的黃老學家——《慎子》、《韓非子》和《呂氏春秋》。不過，與「因」同時，《淮南子》也強調「時變」，這就使其「因」不致如《慎子》般決然無主，飄風轉蓬，死寂失歸。反之，因為「因循」的強調，使其「變」不致成為飾智專斷。「因」和「變」本是兩個相當對立的概念，《淮南子》把它們統合起來，圓融涵蓋了一切可能，成為一種圓周之「術」。如此的結合，前此《韓非子》、《呂氏春秋》都做過，《淮南子》承襲它們，既用「因循」去補充《老子》柔弱的技術，又用時變去強化《老子》雌後理論的積極意義，明白顯示了它站在求用求事功的原則下，刻意積極道家無為論的用心。

7. 時變與權常

《淮南子》認為事物成敗與否，有時候並不決定於當事人內在主觀的才德，而每每有賴於外在客觀的時機，所謂形勢強於人。同樣的人和事，時間上出了差錯，結果便不相同。因此，善於建立事功的人應該學會駕馭時機，時機未到前要耐心等待；時機一旦來到，便該當下捏拿穩當，不可錯失，「待時」、「乘時」因此成了行事的緊要功夫。而時機是客觀地隨事物的自然發展而漸臻成熟的。久盈則損，隆極必殺，當物勢由盛轉衰，由盈漸損之際，我若不能乘時應變，而一味與之共宛轉，則物衰殺，我也與之共衰殺，終於相率陷入窘困。必須物極反，我相應以變，及時更為，然後可不隨衰墮而淪於困窮。適「時」而「變」是為了「救敗扶衰」。可見，它所「因」的，是那個利便的情勢，而不是那個事物形跡本身，這叫因變。不與物共衰殺是《淮南子》因循說對《慎子》因循說所作最大修正，它說「常故不可循，器械不可因」便是此意。

不過，《淮南子》也並非一味求變務新，在變與不變間還是有一定準據，它要求「事變而道不變」，變其該變，不變不該變。這個準據是「時」也罷、「勢」也罷、「數」也罷，或總稱為「道」也罷，終歸是個合理的根源。站在這樣的根源上談「變」，這個「變」才有意義、有價值而不流為蠢動。這裏就牽涉到一個「權」與「常」、「道」與「跡」的問題。何謂「權」？「勢不得不然。」為順應時勢，當下所採取的應變措施就叫「權」，它是因時制宜，有一定時效的。當它隨「時」轉移而去時，便成了「跡」，這和「道」之為恆定通則不同。「權」儘管時效短暫，效果卻是立竿見影，即用即生，當下顯呈，可用以濟助「道」效所不及。《淮南子》把「變」與「不變」、「權」與「常」迭相濟用，目的在使其「因」術，含備更周密圓融的條件，而常用不敗，這是《淮南子》無為論的終極目標。

㈢政治論

政治是《淮南子》全書撰作的最終目的，全書的應用理論也以這一方面較為具體、完整而有系統。它以道家清靜簡約的精神為人君施政的最高指導原則，以法家尊君卑臣、明法重勢、循名責實的政治系統為骨幹，配合儒家仁義誠恩的觀念，和陰陽家精氣感通的說法，架構出一套大公無私、合情合理、無為動化的政治理想。

1. 政治的目的與原則

〈主術〉分政治為三等：「太上神化，其次使不得為非，其次賞善而罰暴。」〈泰族〉說：「治國，太上養化，其次正法。」這裏的「神化」是指統治者透過內心的「精誠」、「至誠」去無為無形地動化天下。可見：具體有形的法治是治之下策，最高明的政治是化於無形的，法令的出現，顯示政府防範犯罪的失敗。政治的目的，不在防範犯罪，而在溝通民心，在寧民、利民，為民興利除害。這些大致上是儒家民本觀念的移用。

不過，在施治的技巧上，《淮南子》卻從《老子》的「清靜」、「儉」、「嗇」中提煉出「易」、「簡」的精神，來做為指導原則，它說「大政不險，至治寬裕」（〈泰族〉）；說「量粟而舂，數米而炊，可以治家而不可以治國……非易不可以治大，非簡不可以合眾。大樂必易，大禮必簡」（〈詮言〉），要人「守約而治廣」（〈氾論〉）。統治者內在的自我條件儘可求其充實完備，處理事情的手法卻必須精簡、寬易，把握要領，講求方法，「執術」而「得要」。如何「執術」而「得要」？《淮南子》提出了「因循」的道理。

它說：民心可因，人臣的智能可因，客觀具體的法令可因，人主先天上與生俱來的權、位，外在有利的情勢，無一不可因。因此，施政用人要「因民之欲」，「因其所喜以勸善，因其所惡以禁姦」，「循名而責實」，行事發令要「因勢」、「因資」、「因道之數」。

2. 君道與臣操

《淮南子》認為一個操持最高政令的人君必須具備相當的形象和條件：基於民本的立場，對百姓，他必須有儒家悲憫惻隱、與民同樂的襟懷，「國有飢者，食不重味；民有寒者，而冬不被裘」；又要有墨家勤儉從公、犧牲服務的精神，「取下有節，自養有度」、「身被節儉之行，而明相愛之仁」，終身憂勞以興民利。但是，對於臣僚，卻不同了，它必須透過一定技術去駕馭他們、考核他們。這方面，法家的刑名統御術正好提供了完善的方案，《淮南子》幾近全盤地接受。

它認為人君是施政的主體，人臣是弼政的股肱；君是根本，臣是枝葉。君貴臣賤，君尊臣卑；君宜靜，臣宜動；君宜約而逸，臣宜詳而勞。君臣之間宜如軸與輻、瑟與絃，「瑟不鳴，而二十五絃各以其聲應；軸不運，而三十輻各以其力旋」，動靜相配合，圓滿完成功能。因此臣道貴先、貴能、貴實、貴有為；君道貴後、貴虛、貴無為。人主恆保沉默，「以不知為道，以奈何為寶」，虛己去智，因任臣下去作為，才能奄有眾多才智，讓眾人去為自己效能盡智，好主意才能源源不斷。反之，一味恃己逞能，臣下不便與君比高下、爭風頭，只好掩智藏能，人君事事躬親，既不能伸理，也不能「專制」，超然的領導地位便不保了。總之，君不以能為貴，而以馭能為高；臣不以御為德，而以守分盡職、竭能立功為賢。

這種觀點當然是法家式的。《慎子・民雜》早就反對「人君代下負任蒙勞」，到了韓非，推展到了頂峰，認為人君不但不宜專用其智，甚且不宜輕露好惡喜怒，才能保持神秘而超然的領導地位，他說：「術不欲見。」使人臣無法「自雕琢」或「自表異」，安份去盡職。《淮南子》也說人君要無為無好，不「為暴」，也不「為惠」，以徹底杜絕一切姦欺，然後用最公平客觀的標準去考核他們。而最公平客觀的依據當然就是法了。

大抵《淮南子》一本法家的傳統，在政治操作上以君為主體，因此多言君術、君道，少言臣操臣守。多言人君如何操術執法以任官，少及人臣如何佐主承命，治官理民。人臣似乎只是人主的附庸，是靜態而被動的推行角色、承受角色。書中對於人臣角色的塑造，始終一團模糊。只有在談到君臣關係時，以恩澤為人主接臣的德操，彼此關係為「相報之勢」。不過，這種恩澤說穿了，也只不過是爵祿而已。

3. 用人與治官

在用人方面，《淮南子》主張因資而用眾，而且要一本「易」、「簡」的精神，把握重大原則，取其大而不責其小，「權而用其長者」。因為天下事物本來難得全美無疵，人的才智也一樣有不可逾越的先天極限。因此，人主選才貴在不遺，而不貴求全。只要有相當長處，便有一定可利用的價值，把握重大要點，而保留適度彈性，依其才性所近，分別給予恰當任用，「故有一形者處一位，有一能者服一事……毋小大脩短，各得其宜。」依循老子絕聖去智的主張，《淮南子》推衍為因任眾智，裁使眾材，這些自然是受到韓非等黃老法家的影響。但韓非反私智、用眾智是為防姦、知姦，《淮南子》卻避開這種尖刻的企圖，溫和地說是為了彌補個人才智之不足。

其次，對這些人才的管理和督核，《淮南子》採法家刑名之術，主張分官分職，「循名而責實」。明確劃分職事權限，使長才者任其事，百官名分確定，職責清楚，不相干犯，人君據名位、職分去考核治績，臣下便只能盡職效能，無以誘過姦欺了。

以上所說的清靜、簡約、因資用眾、循名責實都是「術」，術之外，《淮南子》又沿承法家，任「勢」而明「法」。

4. 勢與法

(1) 勢

《淮南子》在談無為時已有「因勢」之說，所謂「勢」是指足以倚恃的優越情況或條件。運用於政治上，便成了足以維護或保有這超然控御情況的憑藉，這種憑藉往往來自他的地位，以及附隨於此地位上的權柄，又叫「權勢」。這種權柄，法家認為：一定要操持於人君之手，以形成絕對優越的統御情況。韓非因此分「勢」為「人所設」與「自然」兩類。後者指人君承自先人的帝位與附帶於其上的一切權力，後者則指人主如何配合這種自然之勢，施用刑賞，以鞏固權威，完成統御。

《淮南子》講勢雖不明分兩類，卻是兩類兼包的。它一方面說衛君役子路是「勢」，指的是自然「權勢」；卻又說人君不善用「勢」則敗治，明是兼攝人為之勢。它要人君善於安倚權勢、操持爵祿，巧妙地「審緩急之度，適取與之節」去完成統治，卻不講藉「法」固「勢」，「法」在《淮南子》中另有它的價值。「勢」的運用重在操持的精神與要領，而不賴「法」，這是《淮南子》大別於韓非之處。

(2) 法

(甲) 法的功能與特質：在高度要求政治功效的法家學說中，「法」是政治的核心要素，《淮南子》肯定了這一點，它說法令是治官理民的依據，與權勢同等重要，甚至更為具體。因為政治對象不是特定階層，而是廣大民眾。統治者除把握某些抽象原則外，必須有更具體顯實的措施，以利遵行。「法」的功用正是替政治的推行擬定一套具體而必然的「公道」，因此，它至少須具備「公平」與「必然」兩大要素。

法的設立，不僅為人君治官理民的憑藉，也是人君自身行事的準繩；不僅為民、為臣而設，也為君而設。執法立法者本人也應納入法令管理系統中，這是法令尊嚴價值所在。也是《淮南子》法論改良法家之處。在韓非等法家理論中，人君是執法、立法、也是超法的。《淮南子》卻把法令地位擡高至人君之上，又說要依民心以立法，民心為立法之基，這是受了《管子・法法》「令尊於君」，和儒家民本觀念的影響，用以矯正法家過分推尊君、法之弊，形成了循環式的法論系統：

法→君→臣→民（→法）

這是法的公平性。

其次，法有具體規定與科條，明載賞罰情況，何種行為必致何種賞罰，人人可預期，且了然於心。人的行為宜如何自我調整、約束、趨避，皆得具體明確之指引，效果自然可期，這是法的必然性。

(乙)法的設立與依據：〈主術〉說：「法生於義，義生於眾適，眾適合於人心。」法令的訂定，需顧慮全民需要，合於普遍道德原則，〈主術〉說：「法，非天墮，非地生，發於人間而反以自正。」立法者必須以己為驗，自度本身所能踐履的程度，才訂賞設罰。而且，一本仁民的原則，「法」在整個政治事件中的功能價值，應該只是便政佐政的工具而已。政治的本質與基本精神並非設科行罰，仁義宜為本，而法治宜為末。過度推展法治，強調集權，很可能使法治所得來不易的成果，付水東流。

從《淮南子》的政論中，我們可以清楚地看見：法與道德仁義並非絕對不相容，王、霸道可以雜治，儒家的人治、德治，與法家的法治、術治，是可以互濟互助、相輔相成的。因此，它雖以虛靜無為為政治的最高指導原則，在實際的運作上，採用具體詳備的法家模式，尊君明法，強調法的公平與客觀性，主張分官分職、循名責實，君靜臣動，人君兼用勢、術、法以完成統御；但是，在實際內容與精神上，卻擷取甚多儒家思想去換轉法家政治方向，改變了「民」與「君」、「國」對立的形態，使利民成為超乎法令、君權之上的基本目標，仁義道德成為政治基本要素，從而下降人君地位，至與法令、臣、民互有高下的特殊均衡形勢。它那些道、法融合之論固然代表了武帝以前的黃老思想；那些儒、法互濟之論，事實上也等於武帝以後西漢政治的縮寫。

㈣感應論

1.人副天數

按照《淮南子》氣化的宇宙論，天地萬物都由一氣化生，〈本經〉說：「古之人同氣於天地。」「天地之合和，陰陽之陶化萬物，皆乘一氣者也。」因此，人與天地萬物同具此一氣之自然性，人的形骸精神也必與天地宇宙的情性相應合。而且照它繁氣生蟲、精氣生人的說法，是這一「氣」先分清濁（陰陽），生天地，天地再合和生人，而且人的形骸部分稟受自地，精神部分稟受自天，在先天上因不免產生遺傳性的肖似。就形骸言，天圓地方，天地又有四時、五行、九解、三百六十日；人的形骸也相應而顱圓、趾方，並有四肢、五臟、九竅、三百六十節。就精神言：天有風雨寒暑，人也有取與喜怒，與天地相應，這叫「人副天數」。

而不論就人與天地同稟一氣，還是就人由天地合氣所肇生來說，人與天地間必然可以透過這一氣之流衍而溝通往來。同樣地，人與人、人與萬物，乃至物與物間，既同此一氣之化生，彼此之間也可以透過這一氣之流衍而相感應、相溝通。不過，人既由「精氣」所生，其間的感應是以「精誠」；而物與物、物與自然之間的感應則以「氣類」。

2. 氣類相動與精誠感通

作者由觀察天地物象發現，萬物間恆存在某種固定的奇特現象：當一物呈現某種狀況時，另一物往往相應起變化，「東風至而酒湛溢，蠶咡絲而商絃絕……畫隨灰而月運（暈）缺，鯨魚死而彗星出」，對日引火，月下凝露，磁石吸鐵，葵恆向日，類似的物象，《淮南子》及《萬畢術》記載最多。其中有些是可以理解的物理現象，有些則是詭異的奇說。蓋萬物既共同生存於大自然中，不但彼此之間必然存在某些互相牽連或依恃的情況；而且，一旦它們所賴以獲取生存條件的大自然有了遷變，當然會影響萬物生命活動的正常運作，這是極自然的事。然而，遠在兩千年前的西漢，《淮南子》的作者們一本其簡樸的科學敏感，除了觀察、記錄外，也企圖提出解釋，於是依據其粗糙的科學素養，通通歸之為陰陽同氣相動，也就是兩物先天上相同的氣機流衍溝通的結果。

物與物之外，人與人、與物、與天地自然間，同樣存在這種超乎形體之上，得以跨越一切有形空間障礙而往來交通的能力：詹何意釣淵中之魚，雍門子情動孟嘗君，師曠奏白雪之音以降神物，庶女叫天而起海嘯。這些事例中同樣有自然情感的傳遞，和譎異的災異感應。和前者不同的，這類感通，發動的主體是人的意志。作者堅信：一個人當他「專精厲意，委務積神」，把自己的精神意志調整到最專注不旁騖的程度，便能產生不可思議的感通力量，以影響外物。這種力量既強大且深入，可以在極短時間內超越有形障礙而無遠弗屆地與人、與物、與天地自然交通。

其原因應該是：人的精神一旦集中到相當程度，則奔馳於周遭的紛雜事物漸次遠離，思慮雜質盡去，生命呈現一片澄明虛寧，與稟性之初的狀態相類似。此時，流衍與體內的氣機和流衍於天地間者相同，當然可以無阻礙地交流往來。作者把這種無雜質的生命真情叫「精」、叫「誠」。《淮南子》就用這精誠取代老子的「道」和莊子的「真」，去詮釋人與外物溝通之理。它說：「抱質效誠，感動天地。」說：「至精入人深。」說：「至誠而能動化。」是這個精誠的生命真情衝毀人與外物之間形骸的界囿與牆溝，通暢了彼此之間交流的管道。換言之，後天人為的智故，在人與外物之間架構了層層堅牢的牆溝，要摧毀這些牆溝，只有去除智故，調整心靈，復返真樸的初態，人與外物才有交通的可能。因此，〈覽冥〉說：「用智者敗，神行而自然者通。」

執政者如果能妥善運用這種力量，去和全民溝通，政治上自能收到同樣的效果。〈泰族〉說聖人「懷天心，聲然能動化天下」，聖主治天下，「廓然無形，寂然無聲……推其誠心，施之天下而已」。〈繆稱〉說「舜不降席而天下治，桀不下陛而天下亂」，關鍵只在由「情」（誠）不由情的問題而已。〈主術〉說古聖王治天下，只要「至精形於內」，然後「出言以副情」，便能做到「業貫萬世而不壅，橫扃四方而不窮，禽獸昆蟲與之陶化」、「不下廟堂而衍四海」，這是《淮南子》精誠感通的最高境界，也是它所標榜的第一流政治，叫「神化」。

這個「精」較早是道家用以指稱道的純質，《道德經》說「道」是一種甚真的「精」（十八章），「含德之厚」是「精之至」（四十八章）。《莊子・德充符》也以「精」指稱人內在生命本狀。但，「精」被指稱為純完的生源，而大用之於宇宙養生各論，卻始於《莊子》外雜篇。至於「誠」，應是源自儒家孟、荀和《學》、《庸》。儒者推崇「誠」，一以頡抗道家的「真」，亦以矯救人文過飾之弊，《中庸》尤其大大強化了「誠」的功能與威力，說「不誠無物」、「至誠如神」、誠可以盡己之性、盡人之性、盡物之性，甚至「參天地之化育」。不過儒、道兩家都不講感通，感應感通之類觀念來自陰陽家。把「精」的觀念結合感通、類應之理，完成災異的感應說，早見於《呂氏春秋》的〈召類〉、〈應同〉、〈精諭〉、〈精通〉各篇，〈應同〉甚至談到了天人感應的瑞應說。《淮南子》的感應論，大致是推衍《呂氏春秋》這些篇章而來的，不過《呂覽》並沒有談到「誠」，《淮南子》卻結合精、誠、氣、類為一，完成了它的天人感應說。

3. 天人感應與天人合則

把前述物類相應與精誠感通的道理結合在一起，《淮南子》認為執政者一切行為表現的好壞，治績的良窳，在在足以感天動地，甚至降災異、召瑞應。〈泰族〉說：

> （人君）精誠感於內，形氣動於天，則景星見，黃龍下，祥鳳至，醴泉出，嘉穀生，河不滿溢，海不溶波……逆天暴物，則日月薄蝕，五星失行，四時千乖，晝冥宵光，山崩川涸，冬雷夏霜。

這便是此後董仲舒一派陰陽儒者所謂災異譴告、瑞應之說，頗含詭異色彩，終蔚成風氣，籠罩有漢一代學術與政治。但《淮南子》卻始終不曾如董仲舒明標「天人感應」、「災異」、「譴告」等名目。它只是基於氣類相通或精誠感通之理，堅信人與天地同此一氣，當然可以感通。不過經此推衍，自然之道與人事禍福便結合起來，從此往下開展出〈時則〉篇一系列順時令以佈政令的天人大論。

它說天人既一氣，人事舉措若能配合協調此自然氣機之流行，則天和地寧，人生也美滿幸福。反之，天人異氣不相通貫，則有窒鬱之患而生災。因此，為政者非特舉措行為當仁善，以感召天地之和氣而致瑞應；施政布令尤應配合四時節氣，以助此氣機之流衍。四時：春生、夏長、秋收、冬藏，人君施政行令也宜春夏行寬和之令以助生長，秋冬行肅殺之令以助斂藏，這叫天人合則。反之，若春夏剛陽滋盛，而佈之以秋冬嚴陰之令，依氣類相動之理，必有陰沉之災。秋冬嚴令窒閉，若佈之以春夏陽和之令，依氣類相動之理，剛陽逸散，窒陰消亡，萬物無以閉藏，必有旱瘧之災。如此結合天地自然與人事為一，此後人君不只內在精神與心靈宜契道返真，即外在之舉措行為、立政施治，都應依循自然，配合天道了。

儒家孔、孟早主張「使民以時」，要求配合天時以施令，《周官》載大司馬治軍也是順時令以行人事，《荀子・天論》也主張順天功以修人治。不過，重點都放在如何充分利用自然以盡人事的努力，並不講配合與否、天時的回應問題。有關天時感應一類理論完全是陰陽家說。陰陽家以天地萬物一氣的宇宙論為基礎，組合宇宙為一個大系統，把天地人都納入此系統中，彼此聯成一緊密的秩序網，息息相關。凡自然所有，必儘量在人事中求得配合；而凡人事所有，也極力在自然中取得印證，從而成就一完整的大宇宙論。因此有了《呂覽》十二紀，乃至《禮記・月令》一類天人緊密結合的理論。舉凡一切有形無形的物質，若器樂、音律、畜蟲、林木、刀兵、色味、星宿、方位、地野、干支、律度等都重加組織排列，經之以時令，構成一個周密的五行網，來做為施政宣教的方策。這是陰陽家探究天人之際的偉大構想與成果，也是西漢各大思想家的普遍意願，這叫「天人合一」，《淮南子》的理論只是其中之一而已。真正的代表和進一步的理論組織，有待董仲舒《春秋繁露》的出現。

總之，《淮南子》以陰陽家的宇宙觀與氣化論為基礎，摻和《荀子》、《中庸》「誠」的觀念，至誠動化的理論，與道家虛靜保真的原則，以「氣」為核心，由物的類應、人的交感，以至於結合天地人為一息息相牽的天人系統。作者雖強調它們是如何地發乎自然，非關思慮，也不假手爪，並一再努力企圖提昇這種感應活動為一超越形上的精神行為，以示不失道家本色。但它所賴以交通的媒介既是精氣，則所力保的「真」仍只是介乎形上形下之間的物質而已，不論就身段或氣質言，都是不折不扣的陰陽家說了。

(五)平等的價值觀

1. 道家的是非觀與名相論

先秦道家對世俗事物的價值與名相都持相對而非絕對的觀點。老子認為現象事物都是假相，非真體，其相應的名稱與價值當然也非絕對，它說：「名可名，非常名。」（一章）循此上溯，老子終悟得一「道」，以為天地宇宙間唯一絕對價值，教人要知其相對，守其絕對。莊子則以「道」為遍在萬物之上，萬物都有一曲道性，卻都非道。然而站在性分自足的觀點上，又都喜歡站在自己的立場去批判別人，證驗是非，從而定出許多偏頗不可靠，且高下不等的價值。若用「道」的絕對尺度來衡量，則萬物皆具道性，無可無不可，是非自然平息。《莊子》因此有〈齊物論〉、〈秋水〉篇，以矯正這些偏曲的世俗價值觀。

2.《淮南子》的價值觀

(1)天下是非無所定

受了老子相對論與莊子齊物觀念的影響，《淮南子》有〈齊俗〉篇，重新檢討並詮譯老莊這一論題。它認為世人觀測外物常患兩種毛病，一是是己而非人，一是貴遠而賤近。就前者言，世人往往站在自己角度去認知外物、裁斷是非，合己便是，不合己便非，終不免是己而非人。就後者言，人又每囿於聞見之不足而貴遠賤近，以古非今，「為道者必託之於神農、黃帝而後能入說」，「圖工好畫鬼魅而憎圖狗馬」，因為「鬼魅不世出，而狗馬可日見」。眼見的切近事物限制較大，不能恣意附會；遠古事物隔著一定的時空，可以憑藉想像，恣意附會，限制較小。這兩類偏失形態、根源儘管不同，主觀誤斷則一。

其實，同樣一件事物，在不同時間內，由不同角度觀測，便可能得到不同結論，〈齊俗〉說：「事之情一也，所從觀者異也。」這樣的是非當然不是真是非。真正的價值判斷是可以通得過任何時空考驗，任何人從任何角度觀測，都能得到相同結論。這樣的真價值，道家說只有一個「道」，《淮南子》也說是「道」。而站在道的觀點看萬物，卻又都是平等的，沒有高低之別，〈齊俗〉說：「稟道以通物，無以相非也。」「百家之言指奏相反，其合道一體也。」〈俶真〉說：「槐榆與橘柚合為兄弟，有苗與三危通為一家。」萬物既同是「道」所孳生，彼此之間差距其實是說大極大，說小極小，〈俶真〉說：「自其異者視之，肝膽胡越也；自其同者視之，萬物一圈。」〈齊俗〉說：「因其所貴而貴之，物無不貴也；因其所賤而賤之，物無不賤也。」這些觀點基本上和老莊是一致的。

(2)「宜」、「用」的價值觀

除此之外，《淮南子》更發揮莊子性分自足的觀點，去詮釋世俗「隅曲」的價值觀，從而標出一個「宜」、「用」來，做為世俗價值批判的新準據。它說：

是非有處，得其處則無非，失其處則無是。(〈氾論〉)

天地之所覆載，日月之所照認，使各便其性，安其居，處其宜，為其能，故愚者有所脩，智者有所不足。(〈齊俗〉)

天下事物沒有絕對的是非和永遠不變的價值。一物有一物之性，一事有一事之用。性得其安，用得其宜，就是「是」，否則就是「非」。從伯夷看管、晏是「貪」，從管、晏看伯夷是「戇」，從箕子看比干是「傻」，從比干看箕子是「卑」，這是天性氣質上的歧異，導致價值判斷的不同，當他們自以為心安理得時，便各有其「是」。「柱不可以摘齒，筐不可以持屋，馬不可以服重，牛不可以追速，鉛不可以為刀，銅不可以為弩，鐵不可以為舟，木不可以為釜」(〈齊俗〉)。明鏡宜鑑形，不宜蒸飯，犧牛宜廟祭，不宜致雨，有一用必有他缺。反之，缺於此又未必不長於彼。當它「用之於其所適，施之於其所宜」時，就產生了價值，就是「是」而且「貴」；否則，便「非」且「賤」了，這是功能上的歧異，導致價值判斷的不同。世俗所謂是非，其實往往只是得宜不得宜，有用沒用而已。

這個有用沒用又非一成不變，它會隨時空而改易。就時間言：古以為義者，後世或以為笑；古以為榮，後世或以為辱，不同時間自有不同的適用標準，因此不必以古非今。就空間言：同樣立信約，胡人彈骨，越人契臂，中國歃血，各行其禮，不盡相同。同為服飾，三苗髽首，羌人括領，中國冠笄，越人劗髮，沒有誰是誰非。甚至，中國以其冠笄而「地削名卑」，越人劗髮文身而霸天下。這些表象歧異的事物，事實上是各有其宜的，我們應「總而用之」，使互濟長短，而不是強為判是非，定高下。《淮南子》因此推出其實用的價值論：

㈠事物的價值不在遠古稀罕，而在實際可把握，普遍能施用。服劍貴在犀利，不貴墨陽、莫邪；乘馬貴其快速，不貴騏騮、綠耳，美人未必西施之種，通士不必孔、墨之類。

㈡真理未必是亢俗離眾的高調，而應該是齊俗同眾的公論。足以為大眾所接受的價值，應該「以大氏為本」，「以多者名之」（〈脩務〉），合於普遍施用原則。

㈢特異行為不足仿效，尖端事物不宜施於教化，因其缺乏普遍可期的效果。傑出的賢才智能可遇不可求，因此，處理事物，努力尋出一個普遍而通俗合宜的大眾價值，遠較挖掘鳳毛麟角的稀聖稀賢更切合實際。法令制度的價值功能就是在這種觀念下凸顯出來的。

總之，《淮南子》從老莊的相對論與齊物觀點出發，卻不僅推崇「道」的絕對價值，反而基於求用、求事功的觀點，隨和地下降層次，努力試為老莊所否定的這些世俗價值重新定位，以通貫其「經緯人事」的宗旨。故一則強調「萬物一圈」，不必強判是非，一則強調事物的「宜」、「用」價值，以取代是非，作為裁定的準據，而歸結於平易普遍，廣用齊俗，打破世俗爭辯是非的泥見，重新提示人另一種不有爭辯拘執，較為實際融通的價值觀，做為人治事理物的準則。既遵循了道家求真的精神，以勘破世俗我執之見，又援取法家現實精神，教人重尋出路。蓋絕對的是非固不可得，一定的價值仍可把握。若能因「宜」而「用」，妥善處理諸多普遍而便利的非絕對事物，在現實生活中仍可獲得相當程度的圓滿。如此，不但物我彼此的價值同時獲得肯定，其間的是非歧見同時得以泯除，道家在揭示是非真相之餘，所帶給人無是非、無絕對，心情上一時的空虛與尷尬，現實行為上的失據與難堪，也得到一點穩定與充實。在不太違背道家「齊之以道」、「和以天倪」的大原則下，使我們獲得較為具體平易的價值觀。

(六)兵論

《淮南子》論兵主要集中在〈兵略〉篇，〈本經〉也有部分理論。大抵兼儒、道而參孫、吳，倚仁義而修內政，因氣勢而論虛實，持靜而隱無形，據「正」而權「奇」，以「義」始而以「權」終。〈要略〉說用兵要「明戰勝攻取之數、形機之勢、詐譎之變，體因循之道，操持後之論」，還要「乘勢以為資，清靜以為常，避實就虛」，基本上都是道家寓強於弱、清虛卑弱以致勝的原則，以後兵家轉化而為權謀說。其所徵引先秦以前的兵學理論相當寬廣，包括了《荀子》的〈議兵〉、〈富國〉、〈儒效〉，《司馬法》的〈仁本〉，太公《六韜》，《呂氏春秋》〈召類〉、〈懷寵〉、〈論威〉、〈不屈〉，乃至《吳子》、《尉繚》兵論，徵引較多的，尤屬《孫子兵法》。

1. 兵的源起與仁義

〈兵略〉說兵的源起是為了「討強暴，平亂世，夷險除穢，以濁為清，以危為寧」，自有生民與俱存，雖五帝三王不能免戰，「黃帝嘗與炎帝戰，顓頊嘗與共工爭……堯戰於丹水之浦，舜伐有苗，啟攻有扈」。因此，用兵有「禁暴討亂」、「存亡繼絕」、興利除害的嚴正宗旨，「割革為甲」、「爍鐵為刃」去殘害萬民不可謂「兵」。這和《周官‧九伐》攻滅「馮弱犯寡」、「賊賢害民」者的精神原則是一致的。因此，凡是濫殺無辜、多行不義、暴虐百姓的人，都合乎用兵征討的條件。討一害以安天下，「所去甚少而所利者多」，才是用兵的真義。用兵是為了「存亡」，不是為了「亡存」。這種旨意《呂氏春秋》〈蕩兵〉、〈召類〉，《荀子．議兵》、《墨子．非攻中》、《孫臏兵法．見威王》都說過了。

用兵既是「存亡」非務殺，作者因此繼承孟子與《呂氏春秋》之後，大倡秋毫無犯的「義兵」。它說兵臨敵境，要先下令「毋伐樹木，毋抉墳墓，毋爇五穀，毋焚積聚，毋捕民虜，毋收六畜」。戰勝之後，還要「廢不義而復有德」，即利還民，以示攻而不佔，伐而不有，甚至重新為之安定秩序：振寡恤貧，尊秀顯賢，出囹圄，賞有功。最好能做到「車不發軔……刃不嘗血，朝不易位，賈不去肆，農不離野」，敵方百姓卻開門淅米以待，不戰而大國朝、小國下。完全是孟子弔民伐罪的氣勢。兵以義出，本是歷來各家論兵的基本原則，《淮南子》的鋪敘只是對各家精神理論作了繼承，表示了尊重而已。

2.兵本在政，以德止爭

兵不但是討暴平亂之事，其致勝根本也不在戰術，而在政治。〈兵略〉說：

> 甲堅兵利，車固馬良……明於星辰日月之運、刑德奇賌之數……官勝其任，人能其事。告之以政，申之以令……皆佐勝之具也，非所以必勝也。
>
> 兵之勝敗，本在於政。政勝其民，下附其上，則兵強矣；民勝其政，下畔其上，則兵弱矣。

堅實穩固的政治基礎是兵戰致勝的先決條件和後盾，一切的陰陽、形勢、技巧都是第二階段的事，不是首要之務。作者堅信：透過修德以強政，是可以服敵立威的，兵場上的失敗，其實是長期政治失敗的總結果，這叫「先勝而後戰」。這種觀念當然是儒家式的，孟子說固不待險，威天下不以兵革，主張修文德以徠遠人；荀子以五帝三王之勝為「前行素修」；就是《管子・重令》也說要「內守完固」而後「外攻勝服」。不過《管子》是求先「計定於內」，萬全而後戰，基於權謀，不是基於德義。《淮南子》卻分兵為三等，以「脩政於廟堂」而「折衝於千里」為用兵之上；而以「知地宜，習險隘，明奇正，察行陣」真刀真槍硬拼為用兵之下，這是不同的。

3. 《淮南子》的兵術

不過，戰爭既然自古不可免，一旦不幸發生了，還是必須有一套理想有效的方法才能致勝。因此形勢、權謀、技巧雖是下術，卻不能不講。

(1) 隱形與持靜：

常人用兵或仰賴士卒眾多，或倚恃兵備銛利，或善修行陣，或巧為詐佯，或用輕出奇，或善假地形，或能順時變，或妥為設施。《淮南子》認為這些都是用兵的高度修養，是難能可貴的兵術，卻不是最高的原理原則。高於此上，作者另擡出一個「道」來指導、運作這一切，而「道」是無形的、安靜的。任何技巧戰術本身若不能使用得令人高深莫測，不知不覺，則仍是可以制服和對付的。任天可迷，任地可束，任時可迫，任人可惑。每一機巧背面，必然對生一剋。巧變無窮，勝剋也無窮，只有徹底掃除其形跡，「運於無形」、「藏於無原」，使人莫測高深，無從防範，神不知，鬼不覺，才有效，這就需要相當地沉穩安靜才做得到。用兵因此也要「靜」，〈兵略〉說「兵靜則固」，靜可以沉澱思慮的雜質，一方面穩住自己，一方面伺敵之隙以趁之。

⑵因乘而迅疾：

用兵不但要沉得住氣，看得清，耐得等；在該出擊時還要能把握時機，快速應敵。常人論兵，總說天時、地利、人和，《淮南子》卻認為這些只是兵家「儀表」，兵戰重要的是「生儀表者」，而非「儀表」。要能「因形而與之化」、「因時而變化」，隨時隨地靈活適切運用一切可利用的條件，創造勝利的契機，這叫「因乘」。善用兵者要「上隱之天，下隱之地，中隱於人」，妥善因天時、因地利、用人謀，才能恆保勝利。因此，兵場之上重要的不只是「靜」和「隱」，在敵人現形、露出破綻之後，便應該當下把握時機，出其不意，攻其不備，予以迎頭痛擊，使敵人「眯不及撫，呼不及吸」，在驚慌失措之餘，土崩瓦解。

總之，用兵要全然操持主動，而陷敵於被動，不襲堂堂，不攻正正，選取最有利的條件，把握最可為的時機，迅速出擊。不只要能靜、能緩；還要能動、能速。至於何時宜動？何時當靜？則完全以敵人的虛實情況為依據。

⑶權、勢與用奇：

〈兵略〉說兵有「三勢」，有「二權」。所謂「三勢」指氣勢、地勢、因勢。氣勢指上下步調一致、樂死奮戰的情緒；地勢指地利；因勢指乘敵人之死形。「二權」謂知權與事權。知權是懂得隱形與用間，事權指列陣步伍、進退法度的戰鬥技巧。大抵依一定道理以制勝叫「勢」，循一定道理去應變叫「權」。《孫子・始計》說：「勢者因利而制其權也。」〈兵勢〉說：「戰勢不過奇正。」可見「權」與「奇正」與「勢」是相倚相輔的。《漢書・藝文志》分兵家為四類：兵形勢、兵陰陽、兵技巧、兵權謀，而以權謀統括其餘三類。《淮南子》的「知權」恰合於《漢書・藝文志》「兵權謀」與「兵形勢」的要求；而「事權」卻等於《漢書．藝文志》「習手足、便器械」的「兵技巧」。如果以《漢書．藝文志》的觀點來看，則前述隱形、迅疾、因乘都在「兵形勢」之列，也都屬「兵權謀」。

至於用「奇」，《淮南子》說：「同莫足以相治也，故以異為奇……靜為躁奇，治為亂奇，飽為飢奇，佚為勞奇。」以異道致勝叫「奇」，借陰陽、剛柔、正反變化之理，混淆敵人耳目，以達隱形目的也叫「奇」，要「示之以柔而迫之以剛，示之以弱而乘之以強」。

古來兵家講權謀，《孫子》最為正宗。《淮南子》的「權謀」思想大抵源於《孫子》；唯《孫子》的「用八間」，幾乎到了無孔不入、無所不可用的神妙境界，相形之下，《淮南子》用間不及《孫子》完備。不過，〈兵略〉所舉修行陣、為天道、為詐佯、為充幹、用輕出奇、為地形、因時應變、為設施等八類兵戰，卻幾乎涵蓋《孫子》兵書的全部戰術。然而，〈兵略〉究屬單篇零卷，致使其所論多偏重於原則的把握與精神的講求，故詳於道理原則，疏於技巧經驗，綜合古來各家理論，裁之以心得，冀能把握原則性致勝之理，作者自身或無實際統戰經驗，當然不能如《孫子》、《六韜》那樣入裏了。

4. 論將

戰術之外，《淮南子》又論將。它說將有三隧、四義、五行、十守。知天道、地形、人情是「三隧」，指將能；不負兵、不顧身、不畏死、不避罪是「四義」，屬將操；柔、剛、仁、信、勇五德兼備叫「五行」，是將德；神清、謀遠、操固、知明、不貪、不淫、不嗌、不推於方（名）、不可喜、不可怒是「十行」，明是兼賅德、操、能了。〈兵略〉又說將要有獨知獨見的「神明」，則是將能與修為的完美配合與高度發揮。此外，兵戰貴無形、因變，將心也貴無形、因變。這些說法和《孫臏兵法》的〈將義〉、〈將德〉、〈將失〉、〈將敗〉相當類似，〈將義〉說為將需備義、仁、德、信、智，《孫子・計》也說：「將者智、信、仁、勇、嚴也。」而《孫臏兵法・將敗》列舉將帥品質缺失以致戰敗二十事，其中第四項的「貪於財」，第八項的「寡勇」，和第十項的「寡信」，第十四項的「寡決」，配合〈將義〉的義、仁、信、智、勇，和〈兵略〉的四義、五行，乃至十守的某些情節，明顯呈現若干相應情況，《淮南子》論將顯然從二孫兵法中得到若干啟示。

德、操、能之外，為將又當知虛實，同士卒。將卒同心則氣實，將卒不同心則氣虛。然將與士卒既無血源之親，卻希望士卒能同心，只有推恩積愛，妥善撫卒。《淮南子》認為將卒關係和君臣一樣，是一種「相報之勢」。為將當率身先行，以為士卒法，與士卒同甘苦，共飢渴，親受士卒所受，如父兄慈子弟，使士卒覺得「上足仰」，臨陣才能戮力致死而不遲，如子弟之回報父兄。這點吳起做得最徹底，因此能一再創造兵場上的奇蹟。

此外，〈兵略〉又全襲《六韜》的〈龍韜〉、〈五將〉之文，論拜將之禮：臨國難，君齋卜吉日，授旗拜將。人君親持斧鉞，授將柄，而專制其命。禮畢臨行，以喪禮從事：剪爪、設喪衣，鑿凶門以出。各家論兵，除《孫子》外，無有不論將的，《荀子》、《六韜》都不例外。各家論將，內容或有詳略，愛威兼備，德法並用則是共同精神，《淮南子》論將只是對傳統的繼承。

五、重要參考書目

(1)《淮南鴻烈集解》　劉文典　商務印書館

(2)《淮南子集證》　劉家立　中華書局
(3)《淮南子選注》　沈雁冰　商務印書館
(4)《神仙道家淮南子》　呂凱　時報出版公司
(5)《淮南論文三種》　于大成主編　文史哲出版社
(6)《淮南子論文集》　于大成主編　木鐸出版社
(7)《劉安》(收入《中國歷代思想家》平裝第十冊)　于大成　商務印書館
(8)《淮南子思想之研究論文集》　李增　華世出版社
(9)《呂氏春秋與淮南子思想研究》　牟鐘鑒　齊魯書社
(10)《淮南子引先秦諸子考》　麥文郁　臺大中文研究所(一九六〇年)碩士論文
(11)《淮南子校釋》　于大成　師大國文研究所(一九六九年)博士論文
(12)《淮南子校理》　鄭良樹　臺大中文研究所(一九六六年)碩士論文
(13)《淮南鴻烈思想研究》　陳麗桂　師大國文研究所(一九八三年)博士論文
(14)《淮南內篇與老莊思想之關係》　鄒麗燕　臺大中文研究所(一九八四年)碩士論文
(15)《淮南子之政治思想研究》　吳順令　師大國文研究所(一九八四年)碩士論文
(16)《淮南子譯注》　陳廣忠　吉林人民出版社
(17)《新譯淮南子》　熊禮匯　三民書局

宋明理學概論

陳郁夫

一、前言

㈠理學、道學、宋學、新儒學

宋明理學一般人稱為「理學」或「性理學」，又稱為「道學」或「宋學」。稱為「理學」或「性理學」，是因為宋明理學學者講學的內容專重義理，以性、命、天理為講學的主要內容。稱為「道學」是因宋明理學學者自認為承繼了堯、舜、禹、湯、文、武、周、孔的道統，講的是「內聖外王」之學，與秦、漢以後只重視章句訓詁的儒者有別，《宋史》因而別立〈道學傳〉以別於傳統的「儒林傳」。清代乾、嘉年間，考據之學大興，推尊漢儒，精於名物制度的考證，別立徽幟，號稱「漢學」，攻擊宋明理學學者解經有空疏的弊病。對「漢學」而言，宋明理學又有「宋學」之稱。宋明理學發展到明朝，王守仁為首的一派學者，以為「心即理」，不待外求，宋明理學至此又有「心學」的名目。

我們把興起於十一世紀中期北宋仁、英、神三朝，主宰中國思想七、八百年，直到滿清滅亡，影響力才迅速減退的學術稱為「宋明理學」，主要根據學術發展而來。我國每個時代大體有代表時代的學術，先秦有「諸子學」，兩漢有「經學」，隋、唐有「佛學」，宋、明則有「理學」，其後清代有「考證學」。其實，稱宋、明二代的主要學術為「理學」有些不妥，因為陸、王一派號稱「心學」，與程、朱一派對稱，「理學」有專屬程、朱一派的趨勢。比較妥善的稱呼倒是國外學界稱「新儒學」，既可表示與先秦、漢、唐的儒學不同，又可避免專指程、朱一派之嫌。

(二)宋明理學的興起

宋明理學的興起可以說是中國知識分子自覺的結果。中國知識分子再度自覺人的莊嚴，再度體認到對國家、民族、社會、文化的使命，於是注重品德修養，以期成為聖人；提倡經世實學，改革社會風氣，以挽回魏、晉以後，人心陷溺的積弊。為著對抗佛、老，宋明理學學者建立起形上學，這些理論固然十分重要，但不是宋明理學學者精神所在。宋明理學學者的精神在這自覺上，他們嚴格要求自己，無非是在造就自己，使自己有能力擔當起時代的命運。他們無不講學，講學的目的無非也讓學生有自覺，培養出能夠支撐國家、社會的人格。雖然他們在這上面的體悟有高有低，甚至宋明理學在南宋以後還被利用成為士大夫獵取功名及政府統治思想的工具，但是沒有這自覺的人，便算不得宋明理學的學者。

這種自覺的具體實踐，便是「內聖外王」的工夫。這套工夫透過《大學》「格物、致知、誠意、正心、修身、齊家、治國、平天下」的形式表現出來。修身前是「內聖」，修身以下是「外王」，內外一貫，不分兩截，不離人倫日用而具鳶飛魚躍生機，極高明而道中庸，確實能上接孔、孟的精神，與漢、唐的儒者有異。但宋明理學在禪佛瀰漫的時代產生，「內聖」工夫受禪佛的影響很深；其中如闡明心性的道理，運用靜養的方法，都是孔、孟時所沒有。宋明理學又產生於中國長期戰亂之後，所以「外王」的工夫偏重道德倫理的重建，像孔、孟那種積極參與現實政治而希望藉政治實踐理想的熱忱，宋明理學的學者也都缺乏。因而宋明理學學者和孔、孟雖然同是「內聖外王」之學，但已有很大的不同。

中國知識分子的腐敗，早在魏、晉，干寶《晉紀》論西晉之事，葛洪《抱朴子・外篇》談士大夫惡德，已說得十分痛切。而其中以民族思想的喪失和君臣大義的淪亡最為嚴重。這種惡風到隋、唐仍未消戢，安祿山之亂等於另一個五胡亂華；董邵南、李益等人的思想，何異於王猛？當時人卻靦然安之，不以為怪。降至五代，於是有馮道、鄭韜光之流，歷事沙陀、契丹不以為恥，反自命長樂老人。面對這種社會風氣與知識分子的墮落，如何恢復民族主義，建立君臣上下倫理，使社會恢復安定，便成為宋明理學學者的第一課題。其次，知識分子的腐敗必有使之腐敗的思想因素，宋明理學學者認為前有老、莊，後有禪、佛。所以如何在思想上戰勝佛、老，用健康、積極的儒家思想挽救民族生命，便成為宋明理學學者最基本的問題，這是宋明理學學者大力講學的用心所在。

二、北宋的理學

早在第九世紀初年，唐代的韓愈、李翱便做了北宋理學學者的一部分工作。韓愈站在民族立場，指斥佛教為外來異端，站在國家立場，指斥佛教破壞倫理，無事生產，同時他又提出「道統」觀念，推尊〈大學〉一文，並作〈師說〉，希望恢復師道尊嚴。李翱則依傍《中庸》作〈復性論〉，打算充實儒學心性方面的內容，以對抗禪佛。但是他們的努力落空了，主要原因除了學說還不夠精密外，再加上當時唐朝已是藩鎮割據和宦官專權相當嚴重的時候，是一個步入衰亡的時代，現實問題迫切，此時提出根本上的思想變革，不容易得到回響。並且那時禪門正盛，淨土方興，足以吸引絕大部分知識分子。韓愈、李翱雖走對了路徑，但是本身在修養或學識上，並不能超越佛教界的大德高僧。此外當時的帝王擁戴佛、老，韓愈為〈諫迎佛骨〉差一點被處死，政治環境之不利，由此可見。

宋朝的建立，結束了中國自安史之亂以後，長達二百多年的戰亂。這個政府經過五、六十年的安定，民族的生命力慢慢恢復了。這個政府對讀書人禮遇之優、待遇之厚，可以說空前絕後。知識分子在優裕的環境下大量培植出來，而那份對民族、社會、國家、文化的使命感，也逐漸落實在知識分子心中，范仲淹「先天下之憂而憂，後天下之樂而樂」的感慨，便是同時代的知識分子像歐陽脩、富弼、韓琦、司馬光等人的共同心聲。

但論者都以為北宋理學由胡瑗（安定）、孫復（泰山）、石介（徂徠）開始。胡瑗對教育最有貢獻，應范仲淹之請，任湖州（在今浙江省）教授時，分經義、治事兩齋，因才施教，後來主持太學，學生極多，影響極大，程頤便是學生之一。石介是孫復學生。孫復作《春秋尊王發微》，重綱紀、嚴名分，從事倫理建設，以匡正魏、晉以下君臣之義不明的弊端。石介是孫復學生，作〈怪說〉、〈中國論〉，站在民族文化立場排斥佛教。三人都注重修養，提倡儒學，以師道自任，學術雖然未入精微，但已樹立了宋明理學學者的典型。

孔孟思想用以指導政治、社會，不僅理論頗完備，而且理想十分崇高。但在心性分析與修養方法上，比起佛家是有所不如。儒家必須充實自己的心性論和修養論，不僅用來與禪佛相抗，也才能藉以培養出適合「外王」的人格。北宋時期的宋明理學學者，主要的貢獻便是在這兩方面。

㈠周敦頤——宋明理學的開山祖

首先對理學理論有重大貢獻的學者是周敦頤（西元一〇一七—一〇七三年）。他是湖南道州人（湖南省道縣），字茂叔，學者稱他為濂溪先生。一生沒做過大官，當時也很少人了解。程珦令兩個兒子（顥、頤）跟他學。他教程氏兄弟「尋孔顏樂處」，很有點兒禪門參公案的味道。黃庭堅說他如「光風霽月」，人品之高潔，可想而知。

他的貢獻有下列三點：

第一、著〈太極圖說〉，利用道教的圖式，融會自古相傳的陰陽、五行、動靜等觀念，將宇宙萬物的生成及人如何安身立命作了非常簡明的解說。其中「聖人定之以中正仁義而主靜（自注：無欲故靜。）」一語，替理學奠定了方向，以後正統理學學者在修養論上很少離開「主靜無欲」這條路，剩下的只是如何才能靜和無欲而已。後來程頤將「靜」改為「敬」，使境界變成工夫，並且避免流於空寂。

第二、著《通書》，以「誠」為萬有的本體。就本體的不生不滅，《通書》說「靜無」；就本體的生生變化，《通書》說「動有」；就本體的昭昭靈明，《通書》說「明達」；就本體的獨立無對，《通書》說「至正」。這些都可以在佛家找到類似的觀念。但《通書》顯然強調本體「純粹至善」、「五常之本、百行之原」的道德本原，以及「大哉乾元，萬物資始，誠之源也。乾道變化，各正性命，誠斯立焉」生生變化。這兩點便是儒、佛不同所在。佛家的本體著重在「寂靜」，所以帶有出世、枯寂的性質；理學學者強調其德性之原與生生之理，成己順而成物，進而「贊天地之化育」（《中庸》），由內聖而外王，便是自然而然性分內事，不須像佛家要迴向大乘以後，大悲心才流出來。他以「誠」為本體，係根據《易》與《中庸》立論，確能上接孔、孟心傳，被推為理學的始祖，十分合宜。

第三、他說：「聖希天，賢希聖，士希賢。伊尹、顏回大賢也。伊尹恥其君不為堯舜，一夫不得其所，若撻於市；顏回不遷怒，不貳過，三月不違仁。志伊尹之所志，學顏子之所學，過則聖，及則賢，不及則不失於令名。」很明顯地說出「內聖外王」的內容。只可惜後世學者偏重於「學顏子之所學」，而忽略「伊尹之志」在實際承擔起經民濟世的責任，否則中國社會政治必然會有不同。

(二)邵雍——數術大家

邵雍（西元一〇一一—一〇七七年）字堯夫，「康節」是謚號。早年曾在河南共城（輝縣）西北的蘇門山百源之地讀書，後人遂用「百源」稱他的學派。他一生沒做過官，三十八歲左右遷居到洛陽，四十五歲才娶妻，當時一些住在洛陽的政府退休官員像富弼、司馬光都是他的好朋友，程氏兄弟算是晚輩。他稱自己住處為「安樂窠」，喜歡飲酒賦詩，《伊川擊壤集》是他吟詠性情所得，為宋明理學者詩的代表作。

邵雍認為宇宙無非是物質和時空，物質的運動和時空的長短，都可以用數表現出來，數與數之間的關係，便代表宇宙的關係，天理存在其間，利用「數」加以推算（術），可知未來和未知的事物。於是他以「元會運世」和「日月星辰」相配，而成一個宇宙年表，將中國歷史配入年表中。他又利用這個形式架構把律呂、聲音、天地萬物都包含進去。這便是《皇極經世書》的主要內容。我們現在看起來，不免覺得他的架構太死板，推論也不科學，但他的用意在藉數明理，他說：「天下之數出於理。違乎理則入於術。世人以數入術，則失於理。」可見他也明白數術的缺點。也因邵學重數術，後人不視為宋明理學學者的正統。後世修煉、占卜、算命三方面都推他為宗師，這是一樁頂有意思的事。

邵雍對宋明理學學者的主要貢獻在形上學方面。他發揮了陳摶、种放、穆修、李之才一系傳下來的先天易學，使易學理論有了重大的創新，成為宋明理學形上學的依據。自來研究《易經》的學者，對太極生兩儀，兩儀生四象，四象生八卦，八卦衍為六十四卦，沒有異論。但如何個「生」法，從未有比較合理的解說，直到邵雍作「伏羲八卦次序圖」後，這問題才得到合理的解決。

他的理論很簡單，自太極以後，每一衍化過程都各自分陰陽，如此以二的乘積衍化下去，在二的三次方時便是八卦，二的六次方便是六十四卦。因為這種衍化，合乎自然理則，所以稱之為「先天易」。生成的卦在八卦時次序為乾、兌、離、震、巽、坎、艮、坤與以前的八卦順序不同。在六十四卦時，順序為乾、夬、大有、大壯……，也與《易經》原有的順序不同。邵雍又根據自然衍化的八卦及六十四卦順序，重訂八卦方位圖及六十四卦「圓圖」和「方圖」，每一個圖都對易理有些闡發。朱熹的《周易本義》收有這些易圖。邵雍也因此在宋明理學中占一席地位。

㈢張載——事功派之祖

張載（西元一〇二〇—一〇七七年）是陝西郿縣橫渠鎮人，字子厚，世稱「橫渠先生」，後人稱呼他的學派為關學。與邵雍同年去世，享年五十八歲。他為人極嚴毅，做學問極努力，往往整天坐在房裏，苦思冥索，一有心得，立刻取筆寫下。《正蒙》、《理窟》都是這樣寫出來的。他以為「知人而不知天」，「求為賢人而不求為聖人」，為秦、漢以來學者的大病。「為天地立心，為生民立命，為往聖繼絕學，為萬世開太平」是他為儒者標舉出來的使命，與大乘佛教「四宏願」相比，可以看出儒、佛之異。他見人有善便喜形於色，見有餓莩便整天吃不下飯，真是個有「伊尹之志」的人。曾以為欲天下太平，要從整理田界著手，又深信井田制度可以實行，打算買一塊田試行他的主張，可惜沒有結果就去世了。北宋理學學者沒一個像他這樣規模宏大又有實踐精神。

他的著作以〈西銘〉一文最為學者所推崇，程氏兄弟專以此開示後學。〈西銘〉最能發揮仁者天地萬物為一體的思想。程頤稱讚這篇文章說：「孟子以來，未有人及此。得此文字，省多少言語。要之，仁孝之理，備於此。」

〈西銘〉的天地萬物一體思想，建立於他的以「氣」為原質的一元論上。他認為宇宙間只有「氣」而已，「氣」凝而為物，「氣」散則為空太虛，雖虛而非無。萬物的生滅，便是此「氣」的聚散。因此人與物本來一體，人雖死而實未嘗亡。至於鬼神，則為此氣之「良能」，往而屈者為鬼，來而伸者為神。他又把事物變化的原因歸於「氣」的內在矛盾、互補、滲透、消長，舉出「一故神，兩故化」的重要形上學觀念。

除了形上學外，張載還提出「變化氣質」這個重要觀念。宇宙間既然只有「氣」而已，照理無所謂「惡」存在。但因氣清的靈通，氣濁的壅塞，人具有形質，因而「至善之性」不能不受形質的限制。教育的功用便在「變化氣質」，使限制「天地之性」的氣質變清變靈，良心作得主宰。「為天地立心」在修養上說，與「去人欲，存天理」便是同一回事。

(四)程顥——心學的始祖　程頤——理學的正統

理學的真正成立，應從程氏兄弟開始。他們是周敦頤的學生，邵雍的晚輩，張載的姻親，居住洛陽，後人便以「洛學」稱呼他們這一學派。

大程才活五十四歲（西元一〇三二－一〇八五年），小程則活了七十五歲（西元一〇三三－一一〇七年）。二人的形上學沒有什麼不同，修養論則大程說得直截簡易，小程說得嚴毅有序。直截簡易上根人樂從，易有活活潑潑的生機，但有時不免躐等。嚴毅有序下根人有路可循，易有腳踏實地的感覺，但每每流於頑固。大程為人隨和親切，與他相處，如沐春風；小程則嚴肅方正，學生敬畏有加，後世所謂「道學臉孔」便由他而來。

理學發展到南宋，朱熹集其大成，而以小程為正統，這是件十分不幸的事，但也有一些必然的因素在。我們試看周敦頤、邵雍、大程的生命是何等活潑自然，即令張載雖也嚴肅，但也不至於如小程般整日板起臉孔，端坐如木頭人，不通人情一副神聖不可侵犯的樣子。更不至於敵視欲望，反對藝術，不講任何生活情趣。總之，小程有很明顯的架式在，不像周、邵等人活潑自然。等到理學成了顯學以後，一些二、三流的學者，沒有真正的自覺，只在形跡上模仿，小程便是最好的對象。卻不知小程的過分嚴肅，正是「未化」的跡象，「道不遠人，可遠非道也。」（《中庸》）人固然指人倫日用，何嘗不也指人情？由於不通人情，生命越鍛鍊得緊，便越僵化。如果進一步地把要求於自己的道德高標準也強求於社會一般人身上，「吃人的禮教」便形成了。

程氏兄弟最重要的貢獻在「天理」的發現。「天理」兩字在〈樂記〉已提到，張載、邵雍的著作中也說及，但到了程氏兄弟，「天理」才成為心性的本原。大程說：「吾學雖有授受，天理二字，卻是自家體會出來。」也是指這點而言。

任何事物的形成都有所依的「理」，譬如汽車依汽車之理而成。此理不因事物之有無而增損，所以堯盡了君道，只為君道添個實例，並沒有在君道上增加一點。此理既超越實際事物，自然存在，所以稱「天理」。人秉人之理而生，此理即人之性，所以說「性即理」。但天理不能自己表現出來，必藉適當的物質和形式才能表現，使本來具備的天理受形質的限制無法全部表現出來，所以小程說：「論性不論氣不備，論氣不論性不明。」限制天理的氣質主要是指人的情欲，於是「懲忿窒欲」便成為「變化氣質」的重要工作。

大程的〈識仁〉和〈定性書〉是理學兩篇極重要的著作，前者說：「仁者渾然與物同體，義禮智信皆仁也。識得此理，以誠敬存之而已，不須防檢，不須窮索。」後者說：「夫天地之常，以其心普萬物而無心，聖人之常，以其情順萬物而無情。故君子之學，莫若廓然大公，物來順應。」朱熹認為前一篇說得太高。其實「以誠敬存之」是徹上徹下的工夫，程朱一派大體在「防檢」、「窮索」上下手，有失聖人寬和氣象。南宋陸九淵雖說讀《孟子》自得，但心印大程則無疑，明代王陽明繼之，光大「心學」，因此我們稱程明道為心學之祖。

小程的貢獻在提出「涵養須用敬，進學在致知」的修養要領。他說：「敬以直內。有主於內則虛，自然無非僻之心，如是則安得不虛。必有事焉，須把敬來做件事著。此道最是簡，最是易，又省工夫。為此語雖近似常人所論，然持久必別。」這種敬的工夫，有類於佛家的定學。「敬」是什麼？小程又用「主一」作解釋。「主一則既不之東，又不之西，如是只是中。既不之此，又不之彼，如是則只是內存。此則自然天理明白」。主敬所明白的天理，便是有時不假見聞的德性之知。

光守一個「敬」不知「集義」也不行。集義便是致知，致知而後能思，能思久而有覺。學有覺悟，才有益處。小程說，須是真知，才能泰然行去。又說「致知在格物」，格物即窮理，他說：「窮理亦多端，或讀書講明義理；或論古今人物，別其是非；或應接事物而處其當然。」看來像是專事外在物理的研究，但是他又說：「致知在格物，非由外鑠我也，我固有之也。因物而遷，則天理滅矣，放聖人欲格之。」則格物又指窮究內在的天理。綜合而言，小程主張「性即理」，則不能單窮理於外，必內外兼顧，才是窮理的究竟。但是小程後學，很明顯地偏於向外窮理，到南宋便有陸九淵一派心學起來對治。

以上五人號稱北宋五子，理學的理論基礎在他們努力下大致完成了。不過北宋期間，理學除了在師弟朋友間互相傳授外，尚未在社會造成多大影響。相反的，倒在這時就遭到一次重大打擊，這次打擊來自以蘇軾為首的文士派，結果程頤外放，學生遣散。蘇軾一派攻擊程頤「假道學」，我們以為除了兩派涉及意氣之爭外，也不全無道理。五年後程頤赦還，又十九年（西元一一二六年）北宋亡。

北宋五子中，周敦頤之學傳程氏兄弟，「主靜立人極」，大程改為「主敬」，小程又加上「致知」，後世成為新儒正統。邵雍的學術偏重數術，不被認為正統，傳他學術的人很少，到兒子邵伯溫已無可觀。

張載的門下多豪傑之士，而三呂（呂大忠、呂大均、呂大臨）尤詳於禮制，他們對於軍事、政治、社會都努力奉獻心力，風格確與其他家不同。南宋後關學中斷，倒是浙東永康、永嘉學派也講事功，與張載的學脈相呼應。五子中，只有程氏兄弟門庭最盛，但程顥早卒，因此元祐以後，便是程頤一系獨盛的局面。

程氏兄弟的學生以游酢（薦山）、楊時（龜山）、謝良佐（上蔡）、尹焞（和靖）最出色。游、楊、謝三人同時遊於程顥、程頤門下，大程喜歡楊時，小程喜歡謝良佐。游酢書不傳，弟子也不多。楊時傳道於南方，年歲最長，弟子最多，對洛學的宏揚，功勞最大。弟子以羅從彥（豫章）、和張九成（橫浦）最重要。羅從彥傳李侗（延平）。朱熹便是李延平的學生。謝良佐在程門才氣最高，以「覺」言仁，已開陸九淵心學的先河。以上三人晚年都好佛，只有尹焞最晚出，最嚴守師說，門人也相當多。

三、南宋的理學

宋室南渡後，將理學的香火延續到南方最有貢獻的為楊時（龜山）和胡安國（武夷）兩人。不久新安朱熹（晦翁）、金谿陸九淵（象山）、綿竹張栻（南軒）和金華呂祖謙（東萊）相繼登場，同時學者浙東尚有永嘉學派的薛季宣（艮齋）、陳傅良（止齋）、葉適（水心）和永康學派的陳亮（龍川）可謂盛極一時。其中以朱、陸兩人影響後世最大。

(一)朱熹——理學的集大成

朱熹（西元一一三〇—一二〇〇年）字元晦，安徽婺源人。婺源古屬新安郡，所以他常自己署名「新安朱熹」，又因他寓居福建，所以他的學術有「閩學」之稱，學者稱他晦庵先生。

早年朱熹跟從劉勉之（白水）、胡憲（籍溪）、劉子暈（屏山）學習，到二十七歲又師事李侗（延平），得到儒學的正傳。後來與張栻、呂祖謙為友，與陸九淵相切磋，於是形成博大精微的思想體系。生前他早已名動朝野，死後他的學說就更成為科舉的標準。他的思想籠罩中國長達七百年之久，更傳播到朝鮮、越南、日本等地。孔子以後，中國再也沒有一個學者像他這樣受尊敬和有影響力。

在學說上，他並沒有什麼創新，卻把北宋五子的學說加以融會貫通，使之成為組織精密的體系。靠他的努力，新儒的思想延伸到經學、史學、文學、藝術各方面，社會群眾的禮儀風俗也受到影響。新儒在朱熹以後，成為學術思想的正統，在對佛老的爭衡上，得到壓倒式的勝利。

他一生致力於著述和講學兩樣工作。據說有人勸他少著書，他回答說：「在世間吃了飯後，全做不得些子事，無道理。」臨死前還改定《大學》「誠意」章。他的學生黃幹在〈朱先生行狀〉說，他一日不講學，便「惕然常以為憂」。自十九歲登進士第後，五十多年間，做官不過九年而已，其餘時間精力全放在這兩樣工作上，所以成就極為驚人。他講學最重循序漸進，用《大學》、《中庸》、《論語》、《孟子》做基本教材，而後再進一步研讀經書。「四書」經他這樣認定，地位遂在五經之上。

教學時他一定先讓學生把字音弄清楚，然後玩味文義，探討義理，最後要讓學生自己有心得。儒門修養上的一些重要觀念，如為己務實、辨別義利、慎獨勿自欺等，總一再提醒學生注意。他希望學生能立定成聖的志向，明白心性修養的道理，在「主敬」與「窮理」兩方面下工夫，而實際踐履在日常自覺之中。他看到學生用功學習便喜形於色，看到學生在學習上遇到困難便為之擔憂，即使在大病當中，有學生問他問題，他便振起精神，有如大病脫離身體一般。他這種偉大的教育精神和優良的教法，終使學生遍居各地，而後世私淑者更不計其數。

朱熹的著作一大部分為配合講學之用，另一部分則順著自己興趣而作。從三十歲校訂《謝良佐語錄》以後，編了《程氏遺書》、《程氏外書》、《伊洛淵源錄》、《近思錄》(與呂祖謙合編)，注解過〈西銘〉、〈太極圖說〉、《通書》。這些對理學的整理、解說工作，對後世貢獻不小。像程氏兄弟距朱熹已近百年，中間經過學禁與戰亂，如果沒有他的整理，可能早已散失光了。而《近思錄》一書，更是理學說的大綜合，成為後代最重要的典籍。

有關經書的著作，他有《周易本義》、《易學啟蒙》、《詩集傳》、《儀禮經傳通解》(上二種由學生繪成)、《論語要義》、《論孟精義》、《論孟集註》、《論孟或問》、《孟子要略》等書。他一掃漢儒陰陽五行種種迷信，認為《易》本是卜筮之書，《詩》則為文學作品。他懷疑古文《尚書》何以反較今文平易，反對《春秋》以一字定褒貶的說法。上述都可以看出他的理智清明，極有見地。但他一生精力大多放在「四書」上，《論》、《孟》經他注解，「使讀而味之者，如親見聖賢而面命之。」《大學》分經傳二部分，又補了「格物致知」的傳。《中庸》則分章分節。這些工作對後世影響極大。他不滿司馬光的《資治通鑑》以魏為正統，別作《資治通鑑綱目》，以蜀漢為正統。他替《楚辭》作注，甚至於也替《參同契》作考異。總之，他的見解極超越，興趣又廣大，舉凡史實、天文、曆法、地理、民俗、卜筮、修煉等都有極深入的研究。他的學術工作，籠罩了當代，除了定理學於一尊外，並且也替明清考據學開了先河。

比著作和講學更重要的事，在他使理學「社會化」和「宗教化」。理學社會化是將理學的思想觀念轉變成風俗習慣，這樣理學才能在民眾生活生根落實，才不是少數高級知識分子的事。理學「宗教化」，才能滿足人類的宗教情緒，而由禪佛手中奪回教席。當然這種移風易俗的事，不是朱熹一個人所能完成的，但南宋之後，朱熹的思想逐漸成為中國社會的主要生活儀軌與意識形態則是事實。他本人言語、行動、居家、處事都有規矩，存心於「齋莊靜一」之中，窮理於「學問思辨」之際；「以一心而窮造化之原，盡性情之妙，達賢聖之蘊；以一身而體天地之運，備事物之理，任綱常之責」。遂成為新的師表或「教主」。

朱熹晚年受了韓侂胄的迫害，學術被政府宣布為「偽學」而嚴加禁止。士人應科舉，文章稍涉經訓，立刻被罷黜。門人中意志堅強的隱居不出，意志薄弱的更名他師，過門不入；甚至於有人狎遊市肆，以自別為非理學學者。在憂疑危懼中，於慶元六年卒，享年七十歲。八年後韓侂胄伐金失敗被誅，偽學除禁，宋寧宗賜諡「文」。

(二)陸九淵——心學的興起

陸九淵（西元一一三九－一一九三年）字子靜，江西金谿人，學者稱象山先生。他小朱熹九歲，又早朱熹八年卒，享年五十四歲。他的學術無淵源可尋，可算他們兄弟自為師友。四兄九韶，學者稱梭山先生，曾與朱熹辯論「太極圖」；五兄九齡，學者稱復齋先生。都是有名的學者。九淵自稱「因讀《孟子》而自得之」，這話倒很合陸學精神。《孟子》一書確也是他最得力的地方。

在鵝湖會時，他和五兄九齡的詩有「易簡工夫終久大」的宣稱。的確，簡易直截是陸學的特色。他認為天地間充滿了理，天地之所以為天地，便是順此理而無私。天地之理發露在人心上，故「理即心」。人只要恢復本心，便與理不隔，故「心即理」。理為人所固有，不假外求，故學問之道無他，把固有的理發露出來而已。要發露固有的理，很簡單，只要把蒙蔽於本心上的私欲意見去掉就行，這工作便是孟子所說的「求放心」。

他常常這樣告訴學生：「汝耳自聰，目自明，事父自能孝，事兄自能弟，本無欠闕，不必他求，在自立而已。」自立便是讓心作得了主。他曾以「先立其大」教人，自詡為教人唯一伎倆。心對其他官能而言是「大體」，讓能思考的心作得了主，便是「先立其大」。

九淵認為人之所以會失去本心而與天理乖隔，普通人因為陷溺於利欲，聰明人則陷溺於意見。陷溺於利欲，遂使讀書與資寇兵齎盜糧無異，參加科舉和仕宦都成為獵取富貴的手段。陷溺於意見指宋朝士大夫的浮議，一旦養成浮議習氣，便習於說空話、爭意氣，整個人只剩下一個空架子。他要學生從利欲和意見中超拔出來，成為一個能擔當、撐得住的人。

他提出一個「滅」字訣作為恢復本心的方法。他說：「人心有病，須是剝落，剝落一番，即一番清明；後隨起，又剝落，又清明，須是剝落得淨盡方是。」剝落淨了，本心自然恢復；本心恢復了，再加以涵養功夫。他用「取日虞淵，洗光咸池」八字作譬喻，以說明剝落與涵養不可缺一。

如何剝落利欲和意見呢？他提出「辨志」這一個要領。一切云為語默都從動機上先審查過，凡是為私便是利，為公便是義。為利成小人，為義成君子。譬如參加科舉如果打算升官發財便是小人，如果為了要服務國家便成為君子。換句話說，「辨志」即是「義利之辨」，他在白鹿洞書院應朱熹之請講的，便是這一道理，據說聞者為之汗下。因為動機在一瞬間即會改變，所以他常引書經「惟聖罔念作狂，惟狂克念作聖」兩句話，叫人隨時提醒自己。

人心既然萬理具足，讀書便不過是一種印證的工夫而已，所以他有「六經皆我注腳」的話。同時讀書也不是進學的唯一方法。有一天九齡問他：「吾弟現在何處做工夫？」他答：「在人情事勢物理上做工夫。」這種從實際生活上做學問的方法，確和高談心性無真本領的理學家之末流有很大不同。他常說：「道外無事，事外無道。」可知他如何注重在事上磨練。

九淵的學術以開發本心為主，又認為「心即理」，後人因此有「心學」之稱。明代王守仁便順著他的路發展得更精密。心是否具備萬理，那是另一個值得討論的問題。不過凡是能內心有自覺的人，做人便有落腳處，不至於成為小人。他常說：「大人不做，卻要去為小兒態，可惜！」後人讀到他一言一語，常常如受棒喝。他與朱熹在思想上的異同，後人爭論了七、八百年，成為理學最大公案。

㈢張栻、呂祖謙和浙東學者——朱陸並時學者

張栻（南軒）和朱熹一樣，同是程氏兄弟的三傳弟子。張栻像大程，朱熹像小程。他也同大程一樣早卒，年僅四十八歲（西元一一八〇年）。在學說上，以主一居敬為要領，並沒有特殊創見，不過他的修養深厚，言論平正，很為朱熹推崇。他的學生很多，在湖南一帶影響力很大。

呂祖謙（東萊）則家學淵遠，在乾、淳後期，幾與朱陸鼎足而三。為人謙和，調停於朱、陸之間，功不可沒。學說不如朱、陸精微，容易被人忽略。主要成就在利用理學的學說對經典加以探討，常以銳

利的眼光，分析出歷史人物的心理狀況，藉以提倡民族思想、倫理大義，《東萊博議》，便是他的成就之一。他卒於淳熙八年（西元一一八一年），年僅四十五歲。

浙東永嘉學派薛季宣（艮齋）也是程氏兄弟的後學，不過薛喜談禮樂兵農，倒與關學的氣味相近。薛季宣傳陳傅良（止齋），比薛更平實。葉適（水心）較陳稍晚，學說才開始大變，提倡經世實學，綰合學術和政治，與朱、陸兩家爭衡。他以為聖人之言平實，凡幽深玄遠之說，都非聖人之言。對曾子以下諸儒，凡程朱所指以為道統的，都一一加以指責。他的立論與理學有根本不同的地方。理學強調「內聖外王」一貫，而實際上偏重「內聖」，認為堯舜事業也不過是太空中一片浮雲；他則強調「外王」，必是經世的實學才是真學問。他說的有相當道理，可以補救高談心性的偏失。因為他偏於經世，所以被人看作「事功派」。

永康之學雖淵源於呂祖謙，但呂祖謙只關心歷史和典章制度，到陳亮（龍川）才專言經濟事功。他的主張與葉適大略相同，但比葉適粗略。經世才能也比葉適差很多。永嘉如稱「事功派」，永康只能稱「功利派」。

(四)朱陸以後的學者及元代理學

朱熹的學生很多，其中能卓然自立且《宋元學案》立有專案的有蔡元定（西山蔡氏）、黃幹（勉齋）、輔廣（潛庵）、陳埴（木鐘）、杜煜（南湖）兄弟、蔡沈（九峰）、陳淳（北溪），其餘人都列入「滄州諸儒學案」內，真可謂盛極一時。蔡氏父子（元定、沈）的律呂象數之學，走的是邵雍的路子，得自家學，與朱熹無關。不過元定是朱門的大弟子，輔佐師門，貢獻不少。輔廣一生潦倒，書也不傳。陳埴和杜氏兄弟（煜、知、仁）在浙江，聲望被浙東學派所淹。陳淳則從事朱門只三個月，衛護師門出了不少力氣，但有門戶之見，終是不好。只有黃幹——朱熹的愛婿，朱熹臨終時以深衣和所著的書相授，並親作書與之訣別，以道術相託。黃幹確也不負所託，致力宏揚師說，調和師門，即令對於陸學也不加排斥。他為人毅力堅強，對師說也不盲目信仰，並且在實際政務上也頗有表現，確是朱熹門下最出色的人才。他的學術一傳何基（子恭）、饒魯（雙峰），再傳王柏（會之）、金履祥（吉父），三傳而得許謙（益之）、吳澄（草廬）。朱學的光大，他實在是個關鍵人物。

陸九淵的學生最出色的為傅夢泉、傅子雲、黃叔豐、鄧約禮等，他們都是江西人，也都早卒。倒是浙東楊簡（慈湖）、袁燮（契齋）、舒璘（廣平）、沈煥（定川）號稱「甬上四先生」反盛。陸九淵的其他學生，《宋元學案》都記在「槐堂諸儒」中。真能代表陸學的只有楊簡一人。楊簡著〈己易〉一文，發明陸學天地一體萬物一心之旨，但專論心而不博學約禮，被人批評流於禪。然楊簡本人生平踐履，無一瑕玷，年登耄耋，還兢兢敬謹，未曾須臾放逸，就是朱熹本人也不過如此。

南宋的理學學者在楊簡死後（西元一二二六年），最著名的有魏了翁（鶴山）和真德秀（西山真氏）兩人。魏為朱熹私淑弟子，兼吸收了永嘉經典制度的長處，卓然成家。真為朱熹再傳弟子，在當時名重一時，對南宋末年理學的聲勢，頗有振興作用。魏、真兩人之後，以黃震（東發）和王應麟（深寧）兩人最重要，他們都注重史實和典章，偏重於考據訓詁，氣味反與清代考據家相投。宋亡時，理學學界產生兩個氣節壯烈的人物，一是文天祥，一是謝枋得。宋理學學界產生這兩人為殿軍，也算無憾了。

元代統治中國九十年間，儒者的地位極低，儒學也十分衰微，其間值得一提的有吳澄（草廬）、陳苑（靜明）、趙偕（寶峰）、鄭玉（師山）數人而已。陳苑和趙偕中興陸學，吳澄和鄭玉則調和朱、陸，而吳澄偏向陸學，鄭玉偏向朱學。

自從五代燕雲十六州沒入異族後，由於國境隔絕，理學一直到西元一二三六年（宋理宗寶慶二年）蒙古攻陷德安（在湖北省），俘虜朱熹續傳弟子趙復（江漢），才得北傳。姚樞挾趙復至燕，教授北方學子，其後許衡（魯齋）、劉因（靜修）繼起，北方才有純粹的理學。許衡最重「四書」和小學，踐履端實，對元代建國的典章制度頗有貢獻。

四、明代的理學

明代學者所遭遇的環境和問題，與宋代不一樣，因此他們的學說和言行也和宋代有很大不同。宋代對讀書人禮遇之優，待遇之厚，絕非明代所能相比，加上職務輕鬆，言論也自由，所以宋代讀書人無不出仕，即令不能當朝，也可如朱熹一樣請求一份祠祿，以著作講學來達成教育文化的使命。明代政治十分黑暗，昏君代作，奸臣當國，宦官弄權，加上政府有意用八股文、廷杖、特務來箝制言論思想，摧折士氣，因而明代的讀書人，不是俯首聽命，成為專制御用奴才，便是高蹈隱遯，儘量不涉身現實政治當中。另有一些人則放浪形骸，追求聲色，以求眼前之歡；還有一些人實在看不慣宦官、奸臣的狼狽為奸，組織結社，以與黑暗勢力相抗。此外尚有一批讀書人，他們努力衝破政府的思想統治，追求心靈上的大解放、大自由。這些人是明代讀書人中最有氣力、最具建設性的一群，這一些人便是以王守仁為中心的理學心學學派的學者。他們的努力，使理學又出現一個光輝燦爛的時期。

南宋的理學在朱熹死後，「偽學」弛禁（西元一二〇八年）不久，便取得了學術思想的正統地位。元代仁宗年間開科舉（西元一三一三年），以朱熹注的「四書」及經書命題，程朱一派理學進一步受到政府的提倡。到了明太祖，規定八股文的寫作根據朱注，成祖令胡廣等編《性理大全》、《四書大全》等書，程朱一派的學說有了標準本，成為明朝統治思想的工具。

程朱一派的理學到朱熹手中，體系已十分完備，後人很難加進些什麼，只有照著實踐而已。「居敬窮理」為主要修養方法，照這方法，學者要摒除聲色之娛，排除藝術愛好，在日常自覺中，一舉一動都規矩，以作為家人和社會大眾的模範。真正有自覺的人，對自己這樣嚴格要求，的確在修養和學問上會有相當成就。但是一般讀書人，對於歷史文化和國家社會並沒有真正的使命感，只不過藉理學的學說博取功名而已。這些利欲其裏、道學其表的讀書人，便成為僵化了的假人，毫無真性情。元、明以後，中國社會的領導階層，這類「假道學」到處可見。由於他們大力推行絕對的倫理關係，助長了中國的專制獨裁，也使中國社會僵化起來，成為改革、進步的很大障礙。如何使自己表裏一致，知行合一，不落於「偽」的窠臼之中，便成為明代理學的最重要課題。

明代理學學者首推方孝儒（正學），其後為曹端（月川）。稍後，薛瑄（河東）在北方，吳與弼（康齋）在南方講學。吳與弼的門人有胡居仁（敬齋）、婁諒（一齋）。他們都是程朱的信徒，遵守程朱的教訓，力行實踐，品德確也可觀，但都沒有面對這問題，提出解決的辦法，直到吳與弼的另一門人陳獻章（白沙）出現，才解決了這一個問題，明代理學從此進入一個新境界。

㈠陳獻章——心學的再現

陳獻章的成就可以說始於一念之誠，終於一念之誠，證明了《中庸》「誠之者人之道」的理論。他字公甫，廣東新會人，學者稱白沙先生。卒於弘治十三年（西元一五〇〇年），年七十三歲。

陳獻章早年也和一般讀書人一樣，讀《四書大全》一類書參加科舉，二十一歲中副榜後，開始有志於聖賢之學，這一念之轉，已不同於一般士子了。

立志成聖賢後，首先令他困擾的是聖賢的教訓無法真正與內心相契合。聖賢教訓只止於見聞，知行之間便有一道鴻溝，如果勉強自己照聖賢樣子做，結果必只得一個空架子，甚至於弄得痛苦非凡，精神分裂。這時吳與弼正講濂洛諸子之學，他便往江西從學。吳與弼在當時可以說是個相當了不起的老師了，學問都從五更枕上汗流淚下中得來，對陳獻章又十分照顧，但他次年便回廣東。他說在吳與弼處也「未知入處」。

回到家裏，為解答他的疑惑，遍讀諸子百家及佛道稗官野史諸書，但「卒未得焉」。他自己解釋說：「所謂未得，謂吾此心與此理，未有湊泊吻合處也。」「於是舍彼之繁，求吾之約，唯在靜坐。久之，然後見吾此心之體，隱然呈露，常若有物。日用間種種應酬，隨吾所欲，如馬之御銜勒也。體認物理，稽諸聖訓，各有頭緒來歷，如水之有源委也。於是渙然自信曰：『作聖之功，其在茲乎。』」這是在〈復趙提學書〉中的一段自白。黃宗羲在《明儒學案》肯定說：「作聖之功，至先生而始明。」便是指這一段親身體驗的結論。

從來沒有學者像他那麼真誠，感覺到內心與外理有那麼一道間隙。一般人都以耳食為飽，以為只要知道「居仁由義」，便好像自己已經是個仁人義士一樣。縱然感覺到內心與外理的間隙，也沒有人像他那樣花十多年工夫去尋答案。更進一步說，即使有人找到了答案，也不肯像他那樣一口道破，招來許多必然的誤解。陳獻章的真誠在今天仍令我們為之感動。

其實理學學者沒有不教人靜坐的，程頤每見人靜坐便說善學，朱熹主張半日讀書半日靜坐，陸九淵更不用說，教學生靜坐以開發本心。只是靜坐一法，孔孟不曾講過，於是改說「敬」、「主一」，以免被誤為禪。陳獻章只不過再度肯定它是一門有效的辦法而已。

陳獻章沒有說他與陸九淵有何關係，但在不知不覺間卻走到陸九淵「先立其大」同一條路上去。他說：「為學者當求諸心，必得所謂虛明靜一者為之主，徐取古人緊要文字讀之，庶能有所契合，不為影響依附，以陷於徇外自欺之蔽，此心學法門也。」他只說作主的「虛明靜一」之心，沒有說「心即理」，但不大讀書、著述，與陸九淵相同。他的學問以「自得」為驗，以「自然」為宗，以「虛靜」為門。「虛靜」前面已說過，「自得」則不累於物，不累於耳目，不累於顛沛，自在自由。「自然」即是孟子所說的工夫要訣！「在勿忘勿助」之間，不安排，不造作。他活的年歲比陸九淵久，造道更深，風格上接近邵雍，但比邵雍更純，確是理學中極出色的人物。

他的門人多半清苦自立，不以富貴為意。其中以李承箕（大崖）、張詡（東所）、湛若水（甘泉）最為重要。湛若水與王守仁一起提倡聖學，到處宣揚白沙學說，年齡高，官也大，因而使「江門」一派，幾乎與王守仁「姚江」平分天下。但陳獻章之學在湛甘泉手中已有變化，不再主靜，又回到主敬上去。

㈡王守仁——心學的光大

明代理學到王守仁時才聲光萬丈，壓過朱熹學派。他是浙江餘姚人，死於嘉靖七年（西元一五二八年），享年五十七歲，學者稱他為陽明先生。

他的學問得力於三十六歲時貴州龍場一悟——「吾性自足，不假外求」——這一悟又接上陸九淵的路子。早年氾濫於詞章，其後循朱熹的教訓，末了出入佛老，到此才找到門戶。他說：「在物為理，處物為義，在性為善，因其所指而異名，實皆吾之心也。心外無物，心外無事，心外無理，心外無義，心外無善，吾心之處事物，純乎理而無人偽之雜謂之善，非在事物有定所可求也。必曰事之物之上求個至善，是離而二之也。」把心學推到極處。不過他的基本問題仍與陳獻章一樣，如何跨過知與行的源溝。龍場一悟解決了他內外不一的問題，此後所講的「知行合一」和「致良知」，不過是更進一步的解決這問題而已。

龍場一悟後不久，他已講「知行合一」。他說：「知是行的主意，行是知的工夫。知是行之始，行是知之成。若會得時，只說一個知，已自有行在，只說一個行，已自有知在。」《大學》中「如好好色，如惡惡臭」，見好色屬知，好好色屬行，只見好色時，已自好了，不是見後又立個心去好。可見知行是一，不是二。世人知父而一孝，知兄而不弟那是因為被私欲間斷。他的「知行合一」之說，為救朱學末流之弊而出，是非常明顯的。

既然「知行合一」，真知必能行，那麼只要得此真知，就是徹上徹下工夫。他稱此真知為「良知」，所以五十歲以後，專以「致良知」教學生。良知是什麼？他解釋：「良知即天理，良知之虛，便是天之太虛；良知之無，便是太虛之無形。日月風雷、山川民物，凡有貌象形色，皆在太虛無形中發用流行，未曾作得天的障礙。聖人只是順其良知之發用，天地萬物在我良知發用流行中，何嘗又有一物超於良知之外，能作得障礙？」王守仁的「良知」，不僅將內心與外理打成一片，並且把心與物打成一片，真是最徹底的「心學」。

(三)王門弟子

王守仁的教學，簡潔明白，本人事功大，官位又高，所以號召力極強，從學的人很多。他的學生很多資質很高的，學有自得，雖受守仁的啟迪，但自有主張，表現生龍活虎般的精神，這點確與朱學學者有很大不同。

《明儒學案》依照地域把王門弟子分為浙中、江右（江西）、南中（江南）、楚中、北方、粵閩、泰州幾派，這些學生幾佔了《明儒學案》的一半。其中以浙中和江右學生最多，那是因為浙中是他的故鄉，而江右為他事業所在。而泰州一派氣象最雄偉，流弊也最大。

1. 浙中門人：

浙中門人以徐愛（橫山）、錢德洪（緒山）、王畿（龍谿）三人最重要。徐愛有王門顏回之稱，可惜也和顏回一樣早死（三十一歲），他入王門最早，有《傳習錄》記王守仁之言，為研究王學最重要書籍。

錢德洪，字洪甫，學者稱緒山先生，卒於明神宗萬曆二年（西元一五四七年），享年七十九歲。在野三十年，無日不講學，江浙楚廣各地，都有講舍，宣揚王學，貢獻很大。他認為良知不能無間斷，善惡念頭雜發難制，因此注重戒懼，偏於事上磨練。

王畿字汝中，號龍谿，卒於萬曆十一年（西元一五五六年），享年八十六歲。在林下講學四十餘年，各地皆有講舍，宣揚王學貢獻很大。他與錢德洪親炙王守仁最久，但兩人學說有很大差異。《明儒學案》說錢之徹悟不如王，但王的修持則不如錢。

2. 江右門人：

江右門人以鄒守益（東廓）、羅洪先（念庵）最重要，論者大都以為江右最得王學真傳。鄒守益主戒懼，而得力於敬。認為敬是良知之精明而不雜以塵俗者。羅洪先為王守仁私淑弟子，以為良知是心之本體，即天理，即至善。本體湛然，不學而能，不慮而知，順之而已。他主張靜坐收斂，以復本體。鄒守益卒於嘉靖四十一年（西元一五六二年），年七十二。羅洪先卒於四十三年，年六十一。江右學者在浙中王畿挾師說以杜學者之口時，頗能斥破，王學之正賴以護持不墜。此派再傳王時槐（塘南）、萬廷言（思默），都能繼續發揚王守仁未盡之意。

3. 泰州學派：

泰州王艮字汝止，號心齋，嘉靖十九年（西元一五四〇年）卒，享年五十八歲。守仁門下辯才屬王畿最高，但有人相信，有人不相信，至於王艮則在交接瞬間，有很多人都因而省覺。但他的行為頗為怪異，連王守仁對他也有不諒解處。他以身與天下國家為物，身為本，天下國家為末。「行有不得，反求諸己」為格物。這便是他的「格物」說。門下很盛，學說又大半出自心得，所以《明儒學案》別立「泰州學案」來記他這一派學術。

王艮的弟子以王棟（一菴）、徐樾（波石）最重要。王棟以為誠意即慎獨，頗精。徐樾言現成良知以不犯手為妙，則離開王學相當遠了。徐樾傳顏鈞（山農）、趙貞吉（大洲）。顏鈞好俠，主張率性而行。趙貞吉認為禪不害人，已經不是名教拘束得住。顏鈞傳何汝元（心隱）、羅汝芳（近溪）。何汝元曾用計除去嚴嵩，可算豪傑之士。羅汝芳則混同禪學。此後越加猖狂，王學終至大壞。

王學末流之弊更甚於清談，脫略職業，歇睡名庵，還算是好的。差的則沉迷酒色、名利之間，以挾妓夜飲為高致，以抗官不遜為氣節。難怪清初學者深惡痛絕，而把亡國之責推到他們身上。王學的要旨在開發本心，心靈一有悟解，便自信得過，自信得過往往突破先聖教條和社會習俗，有興革開創之功。可是明代不僅保守，而且黑暗腐敗，在一顆靈明的心燭照耀下，種種不平和黑暗格外清楚，在無法排遣下產生種種矯戾的言行，也不能純粹歸咎於學術內在因素。我們看王學傳到日本，成為明治維新的動力。一利一弊之間，真可深思。

㈣湛若水與王學以外的學者

明代自弘治以後到萬曆一百多年間，為學術最發達的時期。在此之前的學者，恪守程朱遺訓，注重身體力行，並無什麼創見。在此之後，王守仁號令天下，王學如日中天。在這期間，不與王學同調的有羅欽順（整菴）、汪俊（石潭）、何塘（柏齋）、黃佐（奉泉）、張邦奇等人，他們力主程朱之說，與王學對抗，《明儒學案》把他們還收在「諸儒學案」之中與下，他們的學說也沒有什麼建樹，聲光為王學所掩。

只有湛若水例外，當時的學者有的先入王門而卒業於湛，有的先入湛門而卒業於王，聲勢十分不凡，並且源遠流長，至明末猶有光彩。

湛若水字元明，號甘泉，卒於嘉靖三十九年（西元一五六〇年），年九十五歲。他教人「隨處體認天理」，認為王守仁解釋「格物」為「正念頭」不對，因為不經學問思辨的工夫，則念頭是否正確很難確定。他以為心體萬物而無遺，王守仁只指腔子裏的為心，那不等於分子內外。事實上，湛若水又回到朱熹的路上，隨處體認天理雖不差，但有誤會成體認於感覺的毛病，同時也比不上「致良知」簡潔明白。湛若水雖是陳獻章的學生，並且到處建陳獻章的祠堂，但已改變老師的說法。他甚至於說，以靜為言的人都是禪學，明明也把獻章攻擊在內。

湛若水是朱學，其學說也有支離的毛病，所以他的學生大都用直截來補救，如呂懷（巾石）以為天理和良知本來宗旨相同；何遷（吉陽）以「知止」為要領，此心感應之幾為「止」，與王學江右主靜歸寂大略相同；洪垣（覺山）說體認天理是「不離根」的體認，補救師門「隨處」之失；唐樞（一菴）標舉「討真心」，以為茍明得真心在我，不二不雜，則王、湛兩家之學，俱無弊失。呂懷的門下有唐伯元（曙臺）、楊喬（止菴）。唐樞門下有許孚遠（敬菴），許孚遠再傳馮從吾（少虛）。「江門」一系傳到明末猶未絕。劉宗周（蕺山）便是許孚遠門下。

(五)晚明的理學

晚明七十年間，學術又是一變，這與學術本身固然有關，可是晚明宦官專權、政治黑暗為更重要原因，特別以東林學派中人為然。

東林是晚明一群愛國書生，由於不滿宦官弄權，政治黑暗，清議淪亡，以顧憲成（涇陽）、高攀龍（景逸）為首領，講學於江蘇無錫東林書院。他們議論朝政，裁量人物，結果遭到宦官與小人的殘酷報復，形成晚明有名的政治風潮。他們的學術主張不盡相同，但關心國家安危，以為學術要與世道結合才有價值，則為共同認識。顧憲成說：「官輦轂，念頭不在君父上，官封爵念頭不在百姓上；至於水間林下，三三兩兩，相與講求性命，切磨德義，念頭不在世道上；即有他美，君子不齒。」便是他們的宣言。

高攀龍精於學術流變的分析，曾說：「除卻聖人全知，一徹俱徹，以下便分兩路，一者在人倫庶物，實知實踐去。一者在靈明知覺，默識默成去。此兩者之分，孟子於夫子微見朕兆，陸子於朱子遂成異同。本朝文清（薛瑄）、文成（王守仁）便是這樣。宇內之學，百年前是前一路，兩者遞傳之後，各有所弊。」三言兩語間，把儒學發展的脈絡，交代得清清楚楚。他的悟道經過，說得極為詳細，但在「學必須悟，悟後方知痛癢」之後，立刻接著說：「知痛癢後，直事事放過不得。」顯然要互取朱、陸兩家的長處。但在當時空疏的王學末流學風下，他寧取朱學的篤實。

東林除顧憲成、高攀龍外，錢一本（啟新）和孫慎行（淇澳）也頗重要。錢一本以工夫為主，認為盡才始可得本體，不可以石光電火便作家當，很切中當時學者的弊病。孫慎行最初學禪，卻不以禪學為足。他認為君子終學問思辨行，便是終日戒懼慎獨，無暇再去求一漠然無心的光景，很能道出儒、釋的根本不同。他對心性頗有創見，因而劉宗周說：「東林之學，涇陽導其源，景逸始入細，至先生而另闢一見解。」

由於東林引起激烈的黨爭，與明朝相始終，竟有人把明亡的責任，歸咎於東林黨。即使對東林有了解的人，也批評東林人物過激，黃宗羲在「東林學案」之前因而有一段很沉痛的話。他說：「熹宗之時，龜鼎將移，其以血肉撐拒，沒虞淵而取墜日者，東林也。毅宗之變，攀龍髯而蓐螻蟻者，屬之東林乎？屬之攻東林者乎？數十年來勇者燔妻子，弱者埋土室，忠義之盛，度越前代，猶是東林之流風餘韻也。一堂師友，冷風熱血，洗滌乾坤，無智之徒，竊竊然而議之，可悲也夫。」理學得東林諸君的熱血，也可一洗只重心性修養不關心國家社會的批評了。

晚明學術除東林之外，以劉宗周最重要。宗周號念臺，學者稱「蕺山先生」。在思宗朝，由於忠直敢言，三次被革職。清順治二年（西元一六四五年）杭州陷落，絕食二十餘日殉國。他一生躬行實踐，對學生號召力極大，黃宗羲便是他的學生。明亡之際，他的學生章正誠、祁彪佳、祝開美等都見危授命，慷慨成仁，真不負所學。

宗周以「慎獨」為學問宗旨。王守仁倡「致良知」，末學流於作弄光景；宗周主「慎獨」，只在主宰上覺有主，亦即在意念精微處用功，確有救王學末流之功。黃宗羲稱其學醇乎其醇，雖對師門，但不算過譽。明代理學當以他為殿軍。

五、明代以後的理學

清代學術發展的大勢大致走著反對理學的道路，但是由於程朱學系的理學，足以鞏固統治，安定人心，所以滿清政府承襲明朝政策，加以大力提倡，繼續以「八股文」取士，考試的內容也和明代沒有不同。於是理學的思想觀念，依舊是中國社會的正統。

清初遺老目睹國破家亡的悲劇。看到儒者守節不屈壯烈成仁的人雖多，但是「平時袖手談心性，臨危一死報君王」，對於國家時局毫無助益。在痛切的反省下，轉而提倡經世實學，希望學者有真本領，能擔當起國家大事。這種學風，東林、劉宗周已開其端，而黃宗羲（梨洲）、王夫之（船山）、顧炎武（亭林）、顏元（習齋）、李塨（恕谷）等學者更提出具體主張，以圖矯正明學的失誤，如王夫之提倡「尊生」、「崇有」，顧炎武主張「只有經學沒有理學」，都極有價值，而其中北方的顏、李對宋明的理學更有基本上完全不同的主張。

顏元和李塨根本揚棄宋明理學「主靜」之說，力矯理學學者談心、談性的毛病，專心致力於實用學術。他們認為堯、舜相傳的道統在「水火金木土穀六府」、「正德利用厚生三事」、「知仁聖義忠和六德」、「孝友陸姻任卹六行」、「禮樂射御書數六藝」上，「格物」即習此。後儒主張靜坐，已參雜異端邪談。他們習禮、習射、習樂，討論兵農水利，日夜不息。這種實踐實用精神，確實宋、元以來所未有。但是他們所攻擊的仍只是宋明理學的末流，特別是明儒王學的末流。主動習勤，很接近現代西洋的觀念，也確可收到身體健康的效果，但是全然否定靜養之益，也有不是。正如今人外馳物化，與專事靜坐而遺棄事務，弄得身體虛弱不堪，同樣不對。至於偏於讀書，不講經世實務，理學初起，胡瑗已分經義治事兩齋，其後張載打算正經界，呂大鈞立「鄉約」，宋明理學學者談農田水利賦役的著作不下數十百家，也可以看出遺棄經世實務的，也只是末流的弊病。

康熙以後，清廷屢興文字獄，使得剛剛興起的經世實徵之學轉變方向，而專心致力於古籍的考據工作，以避免政治迫害。乾隆、嘉靖年間，考據之學大興，文字、聲韻、訓詁、校對、名物和制度的研究，超越前賢，成為學術正統，號稱「漢學」，以別於宋代以後重義理、講「內聖外王」的「宋學」。這時在學理上大力攻擊「宋學」的為戴震。

戴震字東原，安徽人，死於乾隆四十二年（西元一七七七年），年五十五歲。他著有《原善》、《孟子字義疏證》以攻宋儒，認為理氣不二，並非別有一理在氣之上。人心只有知情欲，因為有知，所以能知理，並非理原來就在心中。宋儒講「去人欲、存天理」，根本錯誤，因為欲與血氣俱有，沒有欲望，也等於沒有生命。他認為宋儒對欲的偏見，因而把饑寒號呼、男女怨慕、垂死求生都看作罪惡，失去了人情之正，造成「吃人禮教」的可怕局面。同時在上有權有勢的人，又藉著宋儒提倡階級與絕對性的倫理，以理殺人。理欲分而為二，使得君子無完行，弄得天下皆偽。

在戴震手中，宋明理學的流弊被揭發無遺，這些弊病固然有學說本身已隱伏的缺陷，但大部分則是專制政權利用理學說束縛人心思想的結果。有關戴震學說之誤，可參看呂思勉《理學綱要·訂戴》。

有清一代兢兢業業，遵守程朱遺訓，躬行實踐的學者，仍然不乏其人，像孫奇逢、李光地、陸隴其、唐鑑等都是，但在學說上沒什麼創見，躬行之篤厚，也比不上明初，並且多半不是純粹的理學者，這當然與一代的學風有莫大關係。咸、同以後，西洋勢力大量侵入，國人在英、法的船堅砲利之下，喪失了自信心，加上西方民主思想的傳入，理學思想籠罩下的傳統開始迅速崩潰。等到中國不得不隨世界潮流而變，廢科舉，建立民主政府，理學更成了新時代攻擊的對象，似乎中國積弱都是理學者之過。

理學經清末民初西化的滌蕩後，又重獲一些生機。這生機的來臨，一方面因為中國在民主、工業化的過程中，西化的種種弊病逐漸顯露出來，使人反省而轉回頭，再度體認固有文化的種種優點，而事實上，固有文化的重視人倫道德，不僅不會妨礙工業化和民主政治的建立，反而能補救工業社會的危機，使民主政治的基礎穩定。另一方面則熊十力、馬一浮、唐君毅等人，數十年來致力於固有學術的宣揚。熊、唐等人偏重於理論的闡述和釐清的工作，與宋儒重修養有差，但經他們的努力，固有學術重新被認識，理學也因此有復興的契機。

六、結語

理學興起於北宋知識分子的自覺。知識分子自覺人生的莊嚴與對社會文化的使命，以上續民族慧命、重振「內聖外王」之學為己任，外闢佛老而建立起民族的真正文化。他們講明心性與天道，使人生理想有個深遠的源頭；主靜主敬，以收斂翕聚生命而有力外抗物欲；注重道德修養，作為人群的表率和模範；四處講學，鼓舞民族生命；建立「家規」、「鄉約」、「學規」等，使中國人小而日常生活，大而進德修業，都有宗旨和途徑可循。他們努力的結果，儒家思想成為社會的正統思想，「良心」、「天理」超越法律習俗成為人心的主宰，倫理綱常成為維繫社會秩序的中心力量。他們的工作確是「為天地立心，為生民立命，為往聖繼絕學，為萬世開太平」的工作，理想極崇高，成果也極偉大。我們如果說，北宋以後的中國社會是以理學為思想基礎的社會，一點也不過分。

理學的人物也極精彩動人。有光風霽月的周濂溪，有隱逸深遠的邵堯夫，有物來順應的程明道，有嚴毅不苟的程伊川，有民胞物與的張橫渠，有博大精深的朱晦翁，有專提本心的陸象山，有自然自得的陳白沙，有功德不朽的王陽明。他們無不盡自己的性情，成就一種典型，使後人每一思之，振奮不已。我們很難想像，中國歷史上沒有這些人物，會失去多少光彩。即令次要的人物，如赤手搏鯨的王門弟子，冷風熱血的東林君子，也莫不獨立特行，他們雖近狂近俠，但皆有氣概，為中國歷史添了不少聲光。如果產生怎樣的人物是評論一派學術思想的重要參考，則理學人物之盛，品質之高，真可算是中國社會的最佳結晶。

當然，理學也不是沒有缺失，筆者認為第一失之於隘，第二失之於迂。

理學者專宗孔孟，抵斥佛老，然而在修養方法上得之於禪佛不少，在形上學上得之於道家也多，理學者陰納而陽攻之，在爭法席免弊端上，或有不得不然之勢，然在態度上大可光明磊落，在學理上深入研究後，明指其失。可是理學者攻擊禪佛，只及皮相，倒反自己在「某人是禪」下糾纏不已，尤其不該墨守孔孟，把荀子與先秦諸子一概摒棄在外，這樣自隘自限的結果，使理學純淨似乎純淨了，但吸收異學以滋養加厚變為不可能。這與中華文化素有包容力大的特質相違背，也忘了先秦諸子也是「六經之支與流裔」。而程朱一派的末學尤甚，連文學、藝術、音樂等也排斥，生命既得不到滋潤，便很容易變成僵化的活死人。

狹隘的結果是故步自封，迂闊的結果則是忽略實際、不通人情。這點正是清儒顏元、戴東原等人指責理學的地方。雖然理學者旨在提升民族生命，建立民族文化，不能以照顧現實社會人生為滿足，但學術思想過分重理想，忽略現實社會生活，終是弊病。有人問程頤：「學者志於大何如？」他答：「志無大小，且莫說道將第一等讓於別人，且做第二等。才如此說，便是自棄。」這樣自勵勉人沒有錯，錯在程朱末流把人的最高理想和成就，強求於人人，忽略人人氣質有異，環境有別，聞道有先後，術業有專攻。必導致苛責賢者，使天下無好人，君子無完行；導致有權有勢的人「以理殺人」，無真學問的人作偽自飾。其實，成聖成賢固然是人的最高理想，但社會上惇一行、守一節的人，也有他的地位，甚至於守一業、敏一事的人也該受到敬重，如此整個世界才寬平起來，人人才有以自立自守。理學者泥古太甚，把現實看得太簡單，也是迂闊的表現，像張載說：「井田至易行，但朝廷出一令，可以不笞一人而定。」便是很好的例子。

今天我們反省一千年來理學的發展歷史，我們覺得當初北宋諸子對民族文化的使命感與人的莊嚴的自覺，在今日仍然有極大的意義。今天我們要建立民主政治，吸收西方的科學技術，如果沒有人的莊嚴的覺悟，自覺與周圍的人痛癢相關，民主政治很難脫出庸俗、物欲、盲從的陷阱，隨工業化而來的環境汙染與公害也必弄得人人無法生存。做一個知識分子，尤其要體察宋明理學學者這份道德心的自覺，從而努力修養自己，以仁覆群倫自期。這樣知識分子不論從事哪行哪業，都將有益於社會人類。

七、重要參考書目

(1)《宋元學案》 黃宗羲等 河洛出版社、世界書局

(2)《明儒學案》 黃宗羲 河洛出版社、世界書局

(3)《聖學宗傳》 周汝登 明萬曆東越王氏刊本

(4)《理學宗傳》 孫奇逢 藝文印書館

(5)《漢學師承記》　江藩　廣文書局
(6)《宋學師承記》　江藩　廣文書局
(7)《明儒言行錄》　沈佳　商務四庫珍本
(8)《中國哲學原論》　唐君毅　學生書局
(9)《中國哲學史》　勞思光　三民書局
(10)《理學綱要》　呂思勉　華世出版社
(11)《宋明清理學體系論史》　黃公偉　幼獅書局
(12)《宋明理學概論》　錢穆　商務印書館
(13)《新儒學發展史》　張君勱　弘文館出版社

八、附錄

理學有關的學術動態年表：

西元	朝代年號	理學有關的學術動態
九八九	宋太宗端拱二年	陳摶卒。曾以所作〈先天圖〉傳种放，放傳穆修，修傳李之才，之才傳邵雍。
九九二	宋太宗淳化三年	孫復（泰山）生。
九九三	宋太宗淳化四年	胡瑗（安定）生。

一〇〇九	宋真宗大中祥符二年	李覯生。 王欽若、張君房始集道書，各四千餘卷。
一〇一一	宋真宗大中祥符四年	邵雍（康節）生於河南共城。少從共城令李之才學，得陳摶〈先天圖〉，建立先天易學。
一〇一七	宋真宗天禧元年	周敦頤（茂叔）生於湖南道縣。
一〇一九	宋真宗天禧三年	司馬光（君實）生於陝州夏縣。
一〇二〇	宋真宗天禧四年	張載（子厚）生於陝西郿縣橫渠鎮。
一〇二一	宋真宗天禧五年	王安石（介甫）生於江西臨川。
一〇三二	宋仁宗明道元年	程顥（伯淳）生於河南洛陽。
一〇三三	宋仁宗明道二年	程頤（正叔）生於河南洛陽。
一〇四六	宋仁宗慶曆六年	二程受學於周敦頤，其後得周手授〈太極圖〉。
一〇五三	宋仁宗皇祐五年	楊時（龜山）生。
一〇五七	宋仁宗嘉祐二年	孫復卒。
一〇五九	宋仁宗嘉祐四年	胡瑗卒。
一〇七〇	宋神宗熙寧三年	王安石任宰相，進行變法，向神宗進所著〈洪範傳〉，其目的在「考箕子之所述，以深發獨智，趣時應變者也」。
一〇七一	宋神宗熙寧四年	罷詩賦及明經諸科，以經義、論策試進士。
一〇七三	宋神宗熙寧六年	周敦頤卒。
一〇七五	宋神宗熙寧八年	頒王安石《詩》、《書》、《周禮》三經新義於學官。
一〇七六	宋神宗熙寧九年	張載《正蒙》成書。程頤謂：「橫渠之言，誠有過者，乃在《正蒙》。」 王安石罷相。
一〇七七	宋神宗熙寧十年	張載、邵雍卒。

一〇八四	宋神宗元豐七年	司馬光成《資治通鑑》。
一〇八五	宋神宗元豐八年	程顥卒。
一〇八六	宋哲宗元祐元年	王安石、司馬光卒。
一〇八七	宋哲宗元祐二年	禁止用老、莊、列子書命題試舉人。
一一〇三	宋徽宗崇寧二年	建黨人碑於各州縣。
一一〇七	宋徽宗大觀元年	程頤卒。
一一三〇	宋高宗建炎四年	朱熹（晦庵）生於福建南劍州尤溪縣。
一一三三	宋高宗紹興三年	張栻（南軒）生。
一一三五	宋高宗紹興五年	楊時卒。
一一三七	宋高宗紹興七年	呂祖謙（東萊）生。
一一三九	宋高宗紹興九年	陸九淵（象山）生於江西撫州。
一一四三	宋高宗紹興十三年	陳亮（同甫）生於浙江永康。
一一五〇	宋高宗紹興二十年	葉適（水心）生於浙江永嘉。
一一六七	宋孝宗乾道三年	朱熹講學於嶽麓書院。次年編成《程氏遺書》。
一一七二	宋孝宗乾道八年	朱熹編成《論孟要義》、《論孟集義》。
一一七三	宋孝宗乾道九年	朱熹編成《太極圖說解》、《通書解》、《程氏外書》、《伊洛淵源錄》。
一一七五	宋孝宗淳熙二年	朱熹編成《近思錄》。朱熹與陸九淵舉行「鵝湖之會」。
一一七七	宋孝宗淳熙四年	朱熹寫成《論孟集注或問》、《詩集傳》、《周易本義》。
一一八一	宋孝宗淳熙八年	呂祖謙卒。
一一八四	宋孝宗淳熙十一年	陳亮寫〈答朱元晦書〉，與朱熹辯論理欲、王霸、義利關係問題。
一一八六	宋孝宗淳熙十三年	朱熹寫成《易學啟蒙》。

一一八七至一一八九	宋孝宗淳熙十四至十六年	朱熹與陸九淵以書信形式辯論「無極而太極」問題。
一一九二	宋光宗紹熙三年	朱熹寫成《諸子要略》。 陸九淵卒，年六十三。
一一九四	宋光宗紹熙五年	陳亮卒。
一一九八	宋寧宗慶元四年	嚴禁偽學。
一二〇〇	宋寧宗慶元六年	朱熹卒，年七十。
一二二六	宋理宗寶慶二年	楊簡卒。
一二二七	宋理宗寶慶三年	尊朱熹為太師，追封信國公，獎勵其《四書集註》。
一二三五	宋理宗端平二年	詔儀邵雍、周敦頤、司馬光、張載、程顥、程頤等從祀孔廟。
一二四二	宋理宗淳祐二年	許衡以《伊川易傳》、《晦庵論孟集注》、《大學章句》、《中庸章句》等講授生徒。
一二四七	宋理宗淳祐七年	鄧牧生。
一二七〇	宋度宗咸淳六年	詔〈太極圖說〉、〈西銘〉、〈易傳序〉、〈春秋傳序〉，天下士子宜肄其文。
一二七一	元世祖至元八年	忽必烈即位前「盡收亡金諸儒學士，及一時豪傑知經術者，而顧問焉」。由此，得「儒教大宗師」稱號。 即位後於京師設國子監，任許衡為國子祭酒，以朱熹《小學》教蒙古貴族。
一二八一	元世祖至元十八年	許衡卒，著《許文正公遺書》。
一三〇九	元武宗至大二年	以周敦頤及許衡從祀孔廟。 宣布實行科舉取士。
一三七〇	明太祖洪武三年	定科舉考試制度，考四書、五經用八股文體。
一四二八	明宣宗宣德三年	陳獻章（白沙）生。
一四五四	明代宗景泰五年	陳獻章從吳與弼（康齋）學。
一四六五	明憲宗成化元年	羅欽順生於江西泰和。

一四七二	明憲宗成化八年	王守仁(陽明)生於浙江餘姚。
一四七四	明憲宗成化十年	王廷相生於河南儀封。
一四八三	明憲宗成化十九年	王艮(心齋)生於江蘇泰州。
一四九二	明孝宗弘治五年	王守仁治朱熹「格物」之學,「格竹」得疾。
一五〇〇	明孝宗弘治十三年	陳獻章卒,著有《白沙子全集》。
一五〇八	明武宗正德三年	王守仁謫至貴州龍場,大悟「聖賢之道吾性自足,不假外求」之理。
一五〇九	明武宗正德四年	王守仁始論「知行合一」。
一五一八	明武宗正德十三年	李時珍生於湖北蘄州。
一五二七	明世宗嘉靖六年	李贄生於福建泉州府晉江縣。
一五二八	明世宗嘉靖七年	王守仁卒,年五十六。
一五四一	明世宗嘉靖二十年	王艮卒。
一五四七	明世宗嘉靖二十六年	羅欽順卒,年八十二。
一五五八	明世宗嘉靖三十七年	湛若水(甘泉)卒。
一五六二	明世宗嘉靖四十一年	徐光啟生。
一五六六	明世宗嘉靖四十五年	李贄入北京禮部,始受王陽明思想影響。
一五七三	明神宗萬曆元年	張居正任首輔,主持改革。
一五七四	明神宗萬曆二年	李贄拜王襞為師,傾心泰州學派。
一五七九	明神宗萬曆七年	泰州學派何心隱聚眾講學,遭誅。
一五八四	明神宗萬曆十二年	明神宗下詔,以王守仁從祀孔廟。 孫奇逢生。
一五九〇	明神宗萬曆十八年	李贄《焚書》刻於麻城。次年耿定向門徒寫《焚書辯》加以攻擊。
一五九七	明神宗萬曆二十五年	李贄《藏書》編成。後遭禁毀。

一六〇二	明神宗萬曆三十年	李贄被逮，自殺於獄中。
一六〇四	明神宗萬曆三十二年	顧憲成、高攀龍講學東林書院，評議朝政。
一六〇五	明神宗萬曆三十三年	傅山（青主）生於山西陽曲（今太原）。
一六一〇	明神宗萬曆三十八年	黃宗羲生於浙江餘姚。
一六一一	明神宗萬曆三十九年	方以智生於安徽桐城。
一六一三	明神宗萬曆四十一年	顧炎武生於江蘇昆山。
一六一九	明神宗萬曆四十七年	王夫之生於湖南衡陽。
一六二五	明熹宗天啟五年	魏忠賢捕殺東林黨人，下令毀全國書院，禁止自由講學。
一六二六	明熹宗天啟六年	東林黨人黃尊素等死於獄。
一六二九	明思宗崇禎二年	張溥、張采等建立復社，繼續東林黨鬥爭。
一六三〇	明思宗崇禎三年	復社舉行金陵大會。此後，黃宗羲、顧炎武、方以智等均參與活動。 唐甄生。
一六三五	明思宗崇禎八年	顏元生於河北博野。
一六三八	明思宗崇禎十一年	黃宗羲與顧杲、吳應箕等發表〈留都防亂公揭〉聲討閹黨。
一六四二	明思宗崇禎十五年	李光地生。
一六四三	明思宗崇禎十六年	方以智《通雅》編成。
一六四四	清世祖順治元年	李自成陷北京，思宗自縊。

佛學概論

田博元

一、緒論

佛教是世界五大宗教之一，它產生於古代印度（現今尼泊爾境內），西元前六世紀時，印度正處於「春秋戰國」時代，政治上，群雄割據，列國紛爭；思想上，異說蠭起，百家爭鳴。中印度迦毘羅衛城淨飯王的王子悉達多，深感生命的無常，眾生生老病死的痛苦，遂毅然離開王宮，出家修道，以探索生命的真諦。

釋尊出家以後，經過六年的參訪名師，六年的雪山苦行，終於在菩提樹下，端坐諦觀，晨睹明星，豁然開悟，證一切種智，得無上道，成等正覺。而後，釋尊遊化人間，以其智慧與慈悲，將所證悟的真理，說給了世人，這就是所謂的佛法。也因此殊勝的因緣，開創了佛教。《妙法蓮華經》說：「佛以一大事因緣故，出現於世。」此一大事因緣，正關係人類文明的一大開展。

釋尊滅後，他創立的佛教仍在繼續流傳，對印度的政治、經濟和文化，都產生了巨大的影響。西元前三世紀，印度孔雀王朝第三代國王阿育王尊佛教為國教，給與大力的支持、弘揚，建寺造塔，護持僧尼；並派遣僧團到亞洲各國以及敘利亞、埃及、希臘等地傳佈佛教。佛教遂從地區性的宗教，逐漸成為一種世界性的宗教。尤其值得注意的是，當印度的佛教傳入中國、日本、斯里蘭卡等東亞、南亞及東南亞地區時，並與這些國家的本土文化水乳交融的融會一起，形成各具特色的佛教文化。

佛教源起於印度，而佛教在印度的發展，大致可分為四個時期，即：原始佛教時期、部派佛教時期、大乘佛教時期以及密教時期。原始佛教時期，大約從佛陀創立佛教至佛陀入滅後一百年左右，這時期是佛教的初傳階段。其基本思想，是以空為根據的緣起論與以中道為原理的正見實踐論。主要內容有三法印、四聖諦、八正道、十二緣起、五蘊論、無我論、業報輪迴等。部派佛教是佛教派別形成發展的階段，其分裂的主要原因，是起於佛教教團對教理、戒律的理解不同。而各教派亦在吸收當時社會流行的思潮後，對原始佛教的教義，提出修正和補充。大乘佛教則是從部派佛教發展而來，尤其是漸趨大眾化的大眾系各派思想，並吸收正量部、經量部的理論，揉合吠檀多派和婆羅門教的思想，而後始有獨立的大乘佛教。密教是以真言密法為中心，有經有教，有軌有儀，倡身口意三密相應行，求得世出世的成就果。十三世紀初，阿拉伯人入侵印度，印度佛教始告消亡。

佛教傳入中國，大約在東漢明帝永平年間，浮屠與道術，相互結合，是道教化的佛教時期。牟子〈理惑論〉出，棄神仙方士，而傾談玄理，是玄學化佛教時期。魏、晉、南北朝時，般若空義，諸家競起，般若空義漸入中國學術界，尤其佛門龍象道安大師、慧遠大師以及鳩摩羅什相繼而出，廢格義之說，專究佛理，是佛教教義正顯時期。隋、唐時代，佛教教派大放異彩，重要的宗派有：三論宗、天台宗、華嚴宗、法相宗、禪宗、淨土宗、律宗、真言宗等八宗。諸宗並說，各有特色，也都言之成理，均為無上妙法，是中國佛教的黃金時代。宋、元以後，佛教漸趨衰落；明、清時期，更是一蹶不振。

總之，佛教思想雖發生於印度，但是經過阿育王的大力支持和弘揚，遂廣為流傳，逐漸成為一種世界性的宗教。尤其是東傳中國後，佛教的大乘思想與中國儒家思想融會互彰，而在中國發揚光大。值此世道衰微，人心迷亂之際，佛教更應弘揚佛陀的悲智精神，以莊嚴國土，成就眾生為標的。

二、佛學的意義

「佛學」一詞，顧名思義，即佛法之學。這是以佛法為研究對象，作有條理、有系統的探討，使佛法學術化的一門專門學問。但是佛法不僅是一門學問，佛陀所關心的也不是學術的問題，佛陀更無意僅建立一套學說理論。所以將佛法作為專門學問來研究，其主要目的，是希望透過學術的方式，將佛法如實的顯現出來。所以，佛法才是目的，學術只是手段；佛法才是本懷，而學術只是一種方式。

佛法是釋迦牟尼所說的教法。佛陀出家以後，經過六年的參師行道，六年的冥思苦行，終於在菩提樹下晨睹明星，豁然開悟，證一切性智，得無上正等正覺。體現諸法真理的佛陀，悲情滿懷，不由自己，毅然走下山，將證悟的真理，和盤托出，弘化世間，這就是佛法。而佛陀上山，是為了體悟人生的真理，下山則是為了度化娑婆世界的眾生。佛說法的目的，在轉迷啟悟。所以，佛法充滿智慧與悲情；佛法是解行並重，即所謂信、解、行、證。因此，研究佛學，正是瞭解深入體證的方便法門。

印順法師在《佛法概論》中說：「佛法是理智的、德行的宗教，是以身心的篤行為主，而達到深奧與究竟的。從來都稱佛法，近代才有稱為佛教的。佛法流行於人間，可能作為有條理、有系統的說明，使它學術化，但佛法的本質，決非抽象的概念而已，決不以說明為目的。佛法的正解，亦決非離開信戒而可以成就的。法為佛法的根本問題，信解行證，不外乎學佛者傾向於法，體現於法的實踐。」

總之，佛說法的目的，在使眾生「轉迷啟悟」、「離苦得樂」。而佛學雖偏重於學理的研究與探討，但是，廣義的佛學，應包攝教、理、行、果四法，解行並重，理論與實踐合一，而以「成佛」——體現宇宙人生真理為最高標的。

三、佛教產生的社會背景

佛教產生的年代，一般的學者公認為是西元前六世紀至五世紀間，相當於我國的春秋時期，也正是印度古代文化與宗教發展的一個重要時期。因此，佛教的產生，自必有其社會的因緣背景。

印度，古稱天竺，是世界四大文明古國之一。早在遠古時期，就顯露出文明的曙光。距今約四千餘年前，雅利安民族由中亞細亞越過興都庫什高原進入西北印度，定居於印度河上游的旁遮普地方。至西元前一千年頃，雅利安人屢次發動激烈戰爭，征服當地土著，逐漸擴展至東部恆河與朱木那河流域，並建立起數十個大小王國，其中兩河上流的拘樓、般闍羅、婆蹉、蘇羅婆等國，成為當時政治經濟中心。而印度民族的宗教婆羅門教，也在這個地區建立起堅固的基礎。

恆河平原地處溫帶，氣候適宜，物產豐富。雅利安人本來是逐水草而居的遊牧民族，在恆河流域的廣大平原定居下來後，便逐漸由遊牧生活進入民族制度的農業社會，而社會制度也趨向固定化，形成了印度古代所謂的「種姓制度」。所謂「種姓」，即「瓦爾納」，原是顏色之意，雅利安人膚色白，土著居民膚色黑，由此而分為等級，共有四個種姓。一是婆羅門，主司祭祀，雅利安人崇拜自然神靈，崇拜的目的，在消災求福，故祭祀多而儀式繁，以至產生以司祭為專業的僧侶，名為婆羅門，四姓中，居於最高位，掌握著宗教及文化的大權；二是剎帝利，為王侯、武士階層，執掌軍政大權，居第二位；三是吠舍，為農、工、商等庶民階級，從事農、工、商業；四是首陀羅，為被雅利安族征服的印度土著居民，從事下賤職業。這四姓的名稱，最早出現在吠陀的〈原人歌〉，逮《摩奴法典》問世以後，嚴格的社會階級制度，始告確立。《摩奴法典》中嚴格規定四姓的權利、義務。婆羅門以學習和教授吠陀經典以及從事祭祀為務。剎帝利以保護宗教、安定邦國為職責。吠舍以農、工、商為職業。首陀羅為這三姓服務，不許獨立生活，不能學習吠陀。婆羅門、剎帝利及吠舍三族，有誦念四吠陀及祭祀的權利，死後得再投生於世，故稱為再生族。居四姓之末的首陀羅，既無誦經、祭祀的權利，亦無轉世投世的機會，叫做一生族。以上四姓，世襲相傳，階級嚴峻，而四姓之中，婆羅門高高在上，被稱為極端神聖。自《摩奴法典》出後，婆羅門教，便告完成。

印度種姓制度的建立，形成社會階級的分化，也嚴重阻礙社會的發展，最高種姓的婆羅門飛揚跋扈，目空一切，既對吠舍和首陀羅加強壓迫和剝削，且要剎帝利做他們的公僕。剎帝利是國家的統治者，兵權在握，也意圖奪取更高的權利。因此，與婆羅門種姓的矛盾日趨惡化。吠舍種姓則一部分成為工商業奴隸主，也亟思擴大市場，大部分則淪為奴隸，首陀羅為三姓服務，是被壓迫的種姓，亦思奮起反抗，於是形成了反婆羅門運動。

佛陀降世前百餘年間，是婆羅門教極為盛行的時代。但是種姓制度，促使印度進入一個階級分化、社會動盪的變革時代。各種學說，有如雨後春筍，紛紛興起，反婆羅門的思潮不斷湧現，形成百家爭鳴的繁榮景象。其中最有代表性的是下列各派哲學：

1. 阿耆多・翅舍欽婆羅派：

此派認為世界是由地、水、火、風四大元素構成，一切有情眾生也是四大和合而生，死後復歸四大，沒有永恆不滅的靈魂。因此，黜抑信仰，蔑視道德，以追求幸福快樂為人生目的。反對禁欲、苦行。此派學說，流行於商人、手工業及其他下層社會。

2. 尼乾子・菩提子派：

此派認為世界由多種元素構成。這些元素可分為靈魂（命）與非靈魂（非命）兩類。本派即以這二元論為基礎，建立種種範疇，以說明一切。在實踐方面，則尊重極端的苦行，為耆那教的前身。

3. 婆浮陀・伽旃那派：

此派認為世界是由地、水、火、風、苦、樂、靈魂七種元素構成，人生也是由這七種元素單純機械的集合，依其集散離合而有生死現象。但這七種元素則常住恆存，互不影響，既不產生任何東西，也不由任何東西所產生。

4. 富蘭那・迦叶派：

此派認為萬物的產生和發展都無規律可循，無因無緣，一切都只是偶然。反對婆羅門教，否認業報輪迴和解脫，對一切宗教道德亦持懷疑態度。

5. 末伽黎・拘舍羅派：

此派認為宇宙和一切生物都是由靈魂、地、水、火、風、虛空、得、失、苦、樂、生、死十二種元素構成。各種元素的結合是一種自然的、機械的、無因無緣的偶合。萬物都受命運支配，人的意志是無能無力的，倫理道德亦毫無意義。只要經過八千零四十萬大劫，不論智愚，都可得到解脫。

6. **散惹夷・拘羅黎子派**：

此派認為一切事物都不可遽然斷言，如因果報應、來世輪迴等，既可以說有，也可以說無，既可說亦有亦無，也可說非有非非有。是懷疑論和不可知論。

此六個派系的學說，雖各不相同，但都反對婆羅門教的吠陀天啟、祭祀萬能、婆羅門至上三大綱領。對婆羅門教的階級制度而言，可說是一種開明與進步的思潮，同時，也為佛教的產生奠定了基礎，佛陀正是在這種百家爭鳴的新時代中，以一大事因緣故，出現於世，創立了佛教。

四、佛教創始者——釋迦牟尼

佛教的創始人是釋迦牟尼。釋迦是種族的名稱，義譯為「能仁」；牟尼義譯為「寂默」。釋迦牟尼是佛教徒對他的尊稱，或者說是尊號，意思本為釋迦族出身的聖者。簡稱釋迦、釋尊，或佛陀、如來、世尊等。

釋尊本姓喬達摩，舊譯瞿曇，名悉達多，義譯為一切義成，就是具足一切德性的意思。釋尊生於北印度憍薩羅摩揭陀國的迦毘羅衛城(即今尼泊爾首都加德滿都藍毗民村)，父為該城城主，名淨飯王，母為摩耶夫人。釋尊一生活動在印度北部、中部恆河流域一帶。根據各種佛書的記載，釋尊住世八十歲，約生於西元前五六五年（周靈王七年），逝世在西元前四八五年（周敬王三十五年）。

釋尊誕生於帝王的家族，是釋迦族的王儲，自幼即接受良好的教育。根據佛典所載，釋尊幼時，淨飯王便請了名叫跋陀羅尼的婆羅門來為太子授書，授予四吠陀及五明之學等學問，十歲時，開始習武。由於天資聰慧，領悟力強，凡諸天文、地理、典籍、議論、祭祀、占察、聲論、書數、樂舞、文章、圖書等世間學問，都曉喻精通；同時精擅武藝，神力過人。十九歲以前，已是文武雙全，智勇兼備的少年。

據佛典的記載，釋尊嘗遊觀四門，見老、病、死的痛苦，心裏頗多憂慮，向優陀夷說道：「人貪愛欲，故受此苦，我今欲離老、死、病、苦。」最後一次出遊北門，見一比丘，圓頂法服，威儀有度，無繫無縛，心志於道，釋尊大喜，便自唱言：「善哉！善哉！天人之中，唯此為勝，我當決定修學是道。」於是釋尊心生欣慶，而自念言：「我先見有老病死苦，晝夜常恐為此所逼，今見比丘，開悟我情，示解脫路。」以釋尊的豐富學養以及天資的聰穎，針對生老病死的煩惱，以積極尋求解脫之道，固不必待「四門遊觀」之後才有所覺悟，況出家修道，在當時印度社會裏，是一種極為平常的舉動。不過，釋尊的出家修道，卻關係著娑婆世界的一大事因緣。

釋尊出家以後，前後經過六年的參師訪道，初訪隱居在森林中的跋迦婆，次訪阿邏邏迦蘭，再訪鬱陀迦羅摩子。但這些修行的仙人都持「生前修苦行，死後升天上」為解脫法門。釋尊則認為死後升天，仍不能超脫生死之苦，並非究竟解脫之道，「知非即捨」，於是至王舍城南方迦印城尼連禪河畔冥思苦行，前後六年，每日僅食一麻一麥，嘗盡飢寒之苦，身形消瘦，有如枯木，卻未見悟道的消息。釋尊心想：「道之所成，乃緣於智慧，而非緣於不食苦行。」「如是自餓，無異外道，仍應受食，方成佛道。」於是，釋尊走出苦行林，走到尼連禪河的清流之中，洗淨身上的積垢，同時，接受一位名叫難陀波羅的牧女供養乳糜。然後，獨行到一棵叫做畢波羅樹（即菩提樹）的樹下，鋪吉祥草，東向跏趺而坐，端身正念，靜默思惟，自發誓道：「我今若不證無上大菩提，寧可碎此身，終不起此坐。」

釋尊在菩提樹下，端坐諦觀多久而得道，佛典記載不一，或說七日，或說四十七日。釋尊以奮勇精進的精神，降服身心內外的魔障，遂於十二月八日薄明之際，晨睹明星，豁然開悟，得智慧光，斷業習障，成一切種智，證無上正等正覺。釋尊體現諸法真理，完成無上正覺時，開口說道：「奇哉！奇哉！大地眾生皆有如來智慧德相，但以妄想執著，不能證得；我欲悟之，令其一切智、無師智、自然智現前。」

釋尊當時覺悟的境界，充滿著般若的智慧、平等無我以及悲憫眾生的願力。當釋尊晨睹天上閃爍光明的明星時，頓悟人類「見性」的本覺是如此微妙，而又極為平實，本然如是。釋尊是一個徹悟宇宙人生真理的覺者，而不是宇宙人生的創造者。釋尊所覺悟的至道，不是一己的小道，而是人行類覺性中的大道。釋尊所體悟的苦樂，也非個人的苦樂，而是一大生命的開展。釋尊不是神，也不是神的兒子或使者，而是以人身實現正覺解脫的聖者。

釋尊成道以後，約有四十五年（或說四十九年）的歲月，遊化北方，說法度生。接受釋尊教化的人如恆河沙數，近者如釋尊的眷屬，遠者如外道的行者，靡不皈依受化，釋尊足跡所到之處，不可勝數，其中以王舍城、舍衛城、迦思羅城、毗舍離城等地方為最著。《法華經》上說：「佛以一大事因緣故，出現於世。」這一大事因緣，也正關係人類文明發展的一大殊勝因緣。

五、佛教的根本教義——緣起論

佛教自釋迦牟尼立說後，演變甚為繁雜，異說紛紜，學派分立。但是佛教的根本思想，固應指佛陀所說的教義而言。所以，佛陀的基本思想，亦即佛教思想的根本原理。

佛陀的教義，是從緣起論出發。佛陀根據因果緣起的法則創立了本體論、人生觀。其主要內容有三法印、十二緣起、五蘊論、四聖諦、八正道、無我論、業報輪迴等。茲略述緣起論於後：

緣起論是佛教思想的最大特色，佛陀在菩提樹下，晨睹明星悟道，即從萬法緣起之道，契入無上正等正覺。《過去現在因果經》說：「至第三夜，觀眾生性，以何緣故而有老死，即知老死以生為本，若離於生，則無老死。又復此生，不從天生，不從自生，非無緣生，從因緣生。」所謂「因緣生」，省稱緣生，又稱緣起。印順法師著《佛法概論》中說：「緣起是動詞，緣生是被動詞的過去格，即被生而已生的。所以緣起解說為『為緣能起』；緣生可解說為『緣所以生』，這二者有因果關係。但不單是事原的因果，佛說緣起時，加了『法性、法住、法界安住』的形容詞。所以緣起是必然理則，緣生是因果中的具體事象。」又說：「現實所知的一切法，是緣生法；這緣生法中，所有必然的因果理則，才是緣起法。緣起與緣生，即理與事，緣生說明了果從因生；對緣生而說緣起，說明緣生事相所以因果相生，秩序不亂的必然理則，緣生則依於緣起而成。」依印順法師的說明，緣起是因，緣生是果；緣起是理，緣生是事。

緣起論，《雜阿含經》中說：「此有故彼有，此生故彼生；此無故彼無，此滅故彼滅。」佛陀認為，宇宙萬物的存在都依賴於因緣（條件），萬物隨因緣和合而產生，又隨因緣離散而消失。既「因緣而生」，亦「因緣而滅」。所以「生是因緣生」，「滅是因緣滅」。這是緣起的定義。

根據佛典記載，佛弟子舍利弗原是修習外道的沙門，久未見道，心中不樂。一日，見釋尊的弟子烏斯西那尊者法相莊嚴，威儀殊勝，乃上前行禮問道：

「何以法像衣服與眾生不同，寧有師宗，可得聞乎？」

烏斯西那道：「瞿曇沙門，是我師尊，我從而受學。」

舍利弗問：「汝師平常說何等法？」

烏斯西那道：「我年幼稚，受學日淺，尚不能領會我師妙法深義。」

舍利弗再請曰：「慈悲方便，略說一二。」

烏斯西那說曰：「諸法因緣生，諸法因緣滅，我師大沙門，當作如是說。」

舍利弗豁然領悟，即與目犍連皈依了釋尊。

《中阿含經》中《眾跡喻經》中說：「若見緣起則見法，見法則見緣起。」《了本生死經》說：「若比丘見緣起，即見正法，若正見於法，即是見佛。」《稻芉經》也說：「見緣起則見法，見法則見佛。」可見「緣起法」是佛教的基本理論。要想體證佛法，「緣起法」是不二法門。

六、佛教在印度

佛教在印度的發展，大致經過四個時期，即：原始佛教時期、部派佛教時期、大乘佛教時期及密教時期。

㈠原始佛教時期

原始佛教時期，大約從佛陀創立佛教至佛陀入滅後一百年左右，這時期為佛教的初傳階段。佛教自釋迦牟尼立說後，演變甚為繁雜，異說紛紜，學派分立。但是，原始佛教的基本思想，固當指佛陀所說的教義而言。佛陀的基本思想，約而言之，是以空為根據的緣起論與以中道為原理的正見實踐論。其主要內容有三法印、十二緣起和四諦論。而十二緣起與四諦，都以三法印為基礎。這是原始佛教最基本的思想，以下分別敘述。

1.三法印：

三法印，就是佛法所講的諸法真理，為佛教重要的教義。法是普遍的理性，印是依此來證實是否究竟佛法真理，因為可以依此去印證一切佛法，所以稱為三法印。凡是合於此等法印的，都可稱為佛法；不合於法印的，即非佛法。三法印者：一、諸行無常，二、諸法無我，三、涅槃寂靜。也有於「諸行無常」下，加「諸受皆苦」一句，稱為「四法印」的。然而，苦是覺者對於有情世間的價值判斷，僅是諸行無常印的含義之一而已。

⑴諸行無常：從時間上看，一切現象（有為法）都是遷流變化，剎那生滅，並沒有固定不變的東西。「月有陰晴圓缺，人有旦夕禍福」，人生的生老病死，自然界的森羅萬象，都是無常遷化的，這叫做諸行無常。

⑵諸法無我：從空間上看，諸法（包括有為、無為法）因緣而生，相互依存，並沒有固定「我」的

實體存在。有情也是由五蘊和合而生成，因因緣而離散，聚散無常，並非真實的自我，所以說諸法無我。

(3)涅槃寂靜：涅槃，舊譯為滅或寂滅，新譯為圓寂。一切法都是緣起而有，由眾緣有，本無自性，所以一切法本性空寂，自性即是涅槃。知一切緣起有而自性空寂，無所繫著，則即物而得解脫。所以，解脫即是涅槃。《大涅槃經》說：「涅槃之體，無有住處，直是諸佛斷煩惱處。」離繫縛處，即是解脫；煩惱斷處，即是涅槃。所以，涅槃是脫離生死輪迴而達到解脫的常樂我寂境界，這是佛教修行所要達到的最高理想、最後歸宿。

2. 十二緣起：

十二緣起，又名十二因緣，即是以十二個段落的因果關係，說明凡夫眾生生死循環的過程，所以稱為十二緣起。緣起法的定義為：「此有故彼有，此生故彼生；此無故彼無，此滅故彼滅。」佛陀認為：宇宙萬物的存在都是因緣而生，因緣而滅。生是因緣生，滅亦是因緣滅。十二緣起之名如下：一、無明；二、行；三、識；四、名色；五、六入；六、觸；七、受；八、愛；九、取；十、有；十一、生；十二、老死。

佛陀認為萬物隨因緣和合而產生，又隨因緣離散而消失。人的生命也起源於因緣條件，生命的過程可分為十二個因果聯繫的環節。無明即無知，這是無始以來的一種盲目意志，也是生命活動的根本動力。由於盲目無知而引起各種意志、行為（行）；由行為意志引起個人精神統一體的識；由識引起構成生命組織體的精神（名）和肉體（色）；有了名色，就有眼、耳、鼻、舌、身、意六種感官（六入），因而就能與外在環境的六塵——色、聲、香、味、觸、法發生相對的接觸（觸），由接觸外境而產生苦和樂的感受（受），由受而引起愛欲的心理活動（愛），有了愛欲，就產生對外界事物的取著、固執（取）。愛和取，正是求取生存的欲望（有），有此生存的欲望，因而就有生，有生就有死。這十二個環節即構成生命不斷循環的過程。

3. 四諦：

四諦，是佛教的根本要義之一，即苦、集、滅、道四種真理的意思。這四種真理為聖者所知見，故又名四聖諦。乃佛陀教法的總綱領。四諦的意義為：

(1)苦諦：即明白認識人生是苦的真理。佛法稱世間，通常包括有情與器界二種而說。器世間的成、住、壞、空，有情世間的生、老、病、死，都是在遷流變化中，並非常駐恆有。凡是遷流變化的法，無不是苦。世間與苦，並不可分離。人生即是一系列的病苦所組成，有生苦、老苦、病苦、死苦、愛別離苦、怨憎會苦、求不得苦、五陰盛苦。總之一切皆苦，世間充滿了苦難。

(2)集諦：即造成苦果的各種原因。眾生的病苦，源於自身的無知（無明）。由於芸芸眾生愚昧無知，執著「有我」，因而產生貪、瞋、痴。導致顛倒的思想和行為（業），由不同性質的業，招致不同的果報，遂在生死苦海中輪迴流轉。

(3)滅諦：指了生脫死，得到解脫的涅槃境界。亦即捨離種種積集，滅卻一切苦病，脫離生死苦海，達到常樂我淨的境界。

(4)道諦：指為得到解脫，達到涅槃境界而應遵循的方法和途徑。佛陀歸結為八正道，即八條正確的道路：①正見：正確的見解；②正思：正確的思維（意志）；③正語：正確的言語；④正業：正確的行為；⑤正命：正確的生活；⑥正精進：正確的努力；⑦正念：正確的意念；⑧正定：正確的禪定。上述八正道，為滅諦的因，修此八正道，即可到達涅槃。

如上所述，十二緣起與四諦，都以三法印為基礎，用以說明宇宙人生的緣起，並解釋世間與出世間因果的佛教根本思想。

(二)部派佛教時期

1. 佛教的分裂和結集：

佛滅後約一百年，佛教教團因對戒律和教法，各有不同的見解，遂分裂為上座部與大眾部二派。直到佛滅後四百年左右，演化成二十部，這是佛教派別形成、發展的階段，史稱部派佛教時期。

佛教部派的形成，早在第一次結集時，已啟分化的端緒。佛陀在世時，教理和戒律，僅靠口授心記，輾轉相傳，並未形諸文字，彙整成經。佛滅後，弟子們為結集遺教，便選出學德兼優的比丘在集會上誦出教理和戒律，記載下來，作為經典。相傳第一次結集是佛入滅那年，在王舍城舉行，有五百比丘參加。以摩訶迦葉為首，由阿難誦出佛陀的教義，後來整理成為《經藏》，優波離背誦戒律，後來整理成為《律藏》。在結集大會上，多聞第一的阿難說小小戒可捨，迦葉則責阿難不諳律制如童子，「不聽捨微細戒」。時釋尊涅槃不久，未有部派的名稱，但戒慧各有所重，實已種下教團分裂的遠因。

佛滅後百年間，散居各地的教團，都能遵守遺教，精進修持。但因風俗不同，師承有異，各自形成獨特的風格。佛滅後一百年左右，為了整頓戒律，在吠舍離舉行了第二次的結集，有七百比丘參加，由於對戒律的看法不同，結果分裂為上座部和大眾部兩派。關於部派佛教分裂的原因，南北傳佛教有不同的說法。

據南傳佛教的說法，佛教的分裂，主要是因戒律的問題。拘薩羅國的長老耶舍，發現吠舍離的比丘違背原有的教規，出現向人乞錢的現象。當時，吠舍離的比丘在實行十非法，即：⑴角鹽淨；⑵二指淨；⑶復坐食淨；⑷趣聚落食淨；⑸酥油、蜜、不蜜和酪淨；⑹飲闍樓伽酒淨；⑺作坐具隨意大小淨；⑻習先所習淨；⑼求聽淨；⑽受畜金銀錢淨。因此，耶舍在吠舍離集合了七百比丘舉行集會，認定吠舍離比丘的十事為非法。吠舍離的比丘不服議決，結果分為二部。認為十事為非法的一派，成為上座部，以十事為合法的一派，成為大眾部，教團的分裂，由茲而生。

據北傳佛教的說法，佛教的分裂，則是由於教理的問題。據《異部宗輪論》及《大毘婆沙論》，謂阿輸迦王時，有一名大天的比丘，認為阿羅漢並不是修行的最高境界，成佛才可斷盡一切煩惱，得到解脫。因為阿羅漢還有五種侷限性，即⑴余所誘；⑵無知；⑶猶豫；⑷他令入；⑸道因聲故起。大天的五事說，引起激烈的爭論，導致佛教的分裂，反對者形成上座部，贊同者形成了大眾部。值得注意的是大天的思想，或即後來大乘思想的先驅。

佛滅後三百餘年，孔雀王朝的阿育王治世，這是佛教的黃金時代。然因佛教教團在各地方急促的發展，而各地民情習俗不同，思維風格有異，遂助長了分化的傾向。據南傳的記載，當時教團已分裂為十八部派，異說紛紜，規律大亂。因此，在阿育王協助之下，於首都華氏城作了第三次的結集。參加這次結集的，有以國師目犍連子帝須為首的一千比丘，目的是整理「三藏」，《論事》就是集各派學說的一部書。

在西元二世紀初，貴霜王朝的第三代迦膩色迦王即位，他與阿育王並譽為佛教王，極力保護佛教，並且製作佛教貨幣。同時，在迦濕彌羅都城舉行第四次結集，以脇尊者及世友為首，共有五百比丘參加，主要是編集一派——說一切有部的論典。傳說《大毘婆沙論》，就是這時的著作。

總之，佛滅後百年間，因為戒律（或教理）的問題，招致根本的分裂，即上座與大眾二部。上座部以北印度迦濕彌羅為中心，流傳於印度本土各處；大眾部以中印度摩揭陀為中心，流傳於北印和南印。阿育王時代，佛教教團大量的擴展，教團之間，對於戒律的看法與教義的見解，逐漸分歧，於是，分裂再分裂，到佛滅四百年左右，新成立的部派共有十八部派之多，這叫做枝末的分裂，加上根本二部，共為二十部，這時期稱之為部派佛教時期。今依《北傳異部宗輪論》的說法，列表如下。

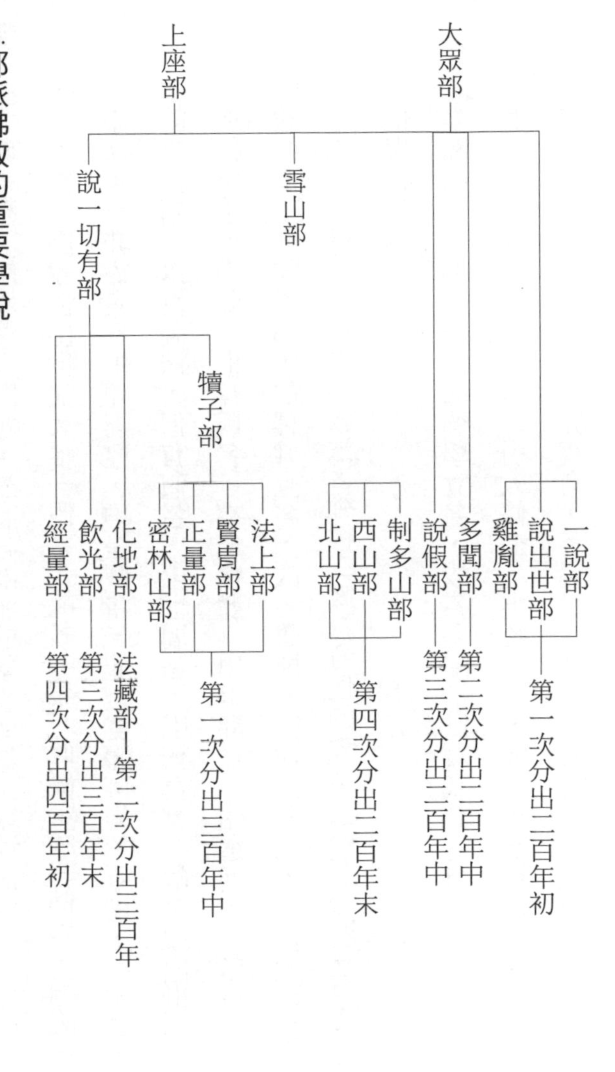

2. 部派佛教的重要學說：

部派佛教分裂的主要原因，是各派對教理與戒律的看法歧異。而各部派間，也因觀點的不同，各有傳持的經律，茲略列如下：

部派	律	經
1. 上座部	四分律	長部經典、中部經典 相應部經、增支部經、小部經

2. 有部	十誦律	中雜含
3. 法藏部	四分律	長阿含
4. 大眾部	摩訶僧祇律	四阿含
5. 化地部	五分律	五阿含
6. 根本有部	（新律）毘奈耶	雜阿含

各部派間的主要論點，可要約於：佛陀觀、菩薩觀、聖果觀、時間觀、假實觀、業力觀、輪迴觀、無為觀、修道觀、解脫觀等問題，茲將各部派的學說要點，略述於後。

(1)一說部：因說世出世法，惟一假名，故名一說。此部主張「佛以一論說法」，認為我非實有，三世諸法，都非實有。生死涅槃，均是假名，並無實體可得，所以，一切是空。

(2)說出世部：以世間法，但有假名，出世間法，則皆真實，故名說出世。此部認為世法由業生果，從顛倒生，因此，但有假名，都無實體。出世間法，由道而生，所以，道和道果都是實有。

(3)雞胤部：此部從部主的種姓立名，故名雞胤。因住在灰山，以住地命名，亦名灰山住部。此部專弘論藏，以論為真實的教法，經律二藏為方便的教法，認為我非實有，過去及未來法，也非實有，惟現在法為實有。

(4)多聞部：此部從部主的德學立名，故名多聞。以為我非實有，法為實有。佛說無常、苦、空、無我、涅槃寂靜，這五者能引人修道，出離世間，因此，法為實有。

(5)說假部：以世之一切都非實有，不過是假法，故名說假。此部批評一說、說出世等部派的見解，以為世及出世，都有少分是假，不可妄加武斷。

(6)制多山、西山、北山部：這三部的思想，大體和大眾部相同，並無新立的學說。

(7)說一切有部：梵語名薩婆多部，因說一切實有，故名說一切有。此部以「三世實有，法體恆有」為根本思想，主張一切法都有自性，是實在的有，並非假有。所謂一切，指一切的法，即五蘊、十二處、十八界等法，而一切法，都是實有；過去、現在、未來三世，也是實有。

(8)雪山部：此部即上座部後身，因遷往雪山，故名雪山部。雪山部的思想，大體與說一切有部相同，認為我非實有，法為實有。

(9)犢子部：犢子部是從說一切有部分出的一派，流行於中印和西印。此部的主要學說是有我論，即承認有一個永恆不滅的靈魂，以為補特伽羅（我、靈魂）是從前世轉到後世的聯繫者，是輪迴解脫的主體。

(10)正量、法上、賢胄、密林山等部：正量部，自以為所立法義，正審無邪，故名正量。法上部，係取部主之名立名，故名法上。賢胄部，賢示部主名，胄指後裔，以信眾都是賢阿羅漢的後裔，故名賢胄。密林山部，從部主所居為名，以近山林蓊鬱繁密，故名密林山。這四部的思想，大體和犢子部相同。

(11)化地部：梵語彌沙塞部，部主係國王出家，以正法化所統地，故名化地。此部以「過未無體說」為宗，認為我非實有，法的過去未來，亦非實有，惟現在法為實有。末流則採用「三世實有說」。

(12)法藏部：梵語曇無德部，亦係部主的名稱，名為法藏，又名法密。此部的學說，大體與化地部相同，主張「過未無體說」，並分法藏為五：一經、二律、三論、四咒、五菩薩。重視咒語，已含有密教的思想，是此部的特質。

⒀飲光部：此部亦以部主的姓氏立名，故名飲光。飲光部主張「過現有體，未來無體說」，即過去和現在是有體，而未來是無體。此外，若法已斷已遍知則無，未斷未遍知則有。業果已熟則無，未熟則有；有諸行以過去為因，無諸行以未來為因，這亦是飲光部重要思想之一。

⒁經量部：此部以經為教法的標準，不依律論，凡所引據，以經為證，故名經量。經量部主張「勝義補特伽羅」論，認為有永恆不滅的靈魂，完全否定了原始佛教的無我論。

㈢大乘佛教時期

1.大乘佛教的興起：

大乘佛教時期，約從西元一世紀中葉至西元七世紀。大乘佛教的興起，自有其產生的因緣。

⑴就其內因——歷史的根源說，大乘佛教是從部派佛教發展來的，各部派的思想對它都有或多或少的影響，上座系法藏部的本生說，經量部的業力說，即為大乘所吸收。而大眾部系的幾派，對它的影響尤深，大眾系的學說，有些本就接近大乘思想，如西山部、北山部，更趨大乘化，不以聲聞，緣覺為究竟，對羅漢的地位有所降低，後來終於出現了獨立的大乘佛教。

⑵就其外緣——社會背景說，大乘佛教時期，南印度正是案達羅與笈多王朝的時代，案達羅、笈多兩王朝都崇信婆羅門教，對佛教不大支持，所以佛教轉向下層民眾發展。制多山部為了取得群眾

的信仰，他們把佛神聖化，藉以撫慰群眾；而正量部主要受到商人的崇信，大乘就是在兩部已有的群眾基礎上興起的。平民群眾從事農作生產，商人追求實際利益，都有自發的創造思想，因而，大乘思想多少表現出創新的傾向。

2. **大乘與小乘的區別：**

佛在世時，就個人根器的利鈍，對機說法，聽眾雖聞同一教義，而見解各有淺深的不同，並無大小乘的分別。大乘的梵語是摩訶衍（Mahāiāna），意指高深的教理，廣渡眾生的真實法門，並非對小乘而言。而小乘的名稱，是大乘佛教興起後，標榜自己為「大乘」，而把上座系佛教貶稱為「小乘」。「乘」，梵文（yāna），就是運載、車輛、道路的意思。大乘認為小乘是「小車輛」、「小道」，只能載自己，得阿羅漢果，而大乘則是「大車輛」、「大道」，可以運載眾生、普渡眾生，得佛果。又「乘」有救渡的意思，小乘只能自救，大乘不僅能自救，還能救他。從教理上看，對法空的解釋，小乘佛教一般主張「我空法有」，即承認客觀世界的真實存在。大乘佛教則主張「我法皆空」，法的自性也是空，所以說一切法的存在如幻如化。在宗教實踐和結果方面，小乘以「自利」為主，修阿羅漢果，求得自我解脫為目標。大乘則以「利他」為主，修持佛果為目的。

3. **大乘佛教的學說：**

大乘佛教在印度本土的發展，約可分為三個時期：(1)初期大乘佛教，約西元一世紀至五世紀，以龍樹、提婆為代表，中期以後，形成所謂中觀學派；(2)中期大乘佛教，約五世紀至六世紀，以無著、世親為代表，其後形成所謂瑜伽行派；(3)晚期大乘佛教，約六世紀至七世紀，大乘佛教逐漸衰落，密教代之而興。茲分述如下：

(1)初期大乘佛教

龍樹（西元一五〇—二五〇年）是大乘學說的創始人，後人對他崇敬備至。依據鳩摩羅什譯的《龍樹菩薩傳》，龍樹出生於南印度的婆羅門族，少年即通曉婆羅門經典，後來皈依佛教，出家受戒，當時南印度已經有大乘經典流行，所以，他就接受了大乘思想。其後，周遊各地，讀了許多大乘經典，回到南印，著手創立學說，廣事弘化，晚年住在東南印度的吉祥山中。龍樹的著作很多，有「千部論主」之稱。他的著作，漢譯現存的約二十種，主要的有《中論頌》、《十二門論》、《大智度論》、《十住毘婆沙論》等。

繼承龍樹而使大乘學說深入發展的是龍樹的弟子提婆。據羅什編譯的《提婆菩薩傳》，提婆是斯里蘭卡的一個王子，精通婆羅門教，能言善辯。這時，龍樹已屆晚年，住憍薩羅的吉祥山，名聲遠播。提婆便渡海入印，去找龍樹辯論。龍樹也久聞其名，聽說他來了，讓弟子端給他一滿缽水，提婆見到這缽水，從容地取出一枝針投入缽中，龍樹深為驚喜，認為「法教弘揚，伊人是賴」，就授以「至真妙理，法王誠教」。提婆也深為折服，「五體投地，一心受命」，成為龍樹的傳法弟子。提婆著有《百論》、《四百論》、《百字論》等。後來的龍樹繼承者，亦多傳承中論方面的思想，而形成中觀學派。

中觀思想依中論觀四諦品的解釋，乃從緣起空思想發展來的。空，梵文為Sūnya，空並不是「空無」、「不存在」，而是指由「緣」所生的法，是無自性的。中論云「眾因緣生法，我說即是空，亦為是假名，亦是中道義」。「眾因緣法」，就是指緣起，緣起之法，第一是無自性，即空，「我說即是空」。這個空是存在認識之中的，是以言說表現出來的，所以說「我說」。所謂「法」，事物、現象等本身，無所謂空與不空。第二，諸法是一種「假名」——「亦為是假名」。法雖然是空，而還有假名。由此看來，對緣起法，不僅要看到無自性的空，還要看到假有。而二者又是相互聯繫的，因其無自性才是假有，因為是假有才是空。既不著實有，也不著虛無的空，就是所謂的中道觀（參看呂澂《印度佛學思想概論》）。

為了闡明空論，中觀學派還提出了「二諦」——俗諦和勝義諦說。諦，即真實，實在的道理。二諦，即兩種實在的道理。勝義諦是絕對的真理，俗諦是假設的真理。一般人由於無知迷妄，都依俗諦來看世界，認為森羅萬象的宇宙是實有的，有生滅常斷等變化。但實際上，一切事物都是虛幻不實的，沒有內在的本質，都是空無假有的，是一種假設的真理，世人因為這種偏見，才生出許多痛苦煩惱。只有破除這種偏見，才能體現萬物皆空的真諦。

(2)中期大乘佛教

中期大乘佛教是大乘佛教的極盛時期，約當笈多王朝和後笈多王朝統治時期，總共二百年的光景，此期代表學者是無著、世親。據《婆藪槃豆傳》記載，世親深受笈多朝的正勤日王和新月王兩代的敬仰。特別是新月王跟世親受過戒，正勤日王的妃子隨世親出了家。當時，那爛陀寺是佛教中心，主要以世親、無著為首，同時，還網羅了當時大小乘學者以及其他學者講經論道，形成了各抒己見、百家爭鳴的風氣，因而形成了瑜伽行學派。

瑜伽行派的創立者，據說是彌勒，彌勒的學說是以《瑜伽師地論》為根本，此派最著名的學者當推無著、世親。無著（約西元三一〇—三九〇年）、世親（約西元三二〇—四〇〇年）是同胞兄弟，北印度健馱羅人，兄弟兩人都出家為僧。無著先是學習小乘佛教，後來得到彌勒的教示，悟入大乘空觀，又旁涉其他學說，終於建立瑜伽唯識系統的大乘佛教。著有《順中論》、《顯揚聖教論頌》、《攝大乘論》等。世親原先出家有部，研究有部教學，著有《俱舍論》。後因無著的勸解而宗大乘，精通因明，釋諸大乘經典，著有《唯識二十論》、《唯識三十頌》、《佛性論》、《止觀門論頌》等。兄弟兩人共同弘揚彌勒學說。瑜伽行派即從無著、世親這個系統形成的，主要的學說是「萬法唯識」論。

所謂「萬法唯識」，意即宇宙萬象都是由人的「識」所變現出來的。人有八識：眼識、耳識、鼻識、舌識、身識、意識、末那識、阿賴耶識。這八識各有不同的作用。眼、耳、鼻、舌、身、意叫做六根，前六識是從根得名的，與六根相對的叫做六塵，即色、聲、香、味、觸、法。前五識相當於感覺，只有了知的作用，但不能代別種識發生作用。第六識大致相當於綜合感覺的知覺，能和前五識同時俱起，助他們發生作用。第七識末那識，是第六識的根，能起思維度量的作用，它所思量的，就是執定為自我的一種想頭，而以第八識阿賴耶識為認識對象。第八識阿賴耶識是前七識的根本，能攝持和保存一切「種子」。所以，在八識中居於主導地位的是阿賴耶識，它是宇宙萬物產生的根源，我們的根身器界即由阿賴耶識變現出來的，這就叫做「萬法唯識」。

(3)晚期大乘佛教

印度佛教，自世親以後，雖出很多論師，但已少有獨創性的學說，而偏重註釋、訓詁。間有著作，也都具有濃厚的思辨、煩瑣的氣味，難以挽回大乘佛學的頹勢。再要繼續發展，就得借助於密教。因此，後期大乘佛教已逐漸密教化，最後完全融合於密教之中，成為密教的附庸，大乘佛教也就名存實亡了。

4.密教時期：

印度密教時期約從西元七世紀初期至十三世紀。

密教的發生是在第七世紀初期，當時那爛陀寺對陀羅尼就很加重視，並已著手編纂密教的根本典籍《持明咒藏》，在壇場（音譯為曼荼羅）中供養信仰的神，密教的性質遂漸與印度教接近。印度教是婆羅門教的變種，婆羅門教原是多神信仰，到大乘佛教時期，逐漸演變成一神的崇拜，崇拜的方法，是向神作種種供養、持咒、念誦等。這時期的大乘佛教，由於煩瑣的理論不易為人所接受，且由於信奉伊斯蘭教的阿拉伯人入侵，戰亂頻仍，人命朝不保夕，因而乞靈於祈福禳災的咒術，以期求得心靈的慰藉，所以密教愈益同化於印度教。這便是密教發生的主要原因。

西元八世紀以降，密教日漸風行，此期密教以真言密法為中心而組織體系。有經有教、有數有儀，形成了獨立的體系，因而取代大乘佛教而在印度流傳。密教的根本經典有《大日經》、《金剛頂經》、《楞伽經》、《菩提心論》、《釋摩訶衍論》、《大智度論》等。

密教崇奉大日如來，以大日如來為理智不二的法身佛，認為以前的佛教為釋迦所說，惟獨密教為大日如來所說。它以繁瑣神秘的咒術、儀禮為其特徵，重視修行實踐，對設壇、供養、誦咒、灌頂等都有嚴格規定。由阿闍梨秘密傳授。密教認為：眾生如果依法修「三密加持」，即手結印契、口誦真言、心觀佛尊，就能使身、口、意三業清淨，與佛的身、口、意相應，即身成佛。

十三世紀初，阿拉伯人又入侵印度，由於宗教的偏見，佛教的寺院及文物幾乎全部受到破壞，著名的那爛陀寺也遭焚毀。最後，僅存的超行寺也難逃燒毀的噩運，佛教在印度便消亡了。

七、佛教的東傳

(一)佛教傳入中國的年代

中國佛教，源於印度的佛教。然佛教入華，究竟始於何時，一向傳說紛紜，莫衷一是。早在永平以前，已有佛教入華的傳說，如：(1)伯益知有佛說，見於劉宋宗炳〈明佛論〉；(2)周世佛法已來說，見於唐法琳〈破邪論〉；(3)孔子已知有佛說，見於道宣《廣弘明集・歸正》篇；(4)申毒國尸羅前來朝燕之說，見於後秦王嘉《拾遺記》；(5)阿育王塔與金像說，見於宗炳〈明佛論〉；(6)秦始皇與佛教說，見於《歷代三寶記》、《佛祖統紀》；(7)休屠王金人說，見於《世說新語・文學・注》、《魏書・釋老志》；(8)張騫聞浮屠之教說，見於《魏書・釋老志》；(9)天祿閣上校書說，見於劉宋宗炳〈明佛論〉、《世說新語・文學・注》。以上諸說，如果屬實的話，佛教傳入中國，最早可能在周朝末年，其次，秦王政的時候，再次，是漢武帝時候。可惜這些說法，都屬斷篇殘簡的記載，並無其他可徵的文獻足資證明，恐怕都是臆測之辭，姑且存而不論。

中國佛教的輸入，以漢明帝永平年間，遣使往西域求法，最為歷來史家所公認。依據今日所知永平求法的記載，最早見於牟子〈理惑論〉、〈四十二章經序〉、《老子化胡經》。此外，《後漢紀》、《後漢書》、《吳書》、《水經注》、《洛陽伽藍記》、《冥祥記》、梁《高僧傳》、《漢法本內傳》、《出三藏記集》、《魏書・釋老志》等魏、晉、南北朝的文獻，都有言及。牟子〈理惑論〉上說：「昔孝明皇帝，夢見神人，身有日光，飛在殿前，欣然悅之。明日，博問群臣：『此為何神？』有道人傅毅曰：『臣聞天竺有得道者，號之曰佛；飛行虛空，身有日光，殆將其神也。』於是上悟，遣使張騫、羽林郎中秦景、博士弟子王遵等十二人，於大月支寫佛經四十二章。」關於漢明求法之說，世人頗多考證，殊難斷其真偽，梁任公先生即謂「《四十二章經》實吳、晉間偽作，《牟子》則晉、宋作品」。湯用彤先生則認為：「漢明求法，吾人雖不能明當時事實之真相，但其傳說，應有相當根據，非向壁虛造。至若佛教之流傳，自不始於東漢初葉。……漢明為一代明君，當時遠人伏化，國內清寧，若謂大法濫觴於茲，大可為僧伽增色也。」

佛教傳入中國的確實年代，雖然不甚清楚，但是見諸記載，而可採信的，當是西漢哀帝元壽元年（西元前二年）大月氏王使伊存授浮屠經事。有關伊存授經的著錄，見於魚豢的《魏略・西戎傳》，《三國志》裴注引之：「罽賓國、大夏國、高附國、天竺國並屬大月氏。臨兒國浮屠經云：其國王生浮屠。浮屠，太子也，父曰屑頭邪，母云莫邪。浮屠身服色黃，髮青如青絲，乳青毛，蛉赤如銅。始莫邪夢白象而孕，及生，從母左脅出，生而有結，墮地能行七步。此國在天竺城中。天竺又有神人名沙律。昔漢哀帝元壽元年，博士弟子景盧受大月氏王使伊存口授浮屠經曰：復立者其人也。浮屠所載臨浦塞、桑門、伯聞、疏問、白疏間、比丘、晨門，皆弟子號也。浮屠所載與中國《老子經》相出入，益以為老子西出關，過西域之天竺，教胡。浮屠屬弟子別號，合有二十九，不能詳載，故略之如此。」伊存授經，諸書於授經地點、人名雖不盡相同，但受者為中國博士弟子，口授者為大月氏人，則按之當時情形，並無不合，所以伊存授經，誠確然有據之事。

伊存口授佛經是哀帝元壽元年，而大月氏的信奉佛教，是在西漢時代。佛法入華，或由彼土而來。

依據史書記載，漢武帝時，派遣張騫出使西域前往大月氏國。張騫此行，不但開闢了中國與西域的交通，也使得西域的文物輸入中國。而在西漢文、景帝時，佛法早已盛行印度西北，並傳佈中亞各國。由於中西交通的頻繁，流行西域的佛教，乘勢傳入中國，自屬意中的事情。

總之，佛法入華，確實年代，誠難確定。伊存口授佛經，雖是漢哀帝時事，但是，漢武帝的經營西域，開闢了中西的交通，釋迦之教，經由西域，而傳入中國，或更早於哀帝時。而「漢明感夢，初傳其道」說，或非史實，但也正說明當時已經有了佛教，而且早為王室所信仰。

(二)漢代佛教的流佈

佛教傳入中國的年代，傳說紛歧，誠難確定。但據史書所載，漢明帝時，佛教早為王室所信奉，且與黃老學說相提並論。《後漢書・楚王英傳》說：「英晚節更善黃老，學為浮屠齋戒祭祀。八年，詔令天下死罪皆入縑贖。英遣郎中令黃縑白紈三十匹詣國相曰：『託在蕃輔，過惡累積，歡喜大恩，奉送縑帛，以贖愆罪。』國相以聞。詔報曰：『楚王誦黃老之微言，尚浮屠之仁祠，絜齋三月，與神為誓，何嫌何疑，當有悔吝？其還贖以助伊蒲塞桑門之盛饌。』因以班示諸國……。」此段史料，足以證明浮屠齋戒，沙門供養，已為王室所奉行。楚王英一方面「誦黃老之微言」，一方面「尚浮屠之仁祠」，似乎已把黃老學說與浮屠學說等量齊觀。不過，當時人對釋教的教理，顯然沒有深入理解，從詔書中所稱「仁祠」，「與神為誓」來看，漢代佛教只重於祠祀，漢人以為造祠奉祀，可以祈福永命。王充《論衡・論死》說：「世信祭祀，以為祭祀者必有福，不祭祀者必有禍。」〈祭意〉篇也說：「況不著篇籍，世間淫祀非鬼之祭，信有其神，為禍福矣。」自先秦以來，方士求仙，感召鬼神，期得接引，率由祭祀，而祭祀實為方術。王充所謂「不著篇籍，世間淫祀，非鬼之祭」，佛教或亦為其一。楚王英交通方士，造作圖讖，史有明載，他的奉祀浮屠，或受習尚影響，目的亦在祈求福報、期冀黃老的長生久視之道。

漢代儒學昌盛，自漢武帝採用董仲舒的建議，罷黜百家，獨尊儒術，儒學遂取得正統的學術地位。然而，綜觀兩漢儒學，實已混合陰陽五行及讖緯之學，成為有宗教意味的學說，與民間追求神秘境界、超現實的能力是相通的。武帝晚年，好神仙方士，求長生不老之術，流風所及，淮南王劉安也醉心神仙方術。而神仙方技，類多託本黃老。及至東漢光武帝及明帝，雖是一代明君，也都服膺讖錄圖緯的說法。光武諸子，類好鬼神方術，造作圖書，當時皇室風尚如此，所以楚王英的「誦黃老之微言，尚浮屠之仁祠」，實是風氣使然，固未足異。

自楚王英到桓帝，約一百年間，黃老始終與浮屠並稱。桓帝更在宮禁中，奉祀浮屠與黃老。延熹九年，襄楷上疏說：「又聞宮中立黃老浮屠之祠，此道清虛，崇尚無為，好生惡樂，省欲去奢。今陛下嗜欲不去，殺罰過理，既乖其道，豈獲其祚哉！」襄楷認為此道「清虛」、「無為」、「好生」、「省欲」，是直認黃老浮屠同屬一「道」，殊無二致。桓帝既無法「清虛」、「省欲」，自然得不到佛老的庇佑。當時，佛教被視為一種方術，因此，如襄楷輩，視浮屠與黃老為一家，殊途同歸，可以兼奉並祠。

漢代佛教，依傍道術，浮屠、道術相互結合，東漢末年，牟子〈理惑論〉第十二章說：「昔孝明皇帝夢見神人，身有日光，飛在殿前，欣然悅之。明日，博問群臣：『此為何神？』有通人傅毅曰：『臣聞天竺有得道者，號之曰佛，飛行虛空，身有日光，殆將其神也。』」

可見佛教初傳時，是以一種民間宗教的形象傳入的。佛就是神，「飛行虛空，身有日光」，而且「變化無奇，無所不入」。就像道教的神仙一樣，修煉成神，可以白日飛升，變化莫測，長生久視。牟子〈理惑論〉又說：「佛者謚號也，獨名三皇神，五帝聖也。佛乃道德之元祖，神明之宗緒。佛之言覺也。恍惚變化，分身散體，或存或亡。能小能大，能圓能方，能老能少，能隱能彰。蹈火不燒，履刃不傷，在污不染，在禍無殃，欲行則飛，坐則揚光，故號為佛也。」西漢黃老之學，主張清靜無為，班志所謂「獨任清虛，可以為治」。不過史遷〈封禪書〉中，已載鼎湖仙去之說；〈留侯世家〉記載張良遇黃石老人，學辟穀導引之術；〈老子韓非列傳〉指稱「蓋老子百有六十餘載，或言二百餘歲，以其修道而養壽也」。可見當時的道家學說，已與神仙方術混同。依〈漢志〉著錄，陰陽五行，神仙方技，都溯源於黃帝，於是黃老之學，就成為黃老之術了。降及東漢，老子尤為道家方士所推崇，長生久視、祠祀辟穀，都說出於老子。牟子稱佛「恍惚變化」、「能隱能彰」、「履刃不傷，欲行能飛」，可以說就是道術。而所說佛是「道德之先祖，神明之宗緒」，主張「息意去欲，而歸于無為」、「專務清靜」，全與黃老之學同氣。由此可見，漢代對佛教的瞭解，無可避免地塗上漢代道術思想與黃老思想的色彩，佛教初傳時，能被中國人所接受，這當是最重要的因素之一。

史稱桓帝並祀佛老，「百姓稍有奉者」，迨東漢末，佛法逐漸興盛，流佈民間。吳康僧會〈法鏡經序〉說：「大道陵遲，內學者寡，會覩其景化，可以拯塗炭之尤嶮。」東漢末年，外戚宦官，傾軋為禍，朝政日益腐敗，社會動盪不安，民不聊生。佛法以「修慈心為主」、「不殺生」、「省欲去奢」為旨，自易為老百姓所接受，甚至有出家為僧的。晉慧叡法師說：「漢末魏初，廣陵、彭城二相出家，並能任持大照，尋味之賢，始有講次。」靈帝時，笮融更開始建築佛寺，塑造鍍金佛像。《吳志‧劉繇傳》中記載：「笮融者，丹楊人，初聚眾數百，往依徐州牧陶謙。謙使督廣陵、彭城運漕，遂放縱擅殺，坐斷三郡委輸以自入。乃大起浮屠祠，以銅為人，黃金塗身，衣以錦采，垂銅槃九重，下為重樓閣道，可容三千餘人，悉課讀佛經，令界內及旁郡人有好佛者聽受道，復其他役以招致之，由此遠近前後至者五千餘人戶。每浴佛，多設酒飯，布席於路，經數十里，民人來觀及就食且萬人，費以巨億計。」這是漢代佛教造像立寺，最早見於史書的記載。當時，已開始建築雄偉的佛寺，課誦佛經，舉辦浴佛典禮，並以餚饌供佛，場面的壯大，令人嘆為觀止。而且，利用塑造鍍金的佛像，以激發人們景仰膜拜的心。此時，佛教的規儀，似已粗具，而佛教教理，卻仍未被理解，但佛教的信仰，已從帝王貴冑，逐漸流佈民間，佛教在中國，開始了嶄新的一頁。

漢末，佛法的興隆，雖因際茲亂世，生靈塗炭，人窮呼天，世亂敬鬼，有以致之。然而，經譯多出，教法漸明，當也是主要原因。東漢靈帝至獻帝七十年間，佛教的譯經可分為二系：一是安清的小乘禪數毗曇系；一是支婁迦讖的大乘方等般若系。茲分述如下：

安清，字世高，安息國的太子，世稱安侯。從小就以仁、孝見稱，聰敏好學，博通中外典籍，綜達五行醫方異術及鳥獸之聲。《出三藏記集》本傳說他：「七曜五行之象，風雨雲物之占，推步盈縮，悉窮其變，兼洞曉醫術，好善鍼脈，睹色知病，投藥必濟，乃至鳥獸鳴呼，聞聲知心。」平日居家，奉戒精竣，講學法施，與時相續。以深惟苦空，厭離名器，遂讓國於叔。出家修道，博綜經藏。尤其精通阿毗曇學，又兼通禪經。漢靈帝初，始至洛陽，未久，即通習華語，於是宣譯眾經，改梵本為漢語。於桓帝建和二年（西元一四八年）至靈帝建寧中（西元一六八年至一七一年）二十餘年，共譯出三十九部經，凡數百萬言，或曰百餘萬言。安侯所出經論，「義理明晰，文字允正；辯而不華，質而不野」，而且「先後傳譯，多致謬濫，唯高所出，為群經之道」。所譯經典，《出三藏記集》（卷二）舉三十四部、四十卷。中唯《五十校計經》一卷，與《大集經菩薩品》同，為大乘經典，餘皆小乘經典，因此，世謂為小乘學者。如道安〈安般注序〉說：「昔漢世之末，有安世高者，博聞稽古，特重阿毗曇學。」是明指為小乘阿毗曇學者。又說：「其所出經，禪數最悉。」安侯所出譯經，多關於禪數，所以，道安〈十二門經序〉復讚安侯「善開禪數」，是安侯特重阿毗曇學，且於阿毗曇中，特重禪定法數。值得注意的是，安侯所出多屬小乘禪觀的經典，而安侯本人貫綜經藏，且又兼通術數。安侯來華，頗受歡迎，或許這是主要原因。

支讖，即支婁迦讖的簡稱。本月支國人，操行淳深，性度開敏，稟持法戒，以精勤著稱。諷誦群經，志存宣法。漢桓帝末，遊於洛陽，於靈帝光和、中平年間，傳譯胡文，有《般若道行品》、《首楞嚴》、《般舟三昧》等經。《般若道行品》與《首楞嚴》，魏、晉時頗為流行，《般舟三昧》則藉神仙方術而傳世。支讖所譯經論，「審得本旨，了不加飾」。《出三藏記集》（卷二）舉十三部，凡二十七卷，除五部散佚外，餘皆大乘經典，世謂為大乘學者。

漢末以還，這兩系的學說及傳授，壁壘分明，為中原禪學的兩大重鎮。迨及三國，始傳至江東。安侯的禪法，據《安般守意經》、《陰持入經》、《修行道地經》、《法鏡經》為主，偏重小乘禪。等到弟子嚴浮調、陳慧、康僧會諸人出，上承漢代道術，專主養生成神，重視神靈不滅，思得神通，遂蔚成獨特的禪風。反之，支讖的禪學，據《道行經》、《首楞嚴經》為主，倡大乘禪，後與老莊合流，專主神與道合，著重般若空現，以證涅槃常住義。這兩系的禪學，到慧遠而集其大成。

佛教自東漢來華以後，經典的翻譯甚少，又與黃老牽合附益，所以佛教思想，始終未能正顯。安清、支婁迦讖等西域高僧，相繼東來，廣事宣譯，釋迦之教，因而有所依據。而在當時，類似老莊的佛典，以及擅通方術的僧人，似乎很受接納與歡迎。對於佛法的流行中國，也有很大的影響。但是，安世高等宣譯的佛教小乘一切有部阿毗曇學和支婁迦讖的大乘空宗的般若學，在當時仍未被完全接受。一直到三國時，佛教仍被視為祠祀的一種。《高僧傳．曇柯迦羅傳》說：「魏晉雖有佛法，而道風訛替，亦有眾僧未稟皈戒。正以剪落殊俗耳。設復齋懺，事法祠祀。」由於經譯未全，教義尚未流佈，浮屠、黃老，相互結合，佛教僧眾或許過的仍是道術之士的宗教生活。所以，慧皎認為「未稟皈戒」，「道風訛替」。至於「設復齋懺、事法祠祀」，雖是事實，但也正說明佛教初傳時的情況了。

㈢佛教的玄學化

佛教初入華時，浮屠道術，互相結合，在型態上，已經呈現佛道一體，這樣的佛教，可以說是「道教化的佛教」。然而，公然黜百家經傳，斥神仙方術，使佛教與道家思想融合，開佛教玄學化的濫觴，則始見於牟子的〈理惑論〉。牟子於後漢靈帝末年（西元一八八年）避世於交趾，當時交趾已與海外諸國交通往來，因此能吸收異教殊俗，思想較為自由開放。牟子生平學問信仰，兼收並蓄，嘗學辟穀方術，後解大道而信佛。他說：「吾未解大道之時，亦嘗學焉。辟穀之法，數千百術，行之無效，為之無徵，故廢之耳。觀吾所從為師之人，或自稱七百、五百、三百歲，然吾從其學，未三載間，各自殞沒。」而牟子所以信仰佛教，則由於雅好玄理，他說：「吾既睹佛經之說，覽老子之要，守恬淡之經，觀無為之行，還視世事，猶臨天井而闚溪谷，登嵩岱而見丘垤矣。」牟子雖銳志佛道，兼研《老子》五千文，但已棄道術而談玄理。他說：「道有九十六種，至於尊大，莫尚於佛道也。神仙之書，聽之則洋洋盈耳，求其效猶握風而捕影，是以大道之所不敬，無為之所不貴。」又說：「訕神仙、抑奇怪，不信有不死之道。」漢代佛教，附庸方術，魏晉釋子，雅尚老莊，牟子誠為過渡時代的人物。

總之，佛教自東漢來華以後，經譯未廣，事法祠祀，而以清靜無為，省欲去奢為旨，已與漢代黃老之學同氣。且浮屠作齋戒祭祀，方士有祠祀之方，佛家說精靈不滅，道家求神仙不死，相得益彰，轉相資益。如楚王英誦黃老之微言，尚浮屠之仁祠。當時，黃老術風流行，帝王貴胄，嚮往長生久視，祀祠祈福延年，佛教乃被視為道術的一種。及至桓帝，更於宮中並祠二氏，以祈福祥。逮到東漢末葉，朝政敗壞，民不聊生，佛教逐漸興盛，流布民間，興建佛寺，課人誦經，浴佛設齋等，足見盛況。桓、靈之時，安清、支讖等相繼來華，傳譯諸經，弘揚佛法，可惜，佛教仍被視為祠祀的一種。佛教的大小乘教義，一直未被理解。宗教重於學術，信仰多於理智，這是佛教初傳中國的特色。

八、中國佛教般若思想盛行時期

(一)般若學與格義佛教

佛教在魏、晉、南北朝，是般若思想盛行的時期。

佛教初入中國，雖遠在漢代，但當時並未能普及社會。降至三國時代，西域高僧接踵東來，佛經的傳譯逐漸增多，佛教思想遂深入民間。依據記載，自漢之末葉，直迄劉宋初年，最流行的佛典，就是《般若經》；以譯本而言，也是諸經之最。早在漢靈帝光和、中平年間，支婁迦讖、竺佛朔已譯出《道行般若經》，即所謂「小品般若」。然而，竺佛朔的譯本，文旨隱微，多難通曉。魏朱士行為求原本，於甘露五年（西元二六〇年），渡流沙，往于闐國，取得梵本九十章。無羅叉、竺叔蘭譯出，為《放光般若經》，即所謂「大品般若」，西晉時甚為流行。而與「放光」同本異譯的有《光讚般若經》，西晉竺法護譯出，後得道安的表彰，也稍有流傳。等鳩摩羅什入長安，並譯大小品，又是「放光」、「道行」的另一異譯。可見魏晉時代，《般若經》的譯本，凌乎他經之上。尤其，「放光」與「光讚」兩《般若經》譯出後，佛學界掀起般若學研究的熱潮，般若空學，於是盛行於世。

般若，本是梵語，譯成華語是智慧、慧、明的意思，在一切智慧中，最為第一。《大智度論》三十四：「般若波羅蜜，是諸佛母。父母之中，母之功最重，是故佛以般若為母。」可以說，般若思想是一切佛法思想的淵源，也是佛教經典的根本。而般若部經典的要旨，一言以蔽之，是在闡明「真空妙有，諸法實相」的真諦。這種性空大乘的思想，說本佛陀，經龍樹菩薩的闡述弘揚，蔚成佛學的一大系。而在中國，自朱士行提倡般若學以來，迄於羅什，般若空學所以成為佛教義學的大宗，般若經典的傳譯流行，固是原因之一，而老莊思想的影響顯然也是一大助力。魏晉時代，政治敗壞，社會黑暗，老莊學說，極為盛行，談玄之風，成了一時習氣。讀玄之士，多認為老莊與佛學本無不同，以致時常混融相論。如劉虬〈無量經義序〉說：「玄圃以東，號曰太一。罽賓以西，字為正覺。希無之與修空，其揆一也。」范疇〈論佛教〉也說：「詳其清心釋累之訓，空有兼遣之宗，道書之流也。」僧人之中，也有將般若融合老莊的情形，如佛圖澄弟子竺法雅與康法朗等，以「經中事數，擬配外書，為生解之例」、「外典佛經，遞互講說」，般若空學就在老莊學說的輔翼下，如日中天，特放異采。

歷史上，竺法雅與康法朗是最先拿外書——《老》、《莊》、《周易》三玄來附說內典——佛經的僧人，這種方法，叫做格義。當時或以釋家性空之說，有似老莊的虛無；佛教的涅槃寂滅，又可比於老莊的無為，因此容易風行。道安在〈鼻奈耶序〉中即曾指出：「經流秦土，有自來矣。隨天竺沙門所持來經，遇而便出，於十二部，毗曰羅部最多。以斯邦人，老莊教行，與《方等經》兼忘相似，故因風易行也。」況且，佛教本為外來的宗教，般若思想表裏佛心；而般若之學又浩若煙海，一時不易為人領悟，亦意中事。於是，有心人士乃想引用本國固有的義理來申明它的真諦，從此看來，當時弘法的苦心，真是令人欽佩。而這種借用老莊思想，以演繹佛教道理的方式，對弘揚般若空學來說，顯然有很大助力。尋檢道安的論著文字，如〈安般經著序〉等，可知道安初期也襲於習尚，拿三玄來比附佛學。如「損之又損，以至於無為」是《老子》第四十六章的話；「忘之又忘」，是《莊子》的意思。「開物成物」，是《易．繫辭》語。然而，道安畢竟是精警敏悟的人，尋即察覺「先舊格義，於理多違」。佛教般若的空理，究竟不容許混淆老莊的虛無思想，否則，穿鑿附會，混淆佛法，對於佛法的顯揚，反而是一大阻礙。於是道安極力提倡廢用格義的方法。

慧遠是道安的得意弟子，他的佛學，源自安公。道安注釋的般若經典甚多，對於般若學，有非常精湛的研究。慧遠承受師學，研尋般若，終身不輟。《僧傳》記載，慧遠二十四歲時，登座講說，曾經引《莊子》來解說實相義，可見慧遠為了方便教化，闡發佛理時，也是依傍玄言的。道安主張廢用格義，而對慧遠的藉引俗書，卻不加禁止，主要原因，當是慧遠博通內外書，且能兼融妙用，不背佛理，而且這種方法，確實有助佛法的弘揚。據說，慧遠一聽到羅什入關，不覺喜形於色，可見慧遠對於混淆般若學說，也早已耿耿於中了。義熙九年（西元四〇五年），羅什譯出《大智度論》，關中道士，互相推謝，不敢造序。秦主姚興特別送論給慧遠，請為作序。可見慧遠精擅般若，且為時人所推崇。慧遠又因《大智度論》文字繁富，初學者很難尋檢，於是抄錄《要論》，凡二十卷（今佚，序存）；又與羅什及其門下，時常互通音問，足證慧遠發揚般若真諦，真是不遺餘力。所以，談到中國般若思想的正顯時代，廬山慧遠學風與羅什的譯出《大智度論》，並有不可磨滅的功績。

㈡般若空義

關於般若空義，異說紛紜。姚秦僧肇〈不真空論〉，舉本無義，心無義，即色義三說。劉宋曇濟著有《六家七宗論》，論有六家，分成七宗：第一本無宗，第二本無異宗，第三即色宗，第四識含宗，第五幻化宗，第六心無宗，第七緣會宗。本有六家，第一家分為二宗，故成七宗。後來諸書所述各宗法師，互有出入。湯用彤先生曾考察各名目與人物，茲列表如下：

六家	七宗	主張之人
本無	本無	道安　性空宗義

	本無異	竺法深、竺法汰（竺僧敷）
即色	即色	支道林（郗超）
識含	識含	于法開（于法威、何默）
幻化	幻化	道壹
心無	心無	支愍度、竺法蘊、道恆（桓玄、劉遺民）
緣會	緣會	于道邃

湯氏又嘗分論諸家的特色，言頗精奧，他說：「六家七宗，蓋均中國人士對於性空本無之解釋也。道安以靜寂說真際，法深、法汰偏於虛豁之談。其次四宗之分馳，悉在辨別心色之空無。即色言色不自色、識含以三界為大夢，幻化謂世諦諸法皆空。三者之空，均在色也，而支公力主凝神，于法開言位登十地，道壹謂心神猶真，三者之空，皆不在心神也。與此三相反，則有心無義。言無心於萬物，萬物未嘗無，乃空心不空境之說也。至若緣會宗既引滅壞色相之言，似亦重色空。」湯氏並綜合般若各家，分為三派：第一為二本無，解釋本體的空無。第二為即色、識含、幻化以及緣會四家，都是主色無的，而以支道林最有名。第三為支愍（敏）度，主心無說。事實上，心無、即色、本無三說，因是般若學的主流，僧肇〈不真空論〉所破的是這三家，吉藏《中觀論疏》說羅什未到長安以前，已有三種不同的義解，指的也是這三家。茲將僧肇〈不真空論〉所破的三家，略述如下。

本無異宗，據吉藏《中觀論疏》，本無二家，分為二宗：一為道安本無義，一為琛法師義。僧肇所破的，是琛法師的本無義。吉藏《中觀論疏》說：「次琛法師云：本無者，未有色法，先有於無，故從無出有，即無在有先，有在無後，故稱本無。」按：僧肇〈不真空論〉說：「本無者，情尚於多，觸言以賓無。故非有，有即無。非無，無即有。尊夫立空之本旨，直以非有，非真有。非無，非真無耳。」是琛法師以「無」來解釋般若的空義。他所謂的「無」，指的是實無，而不是「非有非無」的無。在「有」（萬物）之前有「無」，由「無」而生萬物，無所以生有，有無宛若實物。直似以有無的「無」來解說「空」。這是根據《老子》第十四章「天地萬物生於有，有生於無」而說的，仍然未脫格義的見地。

心無義，曇濟《六家七宗論》中，心無義為第六宗。心無之義，創始於支愍度。僧肇所破的，則是溫法師的心無義。吉藏《中觀論疏》說：「第三溫法師心無義，心無者，無心於萬物，萬物未嘗無。此釋意云：經中說諸法空者，欲令心體虛妄不執，故言無耳。不空外物，即萬物之境不空。」按：僧肇〈不真空論〉說：「心無者，無心於萬物，萬物未嘗無，此得在於神靜，失於物虛。」是溫法師把形有看作實有，而色也是真色，只要心體虛妄不執，內照本心，不凝滯於外色，那麼，色想自廢。簡言之，就是空心而不空境的意思。這是根據《老子》第一章「常無欲以觀其妙」而說的。這種說法，雖然已能契入相當深妙的境界，然以般若「真空妙有，諸法實相」的要諦來說，尚有層層的妙境，留待開拓。

即色義，曇濟《六家七宗論》中，即色義為第三宗。據吉藏《中觀論疏》，即色義有二說：一為關內即色義，一為支道林即色義。而僧肇所破的，是關內即色義。吉藏《中觀論疏》說：「一者關內即色義，明即色是空者，此明色無自性，故言即色是空，不言即色是本性空也。此義為肇公所呵。肇公云：此乃悟色而不自色，未領色非色也。」按：關內即色義，主即色是空，色法因緣和合而生，本無自性，所以說：「色不自色。」而未悟因緣所生，無實體性，本來是空，所以說：「雖色而非色。」另支道林的即色義，吉藏《中觀論疏》說：「次支道林即色遊玄論，明即色是空，故言〈即色遊玄論〉。此猶是不壞假名而說實相，與安師本性空故無異也。」安澄《中論疏記》說：「山門玄義第五云：第八支道林著〈即色遊玄論〉云：夫色之性，色不自色，不自色，雖色而空。知不自知，雖知而寂。」按：《高僧傳》(卷四)本傳也稱支道林作〈即色遊玄論〉，《世說新語・文學》也說支道林作〈即色論〉，注引之曰：「支道林《集妙觀章》云：夫色之性也，不自有色。色不自有，雖色而空。故曰：色即是空，色復異空。」是支道林以即色證本無的要旨，他認為色只是假名，存有假名，是為了能解說實相。「色」從因緣而有，固非自有，既非自有，所以當體即空。色的本性既為空，知道是空，就可即色而遊玄了。因此，他所注〈逍遙〉篇，超脫拔俗，氣象開闊，引人入勝。

上述三說，均為僧肇所破，第一說本無義，是偏於「無」的學說，主張「無」為一切現象的根源，以「無」為常法的本體。認為有「無」的「東西」存在，所以此「無」也為無中的「有」，究竟非「無」，未得空義。第二說偏於心空的學說，既執萬物的「有」，又執「心」的「無」。而且「有」「無」相對，不能圓融，也非「空」的究竟義。第三說即色義，雖認為一切色相都非客觀實在性的相，但仍不知「當體即空」之義，而且心物一體的因緣法深義，尚未了解，未通達「空」的究竟義。

自西晉至東晉之間，是中國格義佛教最盛時期，當時對般若空義尚在摸索階段，未脫老莊哲學的色彩。直到道安、鳩摩羅什、慧遠出，正確的般若思想，才獲得闡揚。道安的般若學說，依慧遠《肇論疏》、吉藏《中觀論疏》，並謂主本無義，而其弟子僧叡則稱「安公之學，標宗性空」。據吉藏《中觀論疏》說：「釋道安明本無義，謂無在萬化之前，空為眾形之始。夫人之所滯，滯在未有，若宅心本無，則異想便息。」是道安主本無義，各與法琛同，而旨趣有異。道安以「無」為天地的根本，而「空」是萬象的始源。安澄《中論疏記》也引安公本無義說：「如來興世，以本無弘教，故方等眾經，皆明五陰本無。本無之論，由來尚矣。諸無在元化之前，空為眾形之始。夫人之所滯，滯在末有，若宅心本無，即異想便息。」按：五陰，即五蘊。新譯曰蘊，舊譯曰陰。蘊者，諸有為法，和合積聚的意思。而五蘊，即指色蘊、受蘊、想蘊、行蘊、識蘊而言。因為是因緣和合，並非固定的實體，所以五蘊的當體，本來空無。所以《心經》說：「五蘊皆空。」而道安所說的無，不是有無的無，只是無以名之，強名曰無。無是真諦，針對俗諦來說的。所以，有不可執，執著末有，就滯礙難明了。因此，若能了解諸法本空，則一切妄想就能止息了。所以吉藏又說：「詳此意，安公明本無者，一切諸法，本性空寂，故云本無。此與《方等經論》，什肇山門，本無異也。」按：宇宙萬物，森羅參立，但究其本體，不外諸法因緣而生。而「諸法因緣而生，亦從因緣滅」，也就是「性空緣起，緣起無性」的意思。可見道安的本無義說，實已深得般若空諦。可惜「謬文為閡」，未能暢說本懷。所以僧叡〈毗摩羅詰堤經義疏序〉說：「格義而乖本，六家偏而不即，性空之宗，以今驗之，最得其實。」湯用彤先生以為「性空之學」，顯即昔日安公之學，而與六家格義之說不同。「以今驗之」者，即指羅什所驗來說。湯說甚是。道安的本無義，僧肇直稱為性空宗，這一名稱，成為後世般若學派的通名，而道安「鑿荒塗以開轍，標玄旨於性空」，可知道安的思想，已經契合般若妙諦，進入如理解釋的境地。不過，道安言性空，在《大智度論》譯出前，所以道安的性空義，不必即智論的意思。然而，安公「泥洹如幻」意，與《大智度論》也頗多契合。

慧遠是道安的弟子，慧遠對般若空義，也是宗主「本無」之說。而他所說的本無，則與法性同實而異名。什麼是法性呢？簡單地說，無性的性，即為法性。換言之，當即是「觀諸法的如其所如，對之更無分別的虛妄執著，而知其本性空寂，別無自性，而觀這無自性，即為其性」的意思。所以，並不是諸法本性空寂之外，另有體相可體的。事實上，諸法原是因緣合和而生，因緣所生的諸相，瞬息萬殊，並不是真性。《法性論》（見《高僧傳・釋慧遠傳》所引）說：「至極以不變為性，得性以體極為宗。」所謂「不變為性」是對「至極」而說的，指明法性是不變的，知道不變，即為得性。不過，這並不是說實有不變的性，也沒有至極不變的體。因為不寂不滅，非空非有，始是真性。由此可知，慧遠當已持泥洹常住之說了。是時，《大涅槃經》尚未譯出，中土並沒有泥洹常住的說法。不過，般若實相，涅槃佛性，經雖非一，理無二致。般若破除執相，涅槃掃除八倒；般若的遮詮，正所以表涅槃的真際。明白般若的實相義，才可與談涅槃的佛性義。

羅什的來華，不論在譯經史上，或思想史上，中國佛教都進入新的時代。羅什所譯的經典有：《大品般若》、《小品般若》、《金剛般若》、《中論》、《百論》、《十二門論》、《大智度論》等約三十五部三百卷。由於般若經論的大量翻譯，般若思想乃得正顯，而匡正了格義思想的錯誤。什公以前的般若，多偏於虛無；而什公說空，頗能簡料前人空無的說法。什說：「法身義以明法相義者，無有無等戲論，寂滅相故。」（《義章》第七）什公學宗般若，特尊龍樹，而對般若教義的闡揚，也不遺餘力，因此，被推為三論宗的中國初祖。

綜上所述，自三國而後，佛教般若思想，與老莊思想相混融，因此，格義學興。而在有晉一代，約可分為三個演變階段：第一期為竺法雅時代。竺法雅諸人將般若與老莊兼融並論，相互依傍發明，般若妙諦，並未正顯。第二期為道安、鳩摩羅什時代。道安初期，或用格義的方法，稍後，則以多違佛理，於是力言廢用格義，史稱道安所注《般若道行》、《密迹》、《安般諸經》，並尋比文句，以通滯文，解釋隱義，所以說「經義克明，自安始也」。而羅什譯出《大智度論》，門人僧肇著〈般若無知論〉及〈物不遷論〉等，則已廢用格義的方法，所以，《出三藏記集・羅什傳》說：「其新文異舊者，義皆圓通，眾心愜伏，莫不欣讚。」可見般若妙諦，經道安、羅什等的辨析，遂得正顯。第三期為慧遠時代。慧遠承道安之學，闡明般若「真空妙有，諸法實相」的真諦，發揚涅槃常住義。所以，慧遠法性論出，羅什嘆「闇與理合」誠為吾國佛學創一新紀元。

九、中國佛教各宗派的成立及其思想特色

(一)隋唐佛教

隋唐時代，是中國佛教的全盛時期，也是佛教宗派大放異彩的時代。

佛的教理，約之為一真法界，無法可說；教之則有八萬四千法門，因機說教。而釋迦之教，自東漢初傳，以至羅什來華，約四百年間，是格義佛教時代，佛法與老莊，依傍發明，已逐漸開展中國佛教的特有型態，亦即中國化的佛教。尤其，自東晉以還，教理的疏解，日漸繁密；講論風氣，逐漸興起。南北朝時，佛教已有學術性的學派，但猶未形成宗派。陳、隋之際，頗多新說，師資授受，宗派始漸形成。其中或直承印度者，或完成通變於中國者。迨及隋唐，佛教宗派始完全成立，其中，天台宗、華嚴宗與

禪宗都是當時最大的佛教宗派，影響相當深遠。至於法相、唯識宗雖曾風靡一時，但影響所及的區域，不過在長安、洛陽一帶，流行的時間不過三、四十年。

佛教的學者，或以為隋唐有成實宗、俱舍宗等宗派，這與事實並不相符。南北朝時，頗多大師講《成實論》、《三論》、《中論》、《百論》、《十二門論》、《地論》、《十地經論》、《華嚴》、《俱舍》、《涅槃》等經論，但僅限學術知識上的傳授，而非宗派可言。《成實論》，訶黎跋摩造，明一切法空義。這部書包括了佛教許多基本哲學的範疇，以及邁向大乘空宗轉化的過程。《俱舍論》，世親尊者造，發揚諸法的真諦，闡明我空，不說法空，而以法體恆有，三世實有為宗要。這本書是小乘有宗向大乘有宗過渡的代表作。中國佛教史上，天台宗始是真正建立宗派的開始。茲依太虛大師《佛教各宗派源流》、常惺法師《佛法概論》，並參照湯用彤《隋唐佛教史稿》、孫蕃聲《佛教十宗概要》等書，分述諸宗於後。

(二)中國佛教的重要宗派

1.三論宗：

佛滅後七百年間，龍樹大師造《中論》、《十二門論》，顯八不中道之義，更造《大智度論》，釋《大品般若》，弟子提婆造《百論》，廣破外道小乘，故般若真空，在佛滅後七百年，成為有力的學說。羅什入華，翻譯《中論》、《百論》、《十二門論》以及《大智度論》等，是為我國三論宗的起源。隋吉藏大師，專弘三論，並造疏解釋，一時大江南北，風起雲湧，學者景從，故號三論宗。或加大智度，名四論宗。或亦稱般若宗、空宗、破相宗。天台宗興起後，不啻為天台的附庸，鮮少專宏本宗的了。

三論之學，推文殊師利為印度始祖，龍樹為二祖。鳩摩羅什為中國初祖。羅什傳法道生，道生擅演空義，行於江南。傳之曇濟，曇濟著有《六家七宗論》，為般若性空學者。傳之僧朗，僧朗傳之攝山僧詮。詮的弟子興皇法朗，為中華三論宗第六世，嗣法者，即為嘉祥大師吉藏。吉藏之學，申二諦中道，而以中道為佛性，誠中國三論宗的元匠。

本宗依《中論》、《百論》、《十二門論》立宗，故稱三論宗。本宗所明的教義，在畢竟的空理，而所謂空，即是無相、無得的空，諸法實相，在無所得空上，要破除一切有所得的執迷，實相的本體，自然也就顯現。所以本宗旨在破邪顯正，滅除眾生一切迷執，而歸於中道實相的空義。

2. 天台宗：

天台一宗，淵源於北齊、南陳，創於隋，盛於唐。中唐以後，趨於式微。本宗以釋尊為本師，龍樹為初祖。北齊慧文禪師繼為次祖。慧文禪師學行精博，讀《大智度論》：「三智實在一心中得。」及《中論》「因緣所生法，我說即是空，亦名為假名，亦名中道義」一偈，因悟一心三觀的道理，以傳南嶽慧思。慧思悟法華三昧，登六根清淨位。於大蘇山，建普賢觀道場，有智顗大師前來學禪，潛修七年，得旋陀羅尼。由於慧解超群，判釋東流一代時教，為五時八教，以法華純圓獨妙，為群經之王，因此，大師依據《法華》，使五十年中教法，成一有系統的學說，規模廓大，總盡一代，誠為中國佛教特放異彩。

本宗以《法華經》為正依，所以又稱為法華宗。本經直顯諸法實相的哲學，從理方面而說：即空、即假、即中。從事的方面而說：百界千如，一念三千。所謂理事融即，直談諸法即是實相。本宗教義均依《法華經》而成立，荊溪大師說：「本宗以《法華》為宗骨，以《智論》為指南，以《大經》為扶疏，以《大品》為觀法。」此外，如《大智度論》、《大般涅槃經》、《大品般若經》，也是本宗所旁依的經論。

智顗大師後移住天台山，天台大師的稱呼，由此而起。隋煬帝賜號為智者大師。著有《摩訶止觀》、《法華玄義》、《法華文句》，世稱天台三大部。又著有《觀音義疏》、《觀音玄義》、《觀經疏》、《金光明經義疏》、《金光明經文句》等，稱為天台五小部。

3. 華嚴宗：

華嚴宗，依《大方廣佛華嚴經》立宗而得名，此經由龍樹菩薩傳出，東晉義熙年中，佛陀跋陀羅譯出六十卷本，同時有許多僧人講述傳播，但當時並未形成宗派。至唐杜順和尚悟入華嚴法界，始立華嚴宗。杜順著有《法界觀》及《五教止觀》、《十玄章》等，發揚華嚴的法門，初傳至相寺智儼禪師，作《搜玄記》，發明十重玄門，以六相而混融之。次傳賢首國師法藏，作《探玄記》，並出二乘教義章等，總判釋尊一代的教化為三時五教。而以《華嚴》的法界緣起，事事無礙，為別教一乘，最為尊特。華嚴宗因而昌盛於世。武后時，實叉難陀重譯《華嚴經》四萬五千偈，清涼大師為作《華嚴大疏鈔》，博大精深，總括小大性相，無倚無偏，大振華嚴的宗風。清涼的法嗣宗密禪師，著《原人論》，影響宋代周濂溪所著〈太極圖說〉甚大。

華嚴宗的教理，與天台宗的教理，共稱中國佛教的精華。本宗旨在窮理盡性，徹果該因。一真法界，總該萬有。論一切萬法，理事無礙，事事無礙，相即相入，無礙自在。一即一切，一切即一。一塵即法界，法界即一塵。塵塵法界，重重無盡。以修法界緣起的法門，證入一真法界，所以本宗又稱法界宗。

4. 法相宗：

法相宗，旨在闡明諸法本相的大義，故稱為法相宗，又依《唯識論》，明萬法唯識的妙理，故又稱為唯識宗。釋尊說法，深密楞等經中，多說明識變因果的原理，但未組成系統的專宗。佛滅後八、九百年頃，法性大興，眾生多著空見，彌勒菩薩應無著菩薩的請求，宣說《瑜珈師地論》等而樹立唯識、法相的教義。本宗在中國的創始人是唐玄奘和他的弟子窺基：玄奘法師，以英敏絕倫的才質，堅忍不拔的志向，孤身萬里，前往印度，從戒賢大師受學《五部大論》、《十支論》等，更通達因明、聲明，玄奘從印度回國後，在他的主持下，曾譯出從印度帶回的經論共七十四部，合計一三三五卷。唯識法相的奧旨，識變因果的真理，於是實揚於中立。弟子窺基大師，廣為疏釋，造疏可百本，後世因有「百疏論主」的稱號。法相大乘，一時頗為盛行。

本宗認為宇宙一切萬有，都是識（心）所顯現，所謂「三界唯心，萬法唯識」，識能變現諸法，而能變的識有八識：眼識、耳識、鼻識、舌識、身識、意識、末那識、阿賴耶識。這八識中，前五識屬感覺方面的，第六意識管思維與感覺。前六識主要特點是起了別、認識的作用，第七識末那識，義為思量的意思，常以第八識為對境，不斷生起實我實法的妄執。它是聯繫前六識和第八識的橋樑，依靠第八識方能起作用；所謂「由有本識，故有末那」。第八識，阿賴耶識，是前七識的根本依，所以也稱為本識，義譯為藏譯，因宇宙萬有的種子均含藏此識中。有能藏、所藏、執藏三種。所藏是種子，能藏是第八藏觀行，執藏是依第七識所執為實我實法，含有執持的識思。這八識便是唯識的自相，又稱為心王。本宗旨在說示唯識的教義，以轉識成智，菩提涅槃為究竟的果位，變有漏的心識，而為無漏的實知。

5. 禪宗：

釋尊在菩提樹下，晨睹明星，豁然大悟，成等正覺，這是禪的起源。迨及靈山會中，如來拈花，迦葉微笑，釋尊讚說：「吾有正法眼藏，涅槃妙心，實相妙法門，付囑於汝，汝當善為護持。」這是禪宗以心傳心的開始。迦葉遂為印度禪宗初祖。次第相傳，至菩提達摩是為印度禪宗的二十八祖。菩提達摩於梁武帝時來華，是為中國禪宗初祖。達摩傳法於慧可，慧可傳法於僧璨，僧璨傳法於道信。道信以下，分為兩系：一為黃梅弘忍大師，是為本宗的正傳稱為五祖。一為牛頭法融禪師，則為本宗的旁支，稱為牛頭禪，五祖弘忍以下，也分為兩系：一為六祖慧能，化行南方，所宏的為頓教，稱為南宗禪。一為神秀大師，化行北方，所宏的為漸教，稱為北宗禪，南頓北漸，分別風行於南北。六祖的門下，南嶽懷讓、青原行思、荷澤神會、南陽慧忠、永嘉玄覺諸師，俱各化行一方。一花五葉，道滿天下。晚唐佛教界的大勢，唯禪宗獨擅勝場。

本宗自從迦葉付法，達摩西來，都是直指心性，見性成佛，單刀直入，不落言慮，於經教外，別樹一幟，故又稱教外的別傳，心傳的正宗。不過本宗雖不立文字，但為教化的方便，《金剛》、《楞伽》二經，常為本宗所依用，他如《維摩》、《圓覺》、《楞嚴》也多為禪宗所傳講。

6.淨土宗：

淨土的思想，始自釋尊於闍崛山說《無量壽經》。及王舍城說《觀無量壽經》、祇樹給孤獨園說《阿彌佛經》後，淨土思想，則益趨圓熟了。

佛滅後六百年，淨土三部經：《觀無量壽經》、《阿彌陀經》、《無量壽經》相繼刊行，這是淨土宗最早的成文經典。餘如《般若》、《華嚴》、《涅槃》諸經典，也間載有彌陀西方的淨土思想。不過，諸大乘經典，雖有十方無數諸佛，各住其淨土，各教化其土的眾生說，然而有獨立的經典的，只有阿彌陀佛、阿閦佛、藥師佛等。其中阿彌陀佛的經典，譯述阿彌陀佛於因位時的發願、修行與西方極樂世界的莊嚴構造，所以自古以來，彌陀淨土成為諸佛淨土的代表。

淨土宗的宣揚，起於龍樹、世親、馬鳴諸菩薩的造論贊述三經的奧義。龍樹《婆娑論》說有念佛易行法門，且讚嘆阿彌陀佛的功德；《大智度論》更闡揚淨土的教法。世親《淨土論》提倡往生淨土的信仰。馬鳴《起信論》專述阿彌陀佛的攝護與往生淨土。然而上述諸菩薩雖倡言淨土，卻缺少獨立宗門，等到東傳中土後，始形成宗派。

淨土思想的東流，以後漢靈帝光和二年（西元一七九年），支婁迦讖譯出《般舟三昧經》為嚆矢。後來，吳支謙、晉竺法護等傳譯有《大阿彌陀佛經》、《平等覺經》等，姚秦鳩摩羅什、劉宋寶雲、畺良耶舍等譯出《阿彌陀經》、《十住毘婆沙論》、《無量壽經》等，於是淨土的經典齊備。僧俗之間，漸有信仰者。最早求往生西方的人，可能是西晉闕公則。不過，中土淨土思想的確立，端賴東晉慧遠大師的力量，所以，遠公被稱為淨土宗的初祖。

本宗要義，旨在教人發願修行，求生淨土。修行方法，不外乎觀佛與念佛。修行最為簡易，得果最為真切，人人可行，人人可證。

7.律宗：

釋尊說法四十餘年，為廣行教化，淨化身、口、意三業，制立種種戒約，是為戒律的起源。釋尊滅後，迦葉等五百尊者，在七葉窟結集，其中《律藏》由優婆離尊者，經八十次誦出，是為《八十律誦》。

佛法東漸，戒律亦因而傳入。佛圖澄、釋道安、慧遠都注重《律藏》。羅什在長安時，弗若多羅等譯《十誦律》，佛陀耶舍譯《四分律》，而佛陀跋多羅在建業譯有《僧祇律》。至唐終南山道宣律師，依四律訂五義，根據大乘的教義，解釋小乘的律典，並著有《四分律行事鈔》等十八部。道宣聲教廣被中國，受業傳教弟子可千百人，當道宣在關中立戒壇，四方諸州，大河南北，均依壇受戒，世稱為南山宗。南山以後，宋代久堪律師，元照律師最能當機弘揚，盛造疏解。明末金陵慧雲律師，大整律規，一時稱盛，近代高僧弘一律師，也弘揚此宗。

本宗以戒律為宗，由戒生定，由定生慧。所謂「諸惡莫作，眾善奉行」。本宗要義，不外乎止惡與行善，亦即止持與作持。所謂「止持」，即是止惡的戒律，如比丘、比丘尼、沙彌、沙彌尼，式叉摩那、優婆塞、優婆夷等七眾所持的戒。所謂「作持」，即是行善的律儀，如二十犍度等。

本宗經典，以律典為依歸，其中以曇無德部的《四分律》，最為盛行中土。道宣律師即以《四分律》為律本。中土律學，承宣師的宗緒，因以《四分律》為正律。宣師並依據唯識的學說，明「識心」為戒體的涵義，以小乘的戒律，發揮為大乘的教義，因此本宗可以通攝大小二乘。

8. 真言宗：

真言宗，又名密宗。本宗教義，依據《大日經》、《金剛頂經》而建立，以「大日之教，誠真實之言」，故稱為真言宗，或稱為真言陀羅尼宗。

本宗殊勝處，在「即身成佛」，以諸佛法身，與我父母所生的身體無異，因為六大無礙，因此，我現前父母所生身體，即與諸佛法身平等無二，不必如化佛所說的法門，勤修累劫，方成佛果，經云：「父母所生身，速證大覺位。」密宗的東傳，起自唐玄宗時，開元四年，善無畏前來長安，從事譯經，譯有《大日經》七卷等。金剛智於開元八年來華，譯有《金剛頂瑜珈》、《中略出念誦法》等。金剛智弟子不空，為羅什、玄奘以後的一大翻譯家，所譯經典，相傳有一百十部一百四十二卷，我國密宗的大弘，實有賴於不空的功績。不空弟子慧果傳義操，義操傳義真，日僧空海亦係慧果的弟子，回國後，依十住心判教，大宏彼邦，至今傳持不絕，稱為東密。西域的喇嘛教，也屬密宗，直接傳自印度，通稱為西密或藏密。自玄宗至唐末，密宗極為盛行，然經唐武法難，典籍散失，學者稀少，教義早已失傳，而在日本反較盛行。

上述諸宗，不出空有兩門，三論說中道、法相、明識變，天台為實相哲學的極致，華嚴為法界緣起的主唱，禪宗直指心性，淨土往生西方，真言即身成佛，律宗為諸宗共同依止的道德律。經云：「歸元無二路，方便有多門。」佛法平等無二，為順應眾生習性，而建立各種不同的法門。諸宗立說各有特色，也都言之成理，均為無上妙法。

十、佛教與中國文化

佛教思想，自東漢入華以後，由於經譯未廣，教義不全，浮屠道術，相互結合，是「道教化的佛教時期」。及牟子〈理惑論〉出，棄神仙方士，而傾談玄理，遂開佛教玄學化的濫觴。

魏、晉、南北朝時，政治腐化，民生凋敝，社會制度遭到嚴重的破壞。儒教衰微，道德淪失，老莊思想，頗為流行。而在佛教方面，西域高僧，相繼來華，透過佛教經典的大量翻譯，佛教的思想，尤其是般若空學，遂逐漸深入中國的學術界。最早翻譯的佛典，固以般若部為多，般若思想具二輪三大——空有二輪，體相用三大，直承聖教宗旨，似乎很適合中國的文化，二者相互交融，如水投水，自然和合。而就中國佛教來說，發揚佛教般若思想，以顯揚佛教的淨化思想，與悲智精神，正是最大的特色之一。

迨及隋唐，中國佛教進入黃金時代。隋唐的高僧，把從印度傳來的佛教思想，分門別類，建立起不同的宗派。其中，尤以華嚴、天台、禪宗、淨土，最為流行，影響極為深遠。宋代以後，中國佛教的發展，漸趨衰落，元明時期，更是一蹶不振；而禪宗、天台宗和淨土宗，獨能流行不墜。尤其禪宗思想，對宋明理學的影響非常深刻。先秦以前，儒家少談「性」與「天道」；而宋明儒者，頗為重視形而上學的問題，講求理氣心性。在宇宙論則言「理氣」，在心性論則言「性即理」、「心即理」。在工夫論則言「存理去欲」，「格物致知」。程朱的主張「居敬窮理」，是將老、莊、禪的思想納入儒家的思想；陸王的主張「明心見性」，則又將儒家的思想融合老、莊、禪的思想。所以，宋以前的道家哲學與儒家哲學，都是理學的先導。可以說，理學是匯合漢、魏、兩晉的道學，且兼採南北朝、隋唐的儒學，而為一種以儒為表，以道佛為裏的哲學。所以，宋明理學的產生，我們不能不承認是受到佛教思想刺激的結果。

佛教對中國文化的影響是多方面的，除了在學術思想和人生觀之外，對中國的文學、藝術、音韻學等都有很大的貢獻。

在文學方面，佛教的般若思想，提昇了中國詩詞文學的空靈境界。佛教的文體，無論說理、述事、問答、譬喻等，對中國文學的體裁，有很大的裨助。而佛教經典，文字的樸素無華，對魏晉的駢儷文學，也有很大啟示的影響。唐宋佛教的語錄體，更影響了中國白話文學的發展。至於魏晉六朝的志怪，唐代的傳奇以及後來的筆記小說，都以善惡因果，生命無常為主題，如〈南柯記〉、〈枕中記〉等故事，表示了生命的無常。〈目蓮變文〉、〈醒世姻緣傳〉等，強調因果觀念，都有濃厚的佛教色彩。

在藝術方面，有些更是隨著佛教傳入而東來，例如音樂，漢代的兩種樂器箜篌及琵琶，可能是從印度傳來的，在《法華經》裏便記載了很多樂器，如簫、笛、琴、箜篌、琵琶、銅鐃鈸等。在繪畫方面，三國時，天竺僧人康僧會從西域帶來很多佛像，影響了中國的繪畫藝術，而唐宋山水畫的獨立，與文人畫的興起，當然受到禪的影響。至於敦煌壁畫，雲岡的雕刻，以及佛教寺院的建築等，對中國的雕刻、建築都有深遠的貢獻。

在音韻方面，中國的音韻學，與梵文拼音學理的輸入，當有密切的關係。例如反切，即是受印度梵文拼音學理的影響而創的。永明四聲，則是受轉讀佛經聲調的影響而成立。字母之學，陳澧《東塾讀書記》說：「自漢末以來，用雙聲疊韻切語。韻有東、冬、鍾、江之目，而聲無之。唐末沙門始標舉三十六字，謂之字母。」則字母也是僧人創造出來的。

總而言之，中國本來是個文化高度發達的國家，因此，能夠吸收博大精深的佛教思想，而漸漸融為一體。佛教的思想，經過歷代高僧的弘揚傳譯，已經滲入了中國文化的血液。尤其佛教的大乘思想，與中國儒家思想融會互彰，因而在中國發揚光大。值此世道衰微，人心迷亂之際，佛教更應弘揚佛陀的悲智精神，以莊嚴國土，成就眾生為標的。

十一、重要參考書目

(1)《佛教大藏經》　佛教書局編輯　佛教書局
(2)《現代佛教學術叢刊》　張曼濤主編　大乘文化出版社
(3)《釋迦牟尼佛傳》　星雲大師　佛光出版社
(4)《人間佛陀》　演培法師　靈峰般若講堂
(5)《印度佛教》　印順法師　正聞出版社
(6)《印度佛教史概說》　釋達和譯　佛光出版社
(7)《印度佛教思想概論》　呂澂　天華出版公司
(8)《原始佛教思想論》　木村泰賢著，歐陽瀚存譯　臺灣商務印書館
(9)《印度部派佛教思想觀》　演培法師　慧日講堂
(10)《印度大乘佛教哲學史》　李世傑　臺灣佛教月刊社
(11)《佛法概論》　釋印順　正聞出版社
(12)《佛教各宗大意》　黃懺華　焦山智光大師獎學金基金會
(13)《中國佛教史略》　釋印順、妙欽合　善導寺佛經流通處
(14)《中國佛教史》　蔣維喬　國史研究室
(15)《中國佛教史》　黃懺華　普門精舍

(16)《中國佛教史》　中村元等著　天華出版事業公司
(17)《漢魏兩晉南北朝佛教史》　湯用彤　臺灣商務印書館
(18)《魏晉南北朝佛教小史》　黃懺華等著　大乘文化出版社
(19)《中國佛教哲學概論》　李世傑　臺灣佛教月刊社
(20)《佛學研究十八篇》　梁啟超　臺灣中華書局
(21)《佛學與般若》　牟宗三　學生書局
(22)《大乘佛教思想論》　釋演培譯　慧日講堂
(23)《佛教論文集》　釋曉雲　原泉出版社
(24)《佛學入門》　李孝本等　常春樹書坊
(25)《中國哲學原論》　唐君毅　新亞研究社
(26)《中國思想史》　錢穆　新亞書院
(27)《中國哲學史綱要》　范壽康　臺灣開明書店
(28)《中國哲學史》　勞思光　香港中文大學崇基學院
(29)《中國哲學思想史》　羅光　學生書局
(30)《中國中古思想小史》　胡適手稿本　胡適紀念館
(31)《中國中古思想史》　郭湛波　龍門書店
(32)《魏晉思想與談風》　何啟民　中國學術著作獎助委員會

(33)《魏晉思想論》 中華書局編輯 臺灣中華書局
(34)《廬山慧遠學述》 田博元 文津出版社
(35)《道安研究》 田博元 原泉出版社
(36)《佛學概論》 林朝成 三民書局
(37)《簡明佛學概論》 于凌波 東大圖書公司
(38)《從印度佛教到中國佛教》 冉雲華 東大圖書公司
(39)《東亞漢藏佛教史研究》 江燦騰等編 東大圖書公司
(40)《中印佛學泛論》 藍吉富主編 東大圖書公司

戲曲演進史(二)宋元明南曲戲文

曾永義／著

宋金元出現的「瓦舍勾欄」，讓九大藝術元素有機會醞釀融合，透過樂伎與文人的推動，則促成南北戲曲大戲之完成。第貳章從南曲戲文的各種名稱為切入點，詳究其名義，梳理南曲戲文的發展史。再以三章作全面性之觀察，考論時代背景、劇目著錄與題材內容，並剖析體制規律與唱法，最後概述南曲戲文重要腔調之質性。第陸章起，進入劇評家與劇作之評述，從宋元戲文舉《永樂大典戲文三種》與高明《琵琶記》到明改本戲文以及明人新南戲共二十一本戲文加以論述。希望通過本編所建構之論述內容，了解「南曲戲文」源生、形成、發展之背景與歷程。

國家圖書館出版品預行編目資料

國學導讀（三）／邱燮友;周何;田博元編著.——三版一刷.——臺北市：三民，2021
面；　公分.——(國學大叢書)

ISBN 978-957-14-7326-0（第三冊：平裝）
1. 漢學

030　　110017481

國學大叢書

國學導讀（三）

編著者　邱燮友　周　何　田博元
發行人　劉振強
出版者　三民書局股份有限公司
地　址　臺北市復興北路 386 號（復北門市）
　　　　臺北市重慶南路一段 61 號（重南門市）
電　話　(02)25006600
網　址　三民網路書店 https://www.sanmin.com.tw

出版日期　初版一刷 1993 年 10 月
　　　　　二版二刷 2007 年 2 月
　　　　　三版一刷 2021 年 11 月
書籍編號　S030030
I S B N　978-957-14-7326-0

三民書局